铁路工程施工与安全管理研究

主编 姜德军 武 凯 夏拥峰 刘 冰

科学技术文献出版社
SCIENTIFIC AND TECHNICAL DOCUMENTATION PRESS
·北京·

图书在版编目（CIP）数据

铁路工程施工与安全管理研究 / 姜德军等主编. —北京：科学技术文献出版社，2022.7

ISBN 978-7-5189-8608-8

Ⅰ．①铁…　Ⅱ．①姜…　Ⅲ．①铁路施工—安全管理—研究　Ⅳ．① U215.8

中国版本图书馆 CIP 数据核字（2022）第 126632 号

铁路工程施工与安全管理研究

策划编辑：周国臻　责任编辑：王　培　责任校对：张永霞　责任出版：张志平

出　版　者	科学技术文献出版社
地　　　址	北京市复兴路15号　邮编 100038
编　务　部	（010）58882938，58882087（传真）
发　行　部	（010）58882868，58882870（传真）
邮　购　部	（010）58882873
官方网址	www.stdp.com.cn
发　行　者	科学技术文献出版社发行　全国各地新华书店经销
印　刷　者	北京虎彩文化传播有限公司
版　　　次	2022 年 7 月第 1 版　2022 年 7 月第 1 次印刷
开　　　本	787×1092　1/16
字　　　数	356千
印　　　张	18.25
书　　　号	ISBN 978-7-5189-8608-8
定　　　价	68.00元

《铁路工程施工与安全管理研究》
编委会

主 编

姜德军　中铁上海工程局集团有限公司

武　凯　中铁上海工程局集团有限公司

夏拥峰　中铁上海工程局集团有限公司

刘　冰　中铁上海工程局集团有限公司

副主编

王　晨　中铁上海工程局集团有限公司

蒋学政　中铁上海工程局集团有限公司

张正亭　中铁上海工程局集团有限公司

前　言

在我国经济快速发展的背景下，铁路建设也得到了稳步发展。这主要体现为，其建设任务更复杂、更多样。总体来看，我国铁路建设单位在建设过程中，一方面，通过采取有效施工技术与管理措施保证了铁路项目的顺利完成；另一方面，在具体施工时依然存在一定的安全问题，严重影响了我国铁路建设事业的发展。因此，为保证铁路建设兼具经济效益与安全效益双重作用，铁路建设单位在施工过程中必须要注重施工工艺的合理性及安全防护的有效性，最大限度避免安全事故的同时，更好地保障工程质量与安全。也就是说，建设单位必须处理好工程质量与进度、施工安全与效率之间的矛盾，加强安全管理，严格日常检查，优化资源配置，加强施工技术措施，调动人员的能动性，从而以科学管理确保施工安全。

本书主要针对工程技术与施工管理人员的实际需求，对铁路工程施工与安全管理提出了有益的见解和观点。全书共分八章，包括：安全管理基础理论简述，重大危险源监控及应急救援，路基、桥梁、隧道和轨道工程施工与安全管理，铁路工程施工现场安全管理及其安全管理路径研究。

本书可作为普通高等院校、成人高校土木工程类专业的阅读参考材料，也可作为继续教育的培训材料，对从事施工技术及施工安全管理的技术人员及管理人员，也是非常有益的专业参考书。本书在编写过程中参考并引用了已公开发表的文献资料、专业规范和相关书籍的部分内容，得到了许多专家的专业指导，在此表示衷心感谢。

由于编者水平有限，教材中不可避免地存在谬误之处，敬请读者批评指正。

目 录

第一章　安全管理基础理论简述

　　根据现行法律法规的规定，结合引发事故的原因，本章介绍了安全生产管理理论的基本概念与相关内容，强调了施工过程中加强安全管理、建立安全责任制的意义。

第一节　现代安全生产管理认识

一、安全生产管理基本概念

（一）安全生产

　　安全生产是指为预防生产过程中发生人身、设备事故，形成良好劳动环境和工作秩序而采取的一系列措施和活动。安全生产旨在保护劳动者在生产过程中的安全，是企业管理必须遵循的一项原则，要求最大限度地减少劳动者的工伤和职业病，保障劳动者在生产过程中的生命安全和身体健康。概括地说，安全生产是为了使生产过程在符合物质条件和工作秩序下进行，防止发生人身伤亡和财产损失等生产事故，消除或控制危险有害因素，保障人身安全与健康、设备与设施免受损坏、环境免遭破坏的总称。

（二）劳动保护

　　仅从字面上理解，劳动保护是指保护劳动者在生产过程中的安全与健康。很明显，劳动保护的对象是从事生产的劳动者。更广泛地说，劳动保护是依靠科学技术和管理，采取技术措施和管理措施，消除生产过程中危及人身安全和健康的不良环境、不安全设备和设施、不安全环境、不安全场所和不安全行为，防止伤亡事故和职业危害，保障劳动者在生产过程中的安全与健康的总称。劳动保护是站在政府的立场上，强调为劳动者提供人身安全与身心健康的保障。

（三）职业安全卫生

　　职业安全卫生是安全生产、劳动保护和职业卫生的统称，它是以保障劳动者在劳动过程中的安全和健康为目的的工作领域，以及在法律法规、技术、设备与设施、组织制度、管理机制、宣传教育等方面所有的措施、活动和事务。目前，职业安全卫生与劳动安全卫生可以作为同义词使用。

对于企业，职业安全卫生涉及企业生产、管理的方方面面。如目前很多国家正在推行的职业安全卫生管理体系，包括企业的安全、卫生和管理，涉及企业内部和外部的生产设备、设施、环境和场所及企业员工与相关方。

（四）事故及事故隐患

① 在生产过程中，事故是指造成人员死亡、伤害、职业病、财产损失或其他损失的意外事件。从这个解释可以看出，事故是意外事件，该事件是人们不希望发生的；同时该事件产生了违背人们意愿的后果。如果事件的后果是人员死亡、受伤或身体的损害，就称为人员伤亡事故；如果没有造成人员伤亡，就称为非人员伤亡事故。

② 事故隐患泛指生产系统中可导致事故发生的人的不安全行为、物的不安全状态和管理上的缺陷。事故隐患分类非常复杂，它与事故分类有密切关系，但又不同于事故分类。本着尽量避免交叉的原则，综合事故性质分类和行业分类，考虑事故起因，可将事故隐患归纳为 21 类，即火灾、爆炸、中毒和窒息、水害、坍塌、滑坡、泄漏、腐蚀、触电、坠落、机械伤害、煤与瓦斯突出、公路设施伤害、公路车辆伤害、铁路设施伤害、铁路车辆伤害、水上运输伤害、港口码头伤害隐患、空中运输伤害隐患、航空港伤害隐患、其他类隐患等。

（五）危险、危险源及重大危险源

① 根据系统安全工程的观点，危险是指系统中存在导致发生不期望后果的可能性超过了人们的承受程度。从危险的概念可以看出，危险是人们对事物的具体认识，必须指明具体对象，如危险环境、危险条件、危险状态、危险物质、危险场所、危险人员、危险因素等。

② 从安全生产角度，危险源是指可能造成人员伤害、疾病、财产损失、作业环境破坏或其他损失的根源或状态。

③ 为了对危险源进行分级管理，防止重大事故发生，提出了重大危险源的概念。从广义上说，可能导致重大事故发生的危险源就是重大危险源。各国政府部门为了对重大危险源进行安全生产监察，对重大危险源做出了规定。

（六）安全及本质安全

① 按照系统安全工程观点，安全是指生产系统中人员免遭不可承受危险的伤害。在生产过程中，不发生人员伤亡，职业病、设备、设施损害或环境危害的条件，是安全条

件。不因人、机、环境的相互作用而导致系统失效、人员伤害或其他损失，是指安全状况。安全与危险是相对的概念，它们是人们对生产、生活中是否可能遭受健康损害和人身伤亡的综合认识，按照系统安全工程的认识论，无论是安全还是危险都是相对的。

② 本质安全是指设备、设施或技术工艺含有内在的能够从根本上防止发生事故的功能，具体包括 3 个方面的内容：a. 失误—安全功能。指操作者即使操作失误，也不会发生事故或伤害，或者说设备、设施和技术工艺本身具有自动防止人的不安全行为的功能。b. 故障安全功能。指设备、设施或技术工艺发生故障或损坏时，还能暂时维持正常工作或自动转变为安全状态。c. 上述两种安全功能应该是设备、设施和技术工艺本身固有的，即在规划设计阶段就被纳入其中，而不是事后补偿的。本质安全是以安全生产管理预防为主的根本体现，也是安全生产管理的最高境界，实际上由于技术、资金和人们对事故的认识等原因，到目前还很难做到，只能作为人们为之奋斗的目标。

（七）安全生产管理

安全管理不仅具有一般管理的规律和特点，还有自身的特殊范畴和方法。安全生产管理是管理的重要组成部分，是安全科学的一个分支。安全生产管理，就是针对人们在生产过程中的安全问题，运用有效的资源，发挥人们的智慧，通过人们的努力，进行有关决策、计划、组织和控制等活动，实现生产过程中人与机器设备、物料、环境的和谐，达到安全生产的目标。

安全生产管理的目标是减少和控制危害，减少和控制事故，尽量避免生产过程中由于事故所造成的人身伤害、财产损失、环境污染及其他损失。安全生产管理包括安全生产法制管理、行政管理、监督检查、工艺技术管理、设备设施管理、作业环境和条件管理等。

安全生产管理的基本对象是企业的员工，涉及企业中的所有人员、设备设施、物料、环境、财务、信息等各个方面。安全生产管理的内容包括：安全生产管理机构和安全生产管理人员、安全生产责任制、安全生产管理规章制度、安全生产策划、安全培训教育、安全生产档案等。

二、现代安全生产管理理论简介

（一）我国安全生产管理理论发展状况

现代安全生产管理理论、方法、模式是 20 世纪 50 年代进入我国的。在 20 世纪 60—70 年代，我国开始吸收并研究事故致因理论、事故预防理论和现代安全生产管理思想。20 世纪 80—90 年代，开始研究企业安全生产风险评价、危险源辨识和监控，一些企业管理者开始尝试安全生产风险管理。20 世纪末，我国几乎与世界工业化国家同步研究并推行了职业健康安全管理体系。21 世纪以来，我国有些学者提出了系统化的企业安全生产风险管理理论雏形，认为企业安全生产管理是风险管理，管理的内容包括危险源辨识、风险评价、危险预警与监测管理、事故预防与风险控制管理及应急管理等。该理论将现代风险管理完全融入了安全生产管理中。

（二）安全生产管理的原理

1. 安全科学原理

安全管理的原理基于安全科学原理。安全科学原理以安全系统作为研究对象，建立人物—能量—信息的安全系统要素体系，提出系统自组织的思路，确立了系统本质安全的目标。通过安全系统论、安全控制论、安全信息论、安全协同学、安全行为科学、安全环境学、安全文化建设等科学理论研究，提出在本质安全化认识论的基础上全面、系统、综合地发展安全科学理论。这主要表现为以下几个方面。

① 从人与机器和环境的本质安全入手，人的本质安全不但要解决人的知识、技能、意识素质等问题，还要从人的观念、伦理、情感、态度、认知、品德等人文素质入手，提出文化建设的思路。

② 物和环境的安全化是指要采用先进的安全科学技术，推广自组织、自适应、自动控制与闭锁的安全技术。

③ 研究人、物、能量、信息的安全系统论、安全控制论和安全信息论等现代工业安全原理；技术项目中要遵循安全措施与技术设施同时设计、施工、投产的三同时原则。

④ 企业在考虑经济发展、机制转换和技术改造时，安全生产方面要同时规划、发展、实施，即所谓三同步原则，还有对生产现场危险点、危害点、事故多发点的三点控制工程，生产现场的工具、设备、材料、工件等物流与现场工人流动的定量管理等超前预防型安全活动，推行安全目标管理、无隐患管理、安全经济分析、危险预知活动、事故判断技术等安全科学方法。

2. 安全生产管理的原理

安全生产管理原理是从生产管理的共性出发，对生产管理中安全工作的实质内容进行科学分析、综合、抽象与概括所得出的安全生产管理规律。安全生产原则是指在生产管理的基础上，指导安全生产活动的通用规则。

安全贯穿于生产活动的方方面面，安全生产管理是全方位、全天候且涉及全体人员的管理。

① 人本原理：在管理中必须把人的因素放在首位，体现以人为本的指导思想。以人为本有两层含义：一是一切管理活动都是以人为本开展的，人既是管理的主体又是管理

的客体，每个人都处在一定的管理层面上，离开人就无所谓管理；二是管理活动中，作为管理对象的要素和管理系统各环节，都需要人掌管、运作、推动和实施。

② 预防原理：安全生产管理工作应该做到预防为主，通过有效的管理和技术手段，减少和防止人的不安全行为和物的不安全状态。在可能发生人身伤害、设备或设施损坏和环境破坏的场合，事先采取措施，防止事故发生。由于预防是事前工作，其准确性和有效性十分重要。为了使预防工作真正起到作用，一方面要重视经验积累，对发生的事故和大量未遂事故进行统计分析，从中发现规律，做到有的放矢；另一方面要采用科学的安全分析、评价技术，对生产中人和物的不安全因素及其后果做出准确判断，从而实施有效的对策，预防事故的发生。值得注意的是，在日常安全管理中人们往往更注重从技术措施角度去预防，对危险源及人的管理反而忽视，而这恰恰是预防的重点。

③ 强制原理：安全管理具有强制性，即采取强制管理的手段控制人的意愿和行动，使个人的活动、行为受到安全管理要求的约束，从而实现有效的安全管理。安全管理的强制性基于事故损失的偶然性、人的冒险心理及事故损失的不可挽回性这3个方面原因；事故的发生并不一定产生灾难性的后果，往往会使人产生懈怠心理，忽视安全工作，使得不安全行为和不安全状态继续存在，直至发生事故。进一步分析就上升到人权问题，人的生命高于一切，为了确保人的生命安全，在安全管理中必须包括强制的内容。实际上，各级政府的安全监督就是强制原理的体现。强制性管理的实现离不开法律、法规、标准和各级规章制度，这些法规制度构成了安全行为的规范；强有力的管理和监督体系，能保证被管理者始终按照行为规范进行活动。

（三）安全管理的组织系统

安全管理工作一般由安全工作指挥系统、安全检查系统和安全监督系统构成。安全管理在组织结构、人员保障和经费保障3个方面要遵循以下几点。

① 合理的组织结构：形成横到边、纵到底的安全工作体系；合理设置横向安全管理部门、划分纵向安全管理层次。

② 明确责任和权利。各部门、各层次乃至各工作岗位都要明确安全工作责任，并由上级授予相应的权利。这样有利于内部各部门、各层次为实现安全生产而协同工作。

③ 人员选择与配备。根据不同部门、不同层次的不同岗位的责任情况，选择和配备人员。特别是专业安全技术人员和专业安全管理人员应具备相应的专业知识和能力。

④ 制定和落实规章制度。制定和落实各种规章制度可以保证安全工作组织有效地运转。

⑤ 信息沟通。单位内部要建立有效的信息沟通模式，使信息沟通渠道畅通，保证安全信息及时、正确传达。

⑥与外界协调。企业存在于大的社会环境中，安全工作要接受政府的指导和监督。

⑦推行安全经济奖励与惩罚机制。

三、安全管理在施工过程中的地位和作用

安全管理具有强制性，伴随着国家及铁路部门各项安全管理法律、法规、规章、标准、规范的颁布和实施，施工企业的安全管理制度也日趋完善。在工程施工过程中，"安全才能生产、生产必须安全"已成为全体施工作业人员及管理人员必须遵守的准则。人们从以往被动地讲安全，到主动地要说安全，到今天的安全就是效益，完成了认识上的一个飞跃。

但是，由于施工企业生产设备的临时性，工作环境的多变性，多工种立体作业，人、机的流动性等都存在着多种危险因素，直接从事施工操作的人和相关人员随时随地活动于危险因素之中，随时都会受到自身行为失误和危险状态的威胁和伤害；而安全事故的发生，造成的危害是无法估量的。多少次惨痛的教训告诉人们做好安全管理，实现安全生产的重要意义。因此，生产必须安全，安全为了生产，从这个意义上说做好安全管理工作，实现安全生产是工程施工的核心，是工程能够顺利进行的基础，是获得效益的前提和保障。

第二节　施工安全管理的基本规定

一、安全生产管理的方针

（一）预防为主

预防为主就是对安全生产的管理，要避免在发生事故后去组织抢救，进行事故调查、处理和分析，而要按照系统化、科学化的管理思想，按照事故发生的规律和特点，千方百计预防事故的发生，做到防患于未然，将事故消灭在萌芽状态。虽然人类在生产活动中还不可能完全杜绝安全生产事故的发生，但只要思想重视，预防措施得当，事故是可以大大减少的。

（二）综合治理

综合治理就是标本兼治，重在治本，在采取有力措施遏制重特大事故，实现治标的同时，积极探索和实施治本之策，综合运用科技手段、法律手段、经济手段和必要的行

政手段，从发展规划、行业管理、安全投入、科技进步、经济政策、教育培训、安全立法、激励约束、企业管理、监管体制、社会监督及追究事故责任、处理违法违纪等方面着手，解决影响制约我国安全生产的历史性、深层次问题，做到思想认识上警钟长鸣，制度保证上严密有效，技术支撑上坚强有力，监督检查上严格细致，事故处理上严肃认真。

二、参建单位的施工安全责任

（一）建设单位的安全责任

① 建设单位在工程招标资格审查时，应检查施工企业的安全生产许可证原件，审拟任项目负责人、专职安全管理人员的安全记录和铁道部安全培训合格证。建设单位不得接受没有安全生产许可证原件、拟任项目负责人、专职安全管理人员安全培训考试不合格或被限制进入铁路建设市场的施工企业的投标文件。

② 建设单位应当向施工单位提供施工现场及毗邻区域内供水、排水、供电、供气、供热、通信、信号、广播电视等地下管线资料，气象和水文观测资料，拟建工程可能影响的相邻建筑物和构筑物、地下工程的有关资料，并保证有关资料的真实、准确、完整。

③ 建设单位在编制施工组织设计时，应包含安全生产保证措施，对勘察设计、施工、监理及其他参建单位的安全生产要求，包括安全生产制度要求、安全生产管理人员配置要求、应急救援预案等。

④ 建设单位不得对勘察设计、施工、监理等单位提出不能保证安全生产的要求，不得明示或暗示施工单位在不具备安全保证的条件下施工，不得明示或暗示施工单位购买、租赁、使用不符合安全施工要求的建筑材料、安全防护用具、机械设备、施工机具及配件、消防设施和器材。

（二）勘察单位的安全责任

勘察单位应当按照法律、法规和工程建设强制性标准进行勘察，提供的勘察文件应当真实、准确，满足建设工程安全生产的需要。在勘察作业时，应当严格执行操作规程，采取措施保证各类管线、设施和周边建筑物、构筑物的安全。

（三）工程监理单位的安全责任

工程监理单位应当审施工组织设计中的安全技术措施或者专项施工方案是否符合工程建设强制性标准。工程监理单位在实施监理过程中，若发现存在安全事故隐患，应当要求施工单位整改；情况严重的，应当要求施工单位暂时停止施工，并及时报告建设单位；施工单位拒不整改或者不停止施工的，应当及时向有关主管部门报告。

工程监理单位和监理工程师应当按照法律、法规和工程建设强制性标准实施监理，并对建设工程安全生产承担监理责任。

（四）施工单位的安全责任

① 施工单位必须在铁路建设项目设立安全生产管理机构，配备符合规定数量、满足生产需要的专职安全人员；采用新技术、新工艺、新材料及施工作业难度大的工程项目，应适当增加专职安全生产管理人员，并通过相应培训和考核。

② 项目专职安全生产管理人员应参与上岗前培训和技术交底，进行现场安全生产检查，督促作业人员遵守安全操作规程和技术标准，及时制止并纠正违反施工安全技术规范、规程的行为。发现安全生产隐患应及时向项目负责人和企业安全生产管理机构报告，并督促整改。

③ 施工前，项目技术人员应就有关安全施工的技术要求和安全生产措施向施工作业班组、作业人员进行详细说明，交底记录由双方签字确认，交底及确认资料纳入工程档案。作业人员有权对施工现场的作业条件、作业程序和作业方式中存在的安全问题提出意见、检举和控告，有权拒绝违章指挥和冒险作业。

④ 对达到一定规模且危险性较大的工程，应编制专项施工方案，进行安全数据验算，经施工企业技术负责人签字，总监理工程师审核后，报建设单位批准后实施，并由施工单位专职安全生产管理人员进行现场监督。必要时，施工单位还应对上述专项施工方案组织专家论证、评审。

⑤ 在营业线施工时，应严格执行铁路部门关于营业线施工安全管理的规章制度；对照设计文件进行现场设备核对，按照审后的指导性施工组织设计和现场设备核对情况编制实施性施工组织设计；实施性施工组织设计经单位技术负责人审后报建设单位审批，依据批准后的实施性施工组织设计与铁路运输企业签署施工安全协议并组织实施，接受铁路运输企业的安全监督管理。施工单位应比照营业线运输管理规定建立新线施工运输安全管理制度，完善调度命令，规范运输组织管理，严格按照管理制度组织行车，加强对运输机车车辆的维修保养，保证施工运输安全。

⑥ 隧道工程应采用与工程地质条件相适应的工艺工法，使用与施工方法匹配的施工设备和机具。加强围岩监控，及时按规范进行支护和衬砌；有瓦斯等有害气体的隧道必须配置符合相关规定的通风设备。实行隧道风险评估制度，按规定需要进行工程地质超前预报的，必须配备相应的人员和设备进行工程地质超前预报；完善现场人员管理，实行洞口出入登记制度。

⑦ 建立铁路建设安全事故隐患排查治理、建档监控制度和预警机制，按照评估的事故隐患风险等级，建立并落实隐患排查治理和监控责任制。发现重大安全事故隐患的，应及时向建设单位、铁路建设工程质量安全监督机构和工程所在地县级以上地方人民政府安全生产监督管理部门报告。

⑧ 对所承建工程施工现场和驻地容易引发自然灾害、事故灾难的危险源、危险区域进行调查、风险评估，建立危险源登记台账，定期进行检查，根据危险源分布、危险性分析状况和可能发生的事故等级组织制定应急预案。重大危险源的专项应急预案须组织论证或评审。应急预案在监理单位批准后报建设单位核备，至少每半年组织一次演练、每年组织一次修订。应急要素发生重大变化时，应及时修订应急预案。

⑨ 项目管理人员和作业人员每年至少进行一次安全生产教育培训，教育培训情况记入个人工作档案。新开工项目应在开工前进行全员安全培训，新上岗及转岗人员应进行上岗前安全培训。未经培训或者教育培训考核不合格的人员，不得上岗。采用新技术、新工艺、新设备、新材料时，应当对生产管理、技术及作业人员进行相应的安全生产专题教育培训。

三、铁路工程施工安全管理基本要求

（一）中国铁路工程建设管理特点

铁路建设工程任务重，管理难度大。绝大多数工程项目规模大、战线长，工期紧张，参建单位多，人员结构复杂。施工管理中必须处理好工程质量与进度、施工安全与效率之间的矛盾，加强安全质量管理，严格日常检查考核，优化配置资源，提高工作效率，以科学管理、强有力的技术措施确保工程质量及施工安全。

铁路建设工程施工条件差，项目分布地域广阔，涉及不同的水文地质条件，作业环境复杂。施工过程涉及诸多新技术、新工艺、新材料、新设备。施工中采用的安全标准、技术方案、安全技术措施要求都非常高。这一切均对安全管理提出了新的要求。

（二）施工单位专职人员安全职责

1. 项目经理安全职责

贯彻执行国家、行业和企业安全生产要求；掌握项目安全生产动态，定期研究安全工作；组织制订安全工作实施计划；组织制定和完善项目安全生产规章制度及奖惩办法；组织制定并实施生产安全事故应急救援预案；健全安全生产责任体制；完善安全生产保证体系，保证安全生产投入；督促、检查安全生产工作，及时消除生产安全事故隐患；及时、如实报告生产安全事故。

2. 主管安全生产负责人职责

组织落实安全生产责任制和安全生产管理制度，对安全生产工作负直接领导责任；组织实施安全工作规划、目标及计划；领导、组织安全生产宣传教育工作；确定安全生产考核指标。领导、组织安全生产检查；认真听取、采纳安全生产的合理化建议，保证安全生产保障体系的正常运转；若发生生产安全事故，组织实施生产安全事故应急救援。

3. 技术负责人的安全生产职责

贯彻执行国家和上级的安全生产方针、政策，在本企业施工安全生产中负技术领导责任；审批施工组织设计和施工方案时，审其安全技术措施，并做出决定性意见；领导开展安全技术攻关活动，并组织技术鉴定和验收。

新材料、新技术、新工艺使用前，组织审其使用和实施过程中的安全性，组织编制或审定相应的操作规程；参加生产安全事故的调查和分析，从技术上分析事故原因，制定整改防范措施。

4. 安全管理机构的安全职责

宣传和贯彻国家安全生产法律、法规和标准规范，编制并适时更新安全生产管理制度并监督实施；组织或参与企业（项目）生产安全相关活动；协调配备工程项目专职安全生产管理人员；制订企业（项目）安全生产考核计划，处理安全生产问题，建立管理档案。

5. 专职安全管理人员职责

监督项目安全生产管理要求的实施，建立项目安全生产管理档案；对危险性较大的分部分项工程实施现场监护；阻止和处理违章指挥、违章作业和违反劳动纪律等现象；定期向企业安全生产管理机构报告项目安全生产管理情况。

（三）施工安全技术措施

工程施工中，针对工程的特点、施工现场环境、施工方法、劳动组织、作业方法、使用的机械、动力设备、变配电设施、架设工具及各项安全防护设施等制定确保安全施工的措施，称为施工安全措施。施工安全措施是施工组织设计（或施工方案）的重要组成部分。

1. 施工安全技术措施编制要求

① 工程开工前编制，并经过审批；施工过程中根据工程更改等情况，及时补充完善。

② 要有针对性。针对不同工程特点、不同施工方法、作业人员的特点、类似工程管理经验等，从技术上、管理上采取措施，对作业人员及施工环境给予保护，防止出现安全事故。

③ 要全面、具体。安全技术措施均应贯彻于全部施工工序之中，力求细致全面、具体。

④ 重点工程应编制单位工程或分部分项工程安全技术措施。对具有一定危险或危险性较大的分部分项工程、特种（殊）作业，要编制专项施工方案。

2. 施工安全技术措施的主要内容

施工安全技术措施的主要内容包括作业技术要求，安全防护设施，安全通道，施工机械操作要求，立体交叉施工作业区的隔离措施，施工作业区、交通道路与居民区的防护隔离设置，场内运输道路及行人通道的布置，施工临时用电、防火、防毒、防爆、防雷等安全措施。

3. 执行安全技术措施的要求

工程技术人员负责编制的安全技术措施，必须报经上一级技术负责人审批后执行，它具有技术法规的作用，在施工过程中要求作业人员必须认真执行。基本要求如下：

① 认真进行安全技术交底。

② 认真组织落实。

③ 加强安全技术措施实施情况的检查。

④ 建立与经济挂钩的奖罚制度。

（四）安全生产投入

① 施工单位必须安排适当资金，用于改善安全设施，更新安全技术装备、器材、仪器、仪表及其他安全生产投入，保证达到法律、法规、标准规定的安全生产条件，并对由于安全生产所必需的资金投入不足导致的后果承担责任。

② 安全生产投入主要用于以下方面：a.建设安全技术措施项目，如防火、通风等；b.增设新安全设备、器材、装备、仪器、仪表等及这些安全设备的日常维护；c.重大安全生产课题的研究；d.按国家标准为职工配备劳动保护用品；e.职工的安全生产教育和培训；f.其他有关预防事故发生的安全技术措施费用，如用于制定及落实生产事故应急救援预案等。

四、安全生产责任制

（一）建立安全生产责任制的必要性

安全生产责任制是施工单位各项安全生产规章制度的核心，是行政岗位责任制和经济责任制度的重要组成部分，也是最基本的职业健康安全管理制度。安全生产责任制按照职业健康安全工作方针"安全第一，预防为主"和管生产的同时必须管安全的原则，将各级负责人员、各职能部门及其工作人员、各岗位生产工人在职业健康安全方面应做的事情和应负的责任加以明确规定。

（二）安全生产责任制的主要要求

安全生产责任制的核心是实现安全生产的"五同时"，就是在计划、布置、监察、总结、评比生产工作的时候，同时计划、布置、检查、总结、评比安全工作。其内容大体可分为两个方面：一是纵向方面各级人员的安全生产责任制，即各类人员（从最高管理者、管理者代表到一般职工）的安全生产责任制；二是横向方面各职能部门（如安全、设备、技术、生产、人事、财务、设计、档案、培训、宣传等部门）的安全生产责任制。

安全生产是关系到施工单位全员、全层次、全过程的大事，因此，施工单位必须建立安全生产责任制。把安全生产、人人有责从制度上固定下来。从而增强各级管理人员的责任心，使安全管理纵向到底、横向到边、责任明确、协调配合，共同努力把安全工作真正落到实处。要建立起一个完善的安全生产责任制，需要达到如下要求：

① 必须符合国家安全生产法律、法规和政策、方针的要求，并应适时修订。

② 建立的安全生产责任制体系要与施工单位管理体制协调一致。

③ 制定安全生产责任制要根据本单位、本部门、本班组、本岗位的实际情况，明确、具体，具有可操作性，防止形式主义。

④ 制定、落实安全生产责任制要有专门的人员与机构来保障。

⑤ 在建立安全生产责任制的同时建立安全生产责任制的监督、检查等制度，特别要注意发挥职工群众的监督作用，以保证安全生产责任制得到真正落实。

（三）安全生产责任制应包含的主要内容

1. 单位主要负责人

施工单位的主要负责人是本单位安全生产的第一责任者，对安全施工全面负责。其职责包括：建立、健全本单位安全生产责任制；组织制定本单位安全生产规章制度和操作规程；保证本单位安全生产投入的有效实施；督促、检查本单位的安全生产工作，及时消除生产安全事故隐患；组织制定并实施本单位的生产安全事故应急救援预案；及时、如实报告生产安全事故。

2. 单位其他负责人

其他负责人在各自职责范围内，协助主要负责人搞好安全生产工作。

3. 职能管理机构负责人及其工作人员

职能管理机构负责人按照本机构的职责，组织有关工作人员做好安全生产责任制的落实，对本机构职责范围的安全生产工作负责；职能机构工作人员在本人职责范围内做好有关安全生产工作。

4. 班组长

班组安全生产是搞好安全生产工作的关键，班组长全面负责本班组的安全生产，是安全生产法律、法规和规章制度的直接执行者。贯彻执行本单位对安全生产的规定和要求，督促本班组的工人遵守有关安全生产规章制度和安全操作规程，切实做到不违章指挥，不违章作业，遵守劳动纪律。

5. 岗位工人

岗位工人对本岗位的安全生产负直接责任。要接受安全生产教育和培训，遵守有关安全生产规章和安全操作规程，不违章作业，遵守劳动纪律。特种作业人员必须接受专门的培训，经考试合格取得操作资格证书的，方可上岗作业。

五、安全生产检查

安全生产检查是指对施工过程及安全管理中可能存在的隐患、有害与危险因素、缺陷等进行查证，以确定隐患或有害与危险因素、缺陷的存在状态，以及它们转化为事故的条件，以便制定整改措施，消除隐患、有害与危险因素，确保施工安全。安全生产检查是安全管理工作的重要内容，是消除隐患、防止事故发生、改善劳动条件的重要手段。通过安全生产检查可以发现施工过程中的危险因素，以便有计划地制定纠正措施，保证施工的安全。

（一）安全生产检查的类型

1. 按检查的性质分类

①一般检查：又称普遍检查，是一种经常的、普遍的检查。一般采取个别的、日常的巡视方式来实现。在施工过程中进行经常性的预防检查，能及时发现并及时消除隐患，保证施工正常进行。

②专业（项）安全检查：专业（项）安全检查是对某个专项问题或在施工中存在的普遍性安全问题进行的单项定性检查。对危险较大的在用设备、设施，作业场所环境条件的管理性或监督性定量检测检验则属专业（项）安全检查。专业（项）安全检查具有较强的针对性和专业要求，用于检查难度较大的项目。通过检查，发现潜在问题，研究整改对策，及时消除隐患，进行技术改进。

③季节性及节假日前安全检查：由各级生产单位根据季节变化，按事故发生的规律对易发的潜在危险、突出重点进行季节检查。例如，冬季防冻保温、防火、防煤气中毒；夏季防暑降温、防汛、防雷电等检查。

由于节假日（特别是重大节日，如元旦、春节、劳动节、国庆节）前后容易发生事故，应进行有针对性的安全检查。

④综合性安全检查：一般是由主管部门对下属各企业或生产单位进行的全面综合性检查，必要时可组织进行系统的安全性评价。

2. 按检查方式分类

①定期安全检查：定期安全检查是有较一致时间间隔的安全检查。定期安全检查周期，施工项目自检宜控制在 10 ～ 15 天。班组必须坚持日检。季节性、专业性安全检查按规定要求确定日程。

②连续检查：主要针对某些设备的运行状况和操作进行长时间观察，通过观察发现设备运转的不正常情况并予以调整及做小的修理。观察使用设备的工人的操作情况，并帮助他们进行安全操作的训练，使工人熟悉机械设备各部分正常运转情况，及时察觉操作中的不安全行为和不正常现象。

③突击检查：对特殊部门、特殊设备或某一工作区域进行的，事先未曾宣布的一种检查。这种检查可以促进管理人员对安全的重视，促进他们预先做好检查并改进缺陷。

④不定期的职工代表巡视检查：由企业或工会负责人负责组织有关专业技术特长的职工代表进行巡视检查。重点检查国家安全生产方针、法规的贯彻执行情况；检查单位领导干部安全生产责任制的执行情况；检查工人安全生产权利的执行情况；检查事故原因、隐患整改情况；对责任者提出处理意见。此类检查可进一步强化各级领导安全生产责任制的落实，促进职工劳动保护合法权利的维护。

⑤特种检查：对采用新设备、新工艺或新建、改建的工程项目进行的安全检查。也包括：对有特殊安全要求的手持电动工具、电气、照明设备、通风设备、有毒有害物的储运设备进行的安全检查。

（二）安全生产检查的内容

安全生产检查对象的确定应本着突出重点的原则，对于危险性大、易发事故、事故危害大的生产系统、部位、装置、设备等应加强检查。一般应重点检查：易造成重大损失的易燃易爆危险物品、剧毒品、锅炉、压力容器、起重、运输、电气设备、冲压机械、高处作业，本单位易发生工伤、火灾、爆炸等事故的设备、工种、场所及其作业人员，以及易造成职业中毒或职业病的尘毒点和其相关作业人员。此外，需要直接管理重要危险点和有害点的部门及其负责人。

安全生产检查应根据施工特点，主要检查下述内容：查思想、查制度、查机械设备、查安全设施、查安全教育培训、查操作行为、查劳保用品使用、查伤亡事故处理、查环境影响等。因此，必须制定检查项目、检查方法、检查要求与标准，并做好检查记录，系统保存归档。检查后，应有分析、总结、对问题的处理措施。

（三）检查方法

1. 常规检查

常规检查是常见的一种检查方法。通常由安全管理人员作为检查工作的主体，到作业场所的现场，通过感观或辅助一定的简单工具、仪表等，对作业人员的行为、作业场所的环境条件、生产设备设施等进行的定性检查。安全检查人员通过这一手段，及时发现现场存在的安全隐患并采取措施予以消除，纠正施工人员的不安全行为。

这种方法完全依靠安全检查人员的经验和能力，检查的结果直接受安全检查人员个人素质的影响。因此，对安全检查人员要求较高。

2. 安全检查表法

为使检查工作更加规范，使个人的行为对检查结果的影响减少到最小，常采用安全检查表法。

安全检查表（Safety Checklist，SCL）是为了系统地找出不安全因素，事先把系统加以剖析，列出各层次的不安全因素，确定检查项目，并把检查项目按系统的组成顺序编制成表，以便进行检查或评审。安全检查表是进行安全检查，发现和查明各种危险和隐患，监督各项安全规章制度的实施，及时发现事故隐患并制止违章行为的一个有力工具。

安全检查表应列举需查明的所有会导致事故的不安全因素。每个安全检查表均需注明检查时间、检查者、直接负责人等，以便分清责任。安全检查表的设计应做到系统、全面，检查项目应明确。

编制安全检查表应依据有关标准、规程、规范及规定，并借鉴国内外事故案例及本单位在安全管理及生产中的有关经验，通过系统分析，确定危险部位及防范措施。我国许多行业都编制并实施了适合行业特点的安全检查标准，因此企业在实施安全检查工作时，可根据行业颁布的安全检查标准，同时结合本单位具体情况制定更具可操作性的安全检查表。

3. 仪器检查法

机器、设备内部的缺陷及作业环境条件的真实信息或定量数据，只有通过仪器检查法来进行定量化的检验与测量，才能发现安全隐患，为后续整改提供信息。因此，必要时需要实施仪器检查。由于被检查对象不同，检查所用的仪器和手段也不同。

（四）安全生产检查的工作程序

1. 安全检查准备

确定检查对象、目的、任务，查阅、掌握有关法规、标准、规程的要求，了解检查对象的工艺流程、生产情况及可能出现危险危害的情况，制订检查计划，安排检查内容、方法、步骤，编写安全检查表或检查提纲，准备必要的检测工具、仪器、书写表格或记录本，挑选、训练检查人员并进行必要的分工等。

2. 实施安全检查

实施安全检查就是通过访谈、查阅文件和记录、现场检查、仪器测量的方式获取信息。

①访谈。通过与有关人员谈话来了解相关部门、岗位执行规章制度的情况。

②查阅文件和记录。检查设计文件、作业规程、安全措施、责任制度、操作规程等是否齐全、是否有效，查阅相应记录，判断上述文件是否被执行。

③现场观察。到作业现场寻找不安全因素、事故隐患、事故征兆等。

④仪器测量。利用一定的检测检验仪器设备，对在用的设施、设备、器材状况及作业环境条件等进行测量，以发现隐患。

3. 通过分析做出判断

掌握情况（获得信息）之后，就要进行分析、判断和检验。可凭经验、技能进行分析、判断，必要时可以通过仪器、检验得出正确结论。

4. 及时做出决定进行处理

做出判断后应针对存在的问题做出采取措施的决定，即下达隐患整改意见和要求，包括要求进行信息的反馈。

5. 整改落实

通过复查整改落实情况，获得整改效果的信息，以实现安全检查工作的闭环。

检查后的整改，必须坚持三定和不推不拖，不使危险因素长期存在而危及人的安全。三定是指对检查后发现的危险因素的消除态度。三定即定具体整改责任人，定解决与改正的具体措施，限定消除危险因素的整改时间。在解决具体的危险因素时，凡借用自己的力量能够解决的，不推脱、不等不靠，坚决组织整改。

第三节 事故致因与事故预防

一、事故致因理论简介

事故致因理论是从大量典型事故的原因分析中所提炼出的事故机制和事故模型，概括地考虑构成系统的人、机、物、环境。这些事故机制和事故模型反映了事故发生的规律，它对认识事故本质，消除和控制事故发生、指导事故调查、事故分析、事故预防及事故责任的认定都有重大作用。

近十几年来，人们一致认为，事故的直接原因不外乎是人的不安全行为或人为失误、物的不安全状态或故障两大因素作用的结果。间接原因是社会因素和管理因素，这也是导致事故发生的本质原因。

随着科学技术和生产方式的发展，事故发生的规律在不断变化，人们对事故原因的认识也在不断深入，目前，已经提出 10 多种事故致因理论，这里介绍其中常用的几种。

（一）事故频发倾向理论

1919 年，英国的格林伍德和伍兹对许多伤亡事故发生次数进行统计分析时发现，当发生事故的概率不存在个体差异时，一定时间内事故发生次数服从泊松分布。一些工人如果在生产操作过程中发生过一次事故，当再继续操作时，就有重复发生第二次、第三次事故的倾向，符合这种统计分布的主要是少数有精神或心理缺陷的工人。当工厂中存在许多特别容易发生事故的人时，发生不同次数事故的人数服从非均等分布。

1939 年，法默和姆勃等在此研究基础上提出了事故频发倾向理论。事故频发倾向是指个别容易发生事故的稳定个人内在倾向。事故频发倾向者的存在是工业事故发生的主要原因，即少数具有事故频发倾向的工人是事故频发倾向者，他们的存在是工业事故发生的原因。如果企业中减少了事故频发倾向者，就可以减少工业事故。

（二）海因里希因果连锁理论

1931 年，美国的海因里希阐述了工业安全因果连锁理论。海因里希把工业伤害事故的发生发展过程描述为具有一定因果关系事件的连锁，即人员伤亡的发生是事故的结果，事故的发生原因是人的不安全行为或物的不安全状态，人的不安全行为或物的不安全状态是由人的缺点造成的，人的缺点是由不良环境诱发或者是由先天的遗传因素造成的。

海因里希将事故因果连锁过程概括为以下 5 个因素：遗传及社会环境、人的缺点、人的不安全行为或物的不安全状态、事故、伤害。海因里希用多米诺骨牌来形象地描述这种事故因果连锁关系。在多米诺骨牌系列中，一颗骨牌被碰倒了，则将发生连锁反应，其余的几颗骨牌相继被碰倒。如果移去中间的一颗骨牌，则连锁被破坏，事故过程被中止。他认为，企业安全工作的中心就是防止人的不安全行为，消除机械的或物质的不安全状态，中断事故连锁的进程，避免事故的发生。

（三）能量意外释放理论

1961 年，吉布森提出了事故是一种不正常的或不希望的能量释放，各种形式的能量是构成伤害的直接原因。因此，应该通过控制能量或控制作为能量及人体媒介的能载体来预防伤害事故。

1966年，在吉布森的研究基础上，哈登完善了能量意外释放理论，提出"人受伤害的原因只能是某种能量的转移"，并提出了能量逆流于人体造成伤害的分类方法。他将伤害分为两类：第一类伤害是由施加了局部或全身性损伤阈值的能量引起的；第二类伤害是由影响了局部或全身性能量交换引起的，主要指中毒窒息和冻伤。哈登认为，在一定条件下，某种形式的能量能否产生伤害造成人员伤亡事故，取决于能量大小、接触能量时间长短和频率及力的集中程度。根据能量意外释放理论，可以利用各种屏蔽来防止意外的能量转移，从而防止事故的发生。

（四）系统安全理论

20世纪50—60年代，在美国研制洲际导弹的过程中，系统安全理论应运而生。系统安全理论包括很多区别于传统安全理论的创新概念。

① 在事故致因理论方面，改变了人们只注重操作人员的不安全行为而忽略硬件故障在事故致因理论中所起作用的传统观念，开始考虑如何通过改善物的系统可靠性来提高复杂系统的安全性，从而避免事故。

② 没有任何一种事物是绝对安全的，任何事物中都潜伏着危险因素。通常所说的安全或危险只不过是一种主观的判断。

③ 不可能根除一切危险源，可以减少来自现有危险源的危险性，宁可减少总的危险性而不是只彻底消除几种选定的风险。

④ 由于人的认识能力有限，有时不能完全认识危险源及其风险，即使认识了现有的危险源，随着生产技术的发展，新技术、新工艺、新材料和新能源的出现，也会产生新的危险源。安全工作的目标就是控制危险源，努力把事故发生概率降到最低，即使万一发生事故，也把伤害和损失控制在较轻的程度。

二、防止事故的原则

安全管理的作用，就是采用技术和管理手段使事故不发生，或在事故发生后不造成严重后果，或使后果尽可能减小。对于事故的预防与控制，应从安全技术、安全教育、安全管理等3个方面入手，采取相应措施。安全技术对策着重解决物的不安全状态问题；安全教育对策和安全管理对策则主要着眼于人的不安全行为问题。安全教育对策主要是使相关人员知道存在的危险源、事故发生的可能性及严重程度、对于可能的危险应该怎么做。安全管理对策则是从制度及规章上规范管理者及作业者的行为，体现了安全管理的强制性。

（一）可能预防的原则

人灾的特点和天灾不同，原则上人灾都是能够预防的。对人灾不要只考虑发生之后的对策，必须进一步考虑发生之前的对策。

在事故预防过程中，涉及两个系统对象。

① 事故系统要素是人、物、环境与管理。其中，人的不安全行为是事故的最直接的因素；物的不安全状态也是事故的最直接因素；生产环境不良，影响人的行为和对机械设备产生不良的作用；管理的欠缺也会有影响。

② 安全系统要素是人、物、能量及信息。其中：人，即人的安全素质（心理与生理、安全能力、文化素质）；物，即设备与环境的安全可靠性（设计安全性、制造安全性、使用安全性）；能量，即生产过程能的安全作用（能的有效控制）；信息，即充分可靠的安全信息流（管理效能的充分发挥），这是安全的基础保障。根据安全系统科学的原理，预防为主是实现生产本质安全化的必经之路。

（二）偶然损失的原则

灾害包含两层意思：意外事故及由此而产生的损失。事故就是在正常流程图上没有记载的事件。事故和损失之间有下列关系：一个事故的后果产生的损失大小或损失种类由偶然性决定。反复发生的同种事故并不一定产生相同的损失，也有无损失事故。但是，如再发生会产生多大的损失，只能由偶然性决定而不能预测。

（三）继发原因的原则

防止灾害的重点是防止发生事故。事故原因常可分为直接原因和间接原因。直接原因又称为一次原因，是在时间上最接近事故发生的原因。因果是继承性的、多层次的。一次原因是二次原因的结果，二次原因又是三次原因的结果，依此类推。

（四）选择对策的原则

1. 技术对策

主要是运用工程技术手段消除物的不安全因素，来实现生产工艺和机械设备等生产条件的本质安全。按照导致事故的原因可分为防止事故发生的安全技术和减少事故损失的安全技术等，常用来防止事故发生的安全技术有消除系统中的危险源、限制能量或危险物质、隔离等。

消除系统中的危险源，可以从根本上防止事故的发生。但是，按照现代安全工程的观点，彻底消除所有危险源是不可能的。因此，人们往往首先选择危险性较大、在现有技术条件下可以消除的危险源作为优先考虑的对象。可以通过选择合适的工艺、技术、设备、设施，合理的结构形式，无害、无毒或不能致人伤害的物料来彻底消除某种危险源。

限制能量或危险物质可以防止事故的发生，如减少能量或危险物质的量、防止能量蓄积、安全地释放能量等。

隔离是一种常用的控制能量或危险物质的安全技术措施。采取隔离技术，既可以防止事故的发生，又可以防止事故的扩大，减少事故的损失。

故障安全设计：在系统、设备、设施的一部分发生故障或被破坏的情况下，在一定时间内也能保证安全的技术措施称为故障安全设计。通过设计，使系统、设备、设施发生故障或事故时处于低能状态，防止能量的意外释放。

减少故障和失误：通过增加安全系数、增加可靠性或设置安全监控系统等来减轻物的不安全状态，减少物的故障或事故的发生。

防止意外释放的能量引起人的伤害或物的损坏，或减轻其对人伤害或对物破坏的技术称为减少事故损失的安全技术。

常用的减少事故损失的安全技术有隔离、个体防护、设置薄弱环节、避难与救援等。

作为减少事故损失的隔离，是把被保护对象与意外释放的能量或危险物质等隔开。隔离措施按照被保护对象与可能致害对象的关系可分为隔开、封闭和缓冲等。

个体防护是把人体与意外释放的能量或危险物质隔离开，是一种不得已的隔离措施，却是保护人身安全的最后一道防线。

设置薄弱环节，即利用事先设计好的薄弱环节，使事故能量按照人们的意图释放，防止能量作用于被保护的人或物。如锅炉上的易熔塞、电路中的熔断器等。

设置避难场所，当事故发生时人员暂时躲避，免遭伤害或赢得救援的时间。要事先选择撤退路线，当事故发生时，人员按照撤退路线迅速撤离。事故发生后，组织有效的应急救援力量，实施迅速救护，是减少事故人员伤亡和财产损失的有效措施。

此外，安全监控系统作为防止事故发生和减少事故损失的安全技术，是发现系统故障和异常的重要手段。安装安全监控系统，可以及早发现事故，获得事故发生、发展的数据，避免事故的发生或减少事故的损失。

2. 教育对策

实施安全生产教育培训制度。施工单位主要负责人必须进行安全资格培训，经安全生产监督管理部门或法律法规规定的有关主管部门考核合格并取得安全资格证书后方可任职；其他负责人必须按照国家有关规定进行安全生产培训；所有作业人员每年应进行安全生产培训及作业前的安全技术交底。

培训主要内容包括：国家有关安全生产的方针、政策、法律、法规及有关行业的规章、规程、规范和标准；安全生产管理的基本知识、方法与安全生产技术，有关行业安全生产管理专业知识；重大事故防范、应急救援措施及调查处理方法，重大危险源管理与应急救援预案编制原则；国内外先进的安全生产管理经验；典型事故案例分析。

特种作业人员上岗作业前，必须进行专门的安全技术和操作技能的培训教育，增强其安全生产意识，获得证书后方可上岗。特种作业人员安全技术考核包括安全技术理论考试与实际操作技能考核两部分，以实际操作技能考核为主。"特种作业人员操作证"由国家统一印制，地市级以上行政主管部门负责签发，全国通用。离开特种作业岗位达 6 个月以上的特种作业人员，应当重新进行实际操作考核，经确认合格后方可上岗作业。取得"特种作业人员操作证"者，每两年进行一次复审。连续从事本工种 10 年以上的，经用人单位进行知识更新教育后，每 4 年复审 1 次。复审的内容包括：健康检查、违章记录、安全新知识和事故案例教育、本工种安全知识考试。未按期复审或复审不合格者，其操作证自行失效。

安全培训与安全教育是安全生产管理中的一个重要手段，是安全生产工作的基础工程。安全教育的目的是提高劳动者的安全防护能力，增强安全意识，促进企业落实安全生产主体责任，确保安全责任目标的实现。实施安全教育培训，必须注意人员的层次及内容的针对性。

3. 法制对策

贯彻执行建设项目"三同时"。建设项目"三同时"是指生产性基本建设项目中的劳动安全卫生设施必须符合国家规定的标准，必须与主体工程同时设计、同时施工、同时投入生产和使用，以确保建设项目竣工投产后，符合国家规定的劳动安全卫生标准，保障劳动者在生产过程中的安全与健康。

"三同时"的要求针对我国境内的新建、改建、扩建的基本建设项目、技术改造项目和引进的建设项目，它包括在我国境内建设的中外合资、中外合作和外商独资的建设项目。

建设项目中引进的国外技术和设备应符合我国规定或认可的劳动安全卫生标准；全部设计应符合我国有关规范和规定的要求。

"三同时"是生产经营单位安全生产的重要保障措施，是一种事前保障措施。

"三同时"贯彻落实安全第一，预防为主方针，改善劳动者的劳动条件，防止发生工伤事故，促进社会主义经济的发展，也是各级政府安全生产监督管理机构实施安全卫生监督管理的主要内容，是一项根本性的基础工作，也是有效消除和控制建设项目中危险、有害因素的根本措施。随着经济建设迅速发展，"三同时"作为事前预防的途径，将不断深化并不断提出更高的要求。

"三同时"制度的实施，要求从项目的论证到设计、施工、竣工验收都应按"三同时"的规定进行。

（五）危险因素防护原则

为选取有效及合理的防护措施，必须对潜在危险、潜在危险因素进行定量风险评价。风险可以表征为事故发生的频率和事故后果的乘积，定量风险评价包括事故发生的频率和事故出现引发的后果这两个方面。通过风险评价可以将风险的大小完全量化，并提供足够的信息，为各方决策提供定量化的依据。

危险因素防护原则主要有：消除潜在危险、降低潜在危险因素的量值、增加防护距离、延长防护时间、屏蔽潜在危险、加固薄弱环节、不予接近、区域闭锁、取代操作人员、警告和禁止信息原则。

三、事故救援

施工单位是救援的主体。事故发生后，立即启动项目应急救援预案，救护受伤害者，采取有效措施防止事故蔓延扩大，减少人员伤亡和财产损失。项目负责人、项目安全负责人立即赶赴现场救援。

①建立现场救援组织，主动开展或配合实施事故救援。成立自救领导小组，设置现场临时指挥部，根据事故等级、危害程度、事态趋势，设立事故现场专业工作小组。

②事故现场紧急处置组负责配合有关人民政府、建设单位指挥救援人员，组织现场人员撤离危险区域，抢救事故受困人员，将伤亡人员迅速转移至安全位置；对受伤人员实施临时救护，就近及时送往医院；采取措施控制事态，防止事故蔓延扩大；必要时，向建设项目管理机构、有关人民政府第一时间提出救援请求事项；对事故现场采取紧急保护措施，临时治安维护；做好队伍稳定工作，稳定职工、劳务人员情绪，结合救援进展尽快恢复生产。

③善后处理组负责安排人员协助配合医疗部门对伤者进行救治护理；妥善处置遇难者遗体、遗物；联系伤亡人员家属，妥善做好家属接待、安抚工作，开展伤亡人员赔偿协商，及时支付赔偿金，组织伤亡人员家属、受伤出院人员返乡。善后处理工作应取得事故发生地人民政府的支持和配合，对于群死、群伤事故中农民工来源地集中的，必要时可请求农民工输出地有关人民政府协助善后处理。

④事故信息（媒体接待）组负责及时向有关人民政府救援指挥人员汇报事故信息，客观公正地向媒体介绍事故情况，正确引导媒体，不得无端臆测、误导媒体。有关人民政府救援指挥人员到场后，统一发布权威事故信息。

⑤ 后勤保障组负责为事故救援人员提供必需的生活保障，协助伤亡人员家属的接待、临时安置，配合做好稳定情绪工作；与地方政府有关部门联系，配合善后处理组做好为遇难者开具死亡证明等相关工作。

⑥ 综合接待组负责妥善安排事故救援用车、会议、通信、联络等相关事宜。

⑦ 救援和现场保护要求。有关单位应妥善保护事故现场及相关证据，凡与事故有关的物体、痕迹，不得破坏。因事故救援、恢复通车需要改变事故现场的，应当做出标记、绘制现场示意图，制作视听资料，并书面记录。为抢救伤者需要移动现场某些物体时，必须做好现场标志。

第四节　安全评价与安全教育

一、安全评价概述

（一）安全评价的分类

安全评价是指运用定量或定性的方法，对建设项目或生产经营单位存在的职业危险因素和有害因素进行识别、分析和评估，包括安全预评价、安全验收评价、安全现状综合评价和专项安全评价。

安全预评价是根据建设项目可行性研究报告的内容，分析和预测该建设项目存在的危险、有害因素的种类和程度，提出合理可行的安全技术设计和安全管理的建议。安全预评价的内容主要包括危险、有害因素识别、危险度评价和安全对策措施及建议。它是以拟建建设项目作为研究对象，根据建设项目可行性研究报告提供的生产工艺过程、使用和产出的物质、主要设备和操作条件等，研究系统固有的危险及有害因素，应用系统安全工程的方法，对系统的危险性和危害性进行定性、定量分析，确定系统的危险、有害因素及其危险、危害程度；针对主要危险、有害因素及其可能产生的危险、危害后果提出消除、预防和降低的对策措施；对采取的措施是否能满足规定的安全要求进行评价，得出建设项目应如何设计、管理才能达到安全指标要求的结论。

安全验收评价是在建设项目竣工、试生产运行正常后，通过对建设项目的设施、设备、装置实际运行状况的检测、考察，找该建设项目投产后可能存在的危险、有害因素，提出合理可行的安全技术调整方案和安全管理对策。

安全现状综合评价是针对某一个生产经营单位总体或局部的生产经营活动安全现状进行的全面评价。主要内容包括：全面收集评价所需的信息资料，采用合适的安全评价方法进行危险识别，给出量化的安全状态参数值；对于可能造成重大后果的事故隐患，采用相应的数学模型进行事故模拟，预测极端情况下的影响范围，分析事故的最大损失，以及发生事故的概率；对发现的隐患，根据量化的安全状态参数值、整改的优先度进行排序；提出整改措施与建议。

评价形成的现状综合评价报告内容应纳入生产经营单位安全隐患整改和安全管理计划，并按计划加以实施和检查。

（二）安全评价的基本程序

安全评价的基本程序如图 1-1 所示。

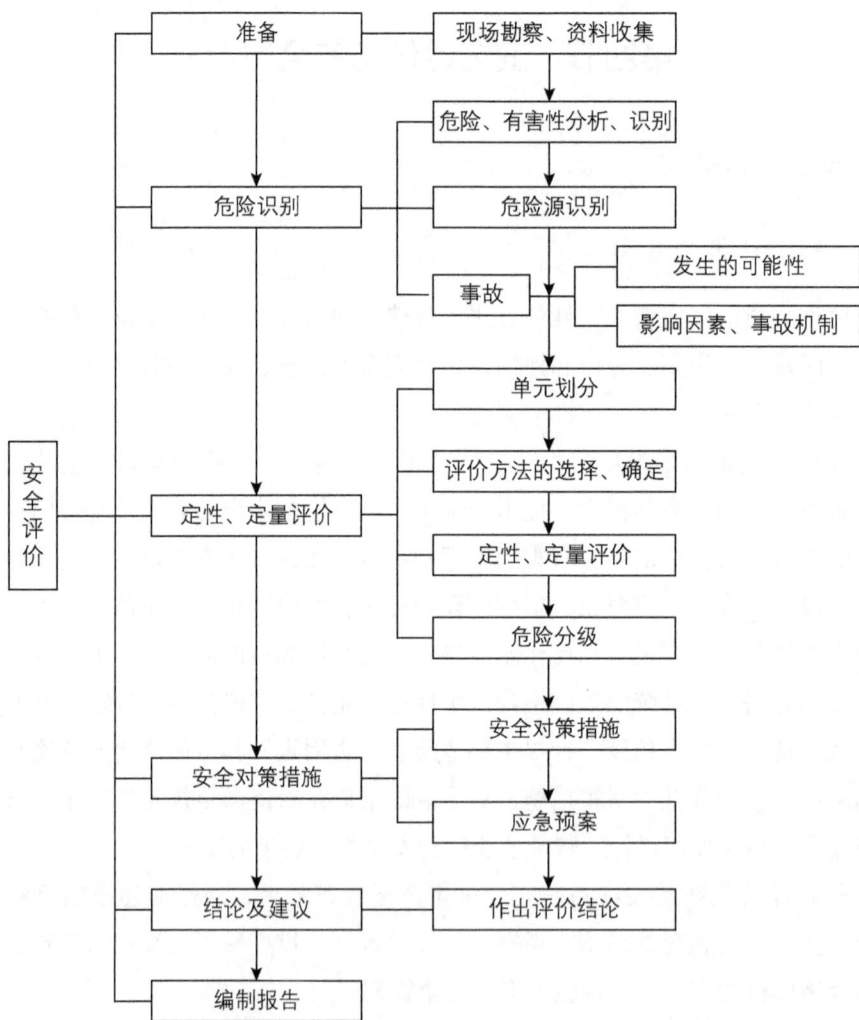

图 1-1　安全评价的基本程序

（三）安全评价报告

安全评价报告是安全评价工作过程形成的成果。安全评价报告的载体一般采用文本形式，为适应信息处理、交流和资料存档的需要，报告可采用多媒体电子载体。电子版本能容纳大量评价现场的照片、录音、录像及文件扫描，可增强安全验收评价工作的可追溯性。

目前，国内将安全评价根据工程、系统生命周期和评价的目的分为安全预评价、安全验收评价、安全现状评价和专项安全评价4类。但实际上可看成3类，即安全预评价、安全验收评价和安全现状评价，专项安全评价可看成安全现状评价的一种，属于政府在特定的时期内进行专项整治时开展的评价。在编写安全预评价、安全验收评价和安全现状评价报告时要注意文本要求、内容及格式。

二、危险、有害因素辨识

危险因素是指能对人造成伤亡或对物造成突发性损害的因素。有害因素是指能影响人的身体健康、导致疾病，或对物造成慢性损害的因素。通常情况下，二者并不加以区分而统称为危险、有害因素。

（一）危险、有害因素的辨识方法

常用的危险、有害因素辨识方法有直观经验分析方法和系统安全分析方法。

直观经验分析方法适用于有参考先例、有以往经验可借鉴的系统，不能应用在没有参考先例的新开发系统。包含对照法、经验法和类比法。

系统安全分析方法是应用系统安全工程评价方法的部分方法进行危险、有害因素辨识。系统安全分析方法常用于复杂、没有事故经验的新开发系统。常用的系统安全分析方法有事件树、事故树等。

（二）危险、有害因素的识别

虽然现代企业千差万别，但是如果能够通过事先对危险、有害因素的识别，找出可能存在的危险、危害，就能够对所存在的危险、危害采取相应的措施（如修改设计，增加安全设施等），从而可以大大提高系统的安全性。

在进行危险、有害因素的识别时，要全面、有序地进行识别，防止出现漏项，宜按厂址、总平面布置、道路运输、建（构）筑物、生产工艺、物流、主要设备装置、作业环境、安全措施管理等几个方面进行。识别的过程实际上就是系统安全分析的过程。

三、安全评价常用的方法

（一）安全检查表方法

为找出工程、系统中各种设备设施、物料、工件、操作、管理和组织措施中的危险、有害因素，事先把检查对象加以分解，将大系统分割成若干小的子系统，以提问或打分的形式，将检查项目列表逐项检查，避免遗漏，这种表称为安全检查表。

（二）危险指数方法

危险指数方法是一类分析方法。通过评价人员对几种工艺现状及运行的固有属性进行比较计算（以作业现场危险度、事故概率和事故严重度为基础，对不同作业现场的危险性进行鉴别），确定工艺危险特性重要性大小及是否需要进一步研究。

危险指数方法可以运用在工程项目的各个阶段（可行性研究、设计、运行等），或在详细的设计方案完成之前，或在现有装置危险分析计划制订之前。当然，它也可用于在役装置，作为确定工艺操作危险性的依据。

（三）预先危险分析方法

预先危险分析方法是一项实现系统安全危害分析的初步或初始的工作，在设计、施工、生产前，首先对系统中存在的危险性类别、出现条件、导致事故的后果进行分析，其目的是识别系统中的潜在危险，确定其危险等级，防止危险发展成事故。

（四）故障假设分析方法

故障假设分析方法是一种对系统工艺过程或操作过程的创造性分析方法。它一般要求评价人员用 what-if 作为开头对有关问题进行考虑，任何与工艺安全有关的问题，即使不太相关也可提出加以讨论。通常，将所有的问题都记录下来，然后将问题分门别类，如按照电气安全、消防、人员安全等问题分类，分头进行讨论。所提出的问题要考虑到任何与装置有关的不正常的生产条件，而不仅是设备故障或工艺参数变化。

故障假设分析方法比较简单，评价结果一般以表格形式显示，主要内容有：提出的问题，回答可能的后果、降低或消除危险性的安全措施。其目的是识别危险性或可能产生的意想不到的事件。

（五）危险和可操作性研究

危险和可操作性研究是一种定性的安全评价方法。它的基本过程是以关键词为引导，找出过程中工艺状态的变化（偏差），然后分析找出偏差的原因、后果及可采取的对策，侧重点是工艺部分或操作步骤各种具体值。

危险和可操作性研究方法所基于的原理是，背景各异的专家们如若在一起工作，就能够在创造性、系统性和风格上互相影响和启发，能够发现和鉴别更多的问题，与他们独立工作并分别提供工作结果相比更为有效。

危险和可操作性研究方法可按分析的准备、完成分析和编制分析结果报告3个步骤来完成。其本质就是通过系列会议对工艺流程图和操作规程进行分析，由各种专业人员按照规定的方法对偏离设计的工艺条件进行过程危险和可操作性研究，是帝国化学工业公司最早确定要由一个多方面人员组成的小组执行危险和可操作性研究工作的。

鉴于此，虽然某一个人也可能单独使用危险和可操作性研究方法，但这绝不能称为危险和可操作性研究。所以，危险和可操作性研究方法与其他安全评价方法的明显不同之处是，其他方法可由某人单独使用，而危险和可操作性研究则必须由一个多方面的、专业的、熟练的人员组成的小组来完成。

（六）故障类型和影响分析

故障类型和影响分析是系统安全工程的一种方法，根据系统可以划分为子系统、设备和元件的特点，按实际需要，将系统进行分割，然后分析各自可能发生的故障类型及其产生的影响，以便采取相应的对策，提高系统的安全可靠性。故障类型和影响分析的目的是辨识单一设备和系统的故障模式及每种故障模式对系统或装置造成的影响。故障类型和影响分析的步骤如下：明确系统本身的情况，确定分析程度和水平，绘制系统图和可靠性框图，列出所有的故障类型并选出对系统有影响的故障类型，理出造成故障的原因。在故障类型和影响分析中不直接确定人的影响因素，但像人失误、误操作等影响，通常作为一个设备故障模式表示出来。

（七）故障树分析

故障树又称事故树，是一种描述事故因果关系的有方向的树，是安全系统工程中的重要的分析方法之一。它能对各种系统的危险性进行识别评价，既适用于定性分析，又能进行定量分析，具有简明、形象的特点，体现了以系统工程方法研究安全问题的系统性、准确性和预测性。

（八）事件树分析

事件树分析用来分析普通设备故障或过程波动（称为初始事件）导致事故发生的可能性。

在事件树分析中，事故是典型设备故障或工艺异常（称为初始事件）引发的结果。与故障树分析不同，事件树分析使用归纳法（而不是演绎法），事件树可提供记录事故后果的系统性的方法，并能确定导致事件后果的事件与初始事件的关系。

（九）作业条件危险性评价法

美国的格拉汉姆和金尼研究了人们在具有潜在危险环境中作业的危险性，将作业条件的危险性作为因变量（D），事故或危险事件发生的可能性（L）、暴露于危险环境的频率（E）及危险严重程度（C）作为自变量，确定了它们之间的函数式。他们根据实际经验给出3个自变量的各种不同情况的分数值，采取根据情况对所评价的对象进行打分的办法，根据公式计算出其危险性分数值，然后在危险程度等级表或图上查出其危险程度。这是一种简单易行的评价作业条件危险性的方法。

（十）定量风险评价方法

在识别危险分析方面，定性和半定量的评估是非常有价值的，但是这些方法仅是定性，不能提供足够的定量化，特别是不能对复杂的并存在危险的工业流进行分析。

四、安全教育培训的实施

（一）企业负责人重在提高综合安全管理素质

企业法人代表及决策者是企业生产和经营的主要决策人，是企业利益分配和生产资料调度的主要控制者，同时也是企业安全生产的第一指挥者和责任人。强化对企业负责人的安全教育培训、提高其综合安全管理素质对企业落实主体责任具有重大意义。

①强化安全知识体系教育。企业负责人的个人能力和魅力对企业的发展会产生重大影响；同样，企业负责人的安全意识和技能也会对员工产生潜移默化的影响，对员工起到示范作用。因此，企业负责人必须加强安全法律法规的学习和安全技术素质的培养，强化劳动生产设备、安全卫生标准、防护用品标准等知识及事故发生规律、重大责任事故的行政处罚、违反安全生产法律应承担的民事和刑事责任、在什么情况下承担重大责任等内容的学习。

② 强化安全管理能力培养。企业负责人只有具备较高的安全管理素质才能真正负起安全生产第一责任人的责任，在安全生产问题上正确运用决定权、否决权、协调权、奖惩权，在机构、人员、资金、执法上为安全生产提供保障，对企业中层管理人员进行求实的工作作风教育，防止口头上重视安全，实际上忽视安全，避免"说起来重要，做起来次要，忙起来不要"现象的发生。

③ 强化安全第一的安全生产观。企业负责人要意识到在思想认识上安全高于其他工作，在资金安排上安全重于其他工作，在知识的更新上安全知识学习先于其他知识培训和学习，在检查考核上安全的检查评比严于其他考核工作，当安全与生产、经济、效益发生矛盾时，安全优先。企业负责人只有具备安全第一的观念，才能处理好安全与生产、安全与效益的关系，才能做好企业的安全工作。

④ 强化预防为主的科学观。要高效、高质量地实现企业的安全生产，必须坚持预防为主的方针，采用超前管理、预期型管理的方法和现代的安全管理技术，变纵向单因素管理为横向综合管理，变事后处理为预先分析，变事故管理为隐患管理，变管理的对象为管理的动力，变静态被动管理为动态主动管理，实现企业本质安全化。

（二）特种作业人员的教育培训要突出强制性

国家对特种作业人员的安全技术培训考核和复审培训考核工作相当重视，但不少企业未落到实处，使安全隐患增多，令人担忧。国家曾三令五申地严禁无证操作，但是，翻开许多事故档案，我们还是不难发现，无证操作造成的触电、坠落等事故屡屡发生。所以，必须强制性执行特种作业人员的培训考核和持证上岗制度。

（三）从业人员的教育培训重在提高安全意识

所谓安全意识，就是人们关于安全生产的思想、观点、知识和心理素质的总和，是安全生产重要性在人们头脑中所反映的程度。如果安全意识淡薄、掌握安全知识不够，就很容易出现违章指挥、违章作业的现象，势必造成各种事故频繁发生，事故发生率居高不下。

因此，对从业人员教育培训的重点是提高他们的安全意识。一要帮助他们正确认识和学习国家有关安全生产方针、政策、法律法规及行业有关规章、规程、规范、标准等；二要普及和提高安全技术知识，使其了解相关的安全管理制度，增强安全操作技能，掌握作业场所和工作岗位存在的危险因素及防护措施、应急措施等；三要通过对典型的事故案例进行分析，使他们从事故中汲取深刻的教训，让他们了解自己所执行的安全管理制度及操作规程，不但是根据国家的法律法规和标准所要求，是实践中积累的经验，而且也是从血淋淋的事故中汲取来的教训。

只有人人都确实感到搞好企业安全生产，是他们切身利益所在，是与自己生命安全、身体健康和家庭幸福息息相关的大事，他们才会积极行动起来，自觉参与到安全生产管理中来。

（四）农民工的安全教育培训重在普及安全技术知识

加强对农民工的安全教育培训，突出地表现在建筑领域。随着我国国民经济的不断发展，人民生活、居住条件的不断改善，建筑业已更加显示出支柱产业的地位。随着改革开放的步伐不断向前迈进，大多数建筑企业已由原来的生产管理型企业转变为管理型企业，作业层与管理层分离，由劳务分包单位提供一线生产作业工人，而这些生产工人基本上都是大量涌入城市的农村剩余劳动力——农民工。

这些农民工文化程度较低，安全知识、安全技能知之甚少，自我保护意识缺乏，基本上是放下锄头就上工地，带来的安全隐患和血的教训数不胜数。当前，建筑施工现场经常发生的高处坠落，机具、起重伤害，触电、物体打击、施工坍塌等多发事故，大多发生在这些农民工身上，究其原因，大多数是这些施工生产一线的农民工安全意识不强，进行违章操作或无证操作，未进行必要的安全技术知识培训，使本可避免的安全事故不可避免地发生，严重地影响和危及人民群众的生命及财产安全。

因此，必须通过教育培训，将这些昔日的农村泥瓦匠培养成今天的城市技术工人。只有他们的安全意识增强了，安全知识、安全技能提高了，改变目前建筑工程领域的安全形势才能得到保证，施工企业才能创造良好的经济效益和社会效益。

五、提高安全教育效果的途径

（一）改进教学方法和手段的必要性

好的教学内容只有通过好的教学方法和形式与之结合，才能收到好的教学效果。一项关于知识保持即记忆持久性的试验发现，人们一般能记住自己阅读内容的10%，听到内容的20%，看到内容的30%，听到和看到内容的50%，在交流过程中自己所说内容的70%。另外，记忆率的研究结果表明，对同样的学习材料，单用听觉，3小时后能保持所获知识的60%，3天后则下降为15%；单用视觉，3小时后能保持70%，3天后降为40%；如果视觉和听觉并用，3小时后能保持90%，3天后可保持75%。所以，同时调动视觉、听觉、触觉、运动觉等多种感觉器官参与感知活动，可以提高学习者在课堂的记忆力，提高他们的学习效果。因此，创建安全生产教育培训新模式，选择和设计多种课堂教学方式并进行合理组合，是提高安全教育培训效果的关键。

（二）变单向传递为双向传递

传统的课堂教学，采用的是由教师讲授课程内容，即口述加板书的方式，而学员则主要处于接受者的位置，被动地接受教师讲授的知识，信息传递途径是单向的，由教师推向学员，教学效果的好坏完全依赖于教师的推动力。要取得较好的教育培训效果，必须把教学方式由这种单向传递改为双向传递。可先由教师讲要点，然后找学生上讲台演示，既可以检验学生对安全知识的掌握程度，也可以让学生亲自动手实习，同时也给讲台下的学生做一次复习，加深实操的印象。

（三）变注入式为启发式

启发式教学能充分调动学生的学习主动性、积极性，使课堂教学变得生动，提高教学效果。提问和设疑是常用的一种启发形式，因为有些常规性的内容，一味按常规讲授，会使人感觉枯燥。在全员安全培训或三级安全教育教学时，教师可采用讨论法，以对学生启发和引导。通过教师和学员互相交流，教师传递知识，完成教学任务，学生增强记忆，掌握知识。

（四）采用现代化教学手段

运用现代化教学手段，对于缩短教学时间，降低学时有明显的作用。例如，幻灯片教学可提供色彩鲜明的图片，能提高学习效率。大量试验证实，人类获取的信息83.5%来自视觉、11%来自听觉、1.5%来自触觉、1%来自味觉。可见，人们通过听觉和视觉获得的信息占其所获得的总信息的94.5%。

对于安全生产状况及规章制度，预防事故和职业危害的措施与应注意的安全事项，从业人员在本生产经营单位内调整工作岗位或离岗一年以上重新上岗时的安全培训，实施新工艺、新技术或者使用新设备、新材料时的安全培训，可采用多媒体的教学方式，如把上述知识制作成幻灯片、图片或影视短片等形式，以讲授法的方式传授安全知识。对于各类事故应急救援、事故应急预案演练及防范措施等教育内容，可把平时演练的过程拍成完整的短片，作为安全教育的素材。实践证明，一般可以降低20%左右的学时，提高学生对知识的记忆率30%左右，这对提高教学质量很有帮助。

（五）变封闭式教学为开放式教学

单一呆板的封闭式课堂授课方式限制了学员的视野和思维，最终导致理论与实际脱节，而开放式课堂教学则弥补了以上不足。如新进企业的员工，他们不了解企业的生产状况、工艺流程、设备与设施的情况，这时采用开放式课堂教学，即带领学员有目的有计划地参观企业的生产流程、重点危险部位（危险源），使新员工对企业有一个初步认识，初步了解本单位安全生产情况及安全生产基本知识、安全设备设施的使用、现场工作环境及危险因素。对于现场操作规范等安全培训，应该由班组长在生产现场做示范和讲解。这样，不仅丰富了课堂教学的内容，而且使学员产生浓厚兴趣，加深了对安全知识的记忆。

只有充分利用各种有效资源，通过各种教学模式的有机组合，调动学员的视觉、听觉、触觉等多种感觉器官参与安全教育培训，把安全教育培训工作深入到各层次和每个岗位，提高安全教育培训的效果，才能提高员工的安全意识和安全素质。

六、安全教育培训的执法检查

① 检查企业安全生产培训计划安排及开展培训情况，询问了解企业主要负责人和从业人员接受安全培训情况，考核安全基本知识和安全操作技能，对不符合规定的，要责令限期整改。

② 检查生产经营单位的特种作业人员，是否按照国家有关规定，经专门的安全操作技能培训，取得特种作业操作资格证书，杜绝无证上岗和违规作业，坚决预防和遏制各类安全事故的发生。

③ 对严重违法、抗法的企业主要负责人及相关人员，依法从重处罚，对未按规定参加安全培训而上岗作业，造成伤亡事故和重大经济损失的，依法追究责任，直至追究刑事责任。

④ 对发生安全事故的企业，严格按照"四不放过"的原则，认真调查，严肃处理。

事实证明，只有加大安全生产执法检查的力度，才能推动安全生产培训工作扎实有效开展，从而更加有力地促进企业安全生产主体责任的落实。

第二章　重大危险源监控及应急救援

施工过程中，构建危险源控制、建立应急救援体系，体现了安全管理中预防为主、事前控制的原则，是施工安全管理中必须抓好的两个重要环节。

第一节　重大危险源辨识及监控

一、重大危险源概念

20世纪70年代以来，预防重大工业事故已成为各国社会、经济和技术发展的重点研究对象之一，引起国际社会的广泛重视。随之产生了重大危害（Major Hazard）、重大危害设施（国内通常称为重大危险源）（Major Hazard Installation）等概念。1993年6月，第80届国际劳工大会通过的《预防重大工业事故公约》将重大事故定义为：在重大危害设施内的一项活动过程中出现意外的、突发性的事故，如严重泄漏、火灾或爆炸，其中涉及一种或多种危险物质，并导致对工人、公众或环境造成即刻的或延期的严重危险。将重大危害设施定义为：长期或临时地加工、生产、处理、搬运、使用或储存数量超过临界量的一种或多种危险物质，或多类危险物质的设施（不包括核设施、军事设施及设施现场之外的非管道的运输）。

二、重大危险源的辨识

防止重大事故发生的第一步是辨识或确认高危险性的设施（危险源）。一般由政府主管部门或权威机构在物质毒性、燃烧、爆炸特性基础上，确定危险物质及其临界量标准（重大危险源辨识标准）。通过危险物质及其临界量标准，就可以确定哪些是可能发生重大事故的潜在危险源。

（一）危险源的辨识标准

铁路工程施工中危险源、危害因素辨识应以行业规范为标准，对于其中未具体列明或未作详细规定的应参照国家、地方的相关法律、法规和标准执行。现行的行业安全技术规程包括国家相关标准、法律法规，原铁道部、原建设部（现住房城乡建设部）、交通运输部相关标准及原劳动部标准。其他未作具体规定的施工项目可参照关于危险源、有害因素分类及企业职工伤亡事故分类的标准，由现场人员根据经验或由专家进行辨识。

（二）伤害事故诱因、伤害方式分类

在国家标准《企业职工伤亡事故分类》中，按致害原因将职工伤亡事故分为20类。

① 物体打击：指失控物体的重力或惯性力造成的人身伤害事故。适用于落下物、飞来物、侧石、崩块所造成的伤害。例如，砖头、工具从建筑物等高处落下，打桩、锤击造成物体飞溅等，都属于此类伤害。不包括因爆炸、车辆、坍塌引起的物体打击。

② 车辆伤害：指由运动中的机动车辆引起的机械伤害事故。适用于机动车辆在行驶中的挤压、坠落、撞车、物体倒塌或倾覆等事故，以及在行驶中上下车、搭乘矿车或放飞车、车辆运输挂钩事故、跑车事故。不包括超重设备提升、牵引车辆和车辆停驶时发生的事故。

③ 机械伤害：指由于运动或静止中的机械设备部件、工具、加工件直接与人体接触引起伤害的事故。适用于在使用和维修中的机械设备与工具引起的绞、夹、碾、剪、碰、割、戳、切等伤害。例如，工件或刀具飞出伤人，手或身体被卷入，手或其他部位被刀具碰伤、被转动的机构缠住等。不包括车辆、起重机械引起的机械伤害。

④ 起重伤害：指从事起重作业时（包括起重机安装、检修、试验）引起的机械伤害事故。适用于各种起重作业中发生的脱钩砸人、钢丝绳断裂抽人、移动吊物撞人、绞入钢丝绳或滑车等伤害，同时包括起重设备在使用、安装过程中的倾覆事故及提升设备过卷、蹲罐等事故。

⑤ 触电：指电流流经人体，造成生理伤害的事故。适用于触电、雷击伤害。例如，人体接触带电的设备金属外壳、裸露的临时线、漏电的手持电动工具，起重设备误触高压线或感应带电，雷击伤害，触电坠落等事故。

⑥ 淹溺：指人落入水中，水浸入呼吸系统造成伤害的事故。适用于船舶、排筏、设施在航行、停泊、作业时发生的落水事故，包括高处坠落淹溺。不包括矿山、井下透水淹溺。

⑦ 灼伤：指因接触酸、碱、盐、有机物引起的内外化学灼伤，火焰烧伤、蒸汽、热水或因火焰、高温、放射线引起的内外物理灼伤，导致皮肤及其他器官、组织损伤的事故。适用于烧伤、烫伤、化学灼伤、放射性皮肤损伤等伤害。不包括电烧伤及火灾事故引起的烧伤。

⑧ 火灾：指造成人身伤亡的企业火灾事故。不包括非企业原因造成的火灾事故，如居民火灾蔓延到企业的事故。

⑨ 高处坠落：指作业人员在工作面上失去平衡，在重力作用下坠落引起的伤害事故。适用于脚手架、平台、房顶、桥梁、山崖等高于地面的坠落，也适用于因地面踏空失足坠入洞、坑、沟、升降口、漏斗等情况。不包括触电坠落事故。

⑩ 坍塌：指物体在外力或重力作用下，超过自身的强度极限或因结构稳定性破坏而造成的事故。适用于因设计或施工不合理而造成的倒塌，以及土方、岩石发生的塌陷事故。例如，建筑物倒塌，脚手架倒塌，挖掘沟、坑、洞时土石的塌方等事故。不包括矿上冒顶片帮和车辆、起重机械、爆破引起的坍塌。

⑪ 冒顶片帮：矿井工作面、巷道侧壁由于支护不当、压力过大造成的坍塌称为片帮，顶板垮落称为冒顶，二者同时发生称为冒顶片帮。适用于矿山、地下开采、掘进及其他坑道作业发生的坍塌事故。

⑫ 透水：指矿山、地下开采或其他坑道作业时，意外水源造成的伤亡事故。适用于井巷与含水岩层、地下含水带、溶洞或被淹巷道、地面水域相通时，涌水成灾的事故。不包括地面水害事故。

⑬ 放炮：指施工时，放炮作业造成的伤亡事故。适用于各种爆破作业，如采石、采矿、采煤、开山、修路、拆除建筑物等工程进行的放炮作业引起的伤亡事故。

⑭ 瓦斯爆炸：指可燃性气体瓦斯、煤尘与空气混合形成了浓度达到燃烧极限的混合物，接触火源时，引起的化学性爆炸事故。主要适用于煤矿，同时也适用于空气不流通，瓦斯、煤尘积聚的场合。

⑮ 火药爆炸：指火药与炸药在生产、运输、储藏的过程中发生的爆炸事故。适用于火药与炸药在加工、配料、运输、储藏、使用过程中，由于振动、明火、摩擦、静电作用或因炸药的热分解作用发生的化学性爆炸事故。

⑯ 锅炉爆炸：指锅炉发生的物理性爆炸事故。适用于使用工作压力大于0.7个大气压、以水为介质的蒸汽锅炉。不包括用于铁路机车、船舶上的锅炉及列车电站和船舶电站的锅炉。

⑰ 压力容器爆炸：指压力容器破裂引起的气体爆炸，包括容器内盛装的可燃性液化气，在容器破裂后，立即蒸发，与周围的空气混合形成爆炸性气体混合物，遇到火源时产生的化学爆炸，也称容器的二次爆炸。

⑱ 其他爆炸：凡是不属于上述爆炸的事故均列入其他爆炸。

⑲ 中毒和窒息：中毒是指人接触有毒物质引起的人体急性中毒事故，如误食有毒食物、呼吸有毒气体；窒息是指因为氧气缺乏，发生突然晕倒，甚至死亡的事故，如在废弃的坑道、竖井、涵洞、地下管道等不通风的地方工作，发生的伤害事故。两种现象合为一体，称为中毒和窒息事故。

⑳ 其他伤害：凡是不属于上述伤害的事故均称为其他事故，如扭伤、跌伤、冻伤、

野兽咬伤、钉子扎伤等。

（三）职业病分类

《职业病分类和目录》将职业病分为：职业性尘肺病及其他呼吸系统疾病、职业性皮肤病、职业性眼病、职业性耳鼻喉口腔疾病、职业性化学中毒、物理因素所致职业病、职业性放射性疾病、职业性传染病、职业性肿瘤、其他职业病，共 10 类 132 种。

① 尘肺病：矽肺、煤工尘肺、石墨尘肺、碳黑尘肺、石棉肺、滑石尘肺、水泥尘肺、云母尘肺、陶工尘肺、铝尘肺、电焊工尘肺、铸工尘肺，根据《尘肺病诊断标准》和《尘肺病理诊断标准》可以诊断的其他尘肺病。

② 其他呼吸系统疾病：过敏性肺炎、棉尘病、哮喘、金属及其化合物粉尘肺沉着病（锡、铁、锑、钡及其化合物等）、刺激性化学物所致慢性阻塞性肺疾病、硬金属肺病。

③ 职业性皮肤病：接触性皮炎、光接触性皮炎、电光性皮炎、黑变病、痤疮、溃疡、化学性皮肤灼伤、白斑，根据《职业性皮肤病的诊断总则》可以诊断的其他职业性皮肤病。

④ 职业性眼病：化学性眼部的伤、电光性眼炎、白内障（含辐射性白内障、三硝基甲苯白内障）。

⑤ 职业性耳鼻喉口腔疾病：噪声聋、铬鼻病、牙酸蚀病、爆震聋。

⑥ 职业性化学中毒：铅及其化合物中毒（不包括四乙基铅）、汞及其化合物中毒、锰及其化合物中毒、镉及其化合物中毒、铍病、碘甲烷中毒、氯乙酸中毒、环氧乙烷中毒等，上述条目未提及的与职业有害因素存在直接因果联系的其他化学中毒。

⑦ 物理因素所致职业病：中暑、减压病、高原病、航空病、手臂振动病、激光所致眼（角膜、晶状体、视网膜）损伤、冻伤。

⑧ 职业性放射性疾病：外照射急性放射病、外照射亚急性放射病、外照射慢性放射病、内照射放射病、放射性皮肤疾病、放射性肿瘤（含矿工高氡暴露所致肺癌）、放射性骨损伤、放射性甲状腺疾病、放射性性腺疾病、放射复合伤，根据《职业性放射性疾病诊断标准（总则）》可以诊断的其他放射性损伤。

⑨ 职业性肿瘤：石棉所致肺癌、间皮瘤，联苯胺所致膀胱癌，苯所致白血病，氯甲联、双氯甲醚所致肺癌，砷及其化合物所致肺癌、皮肤癌，氯乙烯所致肝血管肉瘤，焦炉逸散物所致肺癌，六价铬化合物所致肺癌，毛沸石所致肺癌、胸膜间皮瘤，煤焦油、煤焦油沥青、石油沥青所致皮肤癌，β-萘胺所致膀胱癌。

⑩ 其他职业病：金属烟热、滑囊炎（限于井下工人）、股静脉血栓综合征、股动脉闭塞症或淋巴管闭塞症（限于刮研作业人员）。

（四）危险源的辨识方法

铁路施工单位应针对铁路工程的类型、特点、规模及自身管理水平等情况，根据现行的国家法律法规、国家标准、行业规范、操作规程及以前一些事故案例，充分辨识出本工程各个施工阶段、部位和场所需控制的危险源和环境因素，列出清单，并采用适当方法，评价已辨识的全部危险源和环境因素对施工现场场界内外的影响，将其中导致事故发生的可能性较大，且事故发生会造成严重后果的危险源确定为重大危险源。

施工企业或项目可以按照类似作业安全分析的方式，由所属各部门的作业流程展开，再经由每个流程的危害辨识，找出各流程的危害原因，并依此危害原因发生的严重性、可能性及此流程的暴露率，量化其风险值。量化的依据可以采取定量经济损失估算、人员伤亡、结构有限元分析、LEC法、事故模拟法、专家调查法等进行，再针对较高风险的流程进行追踪改善，达成有效的风险控制。

铁路工程危险源辨识常采用标准规范检查表法、经验类比法、系统安全分析法辨识，对于较为简单的工程项目可采用经验类比法，对于大型复杂结构及工程采用标准规范检查表法及系统安全分析法辨识。

1. 标准规范检查表法

对照铁路施工安全的有关标准、法规、检查表或依靠专家、施工管理人员、技术人员的观察分析能力，借助于技术文件及经验和判断能力逐一细致地评价对象危险性和危害性的方法。这种方法简便、易行，但受辨识人员对规范标准系统掌握及知识、经验和占有资料的限制，可能出现遗漏。为弥补个人判断的不足，常采取工程设计、施工安全方面专家会议的方式来相互启发、交换意见、集思广益，使危险、危害因素的辨识更加细致、具体。

对照事先编制的检查表辨识危险、危害因素，可弥补知识、经验不足的缺陷，具有方便、实用、不易遗漏的优点，但须有事先编制的、适用的检查表。检查表是在大量实践经验基础上编制的，我国化工、矿山等一些行业的安全检查表、事故隐患检查表可作为借鉴。

2. 经验类比法

对设备、设施、危险品、环境、气候等固有的显而易见的危险源（点），可以通过现场考察或认真预想的方法直接进行查找。对情况复杂难以凭经验或想象做出准确判断的潜在的危险点，就要通过各种分析方法进行查找。

① 将本企业及同行业在同类作业中曾经发生过的事故实例，经过分析推断，归纳总结。

② 利用相同或相似工程，施工作业条件的经验和职业安全卫生的统计资料来类推、

分析评价对象的危险、危害因素。此法多用于危害因素和作业条件危险因素的辨识过程。

3. 系统安全分析法

根据危险源（点）存在的一般规律，通过演绎推理，分析判断作业过程中所存在的危险点；通过调查研究，在掌握大量情况的基础上，进行去伪存真、去粗取精、由表及里地分析推断，找出危险源（点）的存在。这需要应用系统安全工程评价方法进行危险、危害因素的辨识。系统安全分析法常用于大型、复杂的工程、没有事故经验的新型结构系统，如复杂的地下工程、斜拉桥施工等。常用的系统安全分析法有事件树、事故树等。

（五）危险源辨识的步骤

明确危险点分类和危险点分析预控的对象，是做好危险点分析预控的前提。在精细化管理中，应做到以下几点。

① 按照可能导致事故的原因、事故类别，列举各种危险点类别，明确告诉企业职工哪些是危险点，引导职工正确识别。

② 系统分解日常生产活动中各类基本作业项目，分析各作业项目之间的关系，分层次列举需要进行危险点分析预控的具体作业项目，并编制必要的危险点控制网络图和统一的危险点控制措施登记表，以明确危险点辨识对象、辨识方法和步骤，为系统开展危险点分析和预控奠定基础。

1. 危险因素辨识的一般步骤

进行危害因素辨识时，通常可以按照以下步骤进行。

① 确定危险、危害因素的分布

对各种危险、危害因素进行归纳总结，确定企业中有哪些危险、危害因素及其分布状况等综合资料。

② 确定危险、危害因素的内容

为了便于危险、危害因素的分析，防止遗漏，宜按厂址、平面布局、建（构）筑物、物质、生产工艺及设备、辅助生产设施（包括公用工程）、作业环境危险几部分，分别分析其存在的危险、危害因素，列表登记。

③ 确定伤害（危害）方式

伤害（危害）方式指对人体造成伤害、对人体健康造成损坏的方式。例如，机械伤害（危害）造成挤压、咬合、碰撞、剪切等，中毒的靶器官、生理功能异常、生理结构损伤形式（如黏膜糜烂、自主神经紊乱、窒息等），粉尘在肺泡内阻留、肺组织纤维化、肺组织癌变等。

④ 确定伤害（危害）途径和范围

大部分危险、危害因素是通过人体直接接触造成伤害。例如，爆炸是通过冲击波、火焰、飞溅物体在一定空间范围内造成伤害，毒物是通过直接接触（呼吸道、食道、皮肤黏膜等）或在一定区域内通过呼吸带的空气作用于人体，噪声是通过一定距离的空气损伤听觉的。

⑤ 确定主要危险、危害因素

对导致事故发生的直接原因、诱导原因进行重点分析，从而为确定评价目标、评价重点、划分评价单元、选择评价方法和采取控制措施提供基础。

⑥ 确定重大危险、危害因素

分析时要防止遗漏，特别是对可能导致重大事故的危险、危害因素要给予特别的关注，不得忽略。不仅要分析正常生产运转、操作时的危险、危害因素，更重要的是要分析设备、装置破坏及操作失误时可能产生严重后果的危险、危害因素。

2. 铁路工程通用部分危险源、危害因素的辨识

各单位由工区管理人员、专业技术人员主持，组织员工以会议讨论的形式，确定出通用部分危险源，填写危险源识别表和危险源评价表。

① 地下（表）水、火、强度不足、交叉施工、高处作业、易燃物、硒尘、噪声、临时结构、大型机械、变配电设施、材料运输等作业现场常规危险直接识别为通用部分危险源。

② 所有与人为因素有关的施工人员、管理人员在工作现场可能发生的危险因素，识别为本单位通用部分危险源。例如：违反规程、冒险作业、无管理人员跟班上岗、安监员空岗、无规程等。

3. 铁路工程现场特殊部分危险源、危害因素辨识

各单位指定一名班组长或工长为危险源识别负责人，也可指定一名安全责任心较强的员工为危险源识别负责人，同时由值班人员发放给危险源识别负责人"危险源辨识与控制表"。危险源识别负责人在工作现场组织员工对当班工作中遇到的危险源进行辨识，并做好记录。

① 按工种进行危险源识别。挖掘机、架桥机、起重机等大型机械设备操作司机、机电工、爆破工、钻眼工、模板工、架子工、焊接工等工种，在现场工作时，遇到的危险源识别为特殊部分危险源，现场填写"危险源辨识与控制表"，进行签字。

② 按工序进行危险源识别。例如，掘进工作面现场可以按打眼、放炮、初期支护、装砟运输、验收等工序进行危险源识别。二衬工作面现场可以按防水施工、钢筋工程、台车支设、混凝土运输、浇筑振捣、脱模养护、表面观察等工序进行危险源识别。在打眼工序中，可以识别出电钻台车电缆漏点、风管脱落、断钳子、水管断裂等危险源。

③ 按岗位进行危险源识别。例如，配电房、空压机房、混凝土搅拌站、料库等工作岗位的环境产生的危险源识别为特殊部分危险源。

4. 重大危险源的专家辨识

对于特殊施工、复杂工程、部位及设施、场所等，如高度超过 24 m 的脚手架、桥梁悬臂挂篮施工、深大基坑支护工程、交叠隧道等特殊工程，各单位要组织有现场安全管理经验、熟悉业务和工艺流程的专业人员、工程技术专家、安全分析专家收集本工程适用的设计、施工规范、安全法律、法规、标准、规程、规范等安全管理文件，对本单位范围内生产、服务全过程进行危险事件排查，识别存在的危险源并进行初步评价，经安全主管部门分类汇总、审查，报单位主管审批后确认为重大危险源。

三、重大危险源控制系统

对重大危险源控制的目的，不仅是预防重大事故发生，而且要做到一旦发生事故，能将事故危害限制到最低程度。由于生产活动的复杂性，有效地控制重大危险源需要采用系统工程的思想和方法。重大危险源控制系统包括：重大危险源的辨识、重大危险源的评价、重大危险源的管理、重大危险源的安全报告、事故应急救援预案。

（一）重大危险源的辨识

1. 重大危险源辨识的依据

① 国家的法律、法规；

② 各级政府行政主管部门的规章；

③ 国家标准、行业标准、地方标准、企业标准；

④ 操作规程；

⑤ 施工技术文件；

⑥ 工程地质和水文地质资料（特别是不良地质反应）；

⑦ 周围环境(建筑物、构筑物、设施、道路、地上地下各种管线及周围人流分布等)；

⑧ 施工组织设计或施工方案(特别是拟投入的各种资源及拟采用的施工技术措施)；

⑨ 施工企业的技术与装备能力；

⑩ 施工企业的组织管理能力与水平。

2. 重大危险源辨识的方法

重大危险源辨识方法通常可分为对照法和系统分析法两大类。

① 对照法是与相关的法律、法规、标准、规章和以往的经验教训相对照辨识而得

出的重大危险源。这是一种基于经验的方法，优点是操作简单、易行，缺点是重点不突出、容易遗漏，适用于有以往经验可供借鉴的情况。

常用的对照法包括：询问交谈法、检查法、现场观察法、经验分析评价法、查阅相关记录法、查阅外部信息法等。

② 系统分析法是对不安全状态、不安全行为、起因物、致害物和伤害方式等进行的分析方法，通过揭示系统中可能导致系统故障或事故的各种因素及其相互关联来辨识系统中存在的重大危险源。系统分析法经常被用来辨识可能带来的严重事故后果的重大危险源，也可用于辨识没有前人经验的活动系统的重大危险源，系统越复杂，越需要利用系统分析法来辨识重大危险源。

常用的系统分析法包括：危险与可操作性研究、工作任务分析、事件树分析、故障树分析等。

辨识不可能一蹴而就，它是一个循序渐进、动态管理的过程。除了开工前确定分部分项工程和子项，并按重大危险源辨识方法尽可能完整地辨识重大危险源要素外，还应根据施工过程和施工内容的变化，动态地对重大危险源要素进行辨识。

工程开工前应编制重大危险源要素辨识的总目录，还需根据工程施工进度情况滚动式编制重大危险源要素辨识的分阶段目录。

3. 重大危险源辨识应注意的问题

① 应仔细阅读工程设计文件、工程地质资料，深层次研读对工程安全和质量可能产生影响的内容，如复杂结构、预应力、大悬挑结构、超重结构构件及不良地质反应等，这是辨识的关键内容，也是施工管理人员由于责任心和技术水平等因素往往被忽视的内容。

② 应深入了解周围环境情况，如建筑物和构筑物的结构形式、基础形式、现有状态，周边管线的类型、分布、距离、现有状态，设施的分布、现有状态等。既需要分析工程施工对周围环境可能产生的影响，也要分析周围环境对工程施工的影响，从中辨识重大危险源。

③ 应认真分析各重大危险源之间的内在联系和影响，切忌片面、孤立地看待重大危险源。

④ 应充分认识到施工项目是重大危险源辨识的基本单元。项目部应结合工程实际情况有针对性地梳理、分析、辨识重大危险源，切记教条、机械地照搬照抄法律、法规、规章、标准及企业的管理制度、工艺标准、操作规程等具体条文。现在施工企业一般都有危险源辨识的总目录，项目部往往照搬照抄，甚至将企业的危险源辨识的全部内容作为项目重大危险源辨识目录，缺乏针对性和可操作性。

⑤ 应正确理解安全和技术标准与重大危险源辨识的辩证关系。安全和技术标准所

规范的是常规的施工行为，具有一定的通用性，而重大危险源辨识具有较强的工程个案性，不能将安全和技术标准的内容简单地罗列成重大危险源，而应在充分理解、熟练掌握标准内容的基础上，有针对性地辨识。

（二）重大危险源的评价

进行重大危险源辨识和确认后，就应对其进行风险分析评价。一般来说，重大危险源的风险分析评价包括下述几个方面：①辨识各类危险因素及其原因与机制；②依次评价已辨识危险事件发生的概率；③评价危险事件的后果；④进行风险评价，即评价危险事件发生概率和发生后果的联合作用；⑤风险控制，即将上述评价结果与安全目标值进行比较，检查风险值是否达到可接受水平，否则需进一步采取措施，降低危险水平。常用的评价方法有 LEC 法和 PHA 法。

1. LEC 法

铁路工程现场对危险源评价常用 LEC 法。LEC 法是对具有潜在危险性作业环境中的危险源进行半定量的安全评价方法。L 称为可能性指数，指发生事故的可能性大小；E 称为暴露率，指人体暴露在这种危险环境中的频繁程度；C 为一旦发生事故会造成的损失。风险分值 $D=L \times E \times C$，D 值越大，说明该系统危险性越大，需要增加安全措施，或改变发生事故的可能性，或减少人体暴露于危险环境的频繁程度，或减轻事故损失。

对 L、E、C 分别进行客观的科学计算，得到准确数据，这是相当烦琐的过程。为简化评价过程，一般采取半定量计值法，即根据以往的经验和估计，分别对这 3 方面划分不同的等级，并赋值。具体如下。

按照所考虑的因素是否可能导致事件的发生，将 L 分成 7 个等级。①完全可以预料：分数值 10。②相当可能：分数值 6。③可能，但不经常：分数值 3。④可能性小，完全意外：分数值 1。⑤很不可能，可以设想：分数值 0.5。⑥极不可能：分数值 0.2。⑦实际不可能：分数值 0.1。

危害识别时需要关注下列因素的可能性指数：①暴露的施工作业人数；②暴露的频率和持续时间；③施工人员和危险区的接近程度；④影响工作强度的因素；⑤缺少适合的训练和监督或者不合适的工作场所设计；⑥其他。

根据施工作业人员在现场危险环境中接触或暴露的时间、频繁程度给出 E。①连续暴露：分数值 10。②每天工作时间内暴露：分数值 6。③每周一次或偶然暴露：分数值 3。④每月一次暴露：分数值 2。⑤每年几次暴露：分数值 1。⑥罕见暴露：分数值 0.5。

发生事故后果指数 C。① 10 人以上死亡：分数值 100。② 3~9 人死亡：分数值 40。② 1~2 人死亡：分数值 15。③严重：分数值 7。④重大，伤残：分数值 3。⑤引人注意：分数值 1。

$D=L \times E \times C$，可计算施工作业危险源的危险程度，并判断危险性的大小，其中的关键是如何确定各个分值，以及对乘积值的分析、评价和利用。

危险源危险程度评定如下。①极其危险，不能继续作业：$D > 320$。②高度危险，要立即整改：$160 < D < 320$。③显著危险，需要整改：$70 < D < 160$。④一般危险，需要注意：$20 < D < 70$。⑤稍有危险，可以接受：$D < 20$。

对于不易确定的或危险性较大的重大危险源应做必要的评估和定量分析计算，可由安全检测评估单位、科研单位等采取理论机构计算、事故损失预测、失效分析和人员、设备损失模拟方法进行定量分析。

2. PHA 法

PHA 法是一种系统安全分析法，铁路工程施工管理中主要用于某一项工程设计、施工、生产之前，是对该工程存在的危险性类别、出现条件、可能导致事故的后果做出概略分析的一种方法。该方法也是一份实现系统安全危害分析的初步或初始的计划，是在方案开发初级阶段或设计阶段之初完成的。该方法的分析步骤包括以下几个方面。

① 对所要分析的分部工程的结构特点、施工过程及技术条件和周围环境做较充分的调查了解。

② 调查、了解和收集过去的经验及类似工程中发生过的事故，分析可能造成的损害，尤其是人员伤害的危险性（按系统和子系统一步一步地找）。

③ 调查、确认危险源（危险源的确认可用前述方法确定）。

④ 识别危险转化条件：研究危险因素转变为事故状态的触发条件，即哪些条件存在可以使危险因素转化为事故。

为了分出轻重缓急，将危险性等级高的事件或因素作为重点控制的对象，需要把预计到的潜在事故划分为危险等级，通常分为 4 个等级。

Ⅰ级：安全的（可忽视的）——不会造成人员伤亡和系统的损失（物质损失）。

Ⅱ级：临界（极限）——处于事故的边缘状态，暂时还不会造成人员伤亡和系统的损失或降低系统性能，应予以排除和控制。

Ⅲ级：危险的——会造成人员伤亡或系统损坏，要立即采取措施。

Ⅳ级：灾难性的（破坏）——造成人员的重大伤亡及系统严重损坏的灾难性事故。

根据危险性等级标准对危险源进行分析，制定预防措施及对策，找出消除或控制危险的可能方法，在危险不能控制的情况下，分析最好的预防或减少损失的方法，如隔离、个体防护、救护等，指定需要和负责改进措施的部门、人员和完成日期。

（三）重大危险源的管理

在重大危险源辨识和风险评价的基础上，编制科学的危险源管理方案，预控施工中各个环节可能出现的风险，确保安全管理人员的主要精力投入到高风险的地方，达到实施风险控制的目的。低成本、高效率地消除施工过程中存在的不安全因素，保障施工安全。

1. 重大危险源管理的基本原则

① 消除优先原则。首先考虑通过合理的设计和科学的管理，尽可能从根本上消除危险源，实现本质安全。如采用无害工艺技术、生产中以无害物质代替有害物质、实现自动化、遥控技术等。

② 降低风险原则。若无法从根本上消除危险源，其次考虑降低风险。采取技术和管理措施，努力降低伤害或损坏发生的概率或潜在的严重程度。

③ 个体防护原则。在采取消除或降低风险措施后，还不能完全保证作业人员的安全健康时，最后考虑个体防护设备，作为补充对策。如穿戴特种劳动防护用品等。

2. 重大危险源管理的措施

① 建立健全危险源管理的规章制度；明确安全责任、定期检查；加强危险源的日常管理；抓好信息反馈、及时整改隐患；做好危险源控制管理的基础建设工作；做好危险源控制管理的考核评价和奖惩。

② 消除系统中的危险源，可以从根本上防止事故的发生。但是，按照现代安全工程的观点，彻底消除所有危险源是不可能的。因此，人们往往选择危险性较大、在现有技术条件下可以消除的危险源，作为优先考虑的对象。可以通过选择合适的工艺、技术、设备、设施来彻底消除某种危险源。

（四）重大危险源的安全报告

施工单位应在规定的期限内，对已辨识和评价的重大危险源向政府主管部门提交安全报告。安全报告应详细说明重大危险源的情况，可能引发事故的危险因素及前提条件，安全操作和预防失误的控制措施，可能发生的事故类型，事故发生的可能性及后果，限制事故后果的措施，现场事故应急救援预案等。

（五）事故应急救援预案

事故应急救援预案是重大危险源控制系统的重要组成部分。施工单位应负责制定现场事故应急救援预案，并且定期检验和评估现场事故应急救援预案和程序的有效程度，以及在必要时进行修订。

第二节　铁路工程重大危险源管理

一、铁路重大危险源的定义

工程施工生产活动都存在着包括劳动者本身、工器具与设备、作业对象、作业环境等方面不同程度的危险性和不安全因素，这些危险因素的作用导致危险源的出现，而重大危险源相对于一般危险源（点）具有危害大、突发性及一旦发生很难进行控制等特点。

（一）基坑开挖工程

① 开挖深度超过 5 m（含 5 m）的基坑（槽）的土方开挖、支护、降水工程。
② 基坑虽未超过 5 m，但地质条件和周围环境复杂、影响毗邻建筑（构筑）物安全的基坑（槽）的土方开挖、支护、降水工程。

（二）模板工程及支撑体系

① 工具式模板工程：包括滑模、爬模、飞模工程。
② 混凝土模板支撑工程：搭设高度 8 m 及以上；搭设跨度 18 m 及以上；施工总荷载 15 kN/m^2 及以上；集中线荷载 20 kN/m^2 及以上。
③ 承重支撑体系：钢结构安装等满堂支撑体系，承受单点集中荷载 700 kg 以上。

（三）起重吊装及安装拆卸工程

① 采用非常规起重设备、方法，且单件起吊重量在 100 kN 及以上的起重吊装工程。
② 起重量 300 kN 及以上的起重设备安装工程。

（四）脚手架工程

① 搭设高度 24 m（桥梁工程 16 m）及以上的落地式钢管脚手架工程。
② 附着式整体和分片提升脚手架工程。
③ 悬挑式脚手架工程。
④ 吊篮脚手架工程。
⑤ 自制卸料平台、移动操作平台工程。
⑥ 新型及异型脚手架工程。

（五）拆除、爆破工程

① 建筑物、构筑物拆除工程。

② 采用爆破拆除的工程。

（六）铁路营业线工程

① 上跨、下穿主要干线的桥涵（管）工程。

② 繁忙干线、干线及枢纽站改造专项工程。

③ 邻近营业线大型吊装、安装工程，可能因翻塌、坠落等意外而危及营业线行车安全的工程。

④ 邻近营业线降水、注浆、打桩、开挖等影响路基稳定的工程。

（七）其他

① 搭设高度超过 24 m 的建筑幕墙安装工程。

② 跨度大于 36 m 的钢结构安装工程；跨度大于 60 m 的网架和索膜结构安装工程。

③ 16 m 及以上的人工挖扩孔桩工程。

④ 隧道、地下暗挖、顶管及水下作业工程。

⑤ 采用新技术、新工艺、新材料、新设备及尚无相关技术标准的危险性较大的分部分项工程。

此外，重大危险源根据所处环境分为营业线及非营业线两类。根据事故发生的概率和造成后果的影响程度，分为一级重大危险源（极高度风险）、二级重大危险源（高度风险）、三级重大危险源（中度风险）3 个等级。

二、铁路重大危险源等级划分

重大危险源按事故发生的概率和造成后果的影响程度分为三级。

一级重大危险源：因建设施工可能导致安全生产重大及以上事故或引起铁路交通一般 B 类及以上事故的。

二级重大危险源：因建设施工可能导致安全生产较大事故或引起铁路交通一般 C 类事故的。

三级重大危险源：因建设施工可能导致安全生产一般事故或引起铁路交通一般 D 类事故的。

具体评定方法可以采用 LEC 法。

一般来说，施工单位应在开工前根据建设单位或勘察设计单位提出的高风险工点及承建工程施工范围和特点，对重大危险源进行辨识并初步进行分类、分级，经项目技术负责人审查、监理单位项目总监审批后，报建设项目管理机构进行辨识。建设项目管理机构组织专家对施工单位初步确定的重大风险源进行辨识，确定重大危险源分类、分级及相关负责人，最终由有关建设主管部门审核公布。建设项目管理机构、施工单位、监理单位根据确定的重大危险源及等级，分别建立管理台账，按职责分工，实施重大危险源管理。

三、铁路重大危险源管理程序及管理要求

（一）重大危险源的管理程序

施工单位对重大危险源的辨识应由施工项目技术负责人组织，监理单位参加。

提出重大危险源分类、分级的初步意见，经监理单位项目总监审查。建设项目管理机构接到施工单位报送的重大危险源分类、分级的初步意见，由总工程师组织有关专业技术人员对重大风险源进一步辨识。对确定的重大危险源应建立统计表，并报上级建设主管部门。上级建设主管部门接到建设项目管理机构报送的重大危险源辨识资料，对重大危险源进行分类、分级审核，并向有关部门及单位公布。

各建设项目应对重大危险源实行动态管理。开工前，建设项目管理机构应组织设计单位、施工单位、监理单位对建设项目重大危险源进行全面辨识，并将分类、分级统计表报上级建设主管部门。施工中，施工单位、建设项目管理机构应对重大危险源动态情况进行动态跟踪管理。

（二）重大危险源的管理要求

1. 施工专项方案的编制及审批要求

凡纳入重大危险源的分部分项施工，施工前，施工单位必须编制专项施工方案，并按规定程序审批。对一级及二级采用非常规施工方案进行施工的重大危险源，施工单位应组织不少于5人的专家组进行论证评审。论证评审后，专家组应提出书面论证审查报告，施工单位根据论证审查报告对编制的专项施工方案进行完善，经施工单位技术负责人、监理单位总监理工程师签字、盖章后方可实施。如果涉及铁路营业线施工的重大危险源专项施工方案，还应按相关铁路局有关规定办理审查手续。经审查批准的专项施工方案是现场施工的唯一依据，任何单位和部门不得随意更改。因特殊原因必须对已批准的专项施工方案变更时，需按原程序重新报审。

考虑到铁路建设工程区别于其他建设工程，譬如地域偏远、建设规模大等，重大危险源施工专项方案审批、签认权限应根据项目的规模和具体情况按当地铁路建设主管部门规定执行。

2. 参建单位的管理职责

建设项目管理机构需严格落实施工单位、监理单位对重大危险源的辨识及分类、分

级标准，加强对重大危险源专项施工方案评估、论证程序的检查及监督，督促施工单位建立并落实重大危险源有关登记、公示、监控、整改等各项管理制度。

施工前，施工单位应对涉及重大危险源的从业人员进行培训，使其全面掌握本岗位的安全操作技能和在紧急情况下应当采取的应急措施。对重大危险源的施工作业，应向所有作业人员进行安全技术交底，并有书面记录和签字。施工单位应针对重大危险源每年至少开展一次综合应急演练或专项应急演练，每半年至少开展一次现场处置应急演练。

监理单位须对重大危险源的施工现场制定检查制度，总监理工程师每周检查不少于一次，监理组长或包保负责人每周检查不少于两次，监理工程师每天检查不少于一次，关键性工序监理工程师须旁站监理。各级管理人员的检查结果须在检查登记本上做好记录。对发现的问题，应立即下达整改通知书。对整改不力的，应按规定程序责令停工整顿。监理单位应将重大危险源的安全管理情况纳入监理月报。

第三节　事故应急救援体系

一、事故应急救援的基本任务及特点

事故应急救援的总目标是通过有效的应急救援行动，尽可能降低事故的后果，包括人员伤亡、财产损失和环境破坏等。

（一）事故应急救援的基本任务

① 立即组织营救受害人员，组织撤离或者采取其他措施保护危害区域内的其他人员。抢救受害人员是应急救援的首要任务，在应急救援行动中，快速、有序、有效地实施现场急救与安全转送伤员是降低伤亡率、减少事故损失的关键。由于重大事故发生突然、扩散迅速、涉及范围广、危害大，应及时指导和组织群众采取各种措施进行自身防护，必要时迅速撤离出危险区或可能受到危害的区域。在撤离过程中，应积极组织群众开展自救和互救工作。

② 迅速控制事态，并对事故造成的危害进行检测、监测，测定事故的危害区域、危害性质及危害程度。及时控制住造成事故的危险源是应急救援工作的重要任务，只有及时控制住危险源，防止事故的继续扩展，才能及时有效进行救援。特别对发生在城市或人口稠密地区的化学事故，应尽快组织工程抢险队与事故单位技术人员一起，及时控制事故防止继续扩展[1]。

③ 消除危害后果，做好现场恢复。针对事故对人体、动植物、土壤、空气等造成的现实危害和可能的危害，迅速采取封闭、隔离、洗消、监测等措施，防止对人的继续危

害和对环境的污染。及时清理废墟，恢复基本设施，将事故现场恢复至相对稳定的基本状态。

④ 查清事故原因，评估危害程度。事故发生后应及时调查事故的发生原因和事故性质，评估出事故的危害范围和危险程度，查明人员伤亡情况，做好事故调查。

（二）事故应急救援的特点

1. 重大事故的特点

重大事故往往具有不确定性、突发性、复杂性和后果、影响易猝变、激化、放大的特点。针对重大事故的特点，应在事故产生重大灾难后果之前采取各种有效的防护、救助、疏散和控制事态等措施。为保证对事故做出迅速有效的初始响应，及时控制住事态，应急救援工作应强调应急准备工作，包括全天候的昼夜值班制度，确保报警、指挥通信系统始终保持完好状态，明确各部门的职责，确保各种应急救援的装备、技术器材、有关物资随时处于完好可用状态，制定科学有效的突发事件应急预案等措施。

2. 事故应急救援的特点

根据重大事故的特点，应急救援行动必须做到迅速、准确、有效。

① 迅速，就是要求建立快速的应急响应机制，能迅速准确地传递事故信息，迅速地召集所需的应急力量和设备、物资等资源，迅速建立统一指挥与协调系统，开展救援活动。事故灾害虽然是小概率事件，但后果一般比较严重，能造成广泛的社会影响，应急处置稍有不慎就可能改变事故的性质。使平稳、有序、和平状态向动态、混乱和冲突方面发展，会引起事故波及范围扩展、人员伤亡和财产损失加大。所以，重大事故的处置必须坚决果断，而且越早越好，防止事态扩大。

② 准确，要求有相应的应急决策机制，能基于事故的规模、性质、特点、现场环境等信息，正确地预测事故的发展趋势，准确地对应急救援行动和战术进行决策。

③ 有效，主要指应急救援行动的有效性，在很大程度上取决于应急准备的充分与否，包括应急队伍的建设与训练、应急设备（施）、物资的配备与维护、预案的制定与落实及有效的外部增援机制等。

（三）应急救援活动的复杂性

应急救援活动的复杂性主要表现在 4 个方面：①事故、灾难或事件影响因素与演变规律的不确定性和不可预见的多变性；②不同部门参与应急救援活动，在信息沟通、行动协调与指挥、授权与职责、通信等方面如何做到有效组织和管理；③应急响应过程中公众的反应、恐慌心理、公众过急等突发行为的复杂性；④现场处置措施的复杂性。重大事故的处置措施往往涉及较强的专业技术支持，包括易燃、有毒危险物质、复杂危险工艺及隧道事故处置等，每一个行动方案、监测及应急人员防护等都需要在专业人员的支持下进行决策。

二、事故应急管理的过程

应急管理是对重大事故的全过程管理，贯穿于事故发生前、中、后的各个过程，应充分体现预防为主、常备不懈的应急思想。应急管理是一个动态的过程，包括预防、准备、响应和恢复4个阶段。尽管在实际情况中这些阶段往往是交叉的，但每一个阶段都有自己明确的目标，而且每一个阶段又构筑在前一个阶段的基础之上，因而预防、准备、响应和恢复的相互关联，构成了重大事故应急管理的循环过程。

（一）预防

在应急管理中预防有两层含义。

① 事故的预防工作，即通过安全管理和安全技术等手段，尽可能地防止事故的发生，实现本质安全。

② 在假定事故必然发生的前提下，通过采取预防措施，来达到降低或减缓事故的影响或后果严重程度，如加大建筑物的安全距离、减少危险物品的存量、设置防护墙、开展公众教育等。从长远观点来看，低成本高效率的预防措施是减少事故损失的关键[2]。

（二）准备

应急准备是应急管理过程中一个极关键的过程，它是针对可能发生的事故，为迅速有效地开展应急行动而预先所做的各种准备，包括应急机构的设立和职责的落实、预案的编制、应急队伍的建设、应急设备（施）、物资的准备和维护、预案的演习、与外部应急力量的衔接等，其目标是保持重大事故应急救援所需的应急能力。

（三）响应

应急响应是在事故发生后立即采取的应急与救援行动。包括事故的报警与通报、人员的紧急疏散、急救与医疗、消防和工程抢险措施、信息收集与应急决策、外部求援等，其目标是尽可能地抢救受害人员、保护可能受威胁的人群，并尽可能控制并消除事故。

（四）恢复

恢复工作应在事故发生后立即进行，它首先使事故影响区域恢复到相对安全的基本状态，然后逐步恢复到正常状态。要求立即进行的恢复工作包括事故损失评估、原因调查、清理废墟等，在短期恢复中应注意避免出现新的紧急情况；长期恢复包括受影响区域的重新施工规划和清理、重新制定工期等。在长期恢复工作中，应汲取事故和应急救援的经验教训，开展进一步的预防工作和减灾行动。

三、事故应急救援体系的响应程序

事故应急救援系统的响应程序按过程可分为接警、响应级别确定、应急启动、救援行动、应急恢复和应急结束等几个过程（图2-1）。

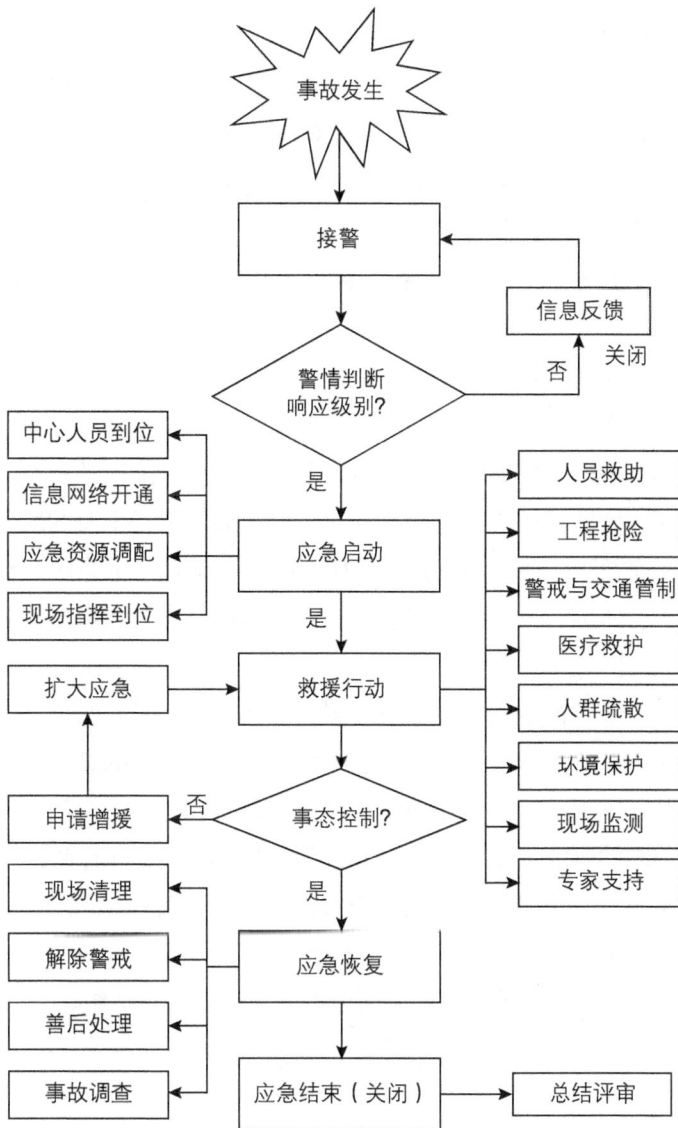

图 2-1　事故应急救援系统的应急响应程序

四、现场指挥系统的组织结构

重大事故的现场情况往往十分复杂，且汇集了各方面的应急力量与大量的资源，应急救援行动的组织、指挥和管理成为重大事故应急工作所面临的一个严峻挑战。应急过程中存在的主要问题如下：①太多人员向事故指挥官汇报；②应急响应的组织结构各异，部门间缺乏协调机制；③缺乏可靠的事故相关信息和决策机制，应急救援的整体目标不清或不明；④通信不畅；⑤授权不清或机构对自身现场的任务、目标不清。

对事故态势的管理方式决定了整个应急行动的效率。为保证现场应急救援工作的有效实施，必须对事故现场的所有应急救援工作实施统一的指挥和管理，即建立事故指挥系统（Incident Command System，ICS），形成清晰的指挥链，以便及时地获取事故信息，分析和评估事态，确定救援的优先目标，决定如何实施快速、有效的救援行动和保护生命的安全措施，指挥和协调各方面应急力量，高效地利用可获取资源，确保应急决策的正确性和应急行动的整体性和有效性。

现场指挥系统的组织结构应当在紧急事件发生前就已建立，预先对指挥结构达成一致意见，将有助于保证应急各方明确各自的职责，并在应急救援过程中更好地履行职责。现场指挥系统模块化的结构由指挥、行动、策划、后勤及资金/行政5个核心应急响应职能组成。指挥官负责现场应急响应所有方面的工作，包括确定应急目标及实现目标的策略，批准实施书面或口头的事故行动计划，高效地调配现场资源，落实保障人员安全与健康的措施，管理现场所有的应急行动。行动部门负责主要的应急行动，包括抢险、人员搜救、医疗救治、疏散与安置等。所有战术行动都依据事故行动计划来完成。策划部门负责收集、评价、分析和发布事故相关的信息，准备和起草事故行动计划，并对有关的信息进行归档。

后勤部门负责为事故的响应提供设备、设施、人员、运输、服务等。资金/行政部门负责跟踪事故的所有费用并进行评估，承担其他职能未涉及的管理职责。事故现场指挥系统模块化结构最大的优点是允许根据现场的行动规模，灵活启动指挥系统相应的部分机构，因为很多的事故可能不需要启动策划、后勤或资金/行政模块。需要注意的是，对没有启用的模块，其相应的职能由现场指挥官承担，除非明确指定给某一负责人。当事故规模进一步扩大，响应行动涉及跨区间跨单位或上级救援机构加人时可能开展联合指挥，该模块的现场系统可以很方便地扩展为联合指挥系统。

五、事故应急预案编制的要求及内容

（一）事故应急预案的作用

应急预案在应急系统中起着关键作用，它明确了在突发事故发生之前、发生过程中及刚结束之后，谁负责做什么，何时做，相应的策略和资源准备等。它是针对可能发生的重大事故及其影响和后果严重程度，为应急准备和应急响应的各个方面所预先做出的详细安排，是开展及时、有序和有效事故应急救援工作的行动指南。

① 应急预案明确了应急救援的范围和体系，使应急准备和应急管理不再是无据可依、无章可循，尤其是培训和演习工作的开展。

② 制定应急预案有利于做出及时的应急响应，降低事故后果。

③ 成为各类突发重大事故的应急基础。通过编制基本应急预案，可保证应急预案足够的灵活性，对那些事先无法预料到的突发事件或事故，也可以起到基本的应急指导作用，成为开展应急救援的底线。在此基础上，可以针对特定危害编制专项应急预案，有针对性地制定应急措施，进行专项应急准备和演习。

④ 当发生超过应急能力的重大事故时，便于与上级应急部门进行协调。

⑤ 有利于提高风险防范意识。

（二）应急预案编制基本要求及核心内容

1.基本要求

① 符合有关法律、法规、规章和标准的规定。

② 结合项目特点、行业管理要求和本单位的安全生产实际情况；紧密结合项目危险性分析情况。

③ 应急组织和人员的职责分工明确，并有具体的落实措施。

④ 有明确、具体的事故预防措施和应急程序，并与应急能力相适应。

⑤ 有明确的应急保障措施，并能满足本项目应急工作要求。

⑥ 预案基本要素齐全、完整，预案附件提供的信息准确；预案内容与相关应急预案相互衔接。

2.核心内容

① 工程（项目）概况。

② 对紧急情况或事故及其后果的预测、辨识、评价。

③ 组织机构及职责。

④ 预警及预防。

⑤ 信息报告程序。

⑥ 分级响应程序。

⑦ 救援方案及措施。

⑧ 应急救援中可用的人员、设备、设施、物资、经费保障和其他资源，包括社会和外部援助资源等。

六、应急预案的编制程序

施工安全管理应急预案的完整编制过程应包括下面6个方面。

① 成立工作组。结合部门职能分工，成立由单位主要负责人为领导的预案编制小组，明确编制任务、职责分工、制订工作计划。

② 资料收集。收集应急预案编制所需的各种资料，包括相关法律法规、应急预案、技术标准、国内外同行业事故案例分析、本单位技术资料等。

③ 危险源与风险分析。在危险因素分析及事故隐患排查、治理的基础上，确定本单位的危险源、可能发生事故的类型和后果，进行事故风险分析并指出可能产生的次生、衍生事故，形成分析报告，分析结果作为应急预案的编制依据。

④ 应急能力的评估。对本单位应急装备、应急队伍等应急能力进行评估，并结合本单位实际，加强应急能力建设。

⑤ 应急预案编制。针对可能发生的事故，按照有关规定和要求编制应急预案。编制过程中，应注重全体人员的参与和培训，使与事故有关的所有人员均掌握危险源的危险性、应急处置方案和技能。应急预案应充分利用现有资源，与上级主管单位及相关部门的预案相衔接。

⑥ 预案的批准、实施和维护。提出预案的落实、更新、培训和演练计划。

应急预案是整个应急管理体系的反映，它的内容不仅限于事故发生过程中的应急响应和救援措施，还包括事故发生前的各种应急准备、事故发生后的紧急恢复、预案的管理与更新等。因此，一个完善的应急预案按相应的过程可分为6个关键要素，包括：方针与原则、应急策划、应急准备、应急响应、现场恢复、预案管理与评审改进。这6个一级要素相互之间既相对独立，又紧密联系，从应急的方针、策划、准备、响应、恢复到预案的管理与评审改进，形成了一个有机联系并持续改进的体系结构。根据一级要素中所包括的任务和功能，应急策划、应急准备和应急响应3个一级关键要素可进一步划分成若干个二级小要素。所有要素构成了建设工程重大事故应急预案的核心要素。这些要素是重大事故应急预案编制应当涉及的基本方面，在实际编制时，可根据职能部门的设置和职责分配等具体情况，将要素进行合并或增加，便于预案的内容组织和编写。

七、应急预案的演练与评审

应急演练是检验、评价和保持应急能力的一个重要手段。其重要作用突出体现在：可在事故真正发生前暴露预案和程序的缺陷；发现应急资源的不足（包括人力和设备等）；改善各应急部门、机构、人员之间的协调；增强公众应对突发重大事故的信心和应急意识；提高应急人员的技术水平；进一步明确各自的岗位与职责；提高各级预案之间的协调性；提高整体应急反应能力。

（一）演练的类型

对应急预案的完整性和周密性进行评估，可采用不同规模的应急演练方法，如桌面演练、功能演练和全面演练等。

1. 桌面演练

桌面演练是指由应急组织的代表或关键岗位人员参加的，按照应急预案及其标准工作程序，讨论紧急情况时应采取何种行动的演练活动。桌面演练的主要特点是对演练情景进行口头演练，一般在会议室举行。主要目的是锻炼参演人员解决问题的能力及解决应急组织相互协作和职责划分的问题。

桌面演练一般仅限于有限的应急响应和内部协调活动，应急人员主要来自本地应急组织，事后一般采取口头评论形式收集参演人员的建议，并提交一份简短的书面报告，总结演练活动，提出有关改进应急响应工作的建议。桌面演练方法成本较低，主要用于为功能演练和全面演练做准备。

2. 功能演练

功能演练是指针对某项应急响应功能或其中某些应急响应行动举行的演练活动。功能演练一般在应急指挥中心举行，并可同时开展现场演练，调用有限的应急设备，主要目的是针对应急响应功能，检验应急人员及应急体系的策划和响应能力。例如，指挥和控制功能的演练，其目的是检测、评价多个政府部门在紧急状态下实现集权式的运行和响应的能力，演练地点主要集中在若干个应急指挥中心或现场指挥部。

功能演练比桌面演练规模要大，需动员更多的应急人员和机构，相应地，协调工作难度也随着更多应急响应组织的参与而加大。演练完成后，除采取口头评论形式外，还应向地方提交有关演练活动的书面汇报，提出改进建议。

3. 全面演练

全面演练指针对应急预案中全部或大部分应急响应功能，检验、评价应急组织应急运行能力的演练活动。全面演练一般要求持续几个小时，采取交互式方式进行，演练过程要求尽量真实，调用更多的应急人员和资源，并开展人员、设备及其他资源的实战性演练，以检验相互协调的应急响应能力。与功能演练类似，演练完成后，除采取口头评论、书面汇报外，还应提交正式的书面报告。

应急演练的组织者或策划者在确定采取哪种类型的演练方法时，应考虑以下因素：①应急预案和响应程序制定工作的进展情况；②本辖区面临风险的性质和大小；③本辖区现有应急响应能力；④应急演练成本及资金筹措状况；⑤有关政府部门对应急演练工作的态度；⑥应急组织投入的资源状况；⑦国家及地方政府部门颁布的有关应急演练的规定。无论选择何种演练方法，应急演练方案必须与辖区重大事故应急管理的需求和资源条件相适应。

制订演练计划，根据本单位的事故预防重点，每年至少组织一次综合应急预案演练或者专项应急预案演练，每半年至少组织一次现场处置方案演练。同时，对应急预案演练效果进行评估，撰写应急预案演练评估报告，分析存在的问题，并对应急预案提出修订意见。

（二）应急预案的审评

应急预案编制完成后，需要组织专家评审。施工单位预案的评审人员应当包括建设单位、监理单位的人员和有关方面的专家。应急预案编写时要注重实用性、基本要素完整性、预防措施针对性、组织体系科学性、响应程序操作性、保障措施可行性、应急预案衔接性等内容。应急预案经评审由单位主要负责人签署公布。

（三）备案及修订

施工单位项目应急预案报建设单位和企业上级主管部门备案。受理备案登记的单位对应急预案进行形式审查，经审符合要求的，予以备案；不符合要求的，不予备案并说明理由。受理备案登记的单位应当指导、督促生产经营单位做好应急预案的备案登记工作，建立应急预案备案登记建档制度。

发生下列情况时，应急预案应当及时修订：①工艺和技术发生变化；②周围环境发生变化，形成新的重大危险源；③应急组织指挥体系或者职责已经调整；④依据的法律法规、规章和标准发生变化；⑤应急预案演练评估报告要求修订；⑥应急预案管理部门要求修订。施工单位应急预案的修订情况应及时向建设单位和企业上级主管部门报告，并按照有关应急预案报备程序重新备案。

第三章　路基工程施工与安全管理

铁路路基是由不同密度的土、石构成的土工合成物，是轨道结构的基础，是保证列车高速安全运行，线路稳定、平顺的必要条件。要确保线路质量，路基必须具有足够的稳定性、坚固性与耐久性，即在其本身静力作用下地基不应发生过大沉陷；在车辆动力作用下不应发生过大的弹性或塑性变形；路基边坡应能长期稳定而不坍塌；还要经受各种自然因素的破坏。

第一节　路基施工作业

一、施工准备工作

（一）技术准备

1. 开展现场调查

铁路路基工程的施工调查除了调查全线或全段共同需要的项目外，还应根据工程特点着重调查收集下列内容的资料，并写出调查报告。

① 施工范围内的地质、水文、气象等情况。

② 核对土石类别及分布，调查施工环境条件及取、弃土困难地段的填料来源、弃土位置和运土条件等。

③ 调查核对级配填料，收集级配填料的拌和站等有关资料。

④ 大量石方爆破地段的地形、地貌、地质和附近居民、建筑物、交通与通信设施情况。

⑤ 大型土石方施工机械的运输及组装场地。

⑥ 农作物收割、播种季节及平均产量和为办理用地、补偿工作所需的资料。

⑦ 为办理房屋、道路、管线、线路等拆迁补偿工作和清理施工场地所需的资料。

⑧ 修建各项临时工程，并采取施工防排水措施。

⑨ 采用新技术、新工艺、新机具、新材料、新型结构等所需的资料。

2. 做好图纸会审和技术交底工作

施工图表是铁路施工单位进行铁路施工的重要依据，路基工程必须按照批准的设计文件施工。如需变更，应按变更设计处理办法执行。在设计技术交底会上，施工单位应认真听取设计单位对工程设计依据、意图和功能要求的说明，提出疑问并给出合理化建议，形成记录文件，作为指导施工的依据。

在此基础上，施工单位应组织有关技术人员进行图纸审核，及时到施工现场核对。如发现误差，应与设计人员联系，更正设计错误。必要时，会同设计单位、建设单位（监理单位）进行图纸会审，共同解决设计文件中的差、错、漏等问题。会审会议必须做好相应的会议纪要，并将其尽快发放到参加会议的各方代表手中。会议纪要是竣工资料的重要组成部分，具有与施工图表一样的法律效力。同样，施工前也要做好施工技术交底，将设计内容、施工组织设计、施工计划和施工技术要求，自上而下逐级向施工班组、工人进行交底。

3. 编制实施性施工组织设计

确定合理的施工方案及技术组织措施；确定施工季节及施工进度；制订材料及机具设备计划，选择施工机具设备，制定施工机械化配套方案；制定完善的质量保证措施、安全保证措施及环保措施；明确工地施工便道、机械停放位置、材料和成品存放位置等，并绘制工点场地平面布置图；实施性施工组织设计报监理单位和建设单位批准后方可实施；根据掌握的资料，对投标时初步拟定的施工方法和技术措施等进行重新评价和深入研究，制定详尽、实用的施工方案。

4. 测量放线

根据工程施工特点，成立工地测量组并配备相应仪器设备，进行开工前测量。施工控制测量采用全站仪进行，放样完成后，施工作业工区测量小组之间交叉复核检。开工前测量包括：与设计单位交接桩、导线复测、中线复测、水准点复测和加密、施工控制网布设等。

修筑路基以前，需要在地面上把标志路基的施工界线桩钉出来，作为线路施工的依据，这些标桩称为边桩。测设边桩的工作，称为路基边坡的放样。具体来说，就是要沿线路中线桩两侧用桩标志出路堤边坡坡脚和路堑边坡坡顶的位置，作为填土或挖土的边界。路基工程的填挖方都是根据边桩起坡的，因此，正确确定边桩的位置对整个施工都十分重要。线路中线是线路施工的平面控制系统，也是铁路路基的主轴线，在施工时必须保持定测时的位置。

由于定测以后往往要经过一段时间才进行施工，定测时所钉设的桩点不可避免会丢失或被移动。因此，在线路施工开始之前，必须进行一次中线复测，把定测时的中线恢复起来；同时，还应检查定测资料的可靠性，这项工作称为线路复测。线路复测包括钉好百米标桩、边桩和加桩，钉好圆曲线和缓和曲线，核对地面高程和原有水准基点，并增设施工时需要的临时水准基点等。设置加桩的目的是因为在施工阶段对土石方的计算要求比设计阶段准确，横断面要求测得密些，所以需要设置加桩[3]。

此外，与设计单位交接桩及施工复测应符合下列要求。

① 交接桩应在现场进行，并办理书面交接手续。

② 中线、高程必须与相邻地段贯通闭合，两端为桥梁或隧道时，应以桥梁或隧道中线、高程为准。在两个施工单位的分界处，应由双方共同复测，线路中线与水准点必须与管界外的控制桩和水准点闭合。

③ 线路控制桩和路基中线、高程测量误差按现行铁路工程测量的有关规定，必须贯彻"双检制"，对主要的中线控制桩应测设护桩并做记录。边桩应根据贯通后的中线、高程测设，在地形、地质变化处应加测横断面的地面线。

（二）施工现场准备

1. 征地拆迁

征地拆迁工作是工程建设按期、顺利进行的前提和基础。由于拆迁工作政策性强、涉及面广、难度大，施工单位要积极配合地方政府及业主做好征拆工作。开工前要详细调查并制订征拆计划，重点做好建设用地的正式手续、"三电"和地下管线、道路、管道和企事业单位建筑物的调查、迁改工作。对先期开工工程要提前办理相关手续，确保按时开工。涉及环境保护和水土保持的项目需要提前取得允许开工的各项手续。同时，对拆迁户应按照国家有关规定给予补偿。拆迁工作要突出"顺序、统一、一次到位"的原则，杜绝二次拆迁、重复拆迁。

2. 改移线路

对于施工用地范围内的各种管线，如水渠、通信电缆、电网等，必须在工程开工前与相关部门取得联系，尽快进行线路改移。改移道路的施工原则确定为：正线施工对既有道路干扰较大甚至中断既有道路的，应先施工改移道路，后施工正线工程；正线施工对既有道路干扰不大的，可视情况先施工正线工程，后施工改移道路。

3. 临时工程

临时工程是为保证施工期间的工程运输、居住、通信、水电供应等功用而临时修建的工程。主要包括临时通车便线、临时岔线及施工便道等。

临时通车便线是指新建铁路长大干线施工中对影响全线铺轨的控制工程或地段，可修建铁路便线，先行铺轨通车，作为临时通车方案。

临时岔线是为解决工程材料和设备的中转、存放、加工、组装等问题及满足其他施工需要而设置岔线。

施工便道是施工运输的大动脉，应保证畅通无阻，所以便道应按标准修建。当无设计标准时，施工便道的修筑标准应按施工运量和施工机械的最大荷载确定，并满足施工需要。便道的设置原则如下。

① 利用地形做到走向合理，运距短捷，线路平顺，工程简单，造价低廉，同时可尽量利用原有道路。

② 尽可能靠近线路及施工用料地点，并接近铁路高程，照顾重点工程减少便线长度。

③ 减少与既有线的交叉，避免施工对行车造成干扰。

④ 对于重点的土石方工程，应考虑贯通便道，贯通便道沿路基两侧征地范围设置，以减少租地。

4.路基改良土及级配碎石拌和站

拌和站设置地点要尽量靠近填筑施工现场，设于远离村落、交通便利之所。土源点离施工现场较近时，拌和站应设置于取土场或附近；级配碎石拌和站要尽量利用改良土拌和站的既有设施，必要时独立设置。

拌和站供应的经济半径宜控制在 15 km 范围之内，施工区段不宜超过 20 km。

（三）物资准备

路基施工要消耗大量材料，因此开工前应进行所需材料的购进、采集、加工、调运和储备工作。对主要物资材料，要做好材质、产量调查及询价，按质量体系程序文件对供方进行评价，签订供货合同；选择质量好、信誉高的供方。按规定做好材料试验及检验等工作，保证物资按计划供应，满足开工及正常施工的需要。做好施工机械和机具的准备、对已有的机械和机具做好维修试车工作；对尚缺的机械和机具应立即订购、租赁或制作。

（四）施工队伍准备

施工队伍准备工作主要是建立健全工程管理机构和施工队伍，明确各自的施工任务，将项目管理目标细化、分解，责任到人，落实到位。进场前，对施工人员进行有针对性的培训。进场后，对施工人员进行技术、安全操作规程及环保、医疗、消防和文明施工等方面的教育。

健全各项劳动力组织管理制度，建立完善的医疗保障体系，成立后勤保障系统，制定合理的饮食卫生及营养方案，以人为本，确保广大施工人员的人身安全和身心健康。

（五）试验段施工

高速铁路、一级铁路、特殊地区铁路及采用新技术、新工艺、新材料的路基，在正式施工前，应采用不同的施工方案和施工方法铺筑试验段并进行相关试验分析，从中选出最佳施工方案和施工方法以指导大面积路基施工。所铺筑的试验段应具有代表性，施工机械和工艺过程要与以后全面施工时相同。通过试验段施工要达到以下目的：

① 填料性质分析和填料选择。

② 摊铺系数、松铺厚度的确定。

③ 确定整平和整形的合适机具。

④ 确定压实机械的选择和组合及压实的顺序、速度和遍数。

⑤ 填料的颗料级配、最优含水率及控制。

⑥ 实测压实指标与设计指标的差异。

⑦ 确定挖、装、运输机械和整平、碾压机械的协调与配合。

⑧ 确定压实指标采用的检测方法。

⑨ 确定最佳施工工艺。

⑩ 关注安全环保措施的有效性及改进措施。

⑪ 形成合理的路基施工管理组织机构。

二、土石方调配

（一）土石方调配原则

① 节约用地，尽量利用荒地、劣地、空地作为取土、弃土的场地，少占耕地，并结合施工改地造田。取土坑的深度与弃土的堆置地点，要考虑排水系统的全面规划，禁止弃土堵塞渠道。取土坑的深度应使坑底高程与桥涵沟底高程相适应，以利排水。

② 好土应尽量用在回填质量要求较高的地段。

③ 挖方量与运距之积尽可能为最小，即总土方运输量或运输费用为最小。

④ 充分利用移挖作填，减少废方和借方，使挖方和填方基本达到平衡；同时，选择恰当的调配方向、运输路线，使土方运输无对流现象。如果挖方数量少于填方数量，可以先横向取土填筑路堤底部，再纵向利用路堑的挖土填筑路堤的上部。如果路堤两侧取土有困难，可采用放缓路堑边坡或扩大断面的方法取土。如果挖方数量大于填方数量，可先横向将多余土方丢弃，再纵向运输到路堤处填筑。

⑤ 在规划土源时，也应考虑附近其他余土的利用问题。可充分利用改河、改沟、改移公路等附属工程的土方。隧道开挖出来的坚石、次坚石可用来修建桥涵、挡土墙等建

筑物，还可用作线路道砟。预留的复线位置或拟扩建站场的范围，都不应在其挖方上弃土，亦不应在预留填方处取土，最好将挖方上的弃土弃于预留填方处。

⑥ 土石方调配与施工方法密切相关。施工方法不同，土石方调配的方数和经济运距也不同。要做好土石方调配工作，不能单靠设计文件和图纸，必须进行现场调查。只有结合现场的实际情况进行调配，才能使调配的方案具有实际的意义。

（二）土石方调配方法

区间的路基是线形土石方建筑物，大型站场的路基是广场型土石方建筑物，在对两者进行土石方调配时，所采用的调配方法是不同的。通常对区间的路基土石方采用线法调配，而对大型站场的路基土石方采用面法调配。

1. 线法调配

线法调配主要借助于线路纵断面图和土积图来实现。所谓土积图是指在线路纵断面图下方，按照各桩号处的累计土石方数量（挖方为正，填方为负）所绘制的该段线路的土石方量累计曲线。通过线路纵断面图和土积图，可以确定区间路基土石方调配的最大经济运距，从而得出最合理的移挖作填方案。线法调配通常有两个运土方向：纵向运土和横向运土。纵向运土是指从路堑运土到两端的路堤。横向运土是指从路堑运土到弃土堆或从取土坑运土到路堤。当从路堑挖一方土纵向运到路堤的费用，比起将路堑挖一方土横向运到弃土堆，再从取土坑挖一方土横向运到路堤的总费用更低时，纵向运土是较为经济的。但随着纵向运土的距离增大，利用方的单价也随之增大。当纵向运土增加到一定的距离，使得从路堑挖运一方土到路堤的费用，比将土运到弃土堆，再从取土坑挖一方土运到路堤的总费用高时，纵向运土应改为横向运土。

应当指出，移挖作填的合理运距不能单纯从经济上考虑。在线路穿经城镇、工矿、森林、农田、果园等地区时，必须尽可能压缩取、弃土用地宽度，适当加大移挖作填距离，这不仅在宏观上是合理的，而且随着运土机械的发展，也是可能的。而对于不可避免必须占地的场合，则需要尽可能不占好地，或通过施工改地造田，造地还田。

2. 面法调配

面法调配主要用于大型站场和重点高填深挖的大面积土石方调配。其运土方向无一定的规律性，只要能做到在站场范围内将土石方合理分配即可。

采用面法调配时，必须同时考虑站场附近其他设施的施工对土石方调配的影响。如果对这些情况不了解，或者对其给土石方调配带来的影响程度估计不足，将使得调配工作复杂化，造成浪费，增大工程成本。在考虑填挖方数时，要把同一站场内施工的建筑物基坑、地道及其他可以用作填方的挖土数量计算进去；在大量修建作为疏干场地用的排水沟及渗沟时，须计算其土方数量，因为这些土方有时数量很大，能影响土方调配；

大型编组站施工进度计划中所规定的线群铺设及开通次序，对土方工程施工方法的选择及土方调配具有决定性影响；对于附近是否有可以利用的设备、可利用的程度等均要全盘考虑。

站场土石方调配类似房屋建筑土石方调配，可参照房建土石方调配的原则和方法进行。

三、路堤施工

（一）土质路堤施工

土质路堤是指用挖方地段的土方或其他来源的土方填筑的路堤。

1. 填料的选择

为保证路堤具有足够的强度、良好的水稳定性及耐久性，应选用符合要求的填料，采用合理的方法来填筑路堤。

为便于工程施工时的选择应用与管理，增强填料适用性，根据填料本身的风化程度及级配的优劣，将其归纳为 5 个组，具体如下。

① A 组为优质填料，包括硬块石、碎石土、粗砂、中砂、级配良好的漂石土等。

② B 组为良好填料，包括软块石、碎石土、粗砂、中砂、级配不好的漂石土等。这两组填料在填筑路堤时可以任意使用。

③ C 组为可使用的填料，包括粉砂、粉土、滑石类土等。该组填料在使用时应限制其使用范围或对其作特殊处理。例如，白垩土及滑石类土仅允许用于基底干燥且不受水浸的较低路堤，并在使用时进行个别设计，采取措施保持路基本体不受水影响。又如，带有草皮的表层土，不得填于高度在 1.2 m 以内的路堤。当路堤高于 1.2 m，且地面横向坡度小于 1 ∶ 5 时，可将其打碎用于路堤下层。

④ D 组为不应使用的填料，包括黏粉土、风化严重的软块石等。原则上，一般在路基工程中不采用这一组别的填料，在不得不使用 D 组填料时，应按设计要求采取改良土质、加强压实及做好防排水工程、加固坡面护坡等措施。

⑤ E 组为严禁使用的填料，主要指有机土，如淤泥及淤泥质土、含石膏及其他易溶盐类含量超过允许限度的土。该组填料绝对不得用于路堤填筑。

基床由表层和底层组成，重载铁路路基基床厚度通常为 2.5 m，基床表层填料为 A、B 组，高速铁路路基表层厚度为 0.7 m，底层厚度为 2.3 m，基床表层一般采用级配碎石或级配砂砾石等材料填筑。

2. 填土压实

在路基填筑施工过程中，尤其要重视对填土的压实。天然结构的土，经过挖、运、填等工序后变为松散状态，必须将路基填土碾压密实，以保证路堤获得必需的强度和稳定性。如果路基压实不好，基础不稳，就会影响轨道的平顺性。因此，压实工作对路基施工是至关重要的。

3. 施工注意事项

① 施工前，必须对地基进行复核对及处理，并随即填筑。发现地基范围内有泉眼、坑穴或局部松软等，应慎重处理，不得随意填塞。

② 路堤填料的选择应满足"路堤填料选择"的要求。填料的挖、装、运、铺及压实应连续进行，以防止填料的物理、化学特征（如级配、塑性、液限、风化程度、含盐量等）随时间或在作业过程中丧失或转变，保证路堤上的实际填料尽可能与选定的相符。在作业过程中：对细粒土和粉砂、黏砂填料，应避免其含水率的不利变化；对粗粒土和软块石，应防止产生颗粒的分解、沉积和离析。当实际使用的填料发生变化时，应另取样做土工试验进行鉴定。填料摊铺应先用推土机初平，再用平地机精平，填层面应无显著的局部凹凸，并保证两侧横向坡度以便排水。

③ 基床以下路堤及基床底层填筑时，对分层填土的厚度和要求夯压的次数应严格控制。填土厚度应均匀，以保证每一填层各深度的压实密度均匀一致。压实层面应碾或夯压大致平整，以保持上一层填土厚度均匀，局部凸凹差不大于 30 mm。压实密度及其均匀性经检验符合要求后，方可在其上继续填筑。在下层检验合格的基础上填筑上层，严格控制填筑质量是为了确保整个路堤的密实度符合要求。为适应机械化施工的发展，须研究快速检测技术。

④ 基床表层材料充分压实后在长期动力作用下要能保持高稳定性，并有很好的水稳定性和较小的渗透性。因此，基床表层填筑时，应分 3 层填筑，每层的最大填筑压实厚度不得大于 30 cm，最小填筑压实厚度不得小于 15 cm。在摊铺机或平地机后面，应有人工及时消除粗细集料离析现象。对于粗集料"窝"和粗集料"带"，应添加细集料并拌和均匀；对于细集料"窝"，应添加粗集料，并拌和均匀。

⑤ 在完工的路堤结构顶面上，除压实、平整和运铺底砟的机械外，不应行驶其他大型机械和车辆，以防止路拱外形受损及路基面上产生坑槽积水。严禁在已完成的或正在碾压的路段上调头或急刹车。路基施工完成后预留不少于 6 个月的调整期及沉降观测期，预压地段应先期组织施工以满足工后沉降的控制要求并进行工后沉降分析。

⑥ 当土质不良时，可以采取向土中加入掺合料的办法，以改善和提高填料的稳定性、防水或排水性、压实性和强度。根据填料性质，可采用物理改良和化学改良两种方

法进行改良。采用物理法改良的混合料，应对拌和后的混合料进行筛分，判定其是否达到设计要求；采用化学法改良的混合料，应对其均匀性和掺合料的比例、有效成分进行判定，均匀性一般通过观察其色泽来判定，掺合料的比例、有效成分应按相应的试验方法进行检测。改良土施工时应采取有效措施防止粉尘污染。

⑦ 路堤施工应及时做好防排水，基底、坡脚、填层面均不得积水。傍山修筑路堤时，应防止水渗入路堤结构各部。在多雨地区或雨季施工时，应防止地表水流入取土场内，并应随时排除取土场内局部积水。

⑧ 电缆槽、接触网支柱基础、声屏障等工程应与路基同步施工，施工时不得损坏、危及路基的稳固和安全。

（二）石质路堤施工

填石路堤是指用挖方地段的石方弃渣或其他来源的石料填筑的路堤，它的填料性质、填筑方法、压实标准及边坡的防护等与土质路堤有很大的差异。使用碎石、块石填筑的路堤，其填料的粒径大小、大块石间空隙是否充填密实、是否分层压实等因素，对路堤的强度和密实程度影响较大。

1. 用不易风化的石块填筑路堤

填石路堤基底处理与土质路堤相同。在路堤靠近路基面部分，因受列车动力作用的影响大，路基面以下 0.3 m 内不得使用大于 15 cm 的石块，以免轨枕受力不均被折断；在路基面以下 1.2 m 以内应分层填筑，石块要整平、排紧，大面向下，石块间的空隙用小石块填塞，使之稳定密实；路基底部（路堤 H/3 以下部分，一般采用 3~5 m）分层铺填；其他部分则先码砌两侧边坡，然后在两侧码砌边坡之间，用倾填的办法进行填筑。填腹工作紧随边坡的码砌进行，随码随填。

倾填石块，要求 25~40 cm 的石块不得少于 80%。根据落差高度、岩石性质及石块摔碎情况，可在倾填时掺入 15~25 cm 的石块约 20%。小于 15 cm 的石块，或大于 40 cm 的大片石及长条状的石块，均不宜填入。

路堤边坡面层应以较大的石块码砌。码砌厚度下部为 2 m，自下而上逐渐减薄为 1 m，边坡码砌的方法有两种：台阶式和裁砌式。

高速铁路路基采用岩质填料时，不应倾填，应分层填筑，分层压实。填料的最大粒径在基床底层内不得大于 15 cm，在基床以下路堤内不得大于 30 cm，且大块石不应集中，应均匀分布于填筑层中，每一填筑层内部和表面石块间的空隙应用较小石块、石屑等材料填充密实，并使层厚均匀和层面平整。当采用软块石作填料时，应查明其风化程度并判填料的适用性。

2. 用易风化的石块填筑路堤

原则上，暴露在大气中风化速度较快的石块不宜作填石路堤的填料，必须用这种强风化石料或软质岩石填筑路堤时，应先检验CBR值是否符合土质路堤的填土质量要求，CBR值符合要求的按土质路堤技术要求进行填筑，不符合要求的不得使用。

所谓CBR试验是将规定的探头贯入土中，在一定的贯入深度时，以其对应的荷载强度和CBR基准比较，来确定地基承载能力的相对值。CBR基准是用美国加州的一种具有代表性的未筛碎石进行多次试验而得，并将其平均值定为100%。CBR试验的贯入探头直径为50 mm，和铁路道砟的尺寸相近。试验将探头贯入土中的过程和道砟在列车荷载的作用下挤陷入基床表面的现象极为相似，所以将CBR试验应用于铁路路基压实的质量管理是比较合理的。

施工时，应分层填筑，每层厚度约为50 cm，块石应大面向下，摆放平稳，间隙以小石块、石屑填塞。对可压碎的风化石块，应尽量分层压实。

（三）加筋土路堤填筑施工

加筋土路堤是一种新型的路堤施工技术，该技术采用了强度高、变形小、耐老化的土工合成材料作为加筋材料。当路堤填筑到一定高度后，对其下的筋带进行张拉，对土体施加侧向预压应力，从而提高路堤承载能力，节约工程费用，而且能够保证路堤和结构物之间沉降的连续性。加筋土路堤断面由于具备较好的稳定性和较强的变形适应能力，且可以因地制宜、就地取材，对原有工程环境扰动小，因此在各国工程实践中得到广泛应用。

用于加筋的土工合成材料应符合设计要求。土工合成材料运至工地后，应分批整齐堆放在料棚（库）内，防止日晒雨淋，并保持料棚（库）通风干燥。土工合成材料进场时，应逐批检出厂检验单、产品合格证及材料性能报告单。加筋铺设范围、层数及位置应符合设计要求。加筋土路堤中土工合成材料属于隐蔽工程，应按隐蔽工程做好检查记录。

土工合成材料的铺设应符合下列规定：铺设土工合成材料的下承层表面应整平、压实，并清除表面坚硬凸出物；铺设土工合成材料时，应将强度高的方向置于路堤主要受力方向，当设计有特殊要求时按设计铺设；土工合成材料的连接应牢固，受力方向连接强度不低于设计抗拉强度；土工合成材料铺设时，土层表面应平整无杂物，防止土工合成材料被顶破、刺穿，并应与路基面密贴不得有褶皱扭曲；铺设多层土工合成材料时，其上、下层接缝应交替错开，错开距离不宜小于0.5 m。

路堤土方填筑除符合普通土质路堤填筑的有关规定外，并应符合下列规定。

① 土工合成材料铺设后应及时填筑填料，其受阳光直接暴晒时间不得过长。

② 在加筋材料拉紧展平后，软土地基上填料的摊铺及填筑应从两侧开始，平行于路堤中线向中心对称进行，地基面上首层填料宜用轻型压实机具压实，只有当土工合成材料上的填料厚度大于 0.6 m 后，才能采用重型压实机械；一般路基上填料的摊铺及填筑从路堤中线开始，对称地向两侧填土。

③ 严禁施工机械直接在土工合成材料上行走作业。

④ 加筋土路堤与两端一般路堤应同步施工。

⑤ 加筋土路堤的边坡防护宜与路堤填筑同步施工。

四、路堑施工

（一）土质路堑施工

路堑开挖是将路基范围内设计高程之上的天然土体挖除，并运到填方地段或其他指定地点的施工活动。深长路堑往往工程量巨大，开挖作业面狭窄，常常是一段路基施工进度的控制性工程，因此应因地制宜，以加快施工进度、保证工程质量和施工安全为原则，综合考虑工程量大小、路堑深度和长度、开挖作业面大小、地形与地质情况、土石方调配方案、机械设备、施工季节和环境保护要求等因素，制定切实可行的开挖方式。根据路堑深度和纵向长度，开挖时可按下列几种方法进行。

1. 单层横挖法

单层横挖法是从路堑的一端或两端按路堑横断面全高和全宽，逐渐地向前开挖，挖出的土石，一般向两头运送。这种开挖方法，因工作面小，仅适用于短而浅的路堑，可一次性挖到设计高程。

2. 多层横挖法

如果路堑较深，可以在不同高度上分成几个台阶同时开挖，每一开挖层都有单独的运土出路和临时排水措施，做到纵向拉开，多层、多线、多头出土。这种开挖方法称为多层横挖法。这样能够增加作业面，容纳更多的施工机械，形成多向出土以加快工程进度。

3. 分层纵向开挖法

分层纵向开挖法是开挖时沿路堑纵向将开挖深度内的土体分成厚度不大的土层，在路堑纵断面全宽范围内纵向分层挖掘的方法。这种施工方法适宜于宽度和深度均不大的长路堑。

4. 通道式纵挖法

通道式纵挖法在开挖时先沿线路纵向分层，每层先挖出一条通道作为机械运行和出土的线路，然后逐步向两侧扩大开挖，直到设计边坡为止。这种施工方法为纵向运土创造了有利条件，适宜于路堑较长、较宽、较深而两端地面坡度较小的情况。

5. 纵向分段开挖法

如果所开挖的路堑很长，可在一侧适当位置将路堑横向挖穿，把路堑分为几段，各段再采用纵向分层或纵向拉槽开挖的方式作业，这种开挖路堑的方法称为纵向分段开挖法。这种挖掘方式可增加施工作业面，减少作业面之间的干扰并增加出料口，从而大大提高工效，适用于傍山的深长路堑的开挖。

（二）石质路堑施工

由于岩石坚硬，石质路堑的开挖往往比较困难，这对路基的施工进度影响很大，尤其是工程量大而集中的山区石方路堑更是如此。因此，采用何种开挖方法以加快工程进度，是石质路堑开挖需要解决的重要问题。通常，在开挖程序确定之后，根据岩石条件、开挖尺寸、工程量和施工技术要求，通过方案比较拟定合理的方式。其基本要求是：保证开挖质量和施工安全；符合施工工期和开挖强度的要求；有利于维护岩体完整和边坡稳定性；可以充分发挥施工机械的生产能力；辅助工程量少。石质路堑的开挖方法有 3 种。

① 爆破法。即利用炸药爆炸的能量将土石炸碎以利于挖运或借助爆炸能量将土石移到预定位置。爆破法具有工效高、速度快、劳动力消耗少、施工成本低等优点，故使用最为普遍。尤其对于岩质坚硬、不可能用人工或机械开挖的石质路堑，通常要采用爆破法开挖。

② 松土法。即充分利用岩体的各种裂缝和结构面，先用推土机牵引松土器将岩体翻松，再用推土机或装载机与自卸汽车配合将翻松的岩块搬运到指定地点。松土法开挖没有钻爆工序作业，无须风、水、电辅助设施，简化了场地布置，加快了施工进度。凡能用松土法开挖的石方路堑，应尽量不采用爆破法施工。随着大功率施工机械的应用，松土法愈来愈多地应用于石质路堑的开挖，而且开挖的效率也愈来愈高，能够用松土法施工的范围也不断扩大。松土法施工时常用的机械有多齿松土器和单齿松土器两种。

③ 破碎法。破碎法又分两种，一种是利用破碎机凿碎岩块，然后进行挖运等作业。这种方法是将凿子安装在推土机或挖土机上，利用活塞的冲击作用使凿子产生冲击力以凿碎岩石，其破碎岩石的能力取决于活塞的大小；另一种是将膨胀剂放入炮孔内，利用产生的膨胀力，缓慢作用于孔壁，经过数小时至 24 h 达到 300~500 MPa 的压力，使介质裂开。破碎法主要用于岩体裂缝较多、岩块体积小、抗压强度低于 100 MPa 的岩石，由于开挖效率不高，只能用于爆破法和松土法不能使用的局部场合，作为两者的辅助作业方式。

五、路基边坡及挡土墙

（一）边坡施工

路堤边坡坡度应根据填料的物理力学性质、气候条件、边坡高度及基底工程地质和水文地质条件进行合理选定。边坡施工中应采用正确的填筑方法，避免边坡过陡。填土路堤时，对于细粒土边坡，依据路肩边线桩，按设计坡率用人工挂线刷去超填部分，进行整修拍实。整修后的边坡应达到转折处棱线明显，直线处平直，变化处顺畅的要求。填石路堤时，边坡码砌应与填筑层铺设同时进行，以保证靠近边坡的填料碾压密实。

无论采取何种填筑材料，路堤边坡均应采用加宽超填或专用边坡压实机械施工，以提高边坡的压实度。为防止雨水冲刷边坡，填筑面应平整，并根据现场情况做必要的截水沟（缘）和急流槽等截、排水设施。

路基刷坡宜用刷坡机械进行。机械刷坡时，应根据路肩线用坡度尺控制坡度。人工刷坡时，应挂方格网以控制边坡平整度和坡度，方格网桩距不宜大于 10 m。边坡冲沟应采取挖台阶、小型机具夯实的方法进行回填处理。此外，应重视圬工砌筑，勾缝应密实，提高急流槽、护坡的施工质量。

（二）坡面防护

路基坡面防护主要解决路基修筑以后，裸露的路基边坡防护问题。常见坡面防护的方法有植物防护和工程防护。前者主要是种草、铺草皮和植树等；后者主要是喷浆或喷射混凝土防护及浆（干）砌片石防护，还包括砌筑预制块防护法等。

路堤坡面防护工程应视填料性质、气候条件、边坡高度、浸水及冲刷等具体情况因地制宜采取适宜的防护形式，并符合下列规定。

① 当路堤边坡适宜进行植物防护，且能保证路基边坡的稳定时，应优先采用植物防护方法。视路堤高度及填料情况，可分别采用植草、种植灌木或爬藤植物与骨架护坡、土工合成材料相结合的措施。

② 当路堤边坡高度较高时，可在边坡不小于 2.5 m 宽度范围内分层铺设土工格栅等土工合成材料，每层间距 0.3~0.6 m，铺设至基床表层下，并在边坡上采取适宜的植物防护措施。

③ 浸水地段受水流冲刷的路基边坡应根据流速、流向及冲刷深度，采用植物防护或圬工防护等措施。

（三）挡土墙

挡土墙是用来支撑天然边坡或人工填土边坡以保持土体稳定的构筑物。在铁路工程中，设置挡土墙的目的是为保证山体稳定，防止山坡危岩、落石的威胁，防止河流冲刷及减少土石方工程量。当路基边坡与靠近线路的建筑物互有干扰时，为避免拆迁已有建筑物，也常用挡土墙。

铁路路基施工时，在以下情况下需要修筑挡土墙：为减少路堑边坡开挖、路堤边坡薄层填方地段或为加强路堤本体稳定地段的陡坡路基；为避免大量挖方、降低边坡高度或加强边坡稳定性的路堑地段；不良地质条件下的加固地基、边坡、山体、危岩或拦挡落石地段；受水流冲刷影响路堤稳定的沿河、滨海路堤地段；为节约用地、少占农田或保护既有重要建筑物地段；为保护生态环境地段；其他特殊条件下的地段。

挡土墙按构造分为重型挡土墙和轻型挡土墙两种。重型挡土墙主要依靠墙身自重支撑土压力来维持其稳定，如重力式挡土墙。重型挡土墙墙身断面较大，工多，但形式简单，施工方便，可就地取材，适应性较强，故被广泛采用。轻型挡土墙结构较轻巧，圬工量省，占地较少，经济效果较好，有利于实现结构轻型化和施工机械化，是较为新型的支挡建筑物，如锚定板挡土墙。

1. 重力式挡土墙施工注意事项

① 在岩体破碎或土质松软、有水地段，修建挡土墙应尽量选择在雨水较少的秋、冬季施工。此时地下水位一般较低，土体的含水率较少，土体抗滑能力较大，土体稳定。

② 根据地质情况，采取适当的开挖方法。若挡土墙位置位于地质条件不良的地段，基础开挖应按结构要求分段错开开挖，集中施工，不能一次开挖太长。

③ 施工前必须备足材料，在做好施工准备工作的基础上方可动工。一旦开工，基坑开挖基础砌筑及墙身砌筑或安装等工程的施工必须迅速而且一气呵成，以减少基坑的支撑工作和坍塌现象。明挖基础的基坑开挖到位后，为防止雨水下渗影响墙身稳定，应及时回填夯实，顶面做成不小于4%的排水横坡，同时要做好墙后的排水设施。河边基坑应回填石块，以防冲刷。

④ 挡土墙端部伸入路堤或嵌入地层部分，应与墙体一起砌筑。路堑挡土墙顶面应抹平与边坡相接；其间空隙应予填实并封严。挡土墙与桥台、隧道洞门连接时，应协调配合施工。必要时应加临时支撑，以保证相接填方或地基土层的稳定。

⑤ 干砌挡土墙时，缝的两侧应选用平整石料砌筑，使之形成垂直通缝。

2. 锚定板挡土墙施工注意事项

① 在施工前应对握裹力及摩阻力进行现场拉拔试验。每种地层应进行3种以上的拉拔试验，以校核设计数据的可靠性。施工中使用的水泥、砂子应按设计规定的配合比做

砂浆强度试验。

② 锚杆的焊接、锚固及防锈是锚杆施工中的关键工序，应严格要求按施工工艺操作，其对焊或帮焊均需做钢筋焊接强度试验，以验证能否满足设计要求。

③ 挡板背后填料应均匀，不应填入大块石料以免挡板形成集中受力。

④ 填方与上、下层锚杆铺设顺序应相互配合，待填至锚杆高程时方可铺设锚杆。在铺设好的锚杆下部不得有坑洼现象，防止上部土将锚杆压弯。

⑤ 为了防止不可避免的路堤下沉，可在锚杆中部预先做成向上弯曲的拱度，待路堤下沉后锚杆可恢复压直。也可在锚杆位置处用片石砌成宽约 0.2~0.3 m 有盖的小槽子，将锚杆放入槽底，在路堤下沉时锚杆上部土压不致直接压在锚杆。

⑥ 在陡坡地段修建路堤锚杆挡土墙时，应将陡坡挖成台阶，防止路堤下滑增加锚杆剪切应力。

⑦ 立柱、挡板、锚杆和锚定板的搬运及安装应防止碰撞和剧烈振动，同时要符合圬工强度要求，以免影响构件质量。

六、铁路路基过渡段施工

（一）过渡段的施工工艺

对于过渡段处理，目前主要采取以下 3 种措施：一是在过渡段较软一侧，增大基床刚度，减小路堤沉降，如采用工后沉降小的桩基、复合地基等；二是在过渡段较软一侧增大轨道竖向刚度；三是在过渡段较硬一侧，通过设置轨下、枕下、砟底橡胶垫块（板）来调整轨道竖向刚度以确保过渡段施工质量。

1. 基底处理、基坑回填

① 过渡段施工前，对过渡段施工范围进行放样。对过渡段原地面应碾压密实，若原地面土质松散，则进行挖除换填。

② 桥台台后及横向结构物基坑采用 C15 混凝土回填，回填前清理基坑中的松散土。

2. 测量放样、埋设沉降观测桩

采用全站仪进行放样，按照设计要求放出沉降观测桩位置，并埋设沉降观测桩。

3. 混合料摊铺、碾压

① 根据试验确定的配合比进行集中搅拌。在搅拌现场，集料、储备应分类存放、相互隔开，并派有经验的试验人员控制混合料拌和时的含水率与各种材料的配比，对配比的变动情况进行记录，发现异常要及时调整或停止生产。

② 采用平地机进行摊铺。

③ 路桥过渡段与相邻路基、桥台锥体填筑按水平分层一体同时施工，使其衔接良好，一般先填筑过渡段两侧包边土，然后填级配碎石。

④ 严格控制过渡段填筑厚度，在桥台上用油漆画出层厚，15 cm 一小格，30 cm 一大格，根据长度算出需要的级配碎石的方量，并做好虚铺厚度检测，以便控制填筑厚度。

⑤ 摊铺后要立即碾压，碾压时纵向轮迹重叠不小于 0.4 m，横向衔接处搭接长度不小于 2 m；碾压中控制好含水率是能否压实的关键，一般控制在最佳含水率，最易达到碾压标准。压路机先静压 1 遍，弱振 2 遍，强振 2 遍，最后静压 1 遍收光，要防止碾压遍数不足，又要防止出现过剩压实[4]。

（二）过渡段施工的控制要点

1. 过渡段施工的一般要求

① 过渡段应与相邻的路堤及锥体按一个整体同时施工，并将过渡段与连接路堤的碾压面按大致相同的水平分层高度同步填筑并均匀压实。

② 过渡段级配碎石填筑应符合下列规定。a. 桥台后 2 m 范围外大型压路机能碾压到的部位应采用大型压路机碾压，大型压路机碾压不到的部位及在后台 2 m 范围内应采用小型振动压实设备进行压实。b. 横向结构物两侧的过渡段填筑必须对称进行，并与相邻路堤同步施工。c. 大型压路机能碾压到的涵背两端部位宜采用大型压路机碾压。大型压路机碾压不到的部位应采用小型振动压实设备进行压实。d. 横向结构物的顶部填土厚度小于 1 m 时，不得采用大型压路机进行碾压。e. 加入水泥的级配碎石混合料宜在 2 h 内使用完毕。

2. 过渡段施工控制要点

① 施工中工序要安排得当、合理。

② 采用网格法铺料，第一层松铺厚度控制在 30 cm 左右，其上松铺厚度宜控制在 28 ~ 32 cm，填料表面平整度满足规定要求后，再进行碾压。

③ 控制好边角压实质量，压路机碾压不到位时采用人工冲击夯夯实。对于填筑压实质量可疑地段，应视情况增加检验的点数，分析原因，采取处理措施。

④ 加强试验检测过程控制，严格按照设计和规范要求进行各项指标检测，并配备足够的检测人员以缩短检测时间。

⑤ 路基填筑过程中重视沉降观测工作，预先埋设沉降观测器件，按设计和规范要求的观测频率采集沉降观测结果以控制填筑速度。

⑥ 路基填筑前进行接口交底，避免出现反开挖施工影响路基质量。

⑦ 如施工地区降水较多，在路基填筑过程中"永临结合"做好排水工作，已施工的路基表面应在雨前及时采取覆盖（彩条布、塑料薄膜等）和防护措施以防止雨水浸淋。

第二节　特殊土地区的路基施工

一、软土地基施工

软土地区在我国滨海平原、河口三角洲、湖盆地周围及山涧谷地均有广泛分布。在软土地区修建铁路，因软土地基土层强度低、压缩性大、渗透系数小等特性，地基沉降问题突出，进而极大影响地基稳定和行车平顺。无疑，这对路基处理技术提出了较大挑战。所谓软土地基是指主要由淤泥、淤泥质土、冲填土、杂质土或其他高压缩性土层构成的地基，也称为软弱地基。

（一）软土的特征

软土是指以水下沉积的淤泥或饱和软黏土为主的地层。它与泥沼相比，形成年代比较久远。软土地区近代地貌多为宽阔的平原，已不再被地表水所浸漫，表面常具有可塑硬壳，地下水位接近地表，下部为流动性淤泥，沉积厚度一般较深。根据特征，软土可划分为：软黏性土、淤泥质土、淤泥、泥炭质土及泥炭 5 种类型。路基中常见的软土，一般是指处于软塑或者流塑状态下的黏性土，工程地质条件较差。在软土地区进行铁路路基施工，若不采取切实可行的施工方法和养护措施，将很可能造成重大事故。其工程地质问题主要体现在以下几个方面。

① 软土属于高压缩土，压缩系数大（$0.5 \sim 2.0 \ MPa^{-1}$），沉降量大，影响结构物的正常使用。若不加控制，不均匀沉降也较大，往往发生地基变形，引起基础下沉和开裂，直至结构物不能使用。

② 软土含水率高（$34\% \sim 72\%$），孔隙比大（$1.0 \sim 1.9$），但透水性差（其渗透系数为 $10^{-8} \sim 10^{-7} cm/s$），对路基基底的固结排水不利，导致沉降延续时间长，强度增长缓慢。

③ 软土的抗剪强度低，其快剪黏聚力在 10 kPa 左右，快剪内摩擦角在 $0 \sim 5°$；固结快剪的强度略高，黏聚力小于 15 kPa，内摩擦角在 $0 \sim 10°$。在荷载作用下易因地基丧失强度而产生局部或整体剪切破坏。

④ 软土具有触变性，灵敏度一般在 $2 \sim 10$，甚至可能大于 10。一旦受到扰动，土的强度明显下降，甚至呈流动状态。

（二）软基处理方法

软土特征决定在软基上修筑的路堤具有两个特点：一是易坍塌；二是有较大沉降。

在软土地区快速填筑路堤时，如果荷载增加速度大大超过地基固结速度，常在尚未达到填方预期高度时就发生塌方。这种对基底不作任何处理，而用快填施工填筑的路堤最大填筑高度称为临界高度，它与表层硬壳厚薄、淤泥厚度等有关，通常为 3~5 m。

在软基上筑路，有的在填筑过程中便产生严重下沉；有的运营若干年后还有下沉现象。因此，在软土地区筑路，必须采取有效加固措施。

软基处理的目的主要是改善地基的工程性质，包括改善地基土变形特性和渗透性，提高抗剪强度，减少地基沉降（或工后沉降）。目前，由各种地基处理方法获得的人工地基可以分为两类：一类是对天然地基土体进行土质改良，如换填法、强夯法、预压（排水固结）法等；另一类是形成复合地基，可由人工增强体与天然地基土体形成，主要有双灰桩、旋喷搅拌桩和粉喷搅拌桩、水泥粉煤灰碎石桩、振冲碎石（砂）桩、预应力管桩等形式和侧向约束法、土工织物法等加固方法。近年来，国内外学者为充分发挥桩间土的承载能力，在进一步研究竖向增强体和水平向增强体特点的基础上，提出桩网复合结构或桩网复合地基结构，建立相应理论并应用于工程实践，取得良好效果。

每种软基加固技术都有其适用性和局限性。水泥土搅拌桩施工质量难以控制，加固深度有限，检测量大且费用高；超载预压法由于软弱地基土强度很低，存在路基稳定性问题，不能快速加载，制约工程进度，故施工工期很长，影响工程投资的经济性；强夯法针对透水性较强软土的加固效果明显，但在沿海地区排水不良的软黏土及淤泥质土的加固处理方面有局限；桩基施工速度较快，可缩短工期，加固处理深度限制小，适用地质条件广泛，可明显增加路基稳定性，提高地基承载力和减小变形，但是不管预制实心桩还是现场灌注实心桩造价均偏高；预制混凝土管桩在单方混凝土提高承载力方面，较实心混凝土桩有较大提高，但须在工厂预制，在形式上节省材料，但考虑运输和打入施工等因素，又必须加入大量钢筋增加强度以抵抗施工可能带来的破坏性，从而加大了地基加固成本。

可见，各种软基加固方法各有优缺点。因此，应根据设计对地基处理的要求和工程地质、水文地质条件，经过技术经济比较，并考虑工期和环境保护要求，选用合理的软基处理方案。

软基处理已经从采用单一地基处理技术走向因地制宜，各种方法综合使用。但地基处理不可能完全消除工后沉降，路堤高度是影响工后沉降的关键所在，地基条件是影响地基处理效果的主要因素。对重大工程，可通过现场试验对多个地基处理方案进行验证比较。

（三）软土地基处理施工注意事项

① 施工前应组织施工人员学习并掌握所承担工程地基处理的目的、原理、施工工艺、技术要求、质量标准及检测方法等。

② 施工前应熟悉有关工程地质报告、土工试验报告、施工图、地下管线及构筑物等资料，并结合工程情况，了解本地区地基处理经验和类似工程的施工情况；同时应核地质资料，并进行地基处理的各项工艺性试验；若地质情况与设计不符时，应按有关规定办理变更设计手续。

③ 施工现场应按有关规定要求，做好取土、弃土、堆料及运土道路的平面布置，安排好作业程序及机械运行路线，施工中不得随意更改。工程材料必须按有关标准进行质量检测，材料合格方可用于工程。所有运至工地的材料必须分类堆放，妥善保管。

④ 软基处理时，除采用水下抛石挤淤方法外，均应于开工前疏干地表水；有条件时可采用降低地下水位的措施，如挖槽、井点抽水等。

⑤ 路堤填土一般从旱地取土，或从可耕面积以外的残丘山麓、废弃土堆等地区取土。只有在特别困难的情况下，才考虑从两侧耕地取土，但所得填料往往含水率超过规定，应先晾干后再行填土。

⑥ 填筑软土地区路堤，应按其地基和路堤的后期沉落量一并加筑预留沉落土。计算土方数量时，除断面数量外，还应考虑路堤在施工期间由于基底沉陷或路堤顶面预留加宽度而增加的土方。

⑦ 软土及松软基路堤施工时，填料特性、工程措施及适用范围应全过程受控；路基均匀沉降或不均匀沉降及其沉降值得到持续正确的检查。此外，施工时，应采取有效措施保护观测设备避免损坏和位移。

二、土质改良法

（一）换填法

1. 开挖换填

直接换土是用人工或机械挖除全部软弱土，换填以砂、砾、卵石、片石等渗水性材料或强度较高的黏性土。它从根本上改善地基，不留后患。换填时，挖除需换填的土层，并将底部整平。当底部起伏较大时，可设置台阶或缓坡，并按先深后浅的顺序进行换填施工。底部开挖宽度不得小于路堤宽度加放坡宽度。根据换填部分所处路基位置，采用设计要求的填料并分层填筑碾压以达到相应压实标准。

换填范围及深度应符合设计要求，施工中应对需换填土层范围及深度进行核实。对软土或泥炭层厚度小于 3 m 的情况，一般可采取全部挖除换填的方法；对厚度大于 3 m 的情况，通常只采取部分开挖换填的方法。当采用机械挖除换填土时，应预留 30 ~ 50 cm 的土层由人工清理。

2. 抛石挤淤

抛石挤淤法施工时，利用振动碾压机器，加入片石，对片石进行振动碾压。通过片石的置换挤密，使片石充分挤填到软土中，形成片石地基层，以提高地基承载力，减少沉降。该法适用于常年积水的洼地，排水困难、泥炭呈流动状态、厚度较薄、表层无硬壳、片石能沉达底部的泥沼或厚度为 3 ~ 4 m 的软土。一般来说，抛石挤淤方法简单，经济合算，但技术稳定性不够。

抛投片石使用不易风化的片石，其大小视软土稠度而定。当软土底地层平坦时，抛投应自地基中部向两侧逐渐进行，以便将淤泥从两旁挤出。当下卧岩层层面具有明显横向坡度时，片石抛填应从高向低进行，并在低的一侧多填一些，以求稳定。片石抛出水面后，宜用较小石块填塞垫平，用重型路碾或载重汽车反复碾压，以使填石压密，然后在其上铺设反滤层，再行填土。

3. 爆破排淤

爆破排淤是使炸药在软土中爆炸，利用爆炸的张力作用，将软土扬弃和压缩，再回填以渗水土或强度较高的黏性土。它较一般换填方法加固深度大、工效高，适用于软土层较厚的情况。

爆破排淤法有两种工艺。

① 先填后爆法，即先在原地面上填筑低于临界高度的路堤，随爆随沉，避免回淤。但应严格控制炸药用量，尽量做到既能炸开软土，又不致抛弃已填路堤。此法适用于液性指数较大的软土。

② 先爆后填法，即爆破前先准备好充足的回填土，以便爆后在尽可能短的时间内填满基坑。如果工点面积过大，则应分区分段进行，以免回淤。此法适用于液性指数较小、回淤较慢的软土。

（二）强夯法

强夯法指将重锤（一般为 8 ~ 40 t 的重锤，最重可达 200 t）提到高处（一般 6 ~ 40 m）使其自由落下夯击土基，利用其动能（一般能量为 500 ~ 8000 kN·m）提高地基土的强度。强夯法加固后的地基承载能力可提高 2 ~ 5 倍，加固深度可达 10 m 以上，沉降量可减少到加固前沉降量的 1/10 ~ 1/2。

强夯加固作用与土层在被处理过程中的 3 种不同机制有关。其一是加密作用，以空气和气体的排除为特征；其二是固结作用，以孔隙水的排除为特征；其三是预加变形作用，以各种颗粒成分在结构上的重新排列和颗粒结构、形态的改变为特征。

强夯法适用于碎石土、砂土、低饱和度的黏性土、粉土、湿陷性黄土及填土地基等的深层加固，但对淤泥和淤泥质土地基，强夯处理效果不佳。此外，强夯所产生的振动和噪声很大，对周围建筑物和其他设施有影响，在城市中心不宜采用。

施工时，应注意以下几点。

① 强夯法施工前，按初步确定的强夯参数，提出强夯试验方案，进行现场试夯。通过强夯前后测试数据的对比，检验强夯效果，确定有效影响深度、单位面积平均夯击能、夯击次数、夯击遍数、间歇时间和夯点布置等各项参数。若不符合设计要求，应及时进行调整。

② 当场地地表土软弱或地下水位较高，夯坑底积水影响施工时，可人工降低地下水或铺填一定厚度的松散性材料，使地下水位低于坑底面以下 2 m。坑内或场地积水应及时排除。

③ 当原地面含水率较大时，夯击前应在该段落铺垫 10~20 cm 厚的碎石。

④ 在每遍夯击前，应对夯点放线进行复核，夯完后检查夯坑位置，发现偏差或漏夯应及时纠正。强夯过程中若发现因坑底倾斜引起夯锤歪斜时，应及时将坑底整平。夯坑周围地面不应发生大隆起，不应因夯坑过深而导致起锤困难。

⑤ 强夯法的顺序应该是先深后浅，即先加固深层土，再加固中层土，最后加固表层土。

（三）排水固结法

1. 砂垫层

砂垫层地基是用夯（压）实的砂或砂石垫层替换基础下部一定厚度的软土层，以起到提高基础下地基承载力、减少沉降和加速软土层的排水固结的作用。它是最简单的换土方法，其优点是不扰动软土结构，排水性能好施工简便，费用较低；缺点是必须严格控制加荷速率，且地基没有足够宽度时会出现侧向挤出。砂垫层适用于处理 3.0 m 以内的软弱、透水性强的黏性土地基；不宜用于加固湿陷黄土地基及渗透系数小的黏性土地基。

其施工注意事项包括以下几个方面。

① 采用砂垫层及砂井处理软基，其基底固结过程往往需较长时间。因此，软土地区路堤宜提前安排施工，以加强预压固结效果，使路堤在铺轨通车前具有足够的稳定性。

② 砂垫层施工前应将基底清理、整平，并按设计要求做好基底碾压及土拱。砂垫层厚度一般在 0.5~1.0 m，太厚则会导致施工困难；太薄，效果较差。砂垫层的砂料必须

具有良好的压实性能，以中砂、粗砂为好，且不可含草根、垃圾等有机杂质，其含泥量不能大于5%；当用作排水固结时，其含泥量不能大于3%，且不能有大石块。

③原则上，砂垫层应采用分层压实法施工。砂垫层的铺设形式有两种，即排水砂垫层和换土砂垫层。排水砂垫层是在路堤底的原地面上直接铺设薄层砂垫层，然后继续填筑路堤。其厚度一般为0.6～1.0 m，为利于排水，一般在路堤坡脚外每侧伸出1 m左右。换土砂垫层是先挖除地表硬壳，代以砂垫层，再填筑路堤。

④砂垫层密实度应达中密以上，并符合设计要求。砂垫层填筑或填筑完后须及时完成两侧干砌片石护坡，并同时做好反滤层。

2. 砂井法

砂井是在软基中利用各种打桩机具获得按一定规律排列的孔眼，并在孔眼中灌进粗砂形成砂柱而成。在地表再将各个砂井用砂沟连接起来，使地基固结，水分排入砂井后，很快由砂沟排去，从而加速软土固结，提高地基强度。

当软土层较厚、路堤较高时，砂井法是有效的软基排水固结方法。当天然土层的水平排水性能较垂直方向大时，或软土层中有薄层粉细砂夹层时，砂井法效果更好。

施工前，先在地表均匀铺设一层0.5～1.2 m的砂垫层。砂井深度应视软土厚度及结构物重要性而定，一般均应贯穿软土层达到坚固土层。但也不宜过深，以免施工困难。井径一般为20～30 cm，井距一般为2～5 m或为井径的7～10倍，成梅花形排列，并超出两侧坡脚处各1～2排。井内灌砂深度不能小于井深的90%，须保证灌砂的连续性。

3. 碎石垫层法

碎石垫层法因通过将基础底面以下一定深度内的软土挖去，换填自然级配碎石而得名。这种方法通过垫层较大应力扩散来减少垫层下天然土层所承受的压力，从而减少软基沉降。该方法用料较少，能明显提高经济效益。

碎石垫层施工前，应将基底清理、整平，并按设计要求做好基底碾压及土拱。碎石垫层应采用级配良好且未风化的砾石或碎石，其最大粒径不得大于50 mm，含泥量不得大于5%，且不含草根、垃圾等有机杂质。分层厚度、压实遍数应通过现场试验确定。

碎石垫层施工时，为避免碎石挤入软土中，必须严格用中粗砂找平后开始土工布施工。碎石垫层应分层铺摊压实，尽量减少对地基的扰动，避免泥土等杂物混入碎石垫层，同时控制每层虚铺厚度，严禁超厚施工。每层碎石要满铺基坑内，直至施工到基础垫层底高程。

碎石垫层压实质量应根据路堤所处部位，确保符合设计要求。此外，施工期间必须注意排水，碎石垫层施工区内不允许积水。

4. 袋装砂井法

袋装砂井法是深层加固地基的排水固结法中的一种，适用于各种软土地基的加固，尤其适用于工期短、受抗动条件限制的工程环境。最大处理深度为 30 m。袋装砂井固结地层为三维排水固结，可缩短软土地基中孔隙水的排出距离，减少固结时间，提高软土地基的承载力。

① 测量定位：按线路中线进行控制，准确定出每个砂井位置，钉设木桩（竹片桩）或点白灰标示。

② 机具就位：a. 打桩机底支撑要平衡牢固。若采用的是轻型柴油打桩机，则用卷扬机定位，并用经纬仪或其他观测办法控制桩锤导向架的垂直度。b. 定位时要保证桩锤中心与地面定位在同一点上，以确保沉管的垂直度。在打设导管成孔过程中，如连续出现两根桩打入深度超过施工图要求时，说明桩锤过重，要更换较轻的锤。

③ 整理桩尖：a. 桩尖有与导管相连的活瓣桩尖和分离式的混凝土预制桩尖，在导管沉入前应安装和检查，尤其是活瓣桩尖是否能正常开合。b. 要检查导管与桩尖是否密合，清除导管内的泥土，避免导管内过多存泥，影响砂井深度。管内加压后，砂袋仍然拔起，则可能是活门的开启失灵，需要拔出来排除故障。

④ 沉入导管：a. 采用振动法或静压法将导管沉入土层。b. 开始时落锤要轻缓，防止导管突然倾斜。c. 沉入导管时应先松后振，导管压入过程中不得起管。d. 导管入土深度距施工图标示深度约 2 m 时，要控制锤击频率，防止超深。

⑤ 检查砂井深度：应在导管上部做出进深标识，砂井深度可用导管压入的长度直接控制。

⑥ 灌制砂袋：宜使用风干砂，避免湿砂干燥后体积减小，造成砂井中砂柱高度不足，或缩径、砂体中断，甚至与排水垫层不搭接。

⑦ 检查砂袋质量：a. 灌砂应饱满，充填要密实，袋口应扎紧，不得有中断、拧结现象。b. 检查砂袋是否破损、漏砂。c. 已灌制好的砂袋，在搬运施工中不得有破损，凡受损的砂袋应进行修补，否则不得使用。运至工地井位盘成圆形堆放。

5. 塑料排水板法

塑料排水板法是在软基中按一定的间距和布置形式打设塑料排水板。在上部附加荷载（如预压堆载、砂垫层，或者真空预压等）的作用下，在软基中产生附加应力。软基中的孔隙水应力和附加应力引起的超孔隙水应力，随着孔隙水通过塑料排水板和砂垫层排出而降低，地基的孔隙水含水率也随之降低，从而增加了土体密实度。其施工设备简单，排水效果好，工效高，可有效降低工程造价，是目前广泛应用的软基加固方法，其适用范围与砂井法相同。

6. 堆载预压

路基基床底层填筑完后，应按设计要求进行堆载预压，预压材料应符合设计要求。与其他软基加固方法比较，堆载预压法施工工艺简单，效果好，但它是软基固结沉降较慢的一种，故需妥善安排施工计划，尽量提前施工。本工艺适用于处理深厚软土和冲填土地基，对于泥炭等有机质沉积地基则应慎用。

三、复合地基

复合地基（Composite Foundation）是指天然地基在地基处理过程中部分土体得到增强，或被置换，或在天然地基中设置加筋材料，加固区由基体（天然地基土体）和增强体两部分组成的人工地基。

近年来，随着地基处理技术和复合地基理论的发展，复合地基技术在土木工程各个领域，如房屋建筑、高速公路、铁路、机场、堤坝等工程建设中得到广泛应用，并取得了良好的社会效益和经济效益，复合地基在我国已经成为一种常用的地基处理形式。根据地基中增强体的方向，可将复合地基分为竖向增强体复合地基和水平向增强体复合地基两大类。竖向增强体（Vertical Reinforcement Layer）材料可采用砂石桩、水泥土桩、土桩、灰土桩、渣土桩、低强度混凝土桩、钢筋混凝土桩、管桩、薄壁筒桩等；水平向增强体（Horizontal Reinforcement Layer）材料多采用土工合成材料，如土工格栅、土工布等。

竖向增强体复合地基一般又称为桩体复合地基。根据桩体材料性质，可将桩体复合地基分为散体材料桩复合地基和粘结材料桩复合地基两类。

散体材料桩复合地基如碎石桩复合地基、砂桩复合地基等，其桩体由散体材料组成，没有内聚力，单独不能成桩，只能依靠周围土体的围箍作用才能形成桩体。

粘结材料桩复合地基根据桩体刚度大小分为柔性桩复合地基、半刚性桩复合地基和刚性桩复合地基 3 类。如水泥土桩、土桩、灰土桩、渣土桩主要形成柔性桩复合地基；各类钢筋混凝土桩（如管桩、薄壁筒桩）主要形成刚性桩复合地基；各类低强度桩（如粉煤灰碎石桩、石灰粉煤灰桩、素混凝土桩），刚性较一般柔性桩大，但明显小于钢筋混凝土桩，故主要形成的是半刚性桩复合地基。

（一）双灰桩

双灰桩（亦称二灰桩）即生石灰、粉煤灰桩，是以粉煤灰为主体材料掺入少量生石灰经拌匀后灌入地基桩孔压实而成的一种桩。利用生石灰的吸水膨胀、防热作用及土体与石灰的化学反应、凝结反应，改善桩周土体的物理力学性能，使桩与桩周土共同承受荷载，从而达到提高原地基承载能力的目的。

双灰桩优点是土方开挖少、施工速度快、方法简便、成本低廉、能耗少、无噪声等；缺点是加固施工用的桩锤、桩径均较小，夯击能量小；对桩侧土挤密的侧压力小，桩间土被加固的效果较差。此类柔性加固的复合地基，其地基承载力一般不超过原地基的 2 倍或接近于天然地基。且由于施工机具限制，其处理深度极为有限，故不适用于承受较大载荷或对沉降要求严格的结构物。双灰桩适合于含水率较高的呈酸性的黏性土，不适合有地下水流的砂土，这会影响双灰桩的硬化。

在双灰桩大面积施工前，应在现场选一场地进行试桩，根据试桩确定合理施工工艺，并对按设计要求（桩径、桩长、桩距）制成的桩进行单桩承载力、复合地基承载力、复合地基模量试验，根据试验结果复合、修正设计。在施工过程中，应注意二灰拌和须采用机械拌和，拌和要均匀。提升内管时，每次提管长度要小于每次投料量计算的投料高度，不能拔空。

（二）旋喷搅拌桩和粉喷搅拌桩

旋喷搅拌桩是指利用工程钻机，将旋喷注浆管置入预定的地基加固深度，通过钻杆旋转，徐徐上升，将预先配制好的浆液，以一定的压力从喷嘴喷出，冲击土体，将土和浆液搅拌成混合体，使桩位原土由软变硬，形成整体性好、水稳性强和承载力高的新桩体。这种桩体与桩间土相互作用，形成比天然软基承载力有大幅提高的复合地基，其抗变形能力得到提高，且具有一定的隔水作用。旋喷法可以根据不同的施工对象、用途，调整灌入材料用量、浓度，使加固土体满足工程需要的强度。

目前，灌入材料以水泥浆为主，当土的渗透性较大或地下水流速过大时，为了防止浆液流失，可在浆液中掺加速凝剂。当灌入材料为水泥或生石灰粉时，则称为粉喷搅拌桩。水泥加固软土是基于水泥和加固土的物理化学反应。水泥颗粒表面矿物很快与土体中的水发生水解和水化反应，生成氢氧化钙、水化硅酸钙、水化铁酸钙、水化铝酸钙等。各种水化物生成后，有的自身继续硬化，形成水泥石骨架；有的与周围具有一定活性的黏土颗粒发生反应，形成水泥土的团粒结构，并封闭各土团之间的孔隙，形成坚硬的联结体。拌入水泥 7 d 后，土颗粒周围充满水泥凝胶体；1 个月后，充填到颗粒间孔隙中的水泥凝胶体形成网状结构；5 个月后，纤维状结晶辐射向外伸展产生分叉，并相互连接形成空间网状结构，提高地基强度和增大变形模量。

水泥适用于含砂量较高的软土，石灰适用于含砂量较低的软土。采用生石灰时，掺入比例以 12%～15% 为宜。搅拌桩的桩径为 0.5 m，桩长一般为 9 m，加固深度一般在 10～15 m。

旋喷（粉喷）搅拌桩施工控制应符合下列规定。

① 严格控制钻进提升速度。同时，钻进速度不宜过快，确保桩体强度均匀，且使原

位土搅拌后疏松透气。

②控制下钻深度、喷浆（喷粉）高程及停浆（灰）面，桩端应原位搅拌约 2 min。

③旋喷搅拌桩成桩过程中，以一次喷浆二次搅拌或二次喷浆四次搅拌为宜。复搅时应避免浆液上冒。成桩过程中，如因故停浆，继续施工时必须重叠接桩，接桩长度不得小于 0.5 m。粉喷搅拌桩如成桩过程中因故停工，第二次喷粉必须重叠接桩，接桩长度不得小于 1 m。

④搅拌（粉喷）机械必须配置灰量自动记录仪。

⑤粉喷搅拌桩施工时，随时检查加固料用量、桩长、复搅长度，评定成桩质量。如有不合格桩或异常情况，应及时采取补桩或其他相应处理措施。搅拌钻头直径磨耗量不得大于 10 mm。

⑥钻机成孔和喷浆（粉）过程中，应将废弃的加固料及冒浆回收处理，防止污染环境。

⑦粉喷搅拌桩属地下隐蔽工程，施工质量受人为影响因素多，事后检测亦较困难。各项记录的完整性、准确性、真实性是评价成桩质量的重要依据。

（三）水泥粉煤灰碎石桩

水泥粉煤灰碎石桩（Cement Fly-ash Gravel pile），简称 CFG 桩，是在碎石桩基础上掺入适量石屑、粉煤灰和少量水泥加水拌和后制成的具有一定强度的桩体。该复合地基能充分发挥 CFG 桩的高承载力性能和粉喷搅拌桩的抗变形性能，并且通过褥垫层的设置发挥桩间土的承载力。当桩体强度较高时，CFG 桩类似于钢筋混凝土桩（常称为刚性桩）。

CFG 桩施工主要具有以下特点：施工噪声小，环保且无泥浆污染；适应地质条件广，成孔穿透能力强，加固深度大；施工速度快，成孔质量高，设备简单、操作安全方便；受地下水影响较小；施工时不产生振动；机械化程度高、用工少，工期能得到保证，经济效益显著。在实践中主要适用于饱和及非饱和的黏性土、粉土、人工填土及松散砂土等地质条件，尤其适用于地下水位高，松散的粉土、粉细砂等地基的加固，加固桩长一般为 20～30 m。

CFG 桩施工可分为螺旋钻机成孔工艺和振动插管成孔工艺，由于振动插管成孔工艺与以上的套管法相似，故在此主要介绍螺旋钻机成孔工艺。

CFG 桩螺旋钻机成孔工艺是用长螺旋钻机钻孔至持力层，孔中用泵压工业废料（如粉煤灰）及由石屑、碎石和少量水泥加水拌和的混合料。此法中的褥垫层是由粒状材料组成的散体垫层。由于柔性垫层的存在，地基强度和变形模量较为均匀，有利于上部结构受力和结构抗震。高速铁路客运专线 CFG 桩复合地基中，常用的复合垫层形式有 3 种：钢筋混凝土板 + 碎石垫层结构、碎石垫层 + 混凝土桩帽结构、碎石垫层 + 土木合成材料结构。

在施工过程中，应注意以下几点。

1.选择合适的成桩顺序

根据不同土质，在施工中选择合适的成桩顺序，并根据土层情况选用适宜的施工工艺和设备。在饱和的软土中成桩，桩机的振动力较小，当采用连打作业时，新打桩对已打桩的作用主要表现为挤压，此时应采用隔桩跳打施工方案。而在饱和的松散粉土中施工，由于松散粉土振密效果好，打桩施工完后，土体密度将显著增加，打的桩越多，土的密度越大。故在补打新桩时，沉管难度增加，同时易引起已打桩断桩。此时，隔桩跳打亦不宜采用。当满堂布桩时，不宜从四周转向内推进施工，宜从中心向外推进施工，或从一边向另一边推进施工。但仅凭打桩顺序的改变，并不能完全避免新打桩的振动对已硬结的已打桩产生影响。此时，应采用螺旋钻引孔的方案。

2.严格控制拔管速率

保证混凝土输送泵的泵送量与钻机的提拔速率匹配是 CFG 桩施工的关键。拔管速率太快，可能导致桩径偏小或缩颈断桩；拔管速率过慢，又可能造成水泥浆分布不匀、桩顶浮浆过多和出现混合料离析现象，导致桩身强度不足。故在施工中，需要熟练技术人员指挥协调混凝土输送泵和长螺旋钻机之间的配合。拔管速率应根据设备型号确定。

3.控制好混合料的坍落度

坍落度太大的混合料，易产生泌水、离析，甚至导致堵管；坍落度太小，混合料在输送管路内流动性差，也易造成堵管。故混凝土进场后，首先检验坍落度。坍落度控制在 3～5 cm，和易性好，当拔管速率为 1.2～1.5 m/min 时，一般桩顶浮浆可控制在 10 cm 左右，成桩质量容易控制。长螺旋钻孔、管内泵压混合料成桩施工的坍落度则宜为 16～20 cm。

4.设置保护桩长

使桩在加料时，比设计桩长多加 0.5 m，将沉管拔出后，用插入式振捣棒对桩顶混合料加振 3～5 s，提高桩顶混合料密实度。

5.拔管过程避免反插

否则易使土与桩体材料混合，导致桩身掺土影响桩身质量。

（四）振冲碎石（砂）桩

振冲碎石（砂）桩法是利用能产生水平方向振动的管状设备，在高压水流冲切配合下，使地基成孔，然后向孔内分批填入碎石（砂）等坚硬材料，用振冲器将其挤密，形成碎石（砂）桩。振冲碎石（砂）桩依靠桩的挤密和施工中的振动作用使桩周围土的密度增大，提高软基的承载力和地基抗滑动破坏能力。此外，砂桩和碎石桩可加速软土排水固结，增大地基土强度。

振冲碎石（砂）桩属于散体桩复合地基，适用于挤密松散砂土、粉土、黏性土、素填土、杂填土等地基。

施工前，必须进行现场成桩试验，以检验设计要求，确定施工工艺及施工控制要求，包括提升高度、挤压时间、分段填砂量等。设计强调挤密效果时，试桩数量宜为 7～9 根，正三角形布置时为 7 根（中间 1 根周围 6 根），正方形布置时为 9 根（3 排 3 列）。如达不到设计要求，应及时会同设计人员调整设计或改进施工工艺。

（五）预应力管桩

预应力管桩具有单桩承载力高、造价低、设计选用范围广、施工便捷、施工速度快、预应力（PHC）管桩工厂化生产、生产养护周期短、桩身质量容易保证等优点。预应力管桩加固原理是通过管桩基础作用于桩端持力层较厚的强风化或全风化岩层、坚硬的黏性土层、密实砂（粉）土层，以充分发挥其强度高、承载力高的特点，从而提高单位承载力和经济效益。预应力管桩施工主要有静压压桩与打入法两种。

（六）侧向约束法

侧向约束法是在路堤两侧坡脚附近打入钢筋混凝土桩或者设置毛石齿墙等，以限制基底软土的挤动，保持基底的稳定。它适用于软土层较薄、底部有坚硬土层和工期紧迫的情况，下卧层面具有横向坡度时尤其适合。地基在施加侧向约束后，路堤的填筑速度可不加控制。该法较节省土方，占地少，但需耗费一定数量的三材，成本较高。

（七）土工织物法

土工合成材料是土木工程应用的合成材料的总称，具有耐酸碱、耐腐蚀，并具有较大抗拉强度等优点。土工合成材料可分为土工织物、土工膜、土工特种材料和土工复合材料等类型。土工织物法是以人工合成的聚合物（如塑料、化纤、合成橡胶等）为原料，制成各种产品，置于土体内部、表面或各种土体之间，通过与土体之间的摩擦作用，约束路堤及基础的侧向变形，导致地基中的附加应力重新分布而趋于均匀，亦可限制竖向沉降峰值的发展。土工织物法施工工艺及要求如下。

① 准备工作：开挖基床，并做好基坑防排水措施。同时，土工合成材料规格及性能应符合设计要求，运至工地后应分批整齐堆放在料棚内，防止日晒雨淋，并保持料棚通风干燥。

② 铺设下卧层：用碎石含量不少于 50% 的碎石土（A、B 组）回填桩间土，并在桩帽上填筑级配碎石 25 cm 作为土工格栅的下卧层，整平，人工夯实；为保护桩帽，下卧

层填筑必须人工施工，禁止车辆碾压桩帽。

③铺砂垫层：下卧层施工完毕后进行砂垫层施工，铺设 5 cm 厚的中、粗砂保护层。砂垫层能较好地处理软弱地基地段路基的不均匀沉降，具有反滤、排水、隔离、补强等应用优势。

④铺土工格栅：土工格栅的纵轴向应力与主要受力方向（路堤横断面方向）一致，逐幅铺设。土工织物与基础层及支持层之间应压平贴紧，避免架空。通常土工织物端部要拆铺一段，起锚固作用。铺设两层以上土工织物时，中间要夹 0.1 ~ 0.2 m 厚的砂垫层。土工格栅的铺设平顺无扭曲，与下层密贴好。施工过程中，土工织物不应出现任何损坏，以保证工程质量。

⑤连接、固定格栅：土工格栅沿横轴向（非主要受力方向）的接缝采用塑料带绑扎。

⑥回填土料：铺好的土工格栅应在 3 d 内回填覆盖，防止日晒老化。严禁碾压及运输等设备直接在土工合成材料上行走作业。

（八）桩网复合地基

对巨厚层、高含水率、低强度的软土来说，在沉降控制严格的条件下（桥路过渡段 < 8 cm），采用排水固结法很难满足控制要求，而深层搅拌桩在软土处理深度（一般不超过 20 m）及桩身强度上有一定限度，不能满足要求。

相比之下，桩网复合地基突破了上述方法的局限性。所谓桩网复合地基是指天然地基在地基处理过程中，下部土体得到竖直向增强体（通常指"桩"），从而形成桩土复合地基加固区，并在该区上部铺设水平向增强体（通常指"网"），从而形成加筋土复合地基加固区，使"桩网土"协同作用，成为共同承担荷载的人工地基。

可分为不带桩帽的桩网复合结构和带桩帽的桩网复合结构。桩网复合地基能使路基荷载通过"桩网"结构传至下卧土层，满足深厚软基承载力和工后沉降控制要求，具有沉降变形小且较快、工后沉降较易控制、稳定性高、施工方便等特点。桩网复合地基适用于公路、铁路路基持力层深度为 25 ~ 48 m 的深厚软基的处理。在目前没有更有效的对深厚软基进行加固方法的情况下，桩网复合地基相对桥梁方案造价低廉。

四、多年冻土地区路基施工

（一）冻土的概念

在严寒地区，地面以下一定深度的地温常保持在 0 ℃以下，土中含有冰，这类土称为冻土。含冰的土持续 3 年或 3 年以上不融化，称为多年冻土。在多年冻土地区的地表往下一定深度的土层（一般在 3 m 以内），寒季冻结，暖季融化，此土层称为季节融冻层。多年冻土与季节融冻层的交界处称为多年冻土的"上限",多年冻土的下部界限称为"下限"。

多年冻土处于冻结状态时,有很高的强度,但是开挖路堑或填筑路堤从根本上改变了多年冻土的边界条件,破坏了原来的热平衡状态,引起多年冻土的上限移动,从而出现反复的冻胀或融化下沉,这往往造成房屋破坏、道路变形、管道断裂等冻害现象,带来很大的损失。

例如,当路堤的修筑引起上限向地表移动时,土中的水结成冰,体积膨胀,出现局部的冻胀,抬起结构物。土冻结时,还引起水分向冻结面转移,更使土的冻胀量加大。当上限下降时,土中的冰融化成水,土的强度削弱,产生融化下沉或边坡坍塌的现象。路基融沉是非常普遍的现象,有些地段几年来累计融沉已达 2 m 多,不得不每年用大量碎石道砟充填。这种融沉一旦发生,便在路基中形成融化槽。每年夏季大量雨水渗入,又带来大量热能进一步促使融沉发展,造成较严重的路基病害。

(二)冻土地区路基施工措施

对多年冻土地区病害的处理措施主要从 3 个方面着手:地基土改善、治水及保温。粉砂土或粉砂质黏土的冻胀量和融沉量都很大,在条件允许时,可考虑将这种地基土换成砾石、砂等粗颗粒土。换土后,表层要做封闭层以防止地表水流入。冻土中的水是造成一切冻害的主要原因,所以首先要防止地表水渗入结构物地基,同时也要拦阻地下水向结构物地基附近聚集,可考虑设置截水沟。设置保温层的目的是维持地温的相对稳定,防止结构物地基及其附近地温因施工引起过大的变化。保温材料最好能就地取材,如泥炭、草皮、炉渣等。

①多年冻土地区一般采用路堤通过,施工中应以不破坏或少破坏地基的热平衡状态为原则。若必须以路堑通过,则一般应尽量减少挖方,因为这样直接破坏了路堑本体工程的多年冰冻状态。只有严格按照设计要求施工,迅速做好边坡保温层、基底换填、边坡加固及排水等措施,方能保证路基的坚固稳定。当路堑按保护冻土原则设计时,宜在寒季施工。如果需要在暖季施工,应采取临时性保温措施,并须防止地表水流入或渗入基底和冲刷边坡。此外,不得在雨季施工。

②当地基为少冰冻土或多冰冻土时,对基底不做特殊处理;当路堤的基底位于或路堑基底穿过富冰冻土、饱冰冻土或含水冰层时,为消除冻土的冻胀危害,可将基底全部清除至多冰冻土层,回填渗水土或含水率小于 1.2 倍塑限的黏性土,并做好基底纵向排水。当回填渗水土时,其顶部 0.5 m 厚应铺填黏性土;当回填黏性土时,应在其底部铺填 0.3 m 碎卵石。如果基底全部清除换填有困难或不经济时,可部分清除换填基底。换填开挖工程应在春融前完成。

③ 在地下冰或冻土融化后呈现流塑性状态的地段，除对基底采取保护基底天然植被的保温措施外，可在路堤两侧设保温护道，以缓和多年冻土上限的上升速度及保证路堤边坡的稳定。护道一般高 1～2 m，宽 2～3 m，坡度为 1：2.0～1：1.75，护道顶面设 4% 的排水横坡。护道和路堤本体填料相同时，应连在一起填筑压实。排水沟至路堤坡脚或保温护道坡脚的距离不应小于 5 m。

④ 如果路堑边坡高度较大（大于 6 m），有较好的地基条件时，可修建挡土墙，墙后填保温材料，保护边坡冻土不致融化。当地基条件较差时，亦可采用锚杆挡土墙。

⑤ 土方填筑以 5～10 月施工为宜。当基底为饱冰冻土或含水冰层时，路堤填料应根据路堤高度与最小保温高度（在东北地区大于1.5～2.0 m，在西北地区大于1.0～1.5 m）间大小关系来选定，同时应考虑冻土地区路堤填筑的特殊要求。应尽量优先采用粗颗粒的渗水土填筑路堤，并远离路堤集中取土，以保证多年冻土范围以内多年冻土状态不被破坏。如果必须在路基一侧取土，取土坑宜在靠山一侧，离开路堤坡脚应有 20 m 以上的距离。施工时，基底换填和边坡填土应同时进行，先基底后边坡，最后铺砌草皮护坡或其他保温材料，如加气混凝土、泡沫塑料混凝土等。边坡填土须十分注意质量，否则不但降低了保温效果，而且会出现边坡滑动、坍塌。因此，应保证夯实质量和填土与路堑坡面的良好结合，草皮等保温材料应待填土沉实以后铺设为宜。

⑥ 当路堑边坡穿过饱冰冻土或含水冰层而清除有困难时，坡面应采取保温措施，设置边坡保温层。通常可采用平铺或水平叠砌式的草皮单层护坡，或黏性土保温护坡，或采用两者结合的混合护坡。

（三）冻土地区路基施工注意事项

① 多年冻土地区气候寒冷，平均气温低，因此有利于施工的季节很短。部分地区，如青藏高原全年有大风的时间太多，缺氧严重，使得机械功率和施工人员的生产效率均大大降低。加上为保证冻土不融化所采取的保温措施使得施工数量和施工费用增加，这些都造成多年冻土地区施工难度加大。因此，必须抓紧有利季节组织快速施工。

② 严格保护多年冻土的路堤基底、路堤两侧天然护道范围内的植被。对路堤基底部分，植被空隙应从别处移取植被以进行填补。

③ 水中携带了一定的热量，暖季时水在冻土中浮动会加速冻土融化，不利于路基施工和路基稳定；寒季则给路基造成冻胀危害，危及行车安全。因此，要做好路基排水。

④ 在暖季开挖多年冻土，中午气温升高时会出现融化现象，可以用临时性的保温材料，如用麻袋、草袋等覆盖，以避免和减轻冻土融化。实践表明：清晨覆盖、傍晚掀开，其保温效果最好。故施工现场必须准备足够的临时保温材料。

⑤ 尽量在寒季备运工程用料。

五、裂隙黏土地区路基施工

裂隙黏土是在最近一二十年内，铁路路基施工中越来越多地遇到的一种具有特殊性质的土。它的裂隙非常发育，土粒度成分黏粒比重较大，一般占30%以上，所以称为裂隙黏土。由于裂隙黏土的湿胀、干缩现象很显著，能引起路基基底或结构物地基基地变形甚至破坏，所以根据这些特征也称之为膨胀土。

裂隙黏土在我国分布很广，从东南沿海到川西平原，从太行山到云贵高原均可见到。在以往的铁路建设中，把它作为一般黏土对待，未引起足够的重视。自20世纪60年代以后，在实践中开始认识到裂隙黏土的特殊性，才开始对它进行研究。

（一）裂隙黏土的主要特征

1. 裂隙发育

裂隙黏土中的裂隙主要为成岩裂隙和构造裂隙，另外还有各种杂乱无章的风化裂隙。裂隙的形成与其成土过程、胀缩效应、风化作用等许多因素有关。土体被各种裂隙割裂成柱状、板状和鳞片状，裂隙间常夹有软弱的填充物，故削弱了土体强度，且土体易沿裂隙产生变形。

2. 干缩湿胀

裂隙黏土的矿物成分以伊利石为主，混有蒙脱石，而蒙脱石为膨胀性黏土矿物，吸水时体积膨胀，失水时则收缩出现裂缝。裂隙黏土暴露在自然界中，易于崩解软化，工程性质很差，即使边坡坡度很缓，仍不免发生边坡流坍。

3. 强度差异

裂隙黏土的单独原状土块强度高，但由许多土块组成的土体，强度较低，其原因是受裂隙的影响。裂隙黏土土体的强度随裂隙各向分布的不同而有所差别，故用一般力学检算裂隙黏土边坡的稳定性尚有一定困难。

（二）裂隙黏土地基常见病害

裂隙黏土的工程性质非常不稳定，常常出现滑坍、翻浆冒泥等各种不良现象。例如，陕西省境内某线路的裂隙黏土路堑边坡，坡高仅3～4 m，坡度虽缓至1：2，但仍不稳定，经常发生滑坍现象。更有甚者，湖北省境内某线路的个别裂隙黏土路堑边坡，虽刷坡缓至1：4但仍然不稳定，经常发生表层流坍现象。裂隙黏土路基病害非常普遍，路堑主要有冲蚀、剥蚀、流坍、滑坡等现象；路堤主要有下沉、边坡坍滑、坍肩、路肩开裂等现象。

（三）裂隙黏土路基施工措施

① 裂隙黏土路基施工优先安排在非雨季施工。当无法避免时，应保证施工中排水通畅，不出现积水浸泡工作面场地的现象。应尽可能采用机械化快速施工。路基一经开工，其开挖、填筑、防护加固、支挡、防排水各项设施和工作应依序一次性完成，尽快缩短开挖面暴露时间。当防护工作不能紧跟开挖完成时，应留出不小于 0.5 m 的保护层。

② 裂隙黏土的裂隙方向、开挖时间长短及路堑边坡的高度对其边坡的稳定都有很大的影响。当裂隙倾向线路方向时，对线路稳定不利。刚开挖的边坡，有足够的稳定性，时间稍久，水分渗入裂缝，裂隙间的强度衰减，间断的裂隙连贯起来，就有发生边坡坍滑的可能。路堑边坡越高，发生坍滑的可能性就越大，故在裂隙黏土地区应尽量避免做深路堑，必要时用挡土墙来支挡边坡。路堤边坡高度在 6 m 以内，采用 1 ∶ 1.5 的坡度；超过 6 m，要放缓坡度，或做反压护道。当路堑深度超过 10 m，应设置宽度不小于 2 m 的边坡平台。

③ 裂隙黏土地区的路堤填料应尽量选用经过改良的裂隙黏土。使用生土作填料时，因土块较硬，不易碾碎压密，易产生路基病害，所以应预留必要的沉降量，其预留沉降量较一般路堤大时，填筑路堤可将较差的土填在中间，外面用较好的土"包裹"。填层应用重型碾压机械压实，碾压时应严格保持最优含水率；压实层铺土厚度不宜大于 30 cm；土块应击碎至块径 15 cm 以下。

④ 表土流坍是裂隙黏土路堑病害中最为普遍的，流坍厚度常在 0.7 m 左右。刷缓裂隙黏土的边坡，对其稳定是不起作用的。只有将刚挖出的路堑边坡及时防护好，使边坡的表层土不受日晒雨淋的影响，尽可能保持土体的天然含水率，才能在一定程度上限制风化作用的加剧。选择防护加固结构物应考虑裂隙黏土坡面不均匀下沉及表层土体干缩湿胀的特点，目前常用的边坡防护加固措施有：a. 植物防护；b. 骨架防护；c. 重塑土反压；d. 坡脚挡土墙。

⑤ 裂隙黏土的路堑出现坍滑的情况，以久旱后暴雨季节为最频繁，所以排除地面水，使之不侵入路堑坡面是很重要的。除做好坡面防护外，还必须在堑顶修筑天沟，以引走堑顶水流。如堑顶有积水洼地或池塘，最好填平。

⑥ 在路堤的基床范围内，填料最好用熟土或生土掺砂分实填筑。路堑地段，最好在基床顶面 0.2 ~ 0.5 m 厚度范围内换填好土。如无换土条件时，须将表层土疏松掺砂修筑路拱，并做好侧沟的防渗处理。

六、盐渍土地区路基施工

我国盐渍土主要分布于内陆干旱盆地，如新疆、甘肃、宁夏、青海等地，东北及华北滨海地带亦有分布。地表土层 1 m 以内，易溶盐的含量大于 0.5% 时，称为盐渍土。常见的易溶盐包括氯盐、硫酸盐及碳酸盐。盐渍土的形成总是与当地的地下水位线联系在一起。地下水中所含的易溶盐能沿毛细水上升到地表土层，当水分蒸发后，易溶盐就留在地层中，日积月累，含盐量就逐渐增加。

（一）盐渍土的工程性质

盐渍土的工程性质视其所含的易溶盐种类和含盐量多少而异。用不同类型的盐渍土修筑的路堤，出现的问题也不同，在路基设计中必须随盐的种类而分别对待。主要表现在以下几个方面。

盐渍土蒸发剧烈时，地下水上升后盐分析出，路基边坡及面层发生盐渍化，变得干燥松散。

下雨或融雪时，表面变得泥泞，面层将会出现翻浆现象。

硫酸盐盐渍土在土中沉淀结晶时体积膨胀，脱水或溶解时体积缩小。内陆干旱地区日温差变化幅度很大，这种反复胀、缩现象能导致土体结构遭到破坏，强度降低，路堤稳定盐渍土的压实密度与易溶盐的含量有关。土中含盐量越大，压实密度越小。

当含盐量超过一定限度后，则不易达到要求的密实度，所以使用含盐量高的土作为路堤填料时，需增大夯实功能。盐渍土中的各种盐分对铁路工程常用的砖、石、混凝土、钢筋、橡胶等建筑材料均有不同程度的腐蚀性，特别是硫酸盐，能使混凝土产生疏松、剥落、掉皮和侵蚀等现象。

（二）盐渍土路基施工措施

由于盐渍土具有不利于路基稳定的一些性质，所以，线路通过盐渍土地区时，一般宜选择在地势较高、地下水位较低、含盐量较少及排水条件较好的地方。对于闭塞的低洼地、寒冷季节水分长期停滞的地方及潮湿的盐渍土地区排水不良的地方，线路应尽可能绕避，不得已时，要以尽量短的距离通过。在路基施工中，应特别注意以下几点。

①盐渍土路基施工季节最好选择在地下水位最低的季节。例如，西北地区地下水位的升降规律一般是秋季枯落冬季上涨。每年 6 月以后天气炎热，空气干燥，加上强烈的蒸发，地下水位下降。一般是 8、9 月水位最低，10 月转凉后，地下水位又上涨。

②盐渍土地区地下水位较高时，为避免路堤再受盐渍化及冻胀和翻浆的危害，必须控制路堤高度。根据我国西北盐渍土地区的资料：对于细砂，路肩距冻前地下水位最小

高度为 1.5~2.1 m；对于黏砂土和黏土，为 2.5 ~ 3.1 m。

③ 要分别对不同种类的盐渍土的含盐量做出不同的限制，在施工中选择符合含盐量规定的填料，且土粒间不应夹有盐的晶体。这是因为当盐渍土的含盐量体积超过了压实密度的孔隙时，就不易压密至标准密度，路基将出现溶蚀的病害。例如，硫酸盐超过 2% 会出现松胀；碳酸盐超过 0.5% 则会出现膨胀。每层填土厚度，黏性土不宜大于 20 cm，砂类土不宜大于 30 cm。夯实密度必须严格掌握，要求达到最佳密度的 90%，以保证路基稳定，并可隔断毛细水，防止路基盐渍化。

④ 在路基施工前必须先挖好排水沟，排除地面积水，降低地下水位，使路基基底保持干燥，避免施工中及施工后的再盐渍化。排水沟应从下游逐段向上游挖，以免沟壁积水影响沟壁稳定。在干枯时期，地下水位低于沟底时，可与路基同时施工。

⑤ 若当地可以取用的填料不足，不宜采用提高路堤的方法时，可设置毛细水隔断层。毛细水隔断层采用渗水土或石灰沥青膏等，宜设在路堤底部。

⑥ 盐渍地区的路基施工，要分段一次做成，自基底清除开始，各道工序衔接连续施工，一次做到设计高程。在采用毛细水隔断层地段，至少一次做到隔断层的顶部，避免路基的再盐渍化，形成新的盐壳。

⑦ 由于施工季节的不同，土体含盐量的分布情况也就不同，施工前应对土体做调查化验，以便对填土含盐量的控制更切合实际。施工中必须经常测定并控制含盐量在规定限度以内，注意含盐的均匀性。

⑧ 硫酸盐盐渍土有松胀性，其路堤表层发生松胀部分易遭雨水冲刷、风蚀及人畜踩踏而被破坏。对此，宜采用当地允许含盐量的土加宽路肩，每侧不宜小于 0.2 m，亦可采用卵石、砾石或黏土平铺路堤边坡。

⑨ 盐渍地区地势低洼，积水较多，水草丛生，毒虫较多，必须加强环境卫生和劳保工作。

第三节　特殊条件下的路基施工

一、崩塌地段的路基施工

（一）崩塌地段特征及成因

崩塌是指陡峭斜坡上的大量岩块在重力作用下突然而猛烈发生向下崩落、翻滚的地质现象。它是山区最常发生的不良地质现象，个别的下落岩块一般称为落石，而规模极大的崩塌称为山崩。崩塌的规模在几立方米到几万立方米之间，小规模的崩塌可根据具体的地形、地质情况采取相应的措施进行治理；而大规模的崩塌对铁路建筑物的危害则很大，往往造成道路破坏、河流堵塞，甚至直接摧毁结构物，处理起来也较为困难，是山区铁路施工的一个难点。

在我国西南、西北及华东地区，如宝成、成昆、贵昆、鹰厦等线路，历年均有崩塌、落石的发生，几乎占了全部路基病害工点的 50% 以上，形成崩塌落石群。

崩塌的形成是多种因素共同作用的结果，主要原因有以下几个方面。

1. 地形条件

地形条件是崩塌发生的外因，坡度、坡高及坡形是影响崩塌的主要因素。高峻陡峭的地形是发生崩塌最有利的条件。当坡度大于 45° 时，发生崩塌的概率大大增加，尤以 55°～75° 时居多。

2. 岩石性质及构造条件

岩石性质、成层及构造条件是决定斜坡形态及稳定性的直接因素。

不同的岩石性质，其强度、抗风化和抗冲刷的能力及渗水程度均不同。一般来说，直立陡峻的地形往往由硬质岩形成。硬质岩受风化作用，岩石逐渐分解，岩体风化作用强烈，岩体卸荷使裂隙扩张，导致岩体失稳，脱离母体形成崩塌。对于软硬相同的岩石形成的斜坡，如砂页岩互层，由于页岩易风化，砂岩突出，失去支撑后，岩体受节理切割极易产生崩落。由软质岩构成的斜坡，由于软质岩风化严重，故斜坡坡度一般较缓，较少出现崩塌。

不同的成层，其斜坡稳定性不同。一般情况下，由单层比较完整均一的岩石组成的斜坡稳定性较高；而由非均一的互层岩石组成的斜坡，稳定性较差。

不同的岩体构造，其斜坡结构面的空间位置也不同，出现崩塌的程度也各异。岩体节理发育，且结构面的组合位置处于不利情况时，易沿这些面发生崩塌；当山坡上方有断层破碎带时，易沿断层破碎带发生崩塌。

3. 水的破坏作用

水是崩塌产生最重要的因素。当水渗入岩石裂隙后，岩石发生软化、润滑和动水压力作用，导致岩石强度降低，加速崩塌的发生。故绝大多数崩塌发生在雨季或暴雨之后。

4. 其他因素的影响

爆破施工、列车振动、地震及人工边坡过高过陡均有可能破坏岩体结构，造成斜坡的稳定性变差，形成崩塌。

只有充分了解崩塌的成因，才能采取合理的处理措施，对山坡上的危石、落石加以处理，防止危石、落石掉落至路基上，阻碍行车。当然，在勘测设计时，应尽可能选择不通过崩塌地段的最优线路，或者尽量缩短线路通过崩塌地段的长度。

（二）崩塌防治措施

崩塌的防治措施有很多，通常有支补、拦截及遮挡3种。

1. 支补

① 支顶墙。如路堑边坡顶部有上部探头下部悬空的危石时，为防止崩塌的发生，可设支顶墙支持危石。支顶墙一般采用浆砌片石或混凝土砌筑。

② 支挡墙。在软硬岩层互层地段，除有崩塌的危险外，路堑边坡也不稳定，可修建支挡墙。它既能撑托边坡上部的危石，又能防止下部软岩的继续风化，且还具有挡土墙的作用。

③ 插别。对于山坡上个别孤立的危石，当不易清除时，可采用插别法进行稳固。先在紧靠危石脚下适宜位置打出若干孔，插入适当长度的粗钢筋或废钢轨，紧贴危石，然后灌入水泥砂浆锚固住。

④ 压浆。节理或裂隙发育的斜坡，可采用压浆方法处理，即将水泥浆液或其他化学浆液，用高压水泵沿钻孔压入岩石裂隙中去，固结岩块，增加连接性和岩块间的摩擦力，同时也可防止地表水的下渗。

2. 拦截

当山坡上部的岩石风化严重，落石较为频繁，且落石规模不大时，可修建拦截建筑物，以防落石跳到路基上。常见的拦截建筑物有：落石槽、落石平台、拦石网、拦石墙及桩障等。

① 落石槽及落石平台。当落石地带与路基之间有富裕的缓坡地带（倾角小于50°）时，可在缓坡上高出路基高程不超过30 m处修筑落石槽。若崩落物有较大的冲击力，则落石槽外侧应配合设置拦石墙。当落石地带与路基之间有一定距离的平缓地带，且路基高程较落石地带高出较多时，则可因地制宜修筑落石槽，但在迎石边坡应采用干砌片石防护。

② 拦石网。拦石网SNS（Safety Netting System）被动防护系统是由钢绳网、减压环、支撑绳、钢柱和拉锚5个主要部分构成的栅栏式拦石网。其与以圬工结构为代表的传统拦石方法的主要差别在于系统本身具有的柔性和高强度，更能适应于抗击集中荷载或高冲击荷载，此外，系统设置后对视觉干扰较小，并能最大限度地维持原始地貌。在边坡上设置桩障及植树防护边坡也能起到减少、拦截落石的作用。

③ 拦石墙。当落石山坡的下部无缓坡，但有小于40°斜坡的地方，可在这些斜坡上修建拦石墙。也可在路堑边坡坡脚修建拦石墙。拦石墙墙背通常用砂土填筑缓冲层，以防墙被撞坏。

3. 遮挡

当采用上述措施均不能有效地预防崩塌时，可考虑采用明洞、棚洞等遮挡建筑物。当危石体积较大时，明洞位置与危石地点间宜有一段水平距离作为缓冲地带，以免危石直接落在明洞上，对明洞造成过大的损伤。

（三）崩塌地段路基施工要求

① 施工中应加强安全检查和教育，当发现可能产生崩塌、落石和危石及影响岩体稳定的不利因素时，应及时采取有效措施。对违反安全操作的行为要立即纠正。

② 当崩塌情况严重，采用明挖法易造成人员伤亡时，应通过设计采取可靠的工程对策或变更防治措施。

③ 落石地段各项防治措施应及时配套完成。落石平台和落石槽的排水坡坡面设有防渗设施时，应紧随落石平台、落石槽完成。

④ 在崩塌地段施工，为防止造成塌方，只宜采用小爆破自上而下进行开挖作业，而且刷坡时，应明确清刷的具体范围，并做出明显标志。

⑤ 遮挡建筑物完成后应及时回填到一定的厚度，以免被崩塌岩块砸坏。落石坑应经常清理，防止堆积过多，影响效用。

⑥ 参与施工的人员应配置需要的安全设备。工地施工人员不宜过多，以避石处所的容量及其通道情况为限。在施工范围内两端应设置防护人员，通知往来行人绕避或注意。

二、风沙地区的路基施工

我国的风沙地区主要分布在新疆、内蒙古、宁夏、甘肃、青海等 5 个省区，陕西、吉林、黑龙江、辽宁等省也有小片分布。在风沙地区的铁路路基，容易遭受风蚀或沙埋等病害，若在施工时没有良好的防护工程，运营后会给铁路的行车安全带来极大的隐患。

（一）风沙地区分类

沙丘按固定程度可分为固定沙丘、半固定沙丘和流动沙丘 3 种。固定沙丘呈钟形或坟堆形，植物覆盖面积达 40%～50%，其沙害较微，如注意保护植物，封沙育林，则对铁路无危害。半固定沙丘呈椭圆或长条形，植物覆盖面积在 15%～40%，其沙害较轻，但必须有适当的防沙措施。流动沙丘密集分布，远望如海洋，植物覆盖面积在 15% 以下甚至裸露，其沙害严重，铁路两侧必须采取有效的防沙措施。

风沙地区按沙害严重程度不同可分为 3 种。

① 较微风沙地区：少数为半固定沙丘，大部分为固定沙丘或沙地。

② 一般风沙地区：少数为流动沙丘，大部分为固定沙丘和半固定沙丘或沙地。

③ 严重风沙地区：成片的流动沙丘，沙丘面积在 20% 以上，或地面几乎都是裸露的疏松沙地。

（二）风沙对铁路的危害

1. 风蚀

风沙地区修建路堤时，常采用粉砂或细砂来填筑。当风力达到起沙风速而作用于路堤时，沙粒被吹走，产生路基风蚀。路基坡面出现风蚀槽痕；顶面被磨成浑圆状，宽度减小，严重时造成枕木外露，影响行车安全。路基风蚀一般在路肩处最为严重，坡面次之，背风坡脚反而有积沙现象。路堑地段，堑顶被风蚀成浑圆状或不规则形状；路堑坡面形成风蚀洞，引起塌方。

2. 积沙

路基本身是风沙流运行的障碍物，能导致风沙流运行速度降低，沙粒沉落，积沙于线路，形成积沙现象。当积沙超过一定程度或者沙丘体前移时，积沙会掩埋了道床，出现所谓的"沙埋"现象。

积沙不同的堆积形式，会对线路产生不同程度的危害。分布在道床内均匀的"片状积沙"会导致掩埋钢轨，引起道床病害，可能造成行车事故；大风使大片流沙或流动沙丘舌状向前延伸形成的"舌状积沙"，短时间可以掩埋路基，沿路基延长可达数米至数十米，高出轨面达数十厘米，对行车安全威胁较大；因沙丘体前移，流沙成堆状停积在线路上形成的"堆状积沙"，则易造成行车险情，且积沙量大，清除工作艰巨。

（三）风沙地区路基防护

路基防护通常采用固定、阻隔、疏导等综合治理措施，从路基本体防护、路基两侧防护和植树造林 3 个方面着手，以植物治沙为主，机械固沙为辅，效果较为显著。

1. 路基本体防护

路基本体防护的目的是保护路基处于稳定状态，不受风沙的损害和破坏。防护材料一般采用耐干旱、须根发达且带土的草皮，其他如干草类（麦秸、蒲草）及碎石也可，但碎石最小粒径不得小于 1 cm。路基本体防护主要有草皮防护、碎石防护和黏性土防护3 种。

① 草皮防护。草皮防护只宜作为施工初期的坡面临时防护。草皮防护的施工步骤为：材料准备→路基中线放样→水平测量→按设计图纸检查各部尺寸→整修边坡→铺草

皮→封闭缝隙→清理坡面。铺草皮按自下而上的顺序进行，第一块草皮在坡脚，应埋入地面 8~10 cm。若采用顺序铺设，草皮块缝应交错布置，草皮块之间的缝隙需用黏土封闭，以减少草皮下的水分蒸发。

② 碎石防护。坡面平铺碎石厚度为 5 ~ 7 cm，路肩铺 10 cm 厚的碎石层。碎石层厚度要均匀，并保证路基横断面尺寸准确。

③ 黏性土防护。采用黏性土防护的测量放线工作与草皮防护相同。施工也是自坡脚开始，自下而上边填土边拍实，坡面黏土层厚 15 ~ 20 cm，坡面填拍后应撒种草籽。

2. 路基两侧防护

① 防沙体系。防沙体系包括设防带和植被保护带。设防带一般采用两种以上的防沙措施，其宽度除考虑风沙严重程度外，尚应考虑风况、地形地貌及采用的防沙措施等。植被保护带宽度主要考虑风沙严重程度和当地人为活动情况。靠近铁路的地区是加强防护区，绝不允许沙流越过该区而掩埋铁路工程；远离铁路，可允许少量沙流浸入。

② 工程防沙。防沙按其性质可分为工程防沙和植物防沙两大类。植物防沙必须用工程防沙过渡，所以工程防沙是新建铁路初期的基本防沙措施，它主要分为固沙、固阻沙和阻沙 3 种。

3. 植树造林

植物防沙是最有效的防沙措施，通常采取种防沙林的办法，但初期必须用工程防沙过渡林带。一般沿线路平行布置，比沙害地段略长，形成封闭状态，可阻截任何方向的流沙。当风向与铁路线为大角度相交时，树行可与线路平行。

植树要选好季节和部位。例如：不耐旱的树种应在春季栽种，其余树种宜在秋季种植；杨柳和松树需要较多水分，则宜种在坡脚和丘间平地处；黄柳适应性强，可种于坡面；沙枣满身带刺，宜种于林带外围，可对林带起保护作用。

防护工程需要的劳动力多，季节性又强，重点防护区要突击施工。因此，可与当地政府联系，动员当地人员参加施工，施工单位派人进行技术指导，以保证成形路基的防护工程在风季之前完成。

（四）风沙地区路基施工要求

① 应尽量抓住有利的施工季节。旱季多风缺雨，沙粒活动量较大，对施工不利；最适宜的施工季节为雨季及少风的季节，但夏季炎热，应尽量安排早晚施工。冬季则按冬期施工规定办理。

② 沙方工程与防护工程同时进行。填筑路堤或开挖路堑时，应集中使用机械、劳力和运输工具，分段进行沙方工程施工，完工一段，防护一段。防护工程施工时，先做主体防护，再按先近后远的原则做两侧防护。沙害严重地区要先做。

③ 重视沙方调配。路堑开挖的沙方，应尽量用作填料。如确需弃方或取沙作填料时，弃沙堆和取沙坑应选择在避开主风向线路另一侧的相当距离以外。取沙坑离路堤坡脚 5 m 以外，弃沙堆离路堑坡顶 10 m 以外，并应采取防护措施。

④ 在低填浅挖地段，应尽量采用铲运机施工，并合理拟定取土深度和机械行走路线，以减少破土面积和对地表植被的破坏；若路基两侧所采用的植物防护不能立即见效，则应在其生效之前，根据就地取材的原则，采取能立即生效的措施防风固沙，并做到能做永久防护的就不做临时防护。当然，施工时要分清轻重缓急。

⑤ 要因地制宜选定固沙方法，为了增强防护能力，除路基本体防护措施要选择适当外，路基两侧的防护应草、木并举，乔、灌结合。

⑥ 在靠近牧区处，应防止牲畜进入防护区，因此，除加强护林教育外，还要设置刺线、围栏等设施。

⑦ 风沙地区路基施工次序一般遵循下列要求：先路堑，后路堤；先迎风面，后背风面；先风口地段，后一般地段。

⑧ 施工中，应采取措施保护线路两侧各 500 m 范围内的地表原有植被和地表硬壳。因施工作业使两侧地表受损时，应按设计要求在新露出的沙面上设置覆盖防护。

⑨ 由于风沙大，加速了机械的正常磨损，使机械经常出现故障。因此要加强机械修理，做好易损零件的储备和供应。加快维修进度，提高修理质量，保证机械正常施工。

⑩ 沙漠地区人烟稀少，供施工人员居住的活动房屋或帐篷要搭在沙丘的背坡和沙丘坡脚，与其保持 5~10 m 的距离，以免被沙压埋，同时应注意加固。堆放料具时，应专人保管，设置料牌标明，以免被沙掩盖。

三、滑坡地段的路基施工

随着我国铁路建设的迅猛发展，在山区兴建铁路与日俱增。山区山坡陡峭，地层遭受过多次构造变动，地质条件极差，再加上地面水流冲刷和地下水活动较严重，容易产生各种山坡变形。在这种复杂情况下，修筑路基又人为地破坏了天然植被，破坏了其原有的平衡状态，使情况更加恶化。因此，在山区进行铁路工程施工，常常会遇到许多的不良地质现象——滑坡、崩塌、泥石流等，极大地增加了施工的难度。如果处理措施不够完善，就有可能在施工中造成大的工程质量事故，在运营时危及行车安全，给国家造成重大的经济损失。

（一）滑坡的概念

滑坡是山坡在一定的自然条件（如地层结构、构造岩性、水文地质条件等）下，由于地下水活动、河流冲刷、人工切坡、地震活动等因素的影响，部分岩体或土体失去稳定，在重力作用下沿着一定的软弱面，整体地、缓慢地（有时快速地）向下发生滑动的地质现象。

一个发育完全的滑坡，一般具有下列各要素：整个滑动的滑坡体（滑体）、滑坡体上缘位移后产生的环状滑坡壁、因滑坡体各部分滑动速度和时期不同而形成的滑坡台阶、分隔滑坡体与不动体的滑动面、滑坡体前部舌状下伸的滑坡舌、滑体滑动后产生的各种裂缝及封闭洼地等[5]。

（二）滑坡的整治

线路应尽量设法绕避大型滑坡地段，中小型滑坡地段可打桩或将小型滑坡全部清除，此外还可将线路置于滑坡的合理位置，从而减少滑坡对线路的影响。但是在铁路建设中，往往是勘测阶段未发现滑坡，直至开挖路堑过程中，山坡滑动了才知道，此时，滑坡两端已完成部分桥隧工程，如改线将引起报废工程，因而施工中不可避免会涉及滑坡整治的问题。滑坡的整治措施大致可分为四类：排水、支撑、减重或加载、改变滑带土的性质。根据滑坡产生的主要因素，选择一种作为相应的主要措施，再配合一些其他辅助措施。对性质复杂的大型滑坡，常用多种措施综合治理，各种措施相互配合起作用。

1. 排水

① 地面排水。在多数情况下，滑坡的形成及发展与未能合理调节和排除地表水有关，地表水的渗透与冲刷降低了滑坡的稳定性。地面排水的目的就是不使滑体外的地面水流入滑体内，同时将滑体内的地面水以最短的途径迅速地汇集排出滑体外。

② 地下排水。滑带处的地下水活动是造成滑坡进一步发展的主要因素，应尽量采取地下排水措施，以根治滑坡。整治滑坡排除地下水的措施包括：支撑渗沟、截水渗沟、边坡渗沟、排水隧洞、平孔等。

2. 支撑

作为抗滑用的支撑建筑物种类很多，通常采用的有抗滑挡土墙、支撑渗沟及抗滑桩。抗滑挡土墙的位置一般位于滑坡的前缘或下部，其墙高应以原滑坡滑面受挡土墙阻止后，不从墙顶或墙基下产生新的滑面而滑出为准。由于滑坡推力一般远大于主动土压力，为增大滑带稳定性，常将挡土墙设计成倒靴形。

支撑渗沟主要用于排除滑带水，当它作为起支撑作用的建筑物时，通常与抗滑挡土墙配合使用。支撑渗沟依靠本身的重量支撑其上端土体的推力，在滑体下滑力较大时，同时在渗沟的出口处修筑挡土墙，共同防止滑坡的失稳。

抗滑桩是近年来国内外在滑坡整治中应用最广的一种结构。抗滑桩是一种大截面的侧向受荷桩，嵌固在滑坡面以下一定深度，埋在滑坡体内的部分（锚固深度）即起阻止滑坡下滑的作用。合理选择抗滑桩的锚固深度是非常重要的。锚固过浅，桩易被滑坡体推倒拔出失效；锚固过深，则造成施工困难且不经济。根据不同的需要，在垂直于滑坡活动的方向，抗滑桩间隔布置成一排或多排。抗滑桩可以设置在滑坡前缘的线路旁做成悬臂式；也可以设置在滑坡中部滑体厚度较薄的抗滑部分，做成全埋式。

3. 减重或加载

减重或加载措施适用于推动式滑坡或由错落转化的滑坡，其方法是在滑坡的主滑段减重以减小下滑力；在抗滑地段加载以增大抗滑力。此类滑坡滑床常具有上陡下缓的形状，滑坡后缘及两侧的地层相当稳定，不致因减重开挖引起滑坡向后及两侧发展。滑坡前缘有较长的抗滑地段，可以在前缘加载。一般减重与加载可以同时进行，将滑坡后缘减重的弃方运到前缘的抗滑地段作为加载。

减重的底部平台应修成向临空面为 $1：3\sim1：5$ 的斜面，以利于排水，必要时还应增加防渗工程。若加载土堤要注意滑坡水对土堤的浸湿问题，一般应在土堤底部用渗水土填筑，或用渗沟引出排走。减重或加载的措施如处理得当，常能收到良好效果。

4. 改变滑带土的性质

改变滑带土的工程性质，使其强度指标提高，也是增强滑坡稳定性的有效措施。目前，这类方法主要有以下几种。

① 电化学法。电化学法适用于土质边坡或夹少量碎石的滑带土的处理。在滑带中插入两个电极，通以直流电。在电流的作用下，土中的水向阴极汇聚，由阴极金属过滤管中排出，达到加固土体的目的。

② 灌浆法。灌浆法是在滑带加压灌入水泥浆、黏土浆液等，使土钙化，胶结成整体，同时堵塞裂缝，因而可起到稳定滑坡的作用。

（三）滑坡地段路基施工要求

① 由于施工现场的地质情况千差万别，对滑坡的危害必须认真分析。只有在充分认识地形、地质和水文地质条件及其变化后，才能采取行之有效的措施加以根治，否则是难以奏效的。滑坡应及早整治。对于中、小型滑坡，由于整治技术比较简单，工程数量较小，以根治不留后患为原则。对于滑动缓慢的大型滑坡，应分期整治，仔细观察工程效果，以采取相应的整治措施。对于施工及运营中新生的或复活的大型滑坡，应

进行综合方案比较，慎重对待废弃工程。在未搞清滑坡性质之前切忌盲目刷坡，破坏平衡。

②滑坡整治工程宜在旱季施工，并注意施工方法，避免引起滑坡的进一步发展。

③在滑坡体上施工，应设桩点随时观测滑体变化，采取相应的安全措施。观测应进行至完工后的一个雨季之后，观测资料应附于竣工文件中。

④拦截地下水的渗水沟构筑物施工应做到：位置、高程及尺寸准确；渗水材料经筛选合格洗净后使用，并各不相混；渗、滤结构层次分明。

⑤采用减重措施时，减重应自上而下开挖。新暴露的地面应立即整平压实并夯填裂缝。平台上的排水设施和坡面应及时做好。

⑥抗滑挡土墙及抗滑桩施工时，应采取分段跳槽法施工，严禁大段拉槽开挖。砌筑应紧跟开挖进行，并随时回填夯实。开挖与砌筑时，均应加强支撑或临时锚固，并随时注意其受力状态，及时加固。

四、泥石流地区的路基施工

（一）泥石流的含义及特征

泥石流是在地质不良、地形陡峭的地区，由于暴雨、融雪、冰川等形成的一种含有大量泥沙、石块等固体物质的特殊洪流。

典型的泥石流流域区段可以分为3个：形成区、流通区和堆积区。形成区一般位于流域的上游区段，沟坡陡峭，分布着大面积的滑坡、崩塌等不良地质现象，有利于囤积固体物质，水土流失严重，山坡极不稳定。流通区一般位于流域的中下游地段，长度较形成区短，沟床纵比降大，多陡坎及跌水，泥石流由此穿峡而出。堆积区位于流域的下游较平缓地段，是泥石流固体物质的沉积区，多呈扇形或锥形，大小石块混杂堆积，地表起伏不平。

我国泥石流主要分布在西南、西北及华北等山岳地带或山前地带及青藏高原边缘的山区，另外在华东、中南的部分山地及东北的辽西山地也有零星分布。

泥石流含有大量的泥沙石块等松散固体物质，流速快，一般为 2.5 ~ 12 m/s，在行进过程中具有强烈的沿直线运动的特点。泥石流的产生具有周期性，只有当地形、地质及气候条件均具备时才会发生，故掌握泥石流的活动规律有利于对泥石流的改造和治理。

（二）泥石流的危害

泥石流暴发时，来势凶猛，在很短的时间内能从沟内冲出数十万至数百万方的固体物质，具有极强的破坏力。能摧毁道路、桥涵，埋没农田和森林，常造成极大的灾害。

泥石流对铁路的危害主要体现在以下几个方面。

① 铁路通过泥石流流通区或堆积区时，常由于桥涵跨度不够，或导流建筑物失效，使得主河槽改道，冲毁桥头路基。

② 并行排列在主河岸的泥石流沟，构成巨大的洪积扇群，当河流不足以将两岸泥石流所带来的固体物质冲走时，就会出现桥孔宣泄不畅、路基淤埋的现象。

③ 当淤埋严重时，会出现堵河阻水现象。堵河造成回水淹没上游沿河建筑物，浸泡山体减少其稳定性。同时在下游形成陡坎、急滩，产生严重冲刷。堵河一旦溃决，将危及下游建筑物及人民的生命财产安全。

（三）泥石流的整治措施

跨越泥石流地区的线路，应避开泥石流，以隧道方式从泥石流的形成区或流通区通过；以大跨度桥、多跨桥的方式从泥石流流通区或堆积区通过。为防止泥石流阻塞，应加大桥孔跨度，提高线路高程。除此之外，常常需要对泥石流进行治理才能防止其向不利于铁路工程的方向发展。

治理泥石流，应综合考虑泥石流的形成条件、发育阶段、规模大小、流域特征及工程位置等因素而采取不同的处理措施。对泥石流的处理，不外乎采用固、拦、排等措施。即在泥石流沟的上游加固山坡，预防泥石流的发生；在中游设置拦截建筑物，使泥石流的泥石减速沉积下来；在下游洪积扇区，引导水流，增大流速，不使泥石在线路附近停积。但每一种处理措施均不易彻底治好泥石流，对危害较大的泥石流，一般需要使用多种措施进行综合治理。

1. 加固

泥石流中固体物质的主要来源，在于山沟上游破碎的山坡所产生的大量松散物，故对其进行加固是防治泥石流的有效手段。但由于其规模较大，工程艰巨，不能针对每处的病害采取彻底的整治，因此一般采取水土保持工作，它分为植物措施和工程措施两个方面。

① 植物措施：也就是封山育林，植树造林。树干可以拦截从山坡上滚落的石块，植物的树根和草皮可以固定住土体不受冲刷，保护下面的岩层不受风化作用。从而减缓地表径流，减少水土流失。

② 工程措施：包括治理地面水流及修筑支挡工程。

水土保持工作可从根本上清除泥石流的固体物质及减少地表径流的迅速集中下泄，达到水土不大量出沟的目的，效果较好，但它需要较长的年限才能收效，故还得结合近期泥石流的危害，在流通区和堆积区，根据泥石流的规模、性质、流量、重现周期等采用拦截或导流等综合治理措施。

2. 拦截

为减少泥石流的冲刷破坏作用，可在泥石流沟中修建一系列低矮的拦挡坝，通常称为谷坊坝。其作用是：拦蓄泥沙石块等固体物质以减弱泥石流的规模；使泥石流沟纵坡放缓，以削弱水流携带泥石的能力；固定泥石流的沟床，防止沟床下切。修建于流通区上端的拦挡坝还有稳定形成区的作用。

谷坊坝的建筑材料可根据泥石流的强度、使用期的长短与当地出产的建筑材料而定，一般选用砌石、混凝土、铁丝石笼等。坝高一般不超过 5 m，在泥石流流速大时，为减少坝的受冲力量，以采用低坝较好；在上游首当其冲的坝，还要比下游的坝更低一些。当地形、地质条件良好时，可修成高坝。当坝高时坝的间距可大些，当坝低时间距要缩小，即

$$L=\frac{H}{I_0-I}。\tag{3-1}$$

坝体一般要坚固、基础要牢固，可经受泥石流翻越而不被冲毁。否则，突然毁坝将会造成比未拦挡前凶猛很多倍的泥石流，危害将更严重。

3. 排洪

当线路以大跨度桥的方式通过泥石流流通区与堆积区时，应修建排洪道或导流堤，以保证泥石流顺畅排泄，不会冲毁路基或堵塞河道。

排洪道的平面应顺直，以使排洪道尽可能做到不淤积、不冲刷、不漫流或决堤。其断面形式常见的有梯形、矩形、复式形、锅底形。在河床弯曲处，应架设导流建筑物。在桥孔处，断面不宜突然放大或收缩以免冲刷或淤塞。排洪道两侧常用护坡、挡土墙和堤坝。护坡与挡土墙多用于下挖的排洪道，堤坝多用于填方的排洪道。

（四）泥石流地区路基施工要求

① 线路通过泥石流形成区及其邻近地区时，必须注意山坡的稳定性。做好地质勘查和路基防护工程。

② 泥石流堆积区和沿河岸修筑的路基，应防止河水的冲刷，做好河岸及边坡的防护。

③ 跨越泥石流地区的桥头路基极易被泥石流冲毁，所以应加强路堤防护，并设置抢险时的防护平台或增设护道。路堤迎水一侧或两侧应设浆砌或干砌片石加固。

④ 植树造林通常以乔木与灌木间植、草皮绿苔加以保护的方法，应根据当地地形及气候情况选择成活率较高的树种。常用的乔木树种有洋槐、榆树、合欢、杜梨等；灌木有紫穗槐、大麻子树、木豆、马桑等。

⑤ 谷坊坝设置时，宜先做上游坝，后做下游坝。坝址应移向跌水上游沟底平缓处或在跌水下游平缓处；最后一座坝与路基之间的距离，大致等于坝的 3 倍长度。

⑥ 由于泥石流的容重很大，切割力强，所以排洪道的沟坡及沟底均应防护加固。排洪道的基础埋深，必须考虑泥石流的实际冲刷强度，特别是对凹岸的冲刷。排洪道的弯道超高，在现场调查与施工时应特别注意。

第四节　路基防护及其安全管理

一、铁路路基防护措施

铁路路基防护根据不同的土质、岩性、水文地质条件及不同的防护目的，而选择不同的防护措施。总而言之，铁路路基防护分为坡面防护、冲刷防护、风沙防护等几大方面。

（一）坡面防护类型及适用条件

坡面防护是防微杜渐、防患于未然的一种工程措施。防止路基边坡冲蚀，改善生态环境，对适合植物生长而土质较差的路基边坡可采用土工网垫、土工网植物防护。对于不适合植物生长的稳定破碎岩层、易于风化岩层及土质边坡，可通过土工格栅挂网喷浆的方式喷射混凝土来进行防护。土工合成材料可与土、石、混凝土等结合，覆盖于坡面或河底，构成抗冲刷护坡。一般可采用土工合成材料石范或沉枕、土工模袋等冲刷防护类型。风沙地区路基防护工程，先期可选用土工合成材料进行防护。

1. 土工网（垫）植物防护的施工工艺

路基坡面防护所用的土工合成材料的技术性能必须满足工程的使用要求和应用条件。每批材料在使用前均需查验其合格证和材料性能报告单，并抽样检验。

施工工艺如下。

① 施工时用小木棍穿于整卷网垫中，顺坡拉出网垫，四周用木钉、塑料钉钉住，钉子间距为 30 cm，长度一般为 15 cm，每平方米 10 只钉子。地形突变处或地形较复杂处应增加钉子密度。

② 注意搭接，搭接长度为 2 cm，搭接处钉子密度应增加一倍。

③ 草籽播种深度应根据土壤墒情而定，应选择根系长且发达的草种。

④ 铺设时机，一般应选择在雨季前 3～4 个月进行，让草皮有一定的生长时间。

2. 土工格栅挂网喷浆或喷射混凝土防护的施工工艺

施工工艺如下。

① 喷射混凝土前必须将受喷面上的杂物彻底清除，并埋设控制喷层厚度的标志。

② 喷射混凝土应分段自下而上进行，不得自上而下进行。

③ 喷射过程中反弹的混凝土料，必须及时清理干净。回弹料不能再用于喷射混凝土或复喷。

④ 喷射混凝土 2 h 后，即开始洒水养护，14 d 内必须全天保持湿润状态，28 d 内必须进行洒水养护。当气温低于 5 ℃时，不得喷水养护，应采取防冻保暖措施。

⑤ 喷射混凝土结束至验收前，应进行检查，其质量必须满足有关规范要求。

3. 浆砌片石骨架护坡防护的施工工艺

施工工艺如下。

① 骨架砌筑前应按设计形式、尺寸挂线放样，开挖沟槽。

② 砌筑骨架应自下而上砌筑，两骨架衔接处应处于同一高度。

③ 骨架应与坡面密贴，骨架流水面应与草坡表面平顺。

④ 骨架基础与下部侧沟平台应整体砌筑不留缝隙。

⑤ 浆砌片石采用挤浆法砌筑，各砌块的砌缝应相互错开，不得有通缝和空缝。

⑥ 砌筑完成后应及时采取有效的养护措施。

（二）冲刷防护类型及适用条件

位于河流岸边、河滩或水库岸边的铁路路基，因常年或季节性受水流冲刷、波浪和渗流的作用，故应细致地调查勘测、精心分析，提出符合实际的防治措施。

冲刷防护方式有以下几种。

① 干砌石护坡。适用于不受主流冲刷的路堤边坡。

② 浆砌片护坡。适用于主流冲刷及波浪作用强烈的路堤边坡。

③ 抛石。适用于水流方向平顺，无严重局部冲刷，已被水浸的路堤边坡。

④ 石笼。适用于既受洪水冲刷又缺少大石料的区段。

⑤ 挡水墙。适用于峡谷急流和水流冲刷严重地段。

（三）风沙防护类型及适用条件

铁路路基本体风沙防护措施类型有以下几种。①粉砂、细砂填筑的路堤边坡及粉细砂地层路堑边坡，可选用土工网（垫）等做风蚀防护层；②在沙层含水量大于 2% 的风沙区，应采用土工网与植物相结合的防护措施。

铁路路基两侧防沙工程应采取固沙与阻沙相结合的防护措施：①固沙措施宜采用土工网（垫）等覆盖于沙面或沙地上固定浮沙；②阻沙措施宜采用土工网方格沙障和高立式土工合成材料防沙网沙障。采用上述两种措施时，宜与营造旱生灌木林相结合，防沙效果才显著。

二、路基施工中的安全管理措施

铁路施工安全已经成为制约铁路运输发展的因素，因此根据以上存在的问题，应该采取以下措施。

（一）施工前依法严格做好各项准备工作

要顺利完成施工任务确保运输安全，做好施工前的准备工作是前提条件，施工企业要制定合理的施工程序和施工技术方案，在施工前要对参加作业的所有相关人员进行专题培训，必须弄清楚作业中的疑点，绝不带着问题上岗作业。铁路运输企业也应当制定施工期间的运输组织办法和运输事故的应急处理预案，可以成立施工协调领导小组。所有在营业线路上施工的单位和企业都必须与铁路运输企业签订保证施工安全协议，明确双方的责任与义务，双方对施工关键内容要详细核对，确保施工过程中的安全措施准确无误。

（二）建立施工监督检查责任制度

工程质量监理单位、铁路运输安全监管人员、铁路施工单位三者要明确责任，各司其职，各负其责。首先，工程质量监理单位如果发现施工中有不符合质量标准或者存在安全隐患的，应该立即向施工单位提出整改意见。其次，铁路运输安全监管人员一旦发现存在安全隐患，有权要求铁路施工单位立即停止施工。如果铁路施工单位不停止施工进行整顿，发生的一切安全事故由铁路施工单位承担后果。对因监督不力造成的行车事故，由铁路运输安全监管人员承担负责。如果是因工程质量问题引起的铁路交通事故或者有出现交通事故隐患的迹象，由铁路施工单位和质量监理单位共同承担责任。

（三）施工中领导要把好关

施工安全监管的重要环节是严格加强现场控制。铁路施工企业领导应当做到：首先要亲自组织召开施工安全预备会，根据施工等级的不同，主管领导要亲自主持施工安全预备会，所有作业人员都要参加；其次要严把施工命令关，命令包括施工开始时间和结束时间、施工项目及具体内容、产生的各种非正常行车的办理方式及相关注意事项；最后要亲自监控行车关键环节作业，详细了解和掌握施工的进度，亲自处理施工过程中的各种突发事件，严格遵守施工纪律，协调各工种、各岗位、各环节的作业，创造一个良好安全的施工环境。

（四）强化施工中的整体配合

目前，铁路建设施工企业与铁路运输企业"脱钩"，由于立场不同，考虑问题的角度也不同，铁路运输企业考虑的是保证运输安全和减少施工对正常运输的影响；施工企业考虑的是施工方便和减少其他不利因素对施工的影响，因此就需要双方找到一个平衡点，最大限度地满足双方的要求，这就是最优施工方案。因为施工涉及建设、设计、施工、监理、车务、机务、工务、电务、供电等单位，各部门要在统一指挥下，牢固树立保大局、保整体的意识，施工中严格按规定时间完成本单位的工作量，不随意拖延时间，互相制造有利条件，确保施工按计划有序安全推进。

（五）建立完善的经济处罚制度

为了确保施工的安全，施工单位与监理单位应签订安全协议，在协议中双方可以就处罚内容和标准，施工中因违反规定造成事故或隐患的问题达成共识，如按工程费用确定一定的比例幅度，按标准进行考核，用处罚机制来约束各单位的行为，并上交有关部门，实行营业线路施工管理及风险抵押办法，以此来约束双方。

第四章　桥梁工程施工与安全管理

我国高速铁路发展迅猛，基于对建筑物与地基变形、控制工后沉降、少占良田、环境保护及维修养护等多种因素的综合考虑，加大桥梁比例，修建大跨度桥、高架桥，已成为铁路建设的关键。

第一节　基础与墩台身施工

一、明挖基础施工

（一）陆地基坑的开挖和支护

基坑属于临时性工程，它只是为基础圬工的砌筑提供一个空间。基坑开挖应当注意以下几点。

① 基坑开挖前应将施工区域内的地下、地上障碍物清除和处理完毕。准确测定基础轴线、边线位置及高程，并应按地质水文资料，结合现场具体情况，确定开挖范围、开挖坡度、支护方案、弃土位置和防排水措施。基坑开挖深度一般稍大于基础埋深，视对基底处理的不同要求而定。基坑可采用垂直开挖、放坡开挖、支撑加固或其他加固的开挖方法。

② 基坑施工除用人工外，还大量采用机械施工。常用机械多为位于坑顶的由吊机操纵的挖土斗、抓土斗等；遇到开挖工作量特别大的基坑，还常采用铲式挖土机、铲运机、倾斜车等。如果采用机械开挖，距离基底设计高程约 30 cm 厚的最后一层土应该保留。在砌筑基础之前，再用人工来挖除修整，以保证地基土结构不受破坏。

③ 基坑宜在枯水或少雨季节开挖。在旧墩台附近开挖基坑时，必须有适当防护措施。

④ 基坑开挖与支护紧密相连。基坑支护是用支撑结构保护坑壁。若基坑开挖后坑壁能保持稳定不坍塌，可不加支护。实际上常因坑深土松，甚至还有地下水或坑顶荷载，一般需要进行支护。根据开挖过程中坑壁稳定情况，采取相应支护方式。必要时，基坑应进行边坡稳定计算。

（二）水中基坑的开挖和支护

1. 水下围堰的修建

铁路工程中许多大型结构，如桥梁墩台，一般位于河流、湖泊或海峡中。若基础底面离河底不深，可采用围堰法在水中修筑基坑。即在将开挖的基坑周围先建一道挡水围堰，排干围堰内的水，露出河床，此时就可在无水状态下开挖基坑和砌筑基础。在某些情况下，围堰不仅起防水作用，同时还起着支持施工平台和基坑坑壁的作用。

一般围堰顶面应高出施工期间可能出现的最高水位 0.7 m，最低不应小于 0.5 m，以免淹没基坑。围堰应尽量做到防水严密，以减轻排水工作。围堰外形应适应水流排泄，不应压缩流水断面过多，以免壅水过高危害围堰安全，影响通航、导流等。对河流断面被围堰压缩而引起的冲刷，应有防护措施。围堰内部尺寸应与基坑尺寸相适应，能够容纳施工机具、人员作业和模板安装等。围堰的断面尺寸应满足强度和稳定性的要求，能抵抗水、土压力，使基坑开挖后，围堰不致发生破裂、滑动或倾覆。围堰施工一般应安排在枯水期进行，且尽可能缩短工期，保证施工安全围堰。堰种类较多，采用何种围堰，应根据水深、流速、河床地质、流水断面压缩量、航道要求基础的埋深和平面尺寸、材料及设备供应等情况而定。

2. 围堰排水

① 围堰修筑及排水。用围堰法修建水下基础，通常是在围堰建成后，即从堰内排水。随后在无水或少水条件下开挖基坑。可见排水是一个十分重要的问题，它直接关系到选定的施工方案能否得以实施。在不透水的河床上建成的围堰，涌入基坑内的水是通过堰堤渗透的。这一部分水量可从改善堰堤的防水性方面使之减少到最小。在透水性河床上，涌入坑底的水主要经过堰底土层渗透进来。这一部分水量可采取的改进措施有：加深板桩的入土深度；采用双层板桩；在板桩内侧堆土，使流线趋于平缓，以防止涌水。至于土围堰，经河床涌入堰内的水量，只能用加宽堰堤或以黏土覆盖河床的方法使其减少。如果围堰底部有连通的溶洞，则只得放弃围堰法，改用其他施工方法。

② 水下开挖。围堰建成后，在开挖基坑时，往往会出现必须采取水下挖土的情况。例如：河床土质透水性大，水抽不干；因抽水会引起涌砂；当水头较高时，打入粗粒透水层中的板桩围堰渗水量极大，难于抽干。遇到这些情况时，只能采用水下施工方法，即在水下开挖并在水下浇筑混凝土。此时，围堰的主要作用不是防水，而是围水，即使围堰内形成一个静水环境，这样方能使水下开挖和水下浇筑混凝土成为可能。当然，围堰仍然担任着支撑坑壁的作用。

3. 基坑排水

为保证基坑内旱地施工，以及减小坑壁支护所受的水压力，常需要采用人工以降低地下水位。人工降低地下水位的基本做法是在基坑周围钻设一些井，地下水渗入井中后，随即被抽走，使地下水位线降到开挖基坑底面以下。按排水工作原理来分，主要有汇水法和井点法。前者是纯重力作用排水；后者则附有真空或电渗排水作用，适用于直接排水有困难的情况。如果在基坑内排水或降水都有困难，可采用水下浇筑混凝土，进行水下施工。

（三）基底检验和处理

基坑开挖至设计高程后，应及时进行坑底土质鉴定，如果不能满足设计要求，应改变基础设计或者对基底采取相应的处理措施。基底检验合格后应及时清理，并立即砌筑基础。

1. 基底检验

基坑挖到设计高程，且坑壁支护也已完成后，应按工程质量检查制度中的规定进行基底检验，其目的在于确定地基容许承载力大小、基坑位置及高程是否与设计文件相符，以确保基础强度和稳定性，不致发生滑移等危害。

基底检验内容应包括：检查基底平面位置、尺寸大小、基底高程；检查基底土质均匀性、地基稳定性及承载力等；检基底处理和排水情况；检施工日志及有关试验资料等。对基坑地质及承载力的检验，按地基土质复杂程度（如溶洞、断层、软弱夹层、易熔岩等）及结构对地基有无特殊要求，可采用直观方法、触探方法、取土样方法。若坑中积水较深又无法排干，可由潜水员到水下检查；对特大桥及重要大中桥的墩台基础等，必要时还应在坑底钻探，钻探深度不小于 4 m，或按设计的特殊要求进行荷载试验。

基底检验合格后，填写《隐蔽工程检证》，并立即进行基底处理，不能让它长期暴露在空气中。若检验不合格，则应对地基进行加固或变更设计。基坑未经检验签证不得砌筑基础。

基底高程容许误差应符合下列规定：土质基底高程容许误差为 ±50 mm；石质 –200 ~ 50 mm。

2. 基底处理

天然地基上的基础直接依靠基底土体来承担荷载，故基底土体状态的好坏对基础、墩台及上部结构影响很大，不能仅检查土体名称与容许承载力大小，还应进行基底处理工作。土质不同，基底处理方法也存在差异。

① 岩层。风化的岩层，应挖至满足地基承载力要求为止。在未风化岩层上建筑基础时，应先将岩面上松碎石块、淤泥和苔藓等清除干净。如果岩层倾斜，应将岩层面凿平或凿成台阶，使承重面与重力线垂直，以免滑动。在风化岩层上建筑基础时，开挖基坑

宜尽量不留或少留坑底富余量。浇筑基础圬工时，同时将坑底填满，封闭岩层。基础砌筑前，岩层表面应用水冲洗干净。

② 碎石类或砂类土层。将基底修理平整、夯实后即可砌筑基础。砌筑前，底层先铺一层 2 cm 厚的稠水泥砂浆。

③ 黏土层。在铲平坑底时，应尽量保持其天然状态，不得用土回填夯实。必要时，可夯入一层 10 cm 厚的碎石层，碎石层顶面应略低于基底设计高程。基底处理完后，应尽快砌筑基础，不得暴露过久，以免土面风化松软，致使土的强度显著降低。

④ 湿陷性黄土。在基底设置防水措施。根据土质条件，使用重锤夯实、换填、挤密桩等措施进行地基加固。基础回填不得使用砂、砾石等透水土体，应用原土加夯封闭。

⑤ 冻土层。冻土基础开挖宜使用天然或人工冻结法施工，并应保持基底冻层不融化。

⑥ 泉眼。用堵塞或排除的方法进行处理，不能任其浸泡圬工或带出土粒。常用预防措施是先对坑底土进行加固，方法有：深层搅拌法、旋喷法、劈裂注浆法等。

⑦ 溶洞。在一定深度内钻孔检查有无隐蔽溶洞。对暴露的溶洞应用浆砌片石、混凝土填充，或填砂、砾石后，压水泥浆充实加固。对于较深的溶沟，可用钢筋混凝土盖板或梁跨越，也可改变跨径避开。

（四）基础圬工浇（砌）筑

明挖基坑中的基础施工，有的基坑渗漏很小，易于排水施工；有的渗漏严重，不易将水排干。为方便施工和保证施工质量，应尽可能使基底处于干的情况下浇（砌）筑基础。传统基础施工可分为无水砌筑、排水浇砌及水下浇筑 3 种情况。排水浇砌的施工要点为：确保在无水状态下砌筑圬工；禁止带水作业及用混凝土将水赶出模板的浇筑方法；基础边缘部分应严密隔水；水下部分圬工必须待水泥砂浆或混凝土终凝后才允许浸水。

水下浇筑混凝土一般只有在排水困难时采用。基础圬工水下浇筑分为水下直接浇筑和水下封底浇筑两种。直接浇筑法是指直接将搅拌好的混凝土浇灌在水下。当混凝土部分露出水面后，把新浇的混凝土在其附近继续灌下。这样连续全面向前推进，把水排挤走，直至浇筑任务完成。这种混凝土浇筑法仅适用于水深为 1~2 m，水基本静止，且对混凝土质量要求不很严格的情况。故一般采用水下封底混凝土。

1. 水下封底混凝土

水下开挖至设计高程后，即在坑底浇筑一层水中混凝土，封住围堰底面，防止漏水，称为封底混凝土。封底后仍要排水才能砌筑基础，封底只是起封闭渗水作用，其混凝土只作为地基而不作为基础本身，适用于板桩围堰开挖的基坑。封底后至少须经过3 d 养护，使混凝土强度达到规定要求后才能在围堰内抽水。

2.水下混凝土的浇筑方法

为保证水下混凝土质量，使混凝土和水不出现混合现象，应采取正确的施工方法。灌注水下混凝土的施工方法有很多，如垂直移动导管法、吊斗法、麻袋法、灌浆法和液阀法等，其中以垂直移动导管法最为有效。它能保证较好的施工质量，是现今桥梁水下基础施工所广泛采用的方法。垂直移动导管法的原理是：混凝土拌和物在一定的落差压力作用下，通过密封连接的导管进入初期灌注的混凝土下面，顶托着初期灌注的混凝土及其上面的泥浆逐步上升，形成连续密实的混凝土桩身。施工顺序为：

① 把 20 ~ 30 cm 直径的导管垂直下放到离基坑底约 10 cm 处，导管单节长分别为 1 m、1.5 m、2 m，两端为法兰盘，用螺栓连接成需要的总长度。

② 导管上端伸出水面，上接漏斗，其容积大致与导管容积相等。在漏斗颈口用细绳悬一球塞，直径比导管内径略小。漏斗里灌满混凝土，并先做好后续供应准备。

③ 放松吊绳，使球塞在混凝土柱压力下，下落一个距离，随即割断绳索，使导管内混凝土随球塞下落，同时不停地向漏斗输送混凝土，当球塞落到导管底时，提升导管 25 ~ 30 cm，管内混凝土从下口把球塞挤出，并在管底周围形成一个混凝土堆，把管口埋住，当混凝土面高出管底 1 m 以上后，随着混凝土面上升慢慢提升导管，使导管底始终保持在混凝土面以下至少 1 m，以保证新混凝土不会与管外水接触，如此直到浇筑完毕，不得间断。

为使混凝土通过导管能够流到需要的位置，导管内混凝土除应有足够流动性外，必须使导管底部混凝土压力超出原有静水压力，才能使混凝土不断向四周扩散。这个超压力决定于导管高度。导管高度越高，混凝土产生的超压力也就越大。根据施工经验，当压力差为 0.1 MPa、0.15 MPa 及 0.25 MPa 时，一根导管的有效作用半径分别为 3.0 m、3.5 m 及 4.0 m。因此，要根据基坑面积、障碍物和导管作用半径等因素来决定导管数量和布置。当灌注面积较大时，宜用多根导管同时或逐管浇筑，按先低后高、先周围后中部的次序并保持混凝土面的高程大致相同，确保混凝土充满基底全部范围。使用多根导管时，注意各导管的有效作用半径相互搭接，并能盖满井底全部范围。

对于大体积的封底混凝土，可分层分段逐次浇筑。对于强度要求不高的围堰封底水下混凝土，可一次由一段逐渐灌注到另一段。正常情况下，所灌注的水下混凝土仅其表面与水接触，其他部分的灌注状态与空气中灌注无异，从而保证水下混凝土的质量。至于与水接触的表层混凝土，可在排水面露出在外时予以凿除。

在施工过程中，灌注水下混凝土应当注意如下几点。

① 做好准备工作。组织有关人员检查机具、设备是否齐全；机械试运转是否正常；对导管进行试拼装，检查导管是否漏水（导管各节的长度不宜过长，彼此的连接应可靠而又便于拆装）；将球塞放入导管，从顶到底检查是否有卡住现象；对导管进行提升试

验，检查导管是否垂直；核对导管底距基底面的距离。

② 水下浇筑混凝土时，水泥浆易被水冲走，影响灌注质量，为安全起见，水下混凝土的强度应较设计值提高 20%~30%。同时，水下混凝土应选用能保证水下混凝土浇筑时间小于首批混凝土初凝时间的混凝土配合比，不能保证时可掺入缓凝剂来达到要求。混凝土具有足够和易性和流动性，以利其顺利地通过导管并能在水下自动摊开。因此，泵送时坍落度宜为 180~220 mm；水泥用量不少于 360 kg/m³；含砂率也较高，取45%~50%，并宜选用中粗砂，粗粒径应小于 40 mm，混凝土粗骨料的最大粒径应不大于导管内径的 1/8~1/6。

③ 开始灌注混凝土时，为使隔水栓能顺利排出，导管底部至孔底的距离宜为300~500 mm，桩直径小于 600 mm 时可适当加大导管底部至孔底的距离。为防止石子卡住球塞，在开始往漏斗内储存混凝土时，宜先倒入一盘砂浆。漏斗容量不宜太小，一般为 1~1.5 m³，导管每节长 1~2 m，底节长度可采用 4~6 m，各节用法兰盘连接。提升导管要做到慢升、快落，拆卸导管要快，一般不应超过 20~30 min。

④ 导管只许垂直地上下移动，不许歪斜或水平移动。用几根导管同时浇筑时，每根导管的管底高程要尽量接近。浇筑速度要一致，使整个混凝土面能水平地向上升高。如果混凝土的生产速率不足以同时浇筑数根导管，则允许采取分批逐次浇筑的措施。

⑤ 混凝土要连续灌注，正常灌注间歇不宜大于 30 min。每根桩的浇筑时间不应太长，宜在 8 h 内浇筑完成。随着浇筑工作的进行，应徐徐将导管向上提升，每次提升高度不宜超过 20 cm，并应保证导管内经常装满足够高度的混凝土。提升时，导管不得挂住钢筋，为此可设置防护三角形加劲板或锥形法兰护罩。在浇筑过程中，要经常测量混凝土面高程及导管底埋入混凝土的深度，防止埋得太浅。同时，每次向导管投料后都应"翻浆"，否则应及时上下活动导管（50 cm 内），防止堵塞。导管底端在混凝土内的埋入深度，应不小于 1 m。可将平底锤铊系于有长度标记的测绳上量测。

⑥ 灌注完毕后，应将导管底提离混凝土面 1.5~2.0 m，并用水将管壁上残留砂浆冲洗干净，以免混凝土终凝后导管无法拔出。混凝土浇筑完毕，位于地面以下及桩顶以下的孔口护筒应在混凝土初凝前拔出。当混凝土浇筑面接近设计高程时，应用取样盒等容器直接取样以确定混凝土的顶面位置，保证混凝土顶面浇筑到桩顶设计高程以上 0.5~1.0 m，以便排干水将该顶面的浮浆或松散层凿除后，仍能保证设计厚度。

⑦ 浇筑时将混凝土面的理论升高值与实际上升值进行对比。严防因"护孔"而形成导管拔出混凝土面至桩身混凝土出现"断桩"或"夹渣"。

二、沉入桩施工

（一）沉入桩基础

1. 锤击沉桩施工

锤击沉桩施工是利用桩锤落到桩顶上的冲击力克服土对桩的阻力，使桩沉到预定深度或达到持力层的一种打桩施工法。锤击沉桩是混凝土预制桩常用的沉桩方法，它施工速度快，机械化程度高，适用范围广，但同一桩长不一定能适应土层变化的需要，易发生桩长不够而送桩或过长而截桩的现象，增加现场工作量和损耗；施工时有冲撞噪声并引发地表层振动，在城区和夜间施工有所限制；费用相对较高。

2. 振动沉桩施工

直径 1 m 多的管柱用锤是打不动的，并且也易打坏薄壁，故大口径薄壁管柱一般都用振动法，更大口径的管柱甚至采用两台同一型号的振动锤机械并联进行同步振动。振动法利用振动锤沉桩，将桩与振动锤连接在一起，振动锤产生的振动力通过桩身带动土体振动，使土体的内摩擦角减小、强度降低而使桩在自重与机械力的作用下沉入土中。该方法在砂土中施工效率较高，设备构造简单，使用方便，效能高，所消耗的动力少，附属机具设备亦少。它不但可用于沉桩，而且可用于拔桩。一个长 20 m 的 55 号工字钢，要从土体中拔出，如果采用静力拔桩，大约需要 200～300 t 的拔桩力，而用振动拔桩，只用 20～30 t 拔桩力即可。

振动沉桩一般适用于松软或塑态黏性土和较松散的砂土，在紧密黏性土和砂质土中可用射水配合施工。在插好桩后，初期宜依靠桩和振动锤的自重下沉，待桩身入土达到一定深度并确认桩位和竖直度符合要求后再振动下沉。每根桩的沉桩作业应连续完成，接桩和停水干振时间不可过久。振动沉桩过程中，如发现下沉速度突然减小，此时桩可能遇上硬层，应停止沉桩并将桩略微提升 0.6～1.0 m，重新快速振动冲下。当振动下沉的速度减小 5 cm/min 以下或桩顶冒水时，应改用射水法。振动锤的振动力应大于下沉桩的土摩阻力。应特别注意振动持续的时间不得过短，也不得过长。过长不但浪费电力，而且也易振坏电动机，一般不宜超过 10～15 min，以少振为原则。

振动锤亦可用于灌注桩施工。目前，用于灌注桩的振动锤比例更高。振动锤用于灌注桩施工时，它与桩管用法兰连接，桩管的底部有活瓣。沉桩时活瓣闭合，桩管因振动沉入土中，将周围的土体挤走，形成长孔。桩管顶部侧边有开口斜槽，从斜槽中可将混凝土灌入。混凝土灌入后，开动振动锤，同时缓慢地往上拔桩管，这时活瓣张开，混凝土即灌入孔中。等到桩管完全拔出，土中即形成了灌注桩。

采用振动为主射水配合沉桩时，桩尖沉至距设计高程 2 m 时应停止射水并将射水管提高，应立即进行干振直至设计高程，当最后下沉贯入度小于或等于试桩最后下沉贯入度且振幅符合规定时，即可认为沉桩合格。同一基础的基桩全部沉完后，宜将全部基桩再进行一次干振，以保证全部基桩达到合格标准。

3. 射水沉桩施工

射水沉桩是锤击或振动沉桩的一种辅助方法，所用的设备主要包括高压射水管和高压水泵两部分。它利用高压水流经过附于空心桩内部的射水管来冲松桩尖附近的土层，以减少桩下沉的阻力，便于桩在自重或锤击下沉入土中。一般是边冲水边打桩，当沉桩至最后 1~2 m 时停止冲水，用锤击至规定高程。射水沉桩法适用于砂土和碎石土，有时对于特别长的预制桩，单靠锤击有一定困难时，亦可用射水法辅助施工。当桩重锤轻或者遇到砂土、卵石层等用锤击下沉有困难时，则可边锤振边射水或者两者交替使用，即锤振与射水配合使用[6]。

射水法的选择应视土质情况而定。下沉空心桩时，一般用单管内射水。下沉实心桩时，将射水管对称地装在桩的两侧，并能沿着桩身上下移动，以便能在任何高度射水冲土。在砂土及砂夹卵石层中，应以射水为主，锤击或振动为辅，以免把桩打坏。在亚黏土或黏土中，为避免降低承载力，一般以锤击或振动为主，以射水为辅，并应适当控制射水时间和水量；当使用内射水还不能使桩锤击下沉时，则可加用外射水，但必须对称地进行射水（不得少于 2 根），否则会造成桩歪斜或移位。在砂黏土或黏土中，应以锤击或振动为主，在不得已时才辅以内射水，尽量不用外射水，以免降低桩的承载力。

射水管可顺着桩心往下放，或者用 2~3 根射水管沿桩的外侧对称地下放，射水管下端接有射水嘴，其用特殊耐磨钢材制成。射水管顶部接胶管，到固定段处再接钢管，最后接高压水泵射水管。内射水的长度应为桩长、射水嘴伸出桩尖外的长度和射水管高出桩顶以上高度之和。

沉桩效果取决于水压和水量。即水压要大到能冲散土层，同时又要有足够的水量使冲散的土颗粒沿桩侧上升，冲出地面。水压和水量关系到地质条件、选用的桩锤或振动机具、沉桩深度和射水管直径、数目等因素，较完善的方法是在沉桩施工前经过试桩后予以选定。射水时还应严格控制射水时间和水压，以免降低管桩的承载力。

射水沉桩的施工要点为：吊插桩基时要注意及时引送输水胶管，防止拉断与脱落；基桩插正立稳后，压上桩帽桩锤，并开始用较小水压使桩靠自重下沉。初期应控制桩身不使其下沉过快，以免阻塞射水管嘴，并注意随时控制和校正桩的方向；下沉渐趋缓慢时，可开锤轻击，沉至一定深度（8~10 m）已能保持桩身稳定后，可逐步加大水压和锤的冲击动能；沉桩至设计高程一定距离（2.0 m 以上）时停止射水，拔出射水管，进行锤击或振动使桩下沉至设计要求高程。对湿陷性黄土地层，除设计有特殊规定外，不宜采用射水沉桩。

高压水泵可采用多级离心式。当一台水泵的水压不够时，可用几台水泵串联；水量不够时，则可采用几台水泵并联；但必须保证所有串、并联的水泵的水压、水量要大致接近，且应把水压稍低或水量稍大的水泵放在进水方向。

4.静力压桩施工

静力压桩法与锤击法相近，所不同的只是不采用冲击力，而是借助于桩架自重及桩架上的压重，通过卷扬机牵引，由钢丝绳、滑轮和压梁，将整个桩机的重力（800～1500 kN）反压在桩顶上，以克服桩身下沉时与土的摩擦力，迫使预制桩下沉。此工法对桩材强度的要求相对不高，对地基土结构的破坏相对较小，施工时桩垂直度易控制，送桩较深，且可减小打桩时对地基和邻近建筑物的影响，低噪声、无振动、无污染，施工快速，近年来已被城市附近的桩基工程施工所广泛采用。

但静压机自重大，运输成本高，对地基强度要求也高。同时易挤压成桩，导致成桩损坏。且与打入桩相比，桩尖进入持力层厚度较浅，间距较小时存在"浮桩"现象，不利于桩体横向稳定。遇到持力层起伏较大时，截桩情况无法避免。静力压桩常用于软土地层及沿海、沿江淤泥地层的施工。静力压桩机分为机械式和液压式两种。机械式压桩机利用钢丝绳、滑轮组将桩压入土中，而液压式压桩机利用液压油缸压桩，并夹住其他已入土的桩作为锚桩，以平衡压桩阻力。液压式压桩机一般用来压成排的钢板桩。

例如，机械式静力压桩机主要包括桩架底盘、滑轮组、配重和动力设备等。压桩时，先将桩起吊，对准桩位，将桩顶置于压梁下，开动卷扬机牵引钢丝绳，逐渐将钢丝绳收紧，使活动压梁向下，将整个桩机的自重和配重荷载通过压梁压在桩顶，当静压力大于桩尖阻力和桩身与土层之间的摩阻力时，桩被压入土中。常用压桩机有80 t、120 t、150 t等。

静力压桩在一般情况下桩分段预制，分段压入，逐段接长。每节桩长度取决于桩架高度，通常6 m左右，压桩桩长可达30 m以上，桩断面为400 mm×400 mm。接桩方法有焊接法、硫黄胶泥锚接法和法兰螺栓连接法。

（二）就地灌注桩

就地灌注桩的施工方法是由不同的钻孔或挖机设备成孔，待孔深达到设计要求后进行清孔，放入钢筋笼，然后进行水下灌注混凝土而成桩。这种成桩工艺在我国铁路桥梁上使用极其广泛，并随着我国铁路建设不断发展日趋成熟。就地灌注桩施工设备简单、施工安全、省工省料、造价低廉，适应各类土层、岩层。但成桩过程完全在地下"隐蔽"完成，施工过程中的许多环节若把握不当则会影响成桩质量。

1. 施工准备

施工准备除了做好必要的场地布置、钻孔定位及钻机就位工作外，最主要的是保证护筒埋设质量和泥浆的准备。

2. 成孔

成孔是灌注桩施工中的关键作业。成孔质量的好坏直接关系到灌注桩施工进度的快慢及灌注桩施工的成功与否，所以成孔一定要严格按照施工操作规程来办理。

成孔方法很多，各自适应于不同地层与环境条件，用得较多的有沉管法、钻（冲）孔法、挖孔法和爆破法等。

3. 清孔

浇筑水下混凝土前，孔底沉渣应清除干净。因为孔内钻渣大部分悬浮于泥浆中，仅依靠抽渣方法难以清除干净；在灌注水下混凝土的一段时间内，钻渣又会沉淀于孔底，形成软弱垫层，使桩端支撑力显著降低。因此，在灌注水下混凝土前，必须清除孔底沉淀层，以减少桩基沉降量，提高桩承载力。

清孔是否彻底，对泥浆护壁成孔灌注桩的承载力和沉降量影响较大。因此，浇筑水下混凝土前，孔底沉渣厚度应满足设计要求。一般情况下，终孔后第一次清孔要达到以下要求：孔内排出或抽出的泥浆，手摸无 2 ~ 3 mm 颗粒，泥浆比重介于 1.1 ~ 1.2。安装钢筋笼后第二次清孔，此时应达到以下要求：孔内排出或抽出的泥浆，手摸无 2 ~ 3 mm 颗粒，泥浆比重不大于 1.1，含砂率小于 2%，黏度 17 ~ 20 mm²/s；设计无要求时，对以摩擦力为主的灌注桩，沉渣允许厚度不得大于 30 cm，以端承力为主的柱桩，沉渣允许厚度不得大于 10 cm。做好清孔工作，减少沉渣厚度，有利于保证混凝土质量。清孔工作的关键是思想上重视、操作时仔细，这样就不至于在清孔时引起坍孔，从而保证清孔效果。清孔方法应根据使用的钻孔机具选用。

4. 安放钢筋笼

清孔后应立即放入钢筋笼和导管，并固定在孔口钢护筒上，使其在灌注混凝土时不向上浮和向下沉。

钢筋笼长度根据吊装设备的起吊高度分段制作，在钢筋笼四周适当距离要设置"钢筋混凝土预制块"或"钢筋耳环"的保护层。一般利用钻孔的钻架起吊系统完成起吊钢筋笼的工作。

起吊钢筋笼应用两点吊，以免变形。每节钢筋笼进入孔口时，要扶正慢慢放入孔，严禁四处摆动，以免碰撞孔壁。上下两节钢筋笼应位于同一竖直线上，应逐节焊好下放，使多节钢筋笼拼接成一个整体，下到设计高程为止。最后将钢筋笼顶部主筋用定位短筋焊牢，固定于护筒上，防止其下落或上浮，并测量钢筋笼底部位置是否符合设计高程。钢筋笼下完并检查无误后应立即灌注混凝土，间隔不可超过 4 h。

三、沉井基础施工

（一）筑岛沉井施工

重力式沉井自重很大，不便运输，故在岸滩中修建沉井时，多采用就地下沉沉井法施工，即先在基础的设计位置上筑岛，再在岛上制造沉井并就地下沉。

1. 沉井制造

制作沉井的方法有铺垫木法和刃脚土模支撑法。铺垫木法是过去制作沉井时使用最多的方法，而刃脚土模支撑法则是近年来日渐普及的新施工方法。

2. 沉井下沉

使沉井下沉的力量主要是沉井自重。沉井向下的阻力包括井壁与土体的摩阻力、刃脚下土体的支撑力及沉井埋在水中部分的浮力。要使沉井下沉，要在井内用机械或人工的办法均匀除土，消除或减小井壁与土体的摩阻力和刃脚下土体的支撑力，使沉井依靠自重逐渐下沉。沉井拆模后，达到规定强度时，即可开挖下沉。开挖下沉主要有排水后除土下沉和水中除土下沉两种方法。

3. 沉井接高

当沉井下沉到高出地面 1 m 左右时，应停止下沉，浇筑混凝土接高井壁。接筑高度一般超过 5 m。模板及支架不宜直接支撑于地面，以免沉井因自重增加而下沉，模板及支架与混凝土发生相对位移，致使混凝土受损。

沉井接高前应尽可能调平，接高各节的竖向中轴线应与前一节的中轴线重合。在倾斜的沉井上接高，应顺沉井的倾斜轴线上延，不可垂直接高，以便沉井倾斜纠正后保持竖直而不弯折。水上沉井接高时，井顶露出水面不应小于 1.5 m；地面沉井接高时，井顶露出地面不应小于 0.5 m。接高前不得将刃脚掏空，避免沉井倾斜，接高加重应均匀、对称地进行。在任何情况下，不能使模板及其支撑与地面接触。

沉井接高加重，促使沉井下沉，往往在超过地基承载力极限时突然下沉，并同时产生较大的倾斜。为避免沉井突然下沉或倾斜，可在刃脚下回填或支垫。当沉井入土不深、刃脚下的土质比较松软时，有必要采取这些措施。

4. 沉井的纠偏

沉井位置偏离设计位置超过一定限度时会使基底受力不均，严重时会使墩身位置超出，造成沉井报废的事故。因此，做好沉井的防偏纠偏工作十分重要。在施工过程中，要均匀除土，防止沉井偏斜，并及时调整沉井的倾斜和位移，这在下沉初期尤为重要，一定要做到勤测量、勤调整，千万不可麻痹大意，否则后患无穷。

5. 沉井的封底、填充和灌注顶盖

① 沉井下沉到设计高程后，应检查基底地质情况是否与设计相符。

能排干水的基底处理与明挖基础的要求相同。不能排干水时，一般需有潜水工配合进行基底处理，并应符合以下规定。a. 基底土面或岩面应尽量整平，清理后的基底距隔墙底面的高度、刃脚斜面露出的高度和有效面积符合设计要求。b. 基底浮泥或岩面残存物（风化岩碎块、邱石、砂等）均应清除，封底混凝土与基底间不得产生有害夹层，清理后的有效面积（沉井底面积减去在刃脚斜面下一定宽度内不可能完全清除干净的面积）不得小于设计要求。c. 隔墙底部及封底混凝土高度范围内井壁上的泥污应清除。d. 在软土中沉井沉至设计高程并清基后，应进行沉降观测。待 8 h 内累计下沉小于 10 mm 时方可封底。

② 沉井封底。基底处理完毕，经检查合格，填写检查证后，宜先铺一层较粗的卵石或块石，然后再铺级配砂石层。砂石层厚度宜控制在 150 ~ 500 mm，在其上浇筑封底混凝土。当基底涌水量不大，地基稳定时，应首先考虑干封底。对于无法排干井内积水或抽水会引起流沙的沉井，一般采用导管法灌注。水下混凝土应连续灌注，不得中途停顿。水下混凝土厚度用测锤检查，达到设计高程后，停灌混凝土，缓缓抽出导管。

③ 填充取土井和灌注顶盖。如设计要求填充取土井，待封底混凝土达到设计强度后，即可抽干井孔内的水，刷洗、清除混凝土表面的淤泥、浮浆等杂物，再填充取土井。如果用片石混凝土填充，可一直填到顶，通常不做顶盖。如果封底后不必填充取土井，或仅填以砂石，则应在井顶灌制钢筋混凝土顶盖。

（二）其他形式沉井施工

1. 浮运沉井

若水位较深（如大于 10 m）、人工筑岛困难、不经济，或有碍通航时，可采用浮运沉井，即在岸边将沉井做成空体结构，利用在岸边铺设的滑道滑入水中，然后用绳索引到设计墩位。沉井底节可做成空体结构，或采取其他方法（如装上钢气筒）使其在水中飘浮，亦可在驳船上筑沉井，浮运至设计位置，再逐步用混凝土或水灌注空体，增加自重，使其在水中徐徐下沉，直达河底。

浮运沉井在施工技术上要比就地下沉沉井困难得多，只在极其特殊的条件下才被采用。

在我国桥梁沉井基础中，浮运沉井只是极少数，其中主要使用的类型有：木沉井、带钢气筒的浮运沉井、钢筋混凝土薄壁浮运沉井、钢丝网水泥薄壁浮运沉井、钢沉井等。

木沉井以木料为主进行制作，其结构则根据沉井形式、浮运方法等因素，因地制宜地加以设计。木沉井加工制作简单，重量较轻，便于水上拖运，适用于沉井数量少、施

工技术较低的情况。钢丝网水泥薄壁浮运沉井将钢丝网水泥船的技术移植到浮运沉井，它是浮运沉井在构造上的一个创新。由于所需木材极少，且在施工技术上也不复杂，一般水平的施工队伍均能胜任，在中小河流上被广泛采用。钢沉井要使用钢板焊制的一个空壁沉井，主要用于大江大河上的特大桥梁沉井基础，它的制作工艺、浮运下沉技术都是极为复杂的，只有专业施工队伍才能胜任，故适用性受到一定的影响。

2. 泥浆润滑套沉井

泥浆润滑套沉井是将沉井做成台阶式，在井壁外台阶以上的空隙中压入触变性泥浆，这种泥浆是用黏土、化学处理剂碳酸钠加水，按一定比例充分拌和而成，它在静止状态时，具有一定强度，能把土压力传递到井壁上并使四周的土壁不致坍落。

当沉井下沉时，泥浆与土体发生滑移，泥浆受到扰动，即变成"溶胶"状态，能大大减小土对井壁的摩阻力（可降低至 3 ~ 5 kPa，一般黏性土为 25 ~ 50 kPa），减少井壁圬工数量，加速沉井下沉，并具有良好稳定性。采用泥浆套下沉沉井，沉井达到设计高程后，为了恢复土对井壁的固着作用，破坏泥浆套，可另外压入水泥砂浆来排除泥浆。泥浆润滑套沉井一般用在旱地或浅滩上。

下沉过程中，要勤补浆，勤观测，发现倾斜、漏浆等问题应及时纠正。当基底为一般土质时，易出现边清基边下沉现象，此时应压入水泥砂浆换置泥浆，以增大井壁摩阻力。此外，该法不宜用于卵石、砾石土层。

3. 空气幕沉井

空气幕沉井，就是在沉井井壁周围预埋若干层水管路，每层管上钻有许多小孔，当压入压缩空气后，气体从小孔喷出，沿井壁上升，在沉井周围形成一层空气帷幕（简称空气幕），以减小井壁与土体间的摩阻力，使沉井顺利下沉。用空气幕沉井，沉井的下沉和停止较易控制；停止压气后，井壁摩阻力即可恢复。空气幕沉井适应于砂类土、粉质土及黏质土地层，对于卵石土、砾类土、硬黏土及风化岩等地层不宜使用。

下沉过程中，先在井内除土，消除刃脚下土的抗力后再压气，但也不得过分除土而不压气，一般除土面低于刃脚 0.5 ~ 1.0 m 时，即应压气下沉。压气时间不宜过长，一般一次不超过 5 min。放气顺序应先上部气斗，后下部气斗，以形成沿沉井外壁上喷的气流。气压不应小于喷气孔最深处理论水压的 1.4 ~ 1.6 倍，应尽可能使用风压机的最大值。停气时应先停下部气斗，依次向上，最后停上部气斗，并应缓慢减压，不得将高压空气突然停止，防止造成瞬间负压，使喷气孔内吸入泥沙而被堵塞。

4. 高低刃脚沉井

根据设计要求，沉井需要下沉到岩面，而岩石表面倾斜较大时，可采用高低刃脚沉井。这种沉井的刃脚底面不在同一高程上，而是随岩面高低而变化，即刃脚长短不齐，但沉井顶仍在同一水平面上。采用高低刃脚时应有足够的地质资料，以便将刃尖周围岩石面的高程绘制成图，以确定刃脚高低。

高低刃脚沉井的刃尖属于钢制，其高度也比普通刃脚高。筑岛修建时，岛面应随刃脚高低变化填筑，最好采用土内模制造，以减少铺垫和支撑的困难。高低刃脚沉井易向短刃脚一侧偏斜，故在短刃脚的外侧应加筑填土挡御。

由于高低刃脚沉井的刃脚能与高低不平的岩石面密切接触，从而使沉井基底岩面的清理及水下封底混凝土的灌注能正常进行而无须再采取特殊措施，这样，就扩大了沉井基础的适用范围。

四、墩台身施工

（一）混凝土墩台施工

就地浇筑的混凝土墩台施工有两个主要工序：①制作与安装墩台模板；②混凝土浇筑。

1. 模板制作与安装

模板安装前应复核基层上的模板控制线，然后在基层上做 30 mm 厚砂浆找平层，且模板拼装前板面涂刷脱模剂，清除结构内的垃圾，还需将预埋件焊接固定在结构主筋上。安装时要坚实牢固，板、节间接缝采用双面胶止浆带，胶带必须与模板面平齐，并接缝严密，以免振捣混凝土时引起跑模漏浆；模板外设双排钢管支架，上搭竹脚板做工作平台，且为防止扰动模板，支架与模板要完全分离；安装位置要符合结构设计要求。

2. 混凝土施工

桥梁墩台通常比较高，混凝土数量大，且位置分散，因此在墩台施工中，除了要重视混凝土的施工质量外，还要根据现场地形和机具设备，合理布置拌和站，因地制宜地解决混凝土的运输问题，实现混凝土浇筑一条龙，使各工序紧密配合，以加快施工进度。

3. 墩台施工注意事项

① 墩台顶帽施工前后均应复测其跨度及支撑垫石高程。施工中应确保支承垫石钢筋网及锚栓孔位置正确，垫石顶面平整，高程符合设计要求。

② 墩台施工完毕，应对全桥进行中线、水平及跨度贯通测量，并标出各墩台的中心线、支座十字线、梁端线及锚栓孔位置。暂不架梁的锚栓孔或其他预留孔，应排出积水封闭孔口。

③ 台后填土应符合有关规定及设计要求。对软土路基地段，应控制填土速度，进行墩台位移测量。

④ 锥体填筑前应对原地面进行处理、压实，并准确放样。锥体填筑材料应满足设计要求。锥体应与桥台过渡段同步施工。施工中应采用机械分层填筑压实，锥体填筑的检查项目和标准应与相邻路堤一致。

⑤ 桥台顶道砟槽面应设置防水层、保护层和排水坡，做到平顺无凹坑。桥台背后及两侧防水层应按设计要求设置。

⑥ 锥体护坡施工须挂线，砌面要平顺。砌筑时不允许边砌边补土。

⑦ 导流构筑物应与路基、桥涵工程通盘考虑施工。不得在导流构筑物范围内取土、弃土破坏排水系统。砌筑用料应符合设计要求，导流构筑物的填土密实度应达到设计要求。

（二）石砌墩台施工

在石料丰富地区建造桥梁墩台时，如果工期要求不紧，应优先考虑采用石砌墩台，以减少水泥用量，充分发挥其取材方便、经久耐用的优点。石砌墩台用片石、块石及粗料石以水泥砂浆砌筑，其施工主要包括定位放样、材料运送、圬工砌筑、养护及勾缝等工序。

1. 石料及砂浆

石砌墩台采用的石料必须质地坚硬、不易风化、无裂纹，砌筑前用水清洗湿润且去掉泥污。常用的石料有片石、块石及粗料石。片石用途较广，用于砌筑桥涵基础、桥墩台、涵身、隧道洞门、挡土墙和护坡等；一般无固定的形状、尺寸，但其中部尺寸不得小于 15 cm，镶面用片石边缘厚度不得小于 15 cm；用于主体工程时强度不得低于 30 MPa，用于附属工程时强度不得低于 20 MPa。

块石主要用作镶面石，也用于砌筑高大或受力大的桥墩台和基础、拱涵和拱圈等；形状大致方正，无固定尺寸，但无锋棱凸角；块石强度一律不得低于 30 MPa。粗料石主要用于砌筑拱桥、拱涵的拱圈和镶面；形体方正，除了石料尾部外其余 5 个面都要凿平，最小厚度不小于 20 cm，并且不小于长度的 1/3，宽度不小于厚度，长度不得小于厚度的 1.5 倍；粗料石强度不得低于 40 MPa，砌筑破冰体时强度不得低于 60 MPa。

位于流冰或有严重漂流物的河中墩台，宜选用较坚硬的石料或高强度混凝土预制块进行镶砌。砌筑砂浆由水泥、水和细骨料按照一定比例配合调制而成。所用水泥、砂、水等材料的质量标准宜符合混凝土工程相应材料质量标准。砂浆中所用砂，宜采用中砂或粗砂，当缺乏中砂及粗砂时，在适当增加水泥用量的基础上，亦可采用细砂。当用于砌筑片石时，砂的最大粒径不宜超过 5 mm；当用于砌筑块石、粗料石时，不宜超过 2.5 mm。如砂的含泥量达不到混凝土用砂的标准，当砂浆强度等级大于或等于 M5 时，可不超过 5%，小于 M5 时可不超过 7%。

砂浆必须具有良好的和易性，以便抹成均匀的薄层，且与基面黏结牢固。为改善水泥砂浆的和易性，可掺入无机塑化剂或以皂化松香为主要成分的微沫剂等有机塑化剂，其掺量可参照生产厂家的规定并通过试验确定。砂浆本身还要有一定的抗压强度，以起到传递压力和荷载的作用。在寒冷地区和经常受水作用部位，砂浆还要有一定的耐久性（抗渗性、抗冻性）。拌和的砂浆应于开始凝结前全部用完（一般为 1 h），已凝结的砂浆严禁使用。

2. 施工要点

石砌墩台位置、尺寸正确与否，是利用放样来控制的。因此，施工前首先要放好样，才能使砌石工作的进行有所依据。放样是按照设计图纸测量，定出墩台中心线、轮廓线，并在墩台转角处设置标杆和挂线，作为砌筑定位石的准绳。

对于形状比较简单的工程，要根据砌体高度、尺寸、错缝等，先行放样配好料石再砌；对于形状比较复杂的工程，还应先做出配料设计图，注明块石尺寸。

将石料吊运并安砌到正确位置是砌石工程中比较困难的工序。当重量小或距地面不高时，可用简单的马凳跳板直接运送；当重量较大或距地面较高时，可采用固定式动臂吊机、桅杆吊机或井式吊机，将材料运到墩台上，然后再分运到安砌地点。

砌体应分层砌筑，砌体较长时可分段分层砌筑，但两个相邻工作段的砌筑差一般不宜超过 1.2 m；分段位置宜尽量设在沉降缝或伸缩缝处，同一层石料及水平灰缝的厚度要均匀一致，每层按水平砌筑，丁顺相间，砌石灰缝互相垂直，灰缝宽度和错缝按规定办理。砌缝宽度不大于 30 mm，上下层竖缝错开距离不小于 80 mm。砌筑斜面墩台时，斜面应逐层放坡，以保证规定的坡度。砌块间用砂浆黏结并保持一定缝厚，所有砌缝要求砂浆饱满。

砌筑基础的第一层砌块时，如基底为岩层或混凝土基础，应先将基底表面清洗、湿润，再坐浆砌筑；如基底为土质，可直接坐浆砌筑，即在定位挂线的基础上砌筑时首先铺一层砂浆，其厚度约为所砌石块高度的 1/5 ~ 1/4，再安砌大石块，然后用砂浆将大石块间隙灌满，随即用中石块仔细嵌填到已灌满砂浆的空隙中，并将其中多余的砂浆挤出，做到既节省水泥又保证砌体。

浆砌块石一般顺序为：先砌角石，再砌面石，最后填腹。角石在砌石中很重要，它是控制左右方向和水平方向的关键所在，同时也控制上下层之间的灰缝宽度，所以角石也叫定位石。角石应选比较方正、大小差不多的石块。角石砌好后就可把线移挂到角石上，再砌面石。为了运送石料方便，外圈面石可在运送石料方向留一进料口，等填腹砌到缺口处，撤去跳板，再行封砌。

填腹一般都采取向运送石料方向倒退砌的方法，填腹石的分层高度应与镶面高度相同。圆端、尖端及转角形砌体的砌石顺序，应自顶点开始，按丁顺排列接砌镶面石。圆端形桥墩的圆端顶点不得有垂直灰缝，砌体质量应符合以下规定。

① 砌体所用各项材料类别、规格及质量符合要求。

② 砌缝砂浆或小石子混凝土铺填饱满、强度符合要求。

③ 砌缝宽度、错缝距离符合规定，勾缝坚固、整齐，深度和形式符合要求。

④ 砌筑方法正确。

五、桥梁墩台特殊施工方法

（一）滑模法施工

滑模法施工是将模板整体安装在墩身周围，借助千斤顶的作用，在灌注混凝土的同时使模板逐渐向上提升，所以只用一节模板就能灌注整个墩身。这种方法也适用于修建烟囱、筒仓、冷却塔、水塔、楼房等高层建筑。随着施工技术的发展，滑模也由螺旋千斤顶提升直坡滑模发展为液压千斤顶提升收坡滑模，解决了锥形空心墩的施工问题，扩大了滑模施工的应用范围，目前广泛用于铁路与公路的圆形、圆端形及矩形空、实心桥墩施工。

目前，滑模法施工的高度已达到百米。其优点主要有以下几个方面。

① 简化了立模、拆模等工序，并实现混凝土连续灌注，可加快施工进度，缩短工期。某桥墩高 37 m，采用滑模法施工，日滑升最高速度达 11 m，全墩仅 6 d 就完成。

② 接头缝数目减少，增强了混凝土的整体性，提高了混凝土质量。

③ 节约脚手架和模板使用的木料约 70%，节约劳动力约 30%，降低了工程成本。

④ 减少高空安装和拆除模板的作业，确保施工安全。滑模法施工的缺点是不宜于冬期施工，因脱模较早，养护条件不如用普通模板好，施工中位置易偏扭，须随时纠正。

（二）爬模施工

1. 无爬架爬模法

无爬架爬模法要求用塔吊等起重设备进行提升，仅靠模板系统本身不断完成提升作业，但模板制造简单，构件种类少，可根据起重能力和主塔造型确定模板分块大小。一般为多节模板交替提升，并保证在已浇筑主塔上有一节模板不拆动，以便与下一节模板连接。其外观美观，施工速度快。

2. 有爬架爬模法

有爬架爬模法是依靠附着在已浇阶段上的模板提升爬架，依靠爬架提升模板。有爬架爬模施工是目前高耸结构施工中比较先进的施工方法，施工进度快，工程质量高，经济效益可观，操作简便。爬模施工采用的主要设备由爬架和大模板（大模板外附有脚手架，它们连成一个整体）组成，爬架与大模板在施工过程中逐层上升。其工作原理是：结构外墙混凝土达到一定程度后，利用固定的大模板提升爬架，待升到位的爬架固定后再利用爬架将大模板提升，从而完成一个节段高度的提升。每次提升约 2 m。

（三）翻模施工

在铁路桥梁高墩施工中，采用滑模存在顶杆回收率低、设备重量大、投资多等缺陷，采用爬模则存在构造复杂、一次性投入大的实际问题，故将原用于电力工程的烟囱和用于冷却水塔工程施工的翻模技术引入铁路桥梁施工，首次在侯月线海子沟大桥施工中获得了成功。与滑模、爬模相比，翻模具有结构简单、操作方便、零部件损耗小、成本低、便于加工的优点。

翻模是由上、中、下 3 组同样规格的模板组成，随着混凝土的连续灌注，下层混凝土达到拆模强度后，自下而上将模板拆除，接续支立，如此循环往复，完成桥墩的灌注施工。翻模模板安装前，应进行试拼，并编好号，以保证模板间接缝的严密，安装时按编号顺序进行。

第二节　铁路桥梁预制法施工

一、钢筋混凝土简支梁制造

（一）模板工程

预制梁的模板是施工过程的临时结构，它不仅关系到预制梁尺寸的精度，而且对工程质量、施工进度和工程造价有直接的影响。

预制梁的模板通常按材料分类，有钢模板、木模板、土木结合模、土模及钢木结合模等数种。对于在预制工厂生产用的模板和数量较多的预制梁，常采用钢模板和钢木结合的模板。模板在制作时，应保证表面平整，转角光滑，连接孔配合准确，对于钢模要考虑焊缝收缩对长度的影响，对于木模要在构造上采取措施以防漏浆。模板的组装可在工作平台上进行，底模在制作时需考虑预制梁的预拱度。

模板的安装应与钢筋工作配合进行。在底模整平，钢筋骨架安装后，安装侧模板和端模板；也可先安装端模，后安装侧模板。模板安装的精度要高于预制梁的精度要求。每次模板安装完成后需验收合格，方可进入下一工序。

模板有底模、侧模、端模和内模之分。底模支撑在底座上或设置在流水台车上，可用 12 ~ 16 mm 的钢板制成。在预制梁时底模不必拆除，仅在第二次使用前进行整平和校准即可，底模在构造上应注意设置底模与侧模、底模与端模及底模接长的联系构件，部分构件预制还需在其底模下设置安装振捣器的构造。此外，还应在底模与台座之间设置减振垫。

侧模沿梁长置于预制梁的两侧，小跨径梁、板可用整体侧模。通常考虑起吊重量和简化构造，模板单元长度采取 4~5 m，可在横隔梁处分隔。当横隔梁间距较大时，可在中间再划分。

侧模由侧板、水平加劲肋、斜撑等构件组成。钢侧模板一般采用 4 ~ 8 mm 钢板，加劲角钢取用 50 ~ 100 mm。木模板厚 30 ~ 50 mm，加劲方木取用 80 ~ 100 mm。侧模板在构造上应考虑悬挂振捣器的构件，要加强侧模间的连接构造，并需设置拆模板的设施。

端模设置在梁的两端，安装时连接在侧模上，用于形成梁端形状。

内模是空心截面梁、板的预制关键，其结构直接影响到制作是否经济、装拆是否方便、周转率的高低等问题。

（二）钢筋工程

混凝土结构中常用的钢筋按直径大小分为：钢丝（直径 3~5 mm）、细钢筋（直径 6 ~ 12 mm）和粗钢筋（直径 > 12 mm）

钢筋按强度不同，分为五级。Ⅰ ~ Ⅳ级为热轧钢筋，Ⅴ级钢筋为Ⅳ级钢筋经热处理后制成。Ⅰ级钢筋为低碳钢，强度最低，Ⅱ ~ Ⅳ级钢筋为普通低合金钢，强度及硬度逐级增高，但塑性逐级降低。Ⅰ级钢筋表面光圆；Ⅱ、Ⅲ级钢筋表面有人字纹和月牙纹两种；Ⅳ级钢筋表面为螺纹。为便于运输，直径 6 ~ 9 mm 钢筋常卷成圆盘，直径 > 12 mm 的钢筋一般按 6 ~ 12 m 长轧制。

常用的钢丝有冷拔低碳钢丝和碳素钢丝两类，一般均卷成圆盘。

钢筋出厂应有出厂证明书或试验报告单，运至工地后，应根据品种按批分别堆存，并按规定抽取试样作机械性能试验。在加工过程中如发现脆断、焊接性能不良或机械性能显著不正常时，应进行化学成分检验或其他专项检验。

钢筋一般先在钢筋车间加工，然后运至现场进行安装或绑扎。其加工过程一般有调直、切断、除锈、弯曲、对焊、绑扎、下料、冷拉、时效等工序。

1. 冷拉

为了提高钢材的强度和节约钢材，钢筋在使用前一般需要进行冷拉，即在常温下用超过钢筋屈服强度的拉力拉伸钢筋。冷拉适用于Ⅰ ~ Ⅳ级钢筋。冷拉时，钢筋被拉直，表面锈渣剥落，因此冷拉还可同时完成调直、除锈工作。在冷拉时，最好采用同时控制钢筋应力和延伸率的方法，即所谓"双控"，并以应力控制为主，延伸率控制为辅。如果钢筋已拉到控制应力，而延伸率尚未超过允许值，则认为合格；若钢筋已达到允许延伸率，而应力还小于控制应力，则这根钢筋应降低强度使用。钢筋的冷拉应按施工操作程序的要求进行。

2. 时效

钢筋经过冷拉后，屈服强度提高了，但同时也增加了钢筋的脆性，因此钢筋冷拉之后应进行时效。时效的作用是将冷拉后的钢筋置于一定的温度下，经过一段时间使钢筋的内应力得以消除。通常分为人工时效和自然常温时效。人工时效是将冷拉后的钢筋在 100 ℃ 的恒温下保持 2 h 左右；自然常温时效是当自然气温在 25 ~ 30 ℃时，至少应放置 24 h。总之，无论是冷拉还是时效，都必须保证预应力筋的实际强度不低于相应的设计强度。

3. 对焊

由于受到冶金生产和运输的限制，目前生产的螺纹粗钢筋长度最长为 12 m，因此，常需对焊接长后使用。对焊一般应在冷拉前进行，以免冷拉钢筋高温回火后失去冷拉所提高的强度。目前多采用闪光对焊，即利用对焊机使两段钢筋接触，通以低电压的强电流，把电能转化为热能，当钢筋加热到接近熔点时，施加压力顶锻，使两根钢筋焊接在一起，形成对焊接头。焊接时，由于两段钢筋轻微接触，接触面小，电流密度和接触电阻大，接触点很快熔化，产生金属蒸汽飞溅，形成闪光形象，故名闪光焊。

4. 下料

即按照钢筋的计算长度、工作长度和原材料的试验数据确定下料长度。下料长度必须精确计算，以防止下料过长或过短造成浪费或给张拉、锚固带来困难。钢筋下料切断可用钢筋切断机及手动液压切断机（直径 16 mm 以下的钢筋）。

5. 调直、除锈、弯曲

钢筋调直可采用冷拉的方法，细钢筋及钢丝还可采用调直机调直，粗钢筋还可采用锤直或扳直的方法。经过冷拉或调直机调直的钢筋，则在冷拉或调直的过程中完成了除锈工作。对于未经过冷拉或冷拉、调直后因保管不善而锈蚀的钢筋，可采用电动除锈机除锈，还可采用喷砂除锈、酸洗除锈或手工除锈（用钢丝刷、沙盘）。将钢筋弯曲成形一般采用钢筋弯曲机及弯箍机等，也可采用手摇扳手弯制钢箍，用卡盘与扳头弯制钢筋。钢筋弯曲前应先画线，形状复杂的钢筋应根据钢筋加工牌上注明的尺寸将各弯点划出，根据钢筋外包尺寸，扣除弯曲调整值以保证弯曲成形后外包尺寸准确。

6. 绑扎

现场绑扎钢筋之前要核对钢筋的钢号、直径、形状、尺寸及数量是否与配料单相符，核实无误后方可开始现场绑扎。

受力钢筋的绑扎接头位置应相互错开，分散布置。"同一截面"受力钢筋接头的截面积占钢筋总面积的百分率应在受拉区不得超过 50%，在受压区不受限制。钢筋的绑扎接头搭接长度的末端与钢筋弯曲处的距离不得小于钢筋直径的 10 倍，接头不宜位于构件最大弯矩处。构件的保护层厚度要符合规范的规定，施工中应在钢筋外侧设置混凝土垫块或水泥砂浆垫块以保证保护层的厚度。

（三）混凝土工程

混凝土工程质量好坏是保证混凝土能否达到设计强度等级的关键，将直接影响钢筋混凝土结构的强度和耐久性。由于混凝土是在施工现场搅拌、浇筑，其原料质量和施工质量将对混凝土工程质量有决定性影响。因此，必须按照《铁路混凝土工程施工质量验收标准》的要求进行施工，以确保混凝土工程质量。

混凝土工程施工过程包括：混凝土的拌制、运输、浇筑、振捣、养护及拆模等。

1. 混凝土的拌制

① 拌制方法。混凝土应使用机械拌制。凡是永久性结构，不得采用人工拌制。对坍落度大于 50 mm 的零小工程，经质量监督人员同意，可以人工拌制。人工拌和应在铁板或其他不渗水的平板上进行，先将水泥和细骨料拌匀，再加入石子和水，拌至材料均匀、颜色一致为止。如果需要掺加附加剂，应先将附加剂调成溶液（指可溶性附加剂），再加入拌和水中，与其他材料拌匀。

② 搅拌机的选择。机械搅拌常用的搅拌机有自落式搅拌机和强制式搅拌机两种。搅拌机的选择应根据工程量大小、混凝土坍落度、骨料种类、粒径等而定。既要满足技术要求，又要符合经济、节约能源的原则。

③ 加料顺序。搅拌时的加料顺序，普遍采用一次投料法，即将砂、石子、水泥和水一起加入搅拌筒内进行搅拌。搅拌混凝土前先在料斗中装入石子，再装水泥和砂，水泥夹在石子和砂中间，上料时可减少水泥飞扬，同时水泥及砂子不至于黏住斗底。料斗将砂、石子、水泥倾入搅拌机的同时，加水。另一种为二次投料法。先将水泥、砂和水加入搅拌筒内进行充分搅拌，成为水泥砂浆后，再加入石子，搅拌成混凝土。这种投料方法目前多用于强制式搅拌机搅拌混凝土。

④ 搅拌时间。从砂、石子、水泥和水等全部材料装入搅拌筒开始到开始卸料所经历的时间称为混凝土的搅拌时间。混凝土搅拌时间是影响混凝土质量和搅拌机生产率的一个主要因素。搅拌时间短，混凝土搅拌不均匀，影响混凝土的强度；搅拌时间过长，混凝土的匀质性并不能显著增加，反而使混凝土和易性重新降低，且影响混凝土搅拌机的生产率。混凝土搅拌的最短时间与搅拌机的类型和容量有关，应符合规定。为了提高混凝土的和易性、减少混凝土的单位用水量、节约水泥用量、提高混凝土的强度，常需要在混凝土拌制时加入相应的外加剂。在混凝土中加入的外加剂主要有减水剂、早强剂、

促凝剂、缓凝剂、加气剂和膨胀剂等。

2. 混凝土的运输

混凝土应以最少的转运次数、最短的距离迅速从搅拌地点运往浇筑位置，确保混凝土从搅拌机中卸出后到浇筑完毕的延续时间不超过具体的规定。运输道路要平整，防止混凝土因颠簸振动而发生离析、漏浆、严重泌水和坍落度损失过多等现象。若运至浇筑地点的混凝土有离析现象，必须在浇筑前进行二次搅拌，但不得加水。

运输工作应保证混凝土的浇筑工作连续进行。

运送混凝土的容器应严密、不漏浆，容器的内壁应平整光洁、不吸水。黏附的混凝土残渣应及时清除。

当采用外加剂、掺合料、快硬水泥拌制混凝土时，应根据其特性确定延续运输时间。当运输时间过长时，应采取措施，使混凝土浇筑时的坍落度仍能适应浇筑和振捣的需要。目前，较为常用的方法是使用混凝土泵运送混凝土，这种方法既可简便运送的工作，提高工效，又可保证混凝土的拌制质量。

3. 混凝土的浇筑

混凝土的浇筑方法直接影响到混凝土密实度，而密实度与混凝土的强度和耐久性有关。浇筑混凝土前一定要仔细检查模板和钢筋的尺寸、预埋件的位置等，并要看模板的清洁、洞滑和紧密程度。

混凝土自高处倾落时，为防止离析，其自由下落高度不应超过 2 m。自由下落高度超过 2 m 时，应使用串筒或溜槽输送。当倾落高度大于 10 m 时，串筒内应附设减速设备。串筒用薄钢板制成，每节筒长 0.7 m 左右，用钩环连接，筒内设有缓冲挡板。溜槽一般用木板制作，表面包铁皮。

浇筑方法主要从两个方面来控制：①浇筑层的厚度与浇筑程序；②良好的振捣。两个方面互相影响。当构件的高度（或厚度）较大时，为了保证混凝土能振捣密实，应采用分层浇筑法，并应在下层混凝土初凝之前，将上层混凝土浇筑并振捣完毕。如果在下层混凝土初凝以后，再浇筑上面一层混凝土，在振捣上层混凝土时，下层混凝土由于受震动，已凝结的混凝土结构就会遭到破坏。混凝土分层浇筑时，每层的厚度应符合规定。

T 形梁一般采用水平层浇筑，也可采用斜层浇筑，即其横隔梁的混凝土与梁肋同时浇筑。当梁高跨长或混凝土拌制跟不上浇筑进度时，可采用分层分段法，由梁一端向另一端浇筑。

浇筑空心板梁时一般先浇筑底板，再立心模，轧焊顶面钢筋，然后浇筑肋板与面板混凝土，待混凝土初凝后，即可抽卸心模。

混凝土浇筑过程不得任意中断，由于技术上或组织上的原因必须间歇时，间歇时间应根据环境温度、水泥性能、水灰比、外加剂类型及混凝土硬化条件确定。无试验资料时，对不掺外加剂的混凝土，间歇时间不宜超过 2 h；当温度高达 30 ℃时，应减少为 1.5 h；当温度低于 10 ℃时，可延长至 2.5 h。

如果混凝土浇筑的间歇时间超过规定时间，或前层混凝土已凝结，则要待前层混凝土具有不小于 1.2 MPa 强度时，才可浇筑次层混凝土；当要求结合缝具有不渗水性时，应在前层混凝土强度达到 2.5 MPa 后，再浇筑新混凝土。新老混凝土接合缝的处理必须符合规范要求。

4. 混凝土的振捣

混凝土浇筑与混凝土振捣要密切配合，分层浇筑分层振捣。

混凝土机械振捣的原理是：由混凝土振动机械产生简谐振动，并把振动力传给混凝土，使其发生强迫振动，破坏混凝土拌和物的凝聚结构，使水泥浆的黏结力和骨料间的摩阻力显著减小，流动性增加，骨料在重力作用下下沉，水泥浆则均匀分布填充骨料间的空隙，气泡逸出，孔隙减少，游离水分挤压上升，使混凝土充满模内，提高密实度。振动停止后，混凝土又重新恢复其凝聚结构并逐渐凝结硬化。

混凝土的振捣可分为人工振捣（用铁钎）和机械振捣两种。人工振捣适用于坍落度大、混凝土数量少或钢筋过密的场合。大规模的混凝土浇筑，必须使用机械振捣。

混凝土振捣设备有插入式振捣器、平板式振捣器、附着式振捣器。插入式振捣器常用的是软管式，只要构件断面有足够的地方插入振捣器，而钢筋又不太密时可采用，其安装和操作简单、灵活，振捣效果比平板式和附着式要好。操作时，要做到快插慢拔。如果插入速度慢，会先将表面混凝土振实，与下部混凝土发生分层离析现象；如果拔出速度过快，则由于混凝土来不及填补而在振捣器抽出的位置形成空洞。振捣器插入时应尽量避免碰撞钢筋和模板，在振捣新混凝土层时，应将振捣器机头插入下层，使两层结合成一体。平板式振捣器用于大面积混凝土施工，如桥面、基础等。附着式振捣器挂在模板外侧振捣，借振动模板来振捣混凝土，对模板的要求较高，而振动的效果不是太好，常用于薄壁混凝土构件，如梁肋部分等。

在预制梁时，组织强力振捣是提高施工质量的关键。由于预制梁截面形状复杂，梁高、壁薄、钢筋密集，在浇筑梁的下层或下马蹄处混凝土时，可使用底模和侧模下排的振器联合振捣，并依照浇筑位置调整振捣部位。当梁浇筑上层或梁肋混凝土时，主要使用侧模振捣，辅以插入式振捣。待浇筑桥面混凝土时，可使用侧模上排振捣器、插入式振捣器和平板式振捣器联合振捣。

混凝土的振捣时间应严格控制。振捣时间过长，容易引起混凝土的离析现象；振捣时间过短，不能达到要求的密实度。一般以振捣至混凝土不再下沉、无显著气泡上升、混凝土表面出现浮浆、表面达到平整为适度。当用附着式振捣器时，因为振捣效率差，一般要 2 min 左右。当用插入式振捣器时，因为效果较好，一般只要 20~30 s。当用平板式振捣器时，在每个位置上的振动时间为 25~40 s。

5. 混凝土的养护及拆模

混凝土的强度增长，主要靠水泥的水化作用，而水泥的水化作用需要有适当的温度和湿度才能实现。混凝土在低温时强度增长很慢，当气温下降到 –1 ~ 2 ℃时，硬化基本停止。如果空气干燥，混凝土中的水分迅速蒸发，一方面使混凝土由于剧烈收缩而导致裂缝；另一方面当游离水分全部蒸发后，水泥水化作用也就停止，混凝土即停止硬化。因此，混凝土浇筑后需进行养护，以保持混凝土硬化时所需的温度与湿度。

常温下混凝土的养护方法，主要是用潮湿的草袋、麻袋、稻草等覆盖，并常洒水；也可采用塑料薄膜包裹。养护时间与水泥品种和是否掺用塑化剂有关。一般情况下，用普通硅酸盐水泥拌制的混凝土为 7 d 以上，用矿渣水泥、火山灰水泥或在施工中掺塑化剂的混凝土为 14 d 以上。

自然养护法比较经济，但混凝土强度增长较慢，模板占用时间较长，而且在低温下不能采用。当日平均气温低于 5 ℃时，不得浇水，应加以覆盖，防止水分蒸发或受冻。为了加速模板周转和施工进度，可采用蒸气法养护混凝土。

拆模的及时与否影响到预制梁的质量和模板的周转使用。不承重的侧模，在混凝土强度达到 2.5 MPa 时，可以拆除。侧模可用千斤顶协助脱模，为使模板单元安全脱模，常用旋转法脱模，其转动中心可设在侧模的下端或上端。承重的底面模板应在混凝土强度能承受自重和其他可能的外荷载时方能拆除。通常当强度达到设计吊装强度并且不低于设计强度的 70% 时，就可起吊主梁，进行下一根梁的预制工作。

拆模后，如发现有缺陷，应进行修补。对面积小、数量不多的蜂窝或露石的混凝土，先用钢丝刷或加压水洗刷基层，然后用 1∶2~1∶2.5 的水泥砂浆抹平；对较大面积的蜂窝、露石和露筋的混凝土，应按其全部深度凿去薄弱的混凝土层，然后用钢丝刷或加压水冲刷，再用比原混凝土强度高一个级别的细骨料混凝土填塞，并仔细捣实。对影响结构性能的缺陷，应与设计单位研究后处理。

6. 混凝土的冬期施工要点

根据水泥水化作用原理，温度愈高，强度增长愈快，反之则愈慢。例如，混凝土温度在 5 ℃时，强度增长速度仅为 15 ℃时的一半。当温度降至 0 ℃以下时，水化作用基本停止。温度降至 –4 ~ –2 ℃时，游离水开始结冰，水化作用停止，混凝土的强度也停止增长。

水结冰后体积膨胀约 9%，使混凝土内部产生很大的冰胀应力，足以使强度很低的混凝土裂开。同时，由于混凝土与钢筋的导热性能不同，在钢筋周围将形成冰膜，减弱了两者之间的黏结力。

受冻后的混凝土在解冻以后，其强度虽能继续增长，但已不可能达到原设计的强度等级。研究表明，塑性混凝土终凝前遭受冻结，解冻后其后期抗压强度要损失 50% 以上。硬化后 2 ~ 3 d 遭冻，强度损失 15% ~ 20%。而干硬性混凝土在同样条件下强度损失要少得多。为了使混凝土不致因冻结而引起强度损失，就要求混凝土在遭受冻结前具有足够的抵抗冰胀应力的强度。混凝土的受冻临界强度是指冬期浇筑的混凝土在受冻以前必须达到的最低强度，一般为遭受冻结后抗压强度损失在 5% 以内的预养强度值。通过试验得知，临界强度与水泥品种、混凝土强度等级有关。冬期浇筑的混凝土，其受冻临界强度应符合下列规定。

① 当采用蓄热法、暖棚法、加热法施工时，采用硅酸盐水泥、普通硅酸盐水泥配制的混凝土，不应低于设计混凝土强度等级值的 30%；采用矿渣硅酸盐水泥、粉煤灰硅酸盐水泥、火山灰质硅酸盐水泥、复合硅酸盐水泥配制的混凝土，不应低于设计混凝土强度等级值的 40%。

② 当室外最低气温不低于 −15 ℃时，采用综合蓄热法、负温养护法施工的混凝土受冻临界强度不应低于 4.0 MPa；当室外最低气温不低于 −30 ℃时，采用负温养护法施工的混凝土受冻临界强度不应低于 5.0 MPa。

③ 强度等级等于或高于 C50 的混凝土，不宜低于设计混凝土强度等级值的 30%。

④ 有抗渗要求的混凝土，不宜低于设计混凝土强度等级值的 50%。

⑤ 有抗冻耐久性要求的混凝土，不宜低于设计混凝土强度等级值的 70%。

⑥ 当采用暖棚法施工的混凝土中掺入早强剂时，可按综合蓄热法规定的受冻临界强度取值。

混凝土冬期施工可采取下列措施。

① 改善混凝土的配合比，冬期施工混凝土配合比，应根据施工期间环境气温、原材料、养护方法、混凝土性能要求等经试验确定，并宜选择较小的水灰比和坍落度。配制冬期施工的混凝土，宜选用硅酸盐水泥或普通硅酸盐水泥，最小水泥用量不宜少于 280 kg/m³，水灰比不应大于 0.55。

② 对原材料加热，提高混凝土的入模温度，并进行蓄热保温养护，防止混凝土早期受冻。

③ 对混凝土进行加热养护，使混凝土在正温条件下硬化。

④ 搅拌时加入一定的外加剂，加速混凝土硬化以提早达到临界强度。降低水的冰点使混凝土在零度以下不致冻结。还可选用含引气成分的外加剂，使混凝土含气量控制在 3% ~ 5%。

二、预应力钢筋混凝土简支梁制造

（一）先张法

先张法的制梁工艺是在浇筑混凝土前张拉预应力筋，将其临时锚固在张拉台座上，然后立模浇筑混凝土，待混凝土达到规定强度（不得低于设计强度的70%）时，逐渐将预应力筋放松，通过其与混凝土之间的黏结作用，使混凝土获得预压应力。

先张法施工可采用台座法或流水台车法。

采用台座法时，构件施工的各道工序全部在固定台座上进行。它不需要复杂的机械设备，能适宜多种产品生产，可露天作业，自然养护，也可采用湿热养护，故应用较广。

采用流水台车法时，构件在移动式的钢模中生产，钢模按流水方式通过张拉、浇筑、养护等各个固定车间完成每道工序。流水台车法需要较高的机械化程度，且需蒸汽养护，因此只用在预制厂生产定型的构件。

1. 台座

台座是先张法施工的主要设备之一，承受预应力钢筋的全部张拉力，它应有足够的强度和稳定性，以免台座变形、倾覆、滑移而引起预应力损失。台座由一个框架（两根固定横梁和两根受压柱构成）和两根活动横梁组成，框架和活动横梁间设置千斤顶，预应力钢筋两端用工具锚固在活动横梁的锚固板上。千斤顶顶起活动横梁使预应力筋受张拉。全部张拉力由框架承受。

承压可分为中心受压或偏心受压。前者省料但作业不方便，后者则相反。一般用偏心受压。

2. 预应力筋的张拉

对于预应力钢筋混凝土预制梁，张拉索筋对梁施加预应力是一项十分重要的工作。施加预应力过多或不足都会影响梁的预制质量，必须按设计要求，准确地施加预应力。

先张法梁的预应力筋是在底模整理后，在台座上张拉已加工好的预应力筋。先张法梁通常采用一端张拉，另一端在张拉前要设置好固定装置或安放好预应力筋的放松位置。张拉前，应先在端横梁上安装预应力筋的定位钢板，同时检查其孔位和孔径是否符合设计要求。之后，在台座上安装预应力筋，穿筋时应注意不碰掉台面上的隔离剂。安装张拉设备时，应使张拉力的作用线与钢筋中心线一致。张拉时应采用应力与伸长值双控制，如发现伸长值异常，应停止张拉，查明原因。此外，在张拉过程中要十分重视施工安全。

张拉预应力筋可单根进行，也可多根成组进行。张拉多根预应力筋时，应预先调整初应力（一般取10%），以保证成组张拉时每根钢筋应力均匀。张拉通常采用超张拉的方法，其目的是在高应力状态下加速预应力筋松弛早期发展，以减少应力松弛引起的预应力损失。钢筋张拉的程序依钢筋的类型而异。

先张法采用钢筋时，其张拉程序为：0 →初应力（取张拉力的 10%）→ 105% σ_k → 90% σ_k → σ_k（锚固）。

先张法采用钢丝时，需要对钢丝进行预拉，以减小预应力损失，其张拉程序为：0 →初应力（取张拉力的 10%）→ 105% σ_k → 0 → σ_k（锚固）。

先张法采用钢绞线时，其张拉程序为：0 → 103% σ_k（锚固）。

钢筋在超张拉时，其张拉值不得大于钢筋的屈服强度，或钢丝、钢绞线抗拉强度的75%。为确保施工安全，应在超张拉后放松 90% 的控制应力，进行安装预埋件、模板和钢筋等工作。

3. 浇筑混凝土

梁体混凝土浇筑次序是从一端向另一端推进，一次完成，不允许留设施工缝。混凝土的用水量和水泥用量必须严格控制，以减少混凝土由于收缩和徐变而引起的预应力损失。浇筑时必须振捣密实，因梁底预应力筋密集且在高应力状态下，故采用底模振捣（振动小车）；桥面和腹板用插入式振捣器振捣。采用平卧迭浇法制作预应力混凝土构件梁时，其下层构件混凝土的强度达到 5 MPa 后，方可浇筑上层构件混凝土，并应有隔离措施。

4. 预应力筋的放松

当混凝土强度达到设计强度的 70% ~ 80%，可在台座上放松受拉预应力筋，对预制梁施加预应力。放松过早，会造成较多的预应力损失（主要是收缩、徐变损失）：放松过迟，则影响台座和模板的周转。放松操作时速度不应过快，尽量使构件受力对称均匀。只有待预应力筋被放松后，才能切割每个构件端部的钢筋，再用吊车将梁吊离台位，在存梁区进行封端工作。

放松预应力筋的方法有：用千斤顶先拉后松、沙箱放松、滑楔放松和螺杆放松等。采用千斤顶放松，是在混凝土达到规定强度后，再安装千斤顶重新张拉钢筋，施加的应力不应超过原有的张拉控制应力，之后将固定在横隔梁定位板前的双螺帽慢慢旋动，再将千斤顶回油，让钢筋慢慢放松，使构件均匀对称受力。当逐根放松预应力筋时，应严格按有利于梁受力的次序分阶段进行。通常自构件两侧对称地向中心放松，以免较后一根钢筋断裂时使梁承受大的水平弯曲冲击作用。

（二）后张法

后张法的制梁工艺是先制作留有预应力筋孔道的梁体，待其混凝土达到规定强度后，再在孔道内穿入预应力筋进行张拉并锚固，最后进行孔道压浆并浇筑封端混凝土。

后张法工序较先张法复杂（如需要预留孔道、穿筋、灌浆等），构件上耗用的锚具和埋设件等增加了用钢量和制作成本。但是，鉴于此法不需要强大的张拉台座，便于在现场施工，而且又适宜于曲线形预应力筋的大型和重型构件制作，因此，目前在桥梁工程上得到了广泛的应用。

1. 混凝土浇筑

预应力混凝土梁采用低塑性混凝土，坍落度不大于 4 cm，每立方米混凝土水泥用量不应多于 500 kg，混凝土配合比应通过试验确定，但考虑到现场施工条件不同，试配时应按比设计强度提高 10%~15% 选择配合比。为改善拌和物的和易性，提高混凝土强度，可掺入减水剂，减水剂的掺量应通过试验确定。

预应力混凝土梁的马蹄部分钢筋较密，为保证质量，可先浇完马蹄部分，后浇腹板。腹板浇筑时应分段分层，平行作业。同时，应优先采用底侧模联合振动工艺，振动时间以保证混凝土具有良好的密实度为原则，应注意不使先灌并已初凝的混凝土再受振动。

在浇筑梁体混凝土时，按钢丝束布置预留管道，以便以后穿入钢丝束，管道直径比钢丝束直径应宽 10 ~ 15 mm。

2. 预应力筋孔道成形

孔道成形是后张法梁体施工中的一项重要工序。预留孔道的尺寸与位置应正确，孔道应平顺。端部的预埋垫板应垂直于孔道中心线，并固定在模板上，以防止浇筑混凝土时发生走动。孔道留设的方法有埋置式与抽拔式两种。

埋置式制孔器主要采用薄铁皮套管和铝合金波纹管，可做成各种形状的孔道。将管子按预应力筋的设计位置和形状固定在钢筋骨架中不再抽出，待混凝土浇筑后，即可形成预应力筋的孔道。此法具有成孔均匀、摩阻力小、连接容易、与混凝土黏结性能好等优点，但管子的加工和安装比较困难，使用后不能回收，因而成本高，钢材耗用量大[7]。

抽拔式制孔器的最大优点是能够周转重复使用，经济且节省钢材，故目前使用较广。我国常用的抽拔式制孔器有：钢管制孔器、金属伸缩管制孔器和橡胶管制孔器。

钢管抽芯法适用于留设直线孔道。混凝土浇筑后，每隔一定时间慢慢转动钢管，防止其与混凝土黏住。选用的钢管要求平直、表面光滑，敷设位置准确。较长的构件可采用两根钢管，中间用套管连接。金属伸缩管制孔器是一种用金属丝编织成的可伸缩网套，具有压缩时直径增大而拉伸时直径减小的特性。为了防止漏浆和增强刚度，网套内可衬以普通橡胶衬管和插入圆钢或直径为 5 mm 的钢丝束芯棒。

胶管抽芯法可用于留设直线、曲线或折线孔道，有五层或七层夹布胶管和钢丝网橡皮管两种。为增加胶管的刚度和控制位置的准确，需在橡胶管内置一圆钢筋（称芯棒），芯棒直径应较胶管内径窄 8 ~ 10 mm，长度较胶管长 1 ~ 2 m，以便于先抽拔芯棒。对于曲线束的孔道，宜由两段胶管在跨中对接，对接接头处套一段 0.3 ~ 0.5 m 铁皮管。接头要牢固紧密，以防浇筑混凝土时脱节和漏浆，胶管从梁的两端抽拔，铁皮管则留在梁内。

抽拔式制孔器的抽拔时间是能否顺利抽拔和保证成孔质量的关键，它与水泥品种、环境气温和养护条件有关，必须严格掌握，一般在混凝土初凝后、终凝前进行，以用手指按压混凝土表面不显指纹时为宜。如抽拔过早，则混凝土容易塌陷而堵塞孔道；如抽拔过迟，混凝土与胶管黏结牢固，插管困难，甚至可能拔断胶管或根本拔不出来。抽管可用人工逐根地进行，也可用机械（电动卷扬机或手摇绞车）分批地进行。抽管时必须速度均匀，边抽边转，并与孔道保持在一条直线上。

制孔器抽拔完毕后，应用比孔径小 4~7 mm 的钢制橄榄形通孔器进行通孔检查，以防以后穿筋困难。如发现孔道堵塞，应及时用钢筋芯棒通捣；若胶管因拉断而残留于孔道中，则应及时标出准确位置，从侧面凿开取出，疏通管道，重设制孔器，修补缺口。

无论采用何种制孔器，都应按设计要求或施工需要预留排气、排水和灌浆用的孔眼。

3. 预应力筋的张拉工艺

当梁体混凝土的强度达到设计强度的 70% 以上时，才可进行穿束张拉。穿筋工作一般采用直接穿筋，较长的索筋可借助一根直径为 5 mm 的长钢丝作为引线，用卷扬机进行穿筋。曲线预应力筋和长度大于 24 m 的直线预应力筋，应采用两端张拉。长度等于或小于 24 m 的直线预应力筋，可在一端张拉。预应力筋的张拉应符合设计要求，当设计无要求时，可采用分批、分阶段对称张拉。分批张拉时，应按顺序对称地进行，以防过大偏心压力导致梁体出现较大的侧弯现象，同时应考虑后张拉的预应力筋对先张拉的预应力筋所带来的预应力损失。后张法梁预应力筋的具体张拉程序与所用的预应力筋形式、锚具类型和张拉机具等有关。

采用锥形锚具时，张拉程序为：0 → 初应力（画线做记号）→ 105% σ_k → σ_k → 顶销 → 大油缸回油到初应力（测伸长量和回缩量）→ 0 → 给油退楔（锚固）。

采用环销锚具时，需要有串动张拉过程，其张拉程序为：0（顶销）→ 105% σ_k → 大小油缸回零 → 初应力（测原始空隙）→ 105% σ_k →（测伸长量、插垫）→ 大小油缸回 0（核算伸长值）→ 顶销。

采用星形钢锚具时，需要进行反复张拉，其张拉程序为：0 → 初应力（画线做记号）→ 105% σ_k → 初应力 → −105% σ_k → 初应力 → 105% σ_k → 小缸顶塞（画记号）→ 小缸回零 → 小缸顶塞（检查二次压销长度）→ 大小油缸回 0。

采用其他锚具时，其张拉程序为：0 → 初应力（画线做记号）→ 105% σ_k → σ_k（测伸长量、锚固）。

张拉钢丝束时：0 →初应力（画线做记号）→ 105%σ_k → 0 → σ_k。预应力梁在混凝土强度达到设计强度之前，如达到设计强度 60% 以上，可先张拉一部分预应力筋，对梁体施加较低的预压应力，使梁体能承受自重荷载，提前将梁移出生产梁位。因为混凝土强度早期发展快，后期强度增长慢，所以采取早期部分施加预应力，可大大缩短生产台座周期，加快施工进度。预制梁移出生产台座后，继续进行养护，待达到混凝土设计强度后，进行其他预应力筋的张拉工作。

4. 孔道压浆

孔道压浆是为了保护预应力筋不致锈蚀，并使预应力筋与混凝土梁体黏结成整体，从而既能减轻锚具的受力，又能提高梁的承载能力、抗裂性能和耐久性。孔道压浆用专门的压浆泵进行，压浆时要求密实、饱满，并应在张拉后尽早完成。

孔道压浆应采用强度不低于 42.5 MPa 的普通硅酸盐水泥或矿渣硅酸盐水泥配置的水泥浆；对空隙大的孔道，可采用砂浆压浆。为了增加孔道压浆的密实性，在水泥浆中可掺入为水泥用量万分之一的铝粉或 0.25% 的木质素磺酸或其他减水剂，但不得掺入氯化物或其他对预应力筋有腐蚀作用的外加剂。

压浆前，应用压力水冲洗孔道，确保孔道畅通，并吹去孔内积水。压浆顺序应先下孔道后上孔道，以免上孔道漏浆把下孔道堵塞。直线孔道压浆时，应从构件的一端压到另一端；曲线孔道压浆时，应从孔道最低处开始向两端进行。

压浆工艺有一次压注法和二次压注法两种。

一次压注法适用于不太长的直线形孔道。压浆应缓慢均匀地进行，不得中断，如因故停顿，时间超过 20 min，则应用清水冲洗已压浆的孔道，重新压注。灌满孔道并封闭排气孔后，宜继续加压至 0.5 ～ 0.6 MPa，并保持一定时间，以确保孔道压浆的密实性。压浆应力不宜过大，否则易胀裂孔壁。

二次压注法适用于较长的孔道或曲线形孔道，可提高孔道压浆的密实性。二次压浆时，第一次从甲端压入直至乙端流出浓浆时将乙端的阀关闭，待灰浆压力达到要求且各部再无漏水现象时，再将甲端的阀关闭。待第一次压浆 30 min 后，打开甲、乙端的阀，自乙端再进行第二次压浆，重复上述步骤，待第二次压浆完成 30 min 后，卸除压浆管，压浆工作便完成。

5. 封端

孔道压浆后应立即将梁端水泥浆冲洗干净，并将端面混凝土凿毛。在绑扎端部钢筋网和安装封端模板时，要妥善固定，以免在浇筑混凝土时因模板走动而影响梁长。封端混凝土的强度应不低于梁体的强度。浇完混凝土并静置 1~2 h 后，应按一般规定进行养护。

三、简支梁的架设

我国从 20 世纪 40 年代末开始使用架桥机架设铁路钢板梁，经过半个多世纪，特别是随着预应力混凝土简支梁的发展和完善，简支梁的跨度不断增大。根据我国高速铁路建设规模、工期要求和技术特点，通过深入的技术比较，确定以 32 m 简支箱梁作为标准跨度，整孔预制架设施工。

架桥机就是将预制钢筋混凝土（或预应力混凝土）梁片（或梁段）吊装在桥梁支座（桥墩）上的专用施工机械。采用架桥机架设桥梁，实现了流水施工作业，便于掌握全局和局部进度，易于控制工期，因而在铁路桥梁的施工中得以迅速发展和广泛应用。

（一）架桥机架梁基本流程

1. 场地准备

架桥机在桥头路基上完成拼装，路基要求平整、密实。

2. 架桥机拼装及试运行

架桥机拼装程序为：测量定位→平衡对称拼装两侧主桁梁→安装前后联系框架、临时支撑→安装前、中、后支腿及中、后顶高支腿→铺设纵向轨道→安装起吊小车、液压系统、操作台、接通电源→检查调试初步运行。架桥机安装完成以后应检查各部尺寸是否正确，各系统的运行是否正常，然后试运行。

3. 架桥机前移

架桥机试运行完成后开始架梁。首先架桥机空载前移，两台起吊小车退至后支腿附近，收起前支腿就位，在盖梁上铺设横移轨道，然后将行走箱落在轨道上。

4. 喂梁

用轮胎式运梁车、龙门吊将箱梁吊至电动平车上，再由电动平车将梁运至架桥机后跨内，两台起吊小车将梁吊起。

5. 支座安装

箱梁架设前先施工支座，支座安装前应逐一检查其高程，符合设计规范要求后，在临时支座上用墨线弹出梁中心线，然后再检查梁跨是否符合设计要求。

6. 落梁

喂梁后，两台起吊小车开始运梁，将梁运至架桥机前跨位置，横移架桥机，将梁运至待架梁支座的上方，使梁体中心线与支座中心线对正，然后下落就位。梁体就位后用垂球吊线法检查梁体安装垂直度，合格后再架设第二孔梁。

7. 架桥机前移

第一孔梁的架设完成后，对架桥机进行检查，确认无故障后，将中、后顶高支腿顶起，中、后行走箱由横向转为纵向，中、后顶高支腿下落使行走箱落至纵向轨道上，两台起吊小车退至后支腿附近，收起前支腿，铺设延伸轨道，架桥机前移就位，开始架设下一孔梁。

（二）架桥机的基本分类

目前的架桥机从结构形式和作业方式划分，可大体分为 5 种类型。

1. 下导梁式架桥机

下导梁式架桥机的主要组成部分包括：带有前悬臂和后悬臂的双主梁、前支腿、后支腿、辅助支腿、下导梁、两台起重天车、位于主梁尾部的发电机系统、电气控制系统和位于支腿下面的行走机构等。主要具有以下特点。

① 喂梁方式属于尾部喂梁。运梁车运梁到架桥机尾部，然后由前起重天车吊起梁的前端，和运梁车上的小车同步前行，待梁体的尾部达到后起重天车位置时，后起重天车吊起梁体后端，然后两台起重天车吊着梁体前行，到达待架孔的正上方时，落梁就位。

② 整机载荷通过前、后支腿传递给墩顶和梁端，但此时前支腿要锚固牢靠。

③ 架桥机过孔方式属于迈步式。架桥机过孔时必须借助下导梁来实现：后支腿下的行走台车在已架梁上临时铺设的轨道上行走，前辅助支腿沿下导梁上的轨道行走，架桥机行走到位后，利用起重天车和位于主梁前悬臂上的移动小车将下导梁移至下一孔。

④ 架设进隧道前的最后一孔梁时，如果桥台离洞口距离较近，则主梁前悬臂需要向上折起；下导梁上桥台进隧道，需借助前方的临时托运下导梁的小车才能完成，整个过程相对较为复杂。

⑤ 架设出隧道后的第一孔梁时，若桥台离洞口距离较近，则下导梁先放置在第一孔上，然后整机前移，进行展开恢复就位。由于下导梁的存在，使得对桥台到洞口的净距要求较为宽松。

2. 导梁式定点起吊架桥机

导梁式定点起吊架桥机的主要组成部分包括：提梁机主梁、导梁机、设置在提梁机主梁后端的后支腿、设置在主梁中前部的提梁机前支腿、前吊梁天车、后吊梁天车、导梁吊车、导梁天车、主梁尾部的发电机系统、电气控制系统和位于支腿下面的行走机构等。其特点如下。

① 架梁时，前、后支腿支撑在前方墩顶和已架梁的梁段，形成一个简支状态的受力结构，受力明确。

② 架桥机的架梁方式属于起吊方式。用运梁车把梁运到架桥机尾部，安装好运梁车和导梁之间的过渡段，运梁车上的行走小车驮运混凝土梁，沿导梁机上的轨道驶入提梁

机正下方的机腹内。然后吊梁天车吊起混凝土梁静止不动，再利用导梁吊车和运梁天车将导梁机移至下一孔位置，腾出待架孔的落梁空间，接着由吊梁天车放下混凝土梁。

③ 架桥机过孔方式与前述下导梁式架桥机基本相同，但属于逐步式。

④ 架桥进隧道前的最后一孔梁和出隧后的第一孔梁，作业步骤与前述的下导梁式架桥机基本相同。

3. 两跨连续拼装式架桥机

两跨连续拼装式架桥机的主要组成部分包括：桁架式双主梁、前中后 3 个支腿、主梁上的两台起重天车、主机尾部的发电机系统、电气控制系统和位于中后支腿下面的行走结构等。其主要特点如下。

① 架桥时后支腿支撑在已架箱梁的尾部，中支腿支撑在已架箱梁的前端，前支腿支撑在前方桥墩的垫石上。整机形成一个 3 点支撑的两跨连续梁结构，架梁时前支腿不需要和桥墩锚固。

② 运梁车驮运箱梁直接驶入架桥机尾跨的机腹内，利用主梁上的两台起重天车吊梁前行到待架孔正上方，进行落梁就位作业。

③ 架桥机过孔方式为悬臂过孔方式。过孔时，收起前支腿，启动中支腿和后支腿行走机构，架桥机整机悬臂前行过孔，待前支腿到达前方桥墩时，前支腿支撑在墩顶，用中后车卡轨器固定，过孔完毕。整个过程快速简捷，安全可靠。

④ 主梁结构采用"八七型铁路抢修钢梁"拼组而成的桁架结构，构件运输、储存方便。工程结束后，杆件可移作他用，无设备搁置所造成的浪费，所以经济效益高，成本低廉。

4. 运梁一体式架桥机

运梁一体式架桥机由运架梁机和下导梁机两大部分组成。其主要特点如下。

① 运架梁机承担从制梁场取梁，并吊运至架桥工地，与下导梁机配合将混凝土箱梁落放在桥墩上的功能，它同时扮演了运梁车和架桥机两个角色。

② 下导梁机主要起到了承载梁的功能，它与运架梁机配合进行架桥作业。当架桥作业完成后，下导梁机自行将其支腿变换位置，以便进行下一个循环作业。

③ 运梁一体式架桥机穿越隧道架梁较方便，但是架设进隧道前的最后一孔时较困难。

④ 运梁一体式架桥机功能高度集中，但结构复杂，维修保养费用高，且当梁场距离桥位较远时，作用效率相对较低。

5. 可折转收缩式整机过隧箱梁架桥机

可折转收缩式整机过隧箱梁架桥机适于在隧道较多的高铁线路上进行架梁施工，由前主梁、后主梁及它们之间的转臂关节结构、前中后 3 个支腿、2 台可折叠伸缩的门式起重天车、发电机动力系统和电气控制系统等组成。此类型的架桥机有以下特点。

① 主梁机构采用前后双主梁的结构形式，并且前主梁通过转臂关节结构可进行水平面内的折转，实现架桥机横向宽度的收缩，从而保证架桥机收缩后的宽度满足隧道横向限界的要求。

② 起重天车采用了具有伸缩功能支腿结构的门架结构形式，门架支腿由主、副支腿组成，它们均具有调节高度变化的功能，并且主支腿还可随门架横梁转臂关节的折转进行水平面的折叠，从而实现起重桁车的高度和宽度变化，保证其空间尺寸收缩变化后能够顺利穿越隧道。

③ 整体通过液压系统实现空间尺寸的收缩变化，不需要借助任何大型吊装设备，很容易实现架桥机过隧道的要求。

④ 过隧可以用运梁车驮运，还可以自行过隧，大大节省了过隧的费用和时间。

（三）架桥机施工注意事项

① 针对待架的梁体结构和施工条件，可按以下 3 个步骤来选配架桥机：a.初步确定架桥机的类型；b.施工荷载的检算；c.根据需要适当改进架桥机的构造和配置。

② 架桥机拼装后一定要进行吊重试吊运行，也可用混凝土梁试吊后，架桥机再运行到位开始安装作业。试吊检查的指标必须明确，如挠度、侧倾、中线等，并明确试吊完成后是否符合设计要求。

③ 架桥机通过正线路基架运梁时，要求路基达到设计标准，路基断面宽度、路基护坡和路堑的挡墙护坡完成；路基表层级配碎石按设计完成，压实密度达到设计文件要求，平整且均质性好；桥台与台后路基高差用级配碎石顺平；桥台锥体护坡完成；架运梁时，软土路基加固固结后的强度要能确保架运梁时的稳定性要求。

④ 确认运梁车所通过的线路和结构允许承受运梁车的荷载。在新建路基上运行时，轮胎式运梁车的接地比压不得超过路基的允许承载能力。运梁车不得对路基造成永久性损害。运梁车重载在已架好的梁上通过，应通过检算确认。严格控制箱梁及梁上工具等设备重量，不得超过运梁设备设计及对其他结构物设计检算的允许值。

⑤ 安装桥梁有上下纵坡时，架桥机纵向移位要有防止滑行措施。架桥机在下坡工作状态下，纵行轨道的纵坡大于2%时，必须用卷扬机将架桥机牵引保护，以防溜车下滑。

⑥ 运梁车装箱梁启动，起步应缓慢平稳，严禁突然加速或急刹车，严禁箱梁碰撞架桥机支腿。当需要一台起重小车吊住箱梁前端向前移动时，起重小车的前进速度必须与运梁车的前进速度保持同步。严禁梁体受损。

⑦ 落梁时，应将箱梁先落在千斤顶上再进行支座灌浆，同一梁端的千斤顶油压管路应保证同端的支座受力一致，采用并联。

⑧ 吊装期间，对起重吊装设备，即钢丝绳、卷扬机、滑轮组及机械连接杆（栓）等要经常检查、保养维修等；易损部位的零配件要备足。每吊完一孔，要对架桥机进行全面检查，严禁盲目作业和设备带病作业。

（四）其他架设方法

1. 陆地架设法

① 自行式吊车架梁。在桥不高、场内又可设置行车便道的情况下，用自行式吊车（汽车吊车或履带吊车）架设中、小跨径的桥梁十分方便。此法视吊装重量不同，还可采用单吊（一台吊车）或双吊（两台吊车）两种。其特点是机动性好，不需要动力设备，不需要准备作业，架梁速度快。一般吊装能力为 150 ~ 1000 kN，国外已出现 4100 kN 的轮式吊车。

② 跨墩门式吊车架梁。对于桥不太高，架桥孔数又多，沿桥墩两侧铺设轨道不困难的情况，可以采用一台或两台跨墩门式吊车来架梁。此时，除了吊车行车轨道外，在其内侧尚应铺设运梁轨道，或者设便道用拖车运梁。梁运到后，就用门式吊车起吊、横移，并安装在预定位置。当一孔架完后，吊车前移，再架设下一孔。

③ 移动支架架梁。对于不太高的中、小跨径桥梁，当桥下地基良好能设置简易轨道时，可采用木制或钢制的移动支架来架梁。随着牵引前拉，移动支架带梁沿轨道前进，到位后再用千斤顶落梁。

2. 高空架设法

在梁的跨径不大、重量较轻，且预制梁能运抵桥头引道时，直接用自行式伸臂吊车（汽车吊车或履带吊车）来架梁甚为方便。显然，对于已架桥孔的主梁，当横向尚未联成整体时，必须核算吊车通行和架梁工作的承载能力，此种架梁方法，几乎不需要任何辅助作业。

3. 浮吊架设法

在海上和深水大河上修建桥梁时，用可回转的伸臂式浮吊架梁比较方便，也可用钢制万能杆件或贝雷钢架拼装固定的悬臂浮吊进行。这种架梁方法，高空作业较少，施工比较安全，吊装能力也大，工效也高，但需要大型浮吊。鉴于浮吊船来回运梁航行时间长，要增加费用，故一般采取用装梁船存梁后成批一起架设的方法。

浮吊架梁时，需在岸边设置临时码头来移运预制梁。架梁时，浮吊要认真锚固。如流速不大，则可用预先抛入河中的混凝土锚来作为锚固点。

第三节　铁路桥梁现浇法施工

一、就地浇筑施工

就地浇筑施工就是在支架上就地建造混凝土梁桥，这是一种传统的施工方法，包括在支架上安装模板、绑扎与安装钢筋骨架、预留孔道、现场浇筑混凝土和施加预应力等工序，适用于地基条件较好，跨越旱地或浅水河流且桥墩高度较低的简支梁、连续梁、连续刚构梁。

20 世纪 50 年代初期，我国建造的钢筋混凝土简支梁和悬臂梁桥，主要采用这种施工方法，这是由当时的施工设备和施工条件所决定的。由于就地浇筑施工工期长，施工质量不易控制，搭设支架影响排洪、通航，且施工时需使用大量模板支架，因此一般仅在小跨径桥或交通不便的边远地区采用。后来逐渐被其他更为有效的施工方法所代替。近年来，桥梁的结构形式有了很大发展，由于地形和构造的要求，需要建造如变宽度桥、斜桥、弯桥等复杂桥梁，同时由于支架已经大量使用钢制标准杆件，装配式钢模板已经成批使用，因此，在预应力混凝土连续梁和结构复杂的桥梁中亦有使用就地浇筑法，它无须预制场地，不用大型起吊设备、运输设备等，施工中无体系转换，桥跨结构整体性好。

（一）支架

在施工过程中，支架承受了桥梁的大部分恒重，因此必须具有足够强度、刚度。对河道中的支架应充分考虑洪水和漂流物造成的不利影响，同时在安装时要设置预拱度，使得结构、外形、尺寸和高程符合设计要求。在确定支座预拱度时，应综合考虑以下因素：卸架后由上部结构自重及活载一半所产生的挠度、施工期间支架结构在恒载及施工荷载（施工人员、机具、设备等）作用下的弹性压缩和非弹性变形、支座基底土在荷载作用下的非弹性沉陷、由混凝土收缩及温度变化引起的挠度等。

按照构造的不同，支架可分为以下 3 种形式。

1. 立柱式支架

立柱式支架构造简单，可用于陆地或不通航河道及桥墩不高的小跨径桥梁施工。支架通常由排架和纵梁等构件组成。排架由枕木或桩、立柱和盖梁组成。一般排架间距为 4 m，桩的入土深度按施工要求设置，但不小于 3 m。当水深大于 3 m 时，柱要用拉杆加强。一般需在纵梁下布置卸落设备。

2. 梁式支架

梁式支架是在两端设立柱，上方设承重梁，模板直接支撑在承重梁上。梁式支架的搭设可采用支墩安装、贝雷桁架安装或型钢梁安装。依其跨径可采用工字钢、钢板梁或钢桁架作承重梁，当跨径小于 10 m 时可采用工字钢，当跨径大于 20 m 时一般采用钢桁架。梁可支撑在墩旁支柱上，亦可支撑在桥墩预留的托架或桥墩处的横梁上。梁式支架可跨越道路、河流施工，满足车辆通行、通航的要求。

3.梁柱式支架

当桥梁较高、跨径较大或必须在支架下设孔通航或排洪时，可用梁柱式支架。梁支撑在桥墩台及临时支柱或临时墩上，形成多跨的梁柱式支架。梁柱式支架适用于大跨径的桥。

支架结构形式的选用依据其技术经济的比较与分析。一般应根据桥长、桥下净空、支架基础类型、通车通航要求、各种定形尺寸及受力性能条件确定，使支架布置经济合理；各部位允许荷载能力满足实际使用荷载要求；减少基底非弹性变形；容易控制模板拼装及其高程；落架方便。支架工程设计主要涵盖基础工程、支架和纵梁 3 个部分，应进行基底承载力、强度、刚度、挠度和稳定性检算，从而确定基础形式、杆件间距、数量和预留起拱度。

（二）膺架法施工

膺架一般指有明确支撑点的钢结构临时施工设施，即根据墩身高度、承台形式和地形情况用分别支撑在墩身、承台上的型钢或万能杆件拼制而成的支架。它适用于地基条件较差，采用支架法施工有困难，跨越旱地或浅水河流且桥墩高度较低的简支梁、连续梁和连续钢梁。混凝土桥自重较大，膺架需安装落梁装置。如需跨越深沟或通航河流，可用整孔脚手钢梁代替落地式膺架，或在膺架中设置一部分脚手钢梁。本部分以箱梁施工为例，介绍膺架的基本组成和施工工艺。

1.膺架设计和吊装

膺架是简支梁施工的唯一台座，是主要的承重结构，其设计是否合理，强度能否满足施工需要，直接影响着施工安全、质量、工期和施工投入。膺架类型常选用贝雷架、军用梁、万能杆件和型钢等结构，其基础多采用钻孔桩、管桩或利用既有结构物。

膺架搭设常用方案如下。

① WDJ 碗扣式多功能脚手架。它是一种先进的承插式钢管脚手架，膺架搭设简单、功能多、功效高、承载力大、安全性能好，在安装与拆除中无须大型机械设备配合，利于文明施工。但搭设拆除的施工周期较长，地基需处理。由于各杆件间距较小，不适合地形起伏较大的情况。

② 贝雷梁、军用支墩方案。该支架材料投入少、重量轻、施工机械化程度高，但在安装与拆除中吊车使用量大。该方案适用于膺架搭设高度很大且原始地基基础承载力小的情况。当跨度在 20 m 以内时，采用贝雷梁直接跨过，中间不设支墩；当跨度在 20 m 以上时，在跨中位置设临时支墩，采用军用支墩或用万能杆件拼装临时支墩。

③ 工字钢、军用支墩（或密排碗扣件支架）方案。该方案适用于跨越宽度在 8 m 以内的障碍物，一般为配合满堂式碗扣件支架使用。当支墩采用加密的碗扣件支架时，下面采用满布方木或枕木作基础。当支墩采用军用支墩时，安全性能好，一般在高度较大时采用。支架上设 45° 工字钢作纵梁来跨越障碍物。

膺架基础应根据膺架结构形式、受力情况和地基承载力等条件确定，严格控制施工，不得出现过大沉降和不均匀沉降，其安全系数须大于 2.0，做好地面排水处理。若地基面处于不同高度，且高差较大，则按支架设计情况，将地面做成阶梯形状，使同一阶梯基本在同一平面内。

膺架的拼装和吊装根据施工现场实际情况及各墩的高度情况，可采用不同形式，如整体品装、双层单片吊装、分段吊装和钓鱼法吊装等。

膺架拼装和吊安过程必须有专人负责，统一指挥。膺架使用前宜采用等载预压消除部分变形，观测沉落量。加载预压时间一般为 7 d。根据检算的变形量，预留适当的沉落量和施工预拱度，确保梁体线形符合设计要求。所谓预拱度，是为抵消拱结构在荷载作用下产生的挠度，在施工时应预留与位移相反方向的校正量，此时要考虑构件产生的弹性压缩、混凝土收缩和徐变、温度下降和墩台位移及施工支架的变形等因素的校正值。

2. 箱梁膺架法施工

膺架法施工应根据桥梁的净空跨径和施工现场的场地要求，选择 WDJ 碗扣式多功能脚手架或钢管脚手架施工。其支架主要包括基础、钢排架、支撑模板的横梁等构件。基础根据现场具体情况进行处理。

预压荷载根据施工过程中荷载的增加规律分为三级施加，即总荷载（包括梁体自重及施工荷载、混凝土振捣产生的冲击荷载）的 60%、100%、125%。加载材料主要为工字钢并配用砂袋，以每单跨为一个分段对支架进行预压。预压及卸载过程中设置测点全过程测控，并绘制支架弹性变形曲线以确定模板预留拱度。经过压重试验后，测出钢排架的弹性变形值和地基全部变形值。

现浇梁线形控制分 4 个阶段进行。每跨现浇梁在端部、1/4 跨、1/2 跨、3/4 跨设置一个测量断面，控制测量高程。第一阶段为支架地基沉降观测：设置 5 个点，分别为翼缘板两个点，腹板两个点，底板一个点；对其沉降变形进行记录，为其后支架搭设提供数据。第二阶段为支架预压测量：在箱梁支架搭设完毕、箱梁底模和外侧模铺好后，对支架进行预压，并设置多个观测点。消除支架及地基的非弹性变形，得到支架的弹性变形量作为设置预留拱度的依据，从而保证现浇梁的线形流畅。第三阶段为现浇梁浇筑时测量观测：防止混凝土浇筑过程中出现突发情况，保证现浇梁线形流畅。第四阶段为现浇梁浇筑时线形控制：根据沉降观测实施细则进行沉降观测。

（三）就地浇筑施工注意事项

① 支架基础必须具有足够承载力，不得出现不均匀沉降。其基础类型、面积和厚度应根据支架结构形式、受力情况、地基承载力等条件确定。同时，须做好地面的排水处理，设置排水沟。

② 支架结构应具有足够的承载力和整体稳定性，对支架的承载力和稳定性必须进行检算。支架设计检算应考虑以下荷载：梁体、模板、支架的重量；施工荷载、风荷载；冬季施工还应考虑雪荷载和保温养护设施荷载；水中施工还应考虑流水侧压力。支架杆件应力安全系数应大于 1.3，稳定性安全系数应大于 1.5。

③ 简支梁采用就地浇筑法施工时，可根据地形条件，选择原位浇筑、高位浇筑或旁位浇筑。当选用高位或旁位浇筑的支架时，应根据梁体在张拉及落梁过程中，支架承受荷载的不同，分别对支架结构进行检算。

④ 支架安装结束，经检查符合设计要求后，方可进行模板安装。

⑤ 落架顺序的确定应根据"从大到小"的原则，即先卸落变形较大的位置，后卸落变形较小的位置，横桥向应同步进行。落架通常分级循环进行，先从变形较大的位置开始，逐渐向变形较小的位置进行，每次卸落量控制在 1~2 cm。

⑥ 作业前，对机具设备及其拼装状态、防护设施等进行检查，主要机具应经过试运转。施工工艺及技术复杂的工程，对安全技术措施及安全操作细则等应进行技术交底和培训。采用翻斗汽车或各种吊车提吊翻斗运送混凝土，不得超载、超速，停稳后方可翻转卸料或启斗放料。严禁在未停稳前翻斗或启斗。翻斗车行驶时，斗内不得载人。

⑦ 施工中，应随时检查支架和模板，发现异常状况，应及时采取措施。

⑧ 就地浇筑水上的各类上部结构，要按照水上作业的安全规定进行施工、作业。

二、逐孔施工法

逐孔施工法是中等跨径预应力混凝土连续梁中的一种施工方法，它使用一套设备从桥梁的一端逐孔施工，直到对岸。其主要特点有：不需要设置地面支架，不影响通航和桥下交通，施工安全、可靠；施工环境较好，一套模架可多次周转使用，具有类似预制场生产的优点；机械化、自动化程度高，节省劳力，降低劳动强度，上下部结构可平行作业，缩短工期；通常每一个施工梁段的长度取用一孔梁长，接头位置一般可选在桥梁受力较小的部位；移动模架设备投资大，施工准备和操作都较复杂；宜在桥梁跨径小于50 m 的多跨长桥上使用。

逐孔施工法从施工技术方面可分为 3 种类型。

① 移动支架法：即用临时支撑组拼预制节段逐孔施工。将每一桥跨分为若干节段，预制完成后在临时支撑上逐孔组拼施工。

② 移动模架法：在可移动的模架上完成一孔桥梁的全部工序。由于此法是在桥位上现浇施工，可免去大型运输和吊装设备，桥梁整体性好；同时又具有在桥梁预制厂生产的特点，可提高机械设备的利用率和生产效率。

③ 整孔吊装或分段吊装逐孔施工：此法是早期连续梁桥采用逐孔施工的唯一方法。近年来，由于起重能力增强，桥梁的预制构件向大型化方向发展，从而更能体现逐孔施工速度快的特点，可用于混凝土连续梁桥和钢连续梁桥的施工。

（一）移动支架法

对于中小跨径连续梁桥或建造在陆地上的桥跨结构，当地基具有一定的承载力且桥梁离地面不是太高时，可以采用移动支架法施工。即逐孔架设支架逐孔浇筑混凝土，当对已浇筑完成的一孔预施应力后，即可将模板连同支架一起落下并移到另一孔。移动支架可采用落地式移动支架或梁式移动支架。梁式移动支架的承重梁可支撑在锚固于桥墩的横梁上，亦可支撑在已施工完成的梁体上，现浇施工的接头最好设在弯矩较小的部位，常取离桥墩 1/5 处。

移动支架由主桁结构、前支腿、中支腿（附牵引主梁前移设备）、后支腿、起重小车、液压系统及电控等部件组成。为配合移动支架悬臂拼装预制节段施工，还需配备以下设备：提升站（龙门吊机）、运梁台车、临时运输轨道和张拉千斤顶等。

移动支架法与就地浇筑施工有所不同。移动支架法仅在一个跨梁上设置支架，一孔施工完成后，沿桥梁纵向移动支架，进行下一孔的施工；而就地浇筑施工一般是在连续梁的一联桥跨上满布支架连续施工。因此，移动支架法施工所需支架的数量相对要少很多，而且周转次数多，利用效率高，施工速度快，但在施工过程中存在体系的转换问题，这是不利的一方面。

移动支架拼装应根据桥位实际地形在台后路基上组拼或搭设临时支墩组拼。一般情况下，导梁拼装宜采用"搭积木"法，先拼下弦杆和下平联，然后依次拼装腹杆、上弦杆和上平联。主梁拼装顺序为：下弦杆→腹杆→上弦杆→上平联→下弦大节点外侧牛腿。主梁腹杆的拼装要先在地面上预拼成三角形，然后整体吊装，以避免影响其他部件的拼装施工。尾梁及起吊设备拼装顺序宜采用：下弦杆→下层腹杆→中弦杆→上层腹杆→上弦杆→轨道梁及钢轨→起重设备→上平联。下托梁两端分别与支架主梁下弦点外侧的牛腿用钢销相连。下托梁的安装采用造桥机上自带的卷扬机提升安装，安装完成后及时铺设纵梁及连接系。

当梁段强度达到 80% 设计强度后，即可按现场场地布置选择合适的方法将梁段从存梁场移到运梁小车上，运梁小车将梁段送至尾部桁吊下，再将梁段吊运至移动支架腹内的移梁小车上。移梁小车以支架前端的卷扬机为动力，以支架的纵梁为轨道，将梁段按顺序运至设计位置后，移出移梁小车，梁段支撑在螺旋支撑上。最后一个梁段有桁吊直接就位。梁段吊装前先对桁吊进行重载模拟试验，确保使用安全。此阶段，将梁段按顺序编号布置在造桥机腹内的纵梁上，称之为初步就位。待梁段全部初步就位后，对各梁段进行精确就位，包括梁段的纵向、横向和竖向 3 个方向的调位。

当梁段接缝采用胶接缝时，接缝表面应按设计要求进行处理。当梁段接缝采用湿接缝时，将梁段的湿接端凿毛后，即可进行湿接缝模板安装、钢筋绑扎、预应力孔道连接和钢绞线穿束等工作。待检查合格后方可进行混凝土施工。当湿接缝混凝土强度达到80% 的设计强度后，进行第一阶段张拉；第一阶段张拉完成后，可使箱梁与钢纵梁脱空，箱梁具备承受造桥机在梁面运梁轨道上纵移等多种施工荷载的动力。第一阶段张拉完成后 15 d 进行第二阶段张拉，至此全桥张拉完毕。孔道压浆在钢绞线张拉完毕后 48 h 内进行。孔道压浆工作可在移动支架拖拉到下一孔跨后进行，使压浆工作不占用移动支架时间。压浆完成后封端。

（二）移动模架法

当桥墩较高、桥跨较长或桥下净空受到约束时，可以采用非落地支撑的移动模架逐孔现浇施工，称为移动模架法。即将机械化的支架和模板支撑（或悬吊）在长度稍大于两跨、前端作导梁用的承载梁上，然后在桥跨内进行现浇施工，待混凝土达到一定强度后脱模，并将整孔模架沿导梁前移至下一浇筑桥孔，逐孔推进直至全桥施工完毕。这种施工方法机械化、自动化程度较高，一套模架可多次周转使用，上下部结构可平行作业，可缩短工期，较适用于建造桥长孔多的桥梁，桥梁跨径可达 30 ~ 50 m。自从 1959年在德国克钦卡汉桥使用后，得到了较为广泛的应用，在欧洲及我国已得到推广。

移动模架法制梁适用于现场浇筑预应力混凝土简支或连续箱梁。其外模、底模和支架及导梁可纵向移动，如用于连续梁则可一次浇筑数孔，减少移支架次数，加快制梁进度。其内模则可收缩后从箱室内逐节退出。从模架构造上，移动模架可分为移动悬吊模架和支撑式活动模架。

1. 移动悬吊模架施工

移动悬吊模架的构造型式很多，各有不同，但其基本结构均包括：承重梁、从承重梁上伸出的肋骨状的横梁、吊杆和承重梁的固定及活动支撑。增加中段移动模架钢箱梁的孔跨数，即可用于连续梁。

承重梁通常采用钢箱梁，长度大于两倍桥梁跨径，是承受施工设备自重、模板系统和现浇混凝土重量的主要构件。承重梁的后端通过移动式支架落在已完成的梁段上，承重梁的前方支撑在桥墩上，导梁部分悬出，工作状态呈单悬臂梁。承重梁除起承重作用外，在一孔梁施工完成后，作为导梁将悬吊模架纵移到前方施工孔。承重梁的移位及内部运输由数组千斤顶或起重机完成，并通过中心控制室操作。

从承重梁两侧悬出的许多横梁覆盖桥梁全宽，横梁由承重梁上左右各 2～3 组钢束拉住，以增加其刚度。横梁的两端悬挂吊杆，下端吊住呈水平状态的模板，形成下端开口的框架并将主梁（待浇筑的）包在内部。当模板支架处于浇混凝土的状态时，模板依靠下端的悬臂梁和锚固在横梁上的吊杆定位，并用千斤顶固定模板。当模板需要向前运送时，放松千斤顶和吊杆，模板固定在下端悬臂梁上，转动该梁，使运送时模架可顺利地通过桥墩。

2. 支撑式活动模架施工

支撑式活动模架就支撑形式可分为：地面支撑、桥面下支撑、穿式桁梁支撑和桥面上支撑。支撑式活动模架的主要构造型式由承重梁、导梁、台车和桥墩托架等组成，采用两根承重梁，分别设置在箱形梁的两侧，承重梁用来支撑模板和承受施工荷载，承重梁的长度要大于桥梁的跨径，浇筑混凝土时承重梁支撑在桥墩托架上。导梁主要用于移动承重梁和活动模板，因此需要有大于两倍桥梁跨径的长度。当一孔梁施工完成进行脱模卸架后，由前方台车（在导梁上移动）和后方台车（在已完成的梁上移动），沿纵向将承重梁的活动模架运送到下一孔，承重梁就位后，导梁再向前移动支撑在前方墩上。

支撑式活动模架的另一种构造是，采用两根长度大于两倍跨径的承重梁分设在箱梁截面的翼缘板下方，兼有支撑和移运模架的功能，因此不需要再设导梁。两根承重梁置于墩顶的临时横梁上，两根承重梁间用支撑上部结构模板的钢螺栓框架连接起来，移动时为了跨越桥墩前进，需先解除连接杆件，承重梁逐根向前移动。

移动模架移位过程中，左右两侧模架应基本保持同步，不得使主梁弯曲，前后最大不同步偏差不得大于 10 cm。过孔过程中着重观察接头通过支撑托架位置，防止因错台而出现卡滞现象。过孔快结束时，最后 1 m 必须要按点动按钮前进，并在主梁后侧设置安全限位装置，坚决防止纵移越位。

3. 施工注意事项

① 通常每一施工梁段的长度取决于一孔的孔长，接头的位置一般选在桥梁受力较小的地方，即离支点 1/5 附近。预应力筋锚固在浇筑接缝处，当浇筑下一孔段前再用连接器将预应力筋接长。

② 移动模架需要一整套机械动力设备、自动装置和大量钢材，一次投资是相当大，为了提高使用效率，必须解决装配化和科学管理的问题。装配化就是设备的主要构件能适用不同的桥梁跨径、不同的桥宽和不同形状的桥梁，扩大设备的使用面，降低施工成本。科学管理的目的在于充分发挥设备的使用能力，注意设备的配套和维修养护。

③ 移动模架法在施工过程中有结构的体系转换问题，必须考虑混凝土徐变对结构产生的次应力。体系转换包括固定支座和活动支座的转换。每个支座安装时所留的提前量按施工时的气温、混凝土的收缩徐变、混凝土的水化热等因素计算，并在施工中加强观测。应用移动模架法逐孔施工时，梁体线性控制尤为重要。

④ 采用移动模架法施工时，由于后支点位于桥梁的悬臂端处，现浇孔施工重量对已完成桥跨将产生较大的施工弯矩。特别是在已完成桥跨的混凝土龄期还很短的情况下，影响会更大，应采取适当的技术措施确保施工安全。

（三）整孔吊装或分段吊装逐孔施工

整孔吊装是先在工厂或现场预制逐孔梁，再进行逐孔架设施工；分段吊装是将整根连续梁按起吊安装设备的能力先分段预制，然后将预制构件吊装到墩、台或轻型的临时支架上，再现浇接头混凝土，最后通过张拉部分预应力筋，使梁体成为连续梁体系。整孔吊装或分段吊装逐孔施工法只需要少量的支架，现浇混凝土的数量亦较少，上部结构的预制工作和下部结构的施工可同时进行，工期较短。

由于预制梁或预制段较长，需要在预制时先进行第一次预应力索的张拉，拼装就位后进行二次张拉，因此，在施工过程中需要进行体系转换。在实际的施工活动中，常用的分段施工方式有 3 种：简支 - 连续、单悬臂 - 连续及双悬臂 - 连续。

简支 - 连续施工时预制构件按简支梁配筋，安装时支撑在墩顶两侧的临时支座上，待浇筑接头混凝土并达到规定强度后就张拉承受墩顶负弯矩的预应力筋并锚固好，最后卸除临时支座，安上永久支座，使结构转换成连续体系。在实践中，该法适用的最大跨径为 40~50 m。采用此法，通常在简支梁架设时使用临时支座，待连接和张拉后期钢索完成连续时拆除临时支座，放置永久支座。为使临时支座便于卸落，可在橡胶支座与混凝土垫块之间设置一层硫黄砂浆。应特别注意，当连续梁的跨径较大时，由于预制梁自重所占总荷载的比重显著增大，简支 - 连续施工方法不再适用。

单悬臂 - 连续施工方法适用于跨径不大的连续梁。若起重能力足够，可将预制构件直接制成单悬臂的安装构件进行架设，最后合龙成为连续体系。此法通常需要设置临时支架以浇筑接头混凝土，亦可使悬臂端做临时牛腿来支撑中央段。采用这种体系转换方式施工，因为最后从单悬臂梁转换成连续梁使施工和使用阶段受力方向接近一致，所以能充分发挥连续梁的特点。

分段吊装逐孔施工时，接头位置可以设在桥墩处，亦可设在梁的 1/5 附近。前者多为由简支梁逐孔施工连接成连续梁桥；后者多为由悬臂梁转换为连续梁。在接头位置处可设有 0.5~0.6 m 现浇混凝土接缝，当混凝土达到足够强度后张拉预应力筋，完成连续。

三、悬臂施工法

悬臂施工法是从钢桥悬臂拼装发展而来，由于其优越性明显，被广泛用于修建预应力 T 形刚构桥、预应力混凝土悬臂梁桥、连续梁桥、斜腿刚构桥、拱桥及斜拉桥等。据资料统计，国内外 1952 年以来 100 m 以上大跨径桥梁中，采用悬臂浇筑法施工的占 80% 左右，采用悬臂拼装法施工的占 7% 左右。

悬臂施工法是发展最早、应用最广、最为人熟知的节段施工法。从已建成的桥墩顶部开始立模浇筑一段梁体，待混凝土达到要求的强度后，再从墩的两侧沿桥梁跨径方向对称地逐段施工，每施工一段就施加预应力，使其与已建成部分连接成整体，直至跨中合龙。在修建过程中无须在河中搭设支架，不影响桥下通航，梁的跨度也可以做得较大。由于悬臂施工时梁体的受力状态与桥梁建成后使用荷载下的受力状态基本一致，即施工中所预加的预应力，也是使用荷载下所需预应力的一部分，因此悬臂施工需要设置的临时预应力筋数量很少，既节省了额外开支，又简化了工序，这也是悬臂施工法建造预应力混凝土连续梁桥得以广泛应用的重要原因。

悬臂施工法在施工过程中一般有体系转换问题。如预应力混凝土连续梁桥，在施工过程中可能要经历简支梁、悬臂梁或少跨连续梁，故在设计时应对施工状态进行配束检算。为了最大限度地发挥悬臂施工的优越性，必须将悬伸的梁体与桥墩做成刚性固结，故在施工过程中将墩顶的零号块与桥墩临时固结，进行悬臂施工，待到全桥合龙后再恢复梁体与桥墩的铰接性质。采用悬臂施工时，结构的受力状态如同 T 形刚构；一端合龙就位，更换支座后呈单悬臂梁；浇筑中央段全桥合龙后体系转换为三跨连续梁。

（一）悬臂施工法的分类

悬臂施工法分为悬臂浇筑法和悬臂拼装法两种。

1.悬臂浇筑法

悬臂浇筑法是在桥墩两侧设置工作平台，平衡地逐段向跨中悬臂浇筑混凝土梁体，并逐段施加预应力的施工方法。主要设备是一对能行走的挂篮，挂篮在已经张拉锚固并与墩身连成整体的梁段上移动，绑扎钢筋、立模、浇筑混凝土、施加预应力都在其上进行。完成本段施工后，挂篮对称地向前各移动一节段，进行下一对梁段施工，循序前行，直至悬臂梁段浇筑完成。悬臂浇筑每个节段长度一般为 2~6 m，节段过长，将增加混凝土自重及挂篮结构重力，而且要增加平衡重及挂篮后锚设施；节段过短，影响施工进度。所以施工时应根据施工设备情况及工期，选择合适的节段长度。悬臂浇筑法特别适合施工期水位变化频繁不宜水上作业，以及通航频繁且施工时需留有较大净空等河流上桥梁的施工。但悬臂浇筑法在施工中亦有不足：梁体部分不能与墩柱平行施工，施工周期较长，而且悬臂浇筑的混凝土加载龄期短，混凝土收缩和徐变影响较大。

2. 悬臂拼装法

悬臂拼装法是用移动式悬拼吊机将预制块件在桥墩两侧对称起吊、安装就位后，采用环氧树脂及张拉预应力索筋连接成整体，使悬臂不断接长，直至合龙。悬臂拼装的分段，主要决定于悬拼吊机的起重能力，一般节段长 2 ~ 5 m。节段过长则自重大，需要悬拼吊机起重能力大，节段过短则拼装接缝多，工期亦延长。一般在悬臂根部，因截面积较大，节段长度较短，以后向端部逐渐增长。

（二）悬臂浇筑法施工

1. 悬臂浇筑施工程序

连续梁桥采用悬臂浇筑法施工时，因施工程序不同，有以下 3 种基本方法：逐跨连续悬臂施工法、T 构 – 单悬臂梁 – 连续梁施工法、T 构 – 双悬臂梁 – 连续梁施工法。

① 逐跨连续悬臂法施工，从一端向另一端逐跨进行，逐跨经历了悬臂施工阶段，施工过程中进行了体系转换。逐跨连续悬臂法施工可以利用已建成的桥面进行机具设备、材料及混凝土的运输，方便了施工。该法每完成一个新的悬臂并在跨中合龙后，结构稳定性、刚度不断加强，所以逐跨连续悬臂法常用在多跨连续梁及大跨长桥上。

② T 构 – 单悬臂梁 – 连续梁施工法亦可以多增设两套挂篮设备，多墩同时悬臂浇筑施工，在两岸跨边段合龙，释放临时固结，最后中间合龙，成三跨连续梁，以加速施工进度，达到缩短工期的目的。多跨连续梁施工时可以采取几个合龙段同时施工，以加速施工进度。也可以逐个进行。本法在 3 ~ 5 跨连续梁施工中是常用的施工方法。

③ T 构 – 双悬臂梁 – 连续梁施工法。当结构呈双悬臂状态时，结构稳定性较差，所以一般遇大跨径或多跨连续梁时不采用前述两种方法。

上述连续梁采用的 3 种悬臂施工方法是悬臂施工的基本方法，遇到具体桥梁施工时，可选择合适的一种方法，亦可综合各种方法的优点选用合适的施工程序。

2. 挂篮浇筑法

① 0 号块施工。采用悬浇施工时，桥墩顶部的 0 号块，混凝土体积大数量多，一般采用现浇方式。为了拼装挂篮，往往将悬臂根部节段与墩上 0 号块一起现浇，支撑这部分施工重量可采用三角托架，高桥墩可在墩内设置预埋件，支撑或吊住托架施工。在悬臂浇筑前几段梁段时，由于桥墩位置的限制，两边挂篮的承重结构可连接起来，待悬臂浇到一定长度后，再将承重梁分开，向两侧逐段推进。

② 梁墩临时固结措施。预应力混凝土连续梁悬臂浇筑施工前，应将墩顶两梁段（0 号块）与桥墩临时固结牢固。

③ 施工挂篮。挂篮是梁体悬臂专用设施，是施工梁段的承重结构，又是施工梁段的

作业现场。随着施工技术的不断进步，挂篮已由过去的压重平衡式发展成现在通用的自锚平衡式。挂篮通常由以下部分组成：承重结构、悬吊系统、锚固装置、走行系统和工作平台。承重结构是挂篮的主要受力构件，它承受施工设备和新浇筑节段的全部重量，并通过支点和锚固装置将荷载传到已施工完成的梁身上。

④ 混凝土浇筑。挂篮测试合格后，进行梁段的底板、腹板钢筋施工。之后，可进行悬浇施工，施工方法为常规施工方法。根据分析预估立模预拱度，调整加固模板及挂篮各节点，绑扎钢筋，安装预应力管道，进行混凝土浇筑和预应力张拉，然后孔道压浆。待纵向预应力张拉完成后即可前移挂篮，进入下一节段悬浇施工。施工时应注意对已浇筑的各梁段的变形情况进行观测，将观测结果及时反馈施工控制组。施工控制组据此提供立模高程，以指导悬浇施工有序进行。

⑤ 挂篮走行移位。悬浇施工中，挂篮走行移位是关键环节。若走行过程中，挂篮的位移量或两挂篮与墩中心的距离差值过大，易造成 T 构两端受力不平衡，使预估立模高程与实际参数出入较大，直接影响梁体线形控制，同时存在着挂篮稳定和安全问题。挂篮走行和浇筑混凝土时的抗倾覆稳定系数不得小于 2。

3. 结构体系转换

悬臂梁桥及连续梁桥采用悬臂施工法，在结构体系转换时，为保证施工阶段的稳定，一般边跨先合龙，释放梁墩锚固，结构由双悬臂状态变成单悬臂状态，最后跨中合龙，成连续梁受力状态。在体系转化过程中，如何确保结构内力的调整分配满足设计要求，消除混凝土收缩徐变次内力、合龙段悬臂端的变形协调，如何解决连续梁、桥墩梁临时固结和锁定的技术问题，成为体系转换的关键因素。针对以上施工难题，应采取以下措施。

① 结构由双悬臂状态转换成单悬臂状态时，梁体某些部位的弯矩方向发生转换。所以在拆除梁墩锚固前，应按设计要求，张拉一部分或全部布置在梁体下部的正弯矩预应力束。合龙边跨及中跨时，焊接劲性骨架，再利用永久的预应力束临时张拉，以抵抗温差产生的收缩徐变，保证合龙前后结构变形协调。

② 梁墩临时锚固的放松，应均衡对称进行，确保逐渐均匀地释放。在放松前，应测量各梁段高程；在放松过程中，应注意各梁段的高程变化，如有异常情况，应立即停止作业，找出原因，以确保施工安全。

③ 连续梁墩梁固结的措施。在永久支座四周，设置由混凝土与硫黄砂浆制作的临时支座，来承受梁体在体系转换前的压力，并在墩内预埋精轧螺纹钢与梁体连接，以承受悬臂施工产生的拉应力。支座反力的调整，应以高程控制为主，反力作为校核。

因此，应及时调整所施加的预应力以适应这一体系转换，同时还要考虑由于体系转换及其他因素引起结构的次内力。

4.合龙段施工

合龙段施工通常由两个挂篮向一个挂篮过渡，所以先拆除一个挂篮，用另一个挂篮走行跨过合龙段至另一端悬臂施工梁段上，形成合龙段施工支架。

合龙段施工方案及体系转换顺序可采用逐孔合龙或多孔一次合龙。一般都是对称进行，其顺序为先边跨，再次中跨，最后中跨；亦可为先中跨，后次中跨，最后边跨。边跨合龙段在悬臂端和支架现浇段之间。次中跨和中跨合龙在两个悬臂端之间，一般采用悬臂浇筑的挂篮合龙段或另外设计一套吊架浇筑合龙段。合龙段的施工是悬臂浇筑施工的关键，当悬臂较长时，由于结构的恒载和施工重量将产生较大挠度，这些施工变形除在各节段施工过程中不断调整外，合龙时需作精细调整。

在合龙段施工过程中，由于昼夜温差影响，现浇混凝土的早期收缩、水化热影响，已完成梁段混凝土的收缩、徐变影响，结构体系转换及施工荷载等因素影响，必须采取一定措施，以保证合龙段的质量。

① 合龙段长度选择。合龙段长度在满足施工操作要求的前提下，应尽量缩短，一般采用 2 m 左右为宜。

② 合龙温度选择。一般宜在低温合龙，遇夏季应在晚上合龙，用草袋等覆盖，并加强接头混凝土养护，使混凝土早期结硬过程处于升温受压状态。

③ 合龙段混凝土选择。合龙段宜采用早强、微膨胀混凝土，混凝土中宜加入减水剂、早强剂，以便及早达到设计要求强度，及时张拉预应力筋，防止合龙段混凝土出现裂缝。

④ 合龙口的锁定，应迅速对称地进行，先将外刚性支撑一段与梁端预埋件焊接（或拴接），然后迅速将外刚性支撑另一端与梁连接，临时预应力束也应随之快速张拉。在合龙口锁定后，立即释放一侧箱梁的固结约束，使梁一端在合龙口锁定的连接下能沿支座左右伸缩。

⑤ 为保证均衡对称合龙，合龙前清除梁上的不必要施工荷载，避免在合龙施工时造成相对变形，影响合龙精度；为保证合龙段施工时混凝土始终处于稳定状态，在浇筑之前各悬臂端应附加与混凝土质量相等的配重（或称压重），加配重要依桥轴线对称加载，按浇筑重量分级卸载，卸载要与混凝土灌注速度相对应。

5.施工控制

悬臂浇筑施工控制是桥梁施工中的一个难点，控制不好，两端悬臂浇筑至合龙时，梁底高程误差会大大超出允许范围，既对结构受力不利，又因梁底曲线产生转折点而影响美观，形成永久性缺陷。因此，对大跨径桥梁悬臂施工必须采取计算机程序逐段控制，以提高施工速度及精度。

应用计算机程序进行跟踪控制的步骤为：

① 将施工中实际结构状态信息，如量测的高程、钢束张拉力、温度变化、截面应力，以及设计参数的实测值，如混凝土、钢材的容重和弹性模量，构件几何尺寸，施工荷载，混凝土的徐变系数等，输入计算机程序。

②通过对各种量测信息的综合处理，得到结构的误差。

③对成果进行判断，决定是否要采取有效措施来纠正已偏离目标的结构状态。纠正措施可采用调整浇筑梁段的高程、改变预应力束的张拉次序、改变张拉力等办法。

通过对上述每个节段反复循环的跟踪控制调整办法，使结构与预定目标始终控制在很小误差范围内，最后合龙时，可达到理想目标。

（三）悬臂拼装法施工

悬臂拼装法是利用移动式悬拼吊机将预制梁段起吊至桥位，然后采用环氧树脂胶及钢丝束预施应力连接成整体。采用逐段拼装，一个节段张拉锚固后，再拼装下一节段。

悬臂拼装法施工与悬臂浇筑施工具有相同的优点，不同之处在于悬臂拼装是用吊机将预制好的梁段逐段拼装。此外，悬臂拼装的梁体预制可与桥梁下部构造施工同时进行，平行作业，缩短工期；预制梁的混凝土龄期比悬浇法的长，从而减少悬臂拼装成梁后混凝土的收缩和徐变；预制场或工厂化的梁段预制生产利于整体施工的质量控制。但相对于悬臂现浇，悬臂拼装施工对预制块件的精度要求极高，线形控制技术难度更大。悬臂拼装施工包括块件的预制、运输、拼装及合龙。

主梁的预制在台座上进行，预制台座要计算设置预拱度，各块件依次串联预制，为保证相邻构件之间接触密贴及斜索与预应力管道的相对尺寸，一般采用"配合浇筑"法，即必须以前面浇筑块件的端面作为后来浇筑构件的端模，同时必须采用隔离剂（薄膜、废机油、皂类等）使块件出坑时相互容易从接缝处脱离。各块件间应预留接缝宽度，并在块件之间预留钢筋头或预埋铁件，以利湿接头时钢筋的连接或硬式接缝时钢筋的焊接。块件浇筑工序与一般预制件相同。

箱梁块件自预制底座上出坑后，一般先存于存梁场，拼装时块件由存梁场至桥位处的运输方式，一般经历场内运输、块件装船和浮运3个阶段。

1.悬拼方法

预制块件的悬臂拼装可根据桥位地形、水文、工程设备和技术条件采用不同的方法来实现。当靠岸边的桥跨不高且可在陆地或便桥上施工时，可采用自行式吊车、门式吊车来拼装。对于河中桥孔，亦可采用水上浮吊进行安装。如果桥墩很高，或水流湍急而不便在陆上、水上施工时，就可利用各种吊机进行高空悬拼施工。

悬臂吊机由纵向主桁架、横向起重桁架、锚固装置、平衡重、起重系、行走系和工作吊篮等部分组成。

纵向主桁为吊机的主要承重结构，可由贝雷片、万能杆件、大型型钢等拼制。一般由若干桁片构成两组，用横向连接系连成整体，前后用两根横梁支撑。

横向起重桁是供安装起重卷扬机直接起吊箱梁块件之用的构件。纵向主桁的外荷载就是通过横向起重桁传递的。横向起重桁支撑在轨道平车上，轨道平车搁置于铺设在纵向主桁上弦的轨道上，起重卷扬机安置在横向起重桁下弦。

设置锚固装置和平衡重的目的是防止主桁架在起吊块件时倾覆翻转，保持其稳定状态。

对于拼装墩柱附近块件的双悬臂吊机，可用锚固横梁及吊杆将吊机锚固于0号块上。对称起吊箱梁块件，不需要设置平衡重。单悬臂吊机起吊块件时，亦可不设平衡重，而将吊机锚固在块件吊环上或竖向预应力筋的螺丝端杆上。

起重系一般是由50 kN电动卷扬机、吊梁扁担及滑车组等组成。起重系的作用是将由驳船浮运到桥位处的块件提升到拼装高度以备拼装。滑车组要根据起吊块件的重量来选用。吊机的整体纵移可采用钢管滚筒，由电动卷扬机牵引。牵引绳通过转向滑车系于纵向主桁前支点的牵引钩上。横向起重桁架的行走采用轨道平车，用倒链滑车牵引。

工作吊篮悬挂于纵向主桁前端的吊篮横梁上，吊篮横梁由轨道平车支撑以便工作吊篮的纵向移动。工作吊篮供预应力钢丝穿束、千斤顶张拉、压注灰浆等操作之用。可设上、下两层，上层供操作顶板钢束用，下层供操作肋板钢束用；亦可只设一层，此时，工作吊篮可用倒链滑车调整高度。

这种吊机的结构较简单，使用最普遍。当吊装墩柱两侧附近块件时，往往采用双悬臂吊机的形式，当块件拼装至一定长度后，将双悬臂吊机改装成两个独立的单悬臂吊机。

但在桥的跨径不太大、孔数亦不多的情况下，有的工地就不拆开墩顶桁架而在吊机两端不断接长进行悬拼，以免每拼装一对块件就将对称的两个单悬臂吊机移动和锚固一次。

采用悬臂吊机、缆索、浮吊悬拼安装施工时应注意如下事项。

① 施工前应按施工荷载进行强度、刚度和稳定性验算，使安全系数符合规定。块件起吊安装前，应对起吊设备进行安全技术检查，并按设计荷载的60%、100%和130%分别进行起吊试验。

② 吊机重应符合设计要求，应注意吊机的定位和锚固，经检查符合要求后再进行起吊拼装。

③ 桥墩两侧块件宜对称起吊，以保证桥墩两侧平衡受力。

④ 墩侧相邻的1号块件提升到设计高程初步定位后，应立即测量、调整1号块件的纵轴线，使之与梁顶块件纵轴线的延伸线重合，使其横轴线与梁顶块件的横轴线平行且间

距符合设计要求。应检查梁顶块件与 1 号块件间孔道的接头情况，调整并制作接缝间孔道接头后，方可将 1 号块件牢靠固定。其他各个块件连接时，均应按规定测量调整其位置。

⑤ 应在施工前绘制主梁安装挠度变化曲线，悬拼过程中应随时观测桥轴线安装挠度曲线的变化情况，并与设计值进行对比，遇有较大偏差时及时处理，以便控制块件安装高程。

2. 接缝处理

梁段间可采用湿接缝、干接缝和胶接缝进行连接，亦有采用预埋件焊接硬接缝的。采用哪一种接缝方式，要按设计要求办理。

湿接缝是在相邻块件间现浇一段 10~20 cm 宽的高强度等级的砂浆或小石子混凝土，将块件连接成整体。采用该法有利于调整块件的拼装位置和增强接头的整体性。这种接缝工序复杂且现浇混凝土需要养生致使工期延长，因此通常只在悬拼的个别地点（如墩柱顶现浇的 0 号块与预制的 1 号块之间）设置，以保证接缝密合，并用以调整拼装误差。

干接缝是指相邻块件拼装时，将两端面直接贴合，接缝上的内力通过预施力及肋板上的齿形键传递，调整位置后即进行张拉。齿形干接缝可简化拼装工作，但这种接缝不易保证接缝密合，易受水汽侵袭而导致钢筋锈蚀且容易产生局部应力集中现象，现已很少使用。半干接缝可用来在拼装过程中调整悬臂的平面和立面位置。

胶接缝是在接缝端面涂一薄层环氧树脂等胶结材料，将相邻块件黏结成整体，通过胶结层来传递内力并提高整体刚度和不透水性。它具有湿接缝的优点，又不影响工期，近来较多采用。在采用胶接缝时，应注意胶层厚度。悬拼施工时，除 1 号块与 0 号块的连接采用湿接缝外，其他块件应用胶接缝拼装，所涂环氧树脂胶一般厚 1.0 mm 左右。胶接缝主要形式有单阶形、单齿形和平面形。环氧树脂胶的配方应通过试验决定。随着化学工业的迅猛发展，产品换代，应做市场调查，采用性能最好的产品。环氧树脂胶由环氧树脂、固化剂、增塑剂、稀释剂、填料等组成。环氧树脂胶随用随配。

3. 穿束及张拉

胶接块件拼装完毕，经检查合格后，即可张拉预应力束进行块件挤压。湿接缝块件应待混凝土强度达到设计强度等级的 70% 以上时，才能张拉预应力束。

① 穿束。穿束通常分为明槽穿束和暗管穿束。明槽钢丝束通常为等间距排列，锚固在顶板加厚的部分（这种板俗称"锯齿板"）。加厚部分预制时留有管道。穿束时先将钢丝束在明槽内摆放平顺，然后再分别将钢丝束穿入两端管道之内。钢丝束在管道两头伸出长度要相等。暗管穿束比明槽穿束难度大。经验表明，60 m 以下的钢丝束穿束一般均可采用人工推送。较长钢丝束穿入端，可点焊成箭头状缠裹黑胶布。60 m 以上的长束穿束时可先从孔道中插入一根钢丝与钢丝束引丝连接，然后一端以卷扬机牵引，一端以

人工送入。

② 张拉。钢丝束张拉前要首先确定合理的张拉次序，以保证箱梁在张拉过程中每批张拉合力都接近于该断面钢丝束总拉力重心处。钢丝束张拉次序的确定与箱梁横断面形式、同时工作的千斤顶数量、是否设置临时张拉系统等因素关系很大。

四、顶推法施工

（一）预制场的布置

预制场是预制箱梁和顶推过渡的场地，应设在桥台后面的桥轴线的引道或引桥上，其长度一般为预制梁段长度的 3 倍以上。预制场地宽度应满足梁段两侧施工作业的需要。预制场地上空宜搭设固定或活动的作业棚，其长度应大于 3 倍的预制梁段长度，使梁段预制作业不受天气变化的影响且便于混凝土的养护。当为多点顶推时，可在桥两端设场地，从两端同时顶推。台座的轴线应与桥梁轴线延长线相重合，台座的纵坡应与桥梁纵坡一致，其施工误差应满足规范要求。

预制场主要包括主梁梁段的浇筑平台和模板、钢筋和钢索的加工场地，混凝土搅拌站及砂、石、水泥的堆放和运输路线用地。制梁平台的位置必须保证梁体在最初的几次顶推过程中总体的稳定性和抗倾覆安全性。必须根据制梁平台、临时墩和导梁的参数，按最初几次顶推步骤进行安全性验算。制梁平台不宜布置在道路上、江边浅水中及其他有障碍的位置，否则不利于平台上的作业。在条件较好的情况下，制梁平台宜靠近顶推跨，既节省顶推距离，避免最后一段梁顶推时出现一段较长的悬臂，亦能少占引道，减少施工干扰。台座使用前应进行预压。

（二）梁段的预制

梁段的预制对桥梁施工质量和施工速度起决定性作用。

主梁的梁段长度划分主要考虑段间的连接处不要设在连续梁受力最大的支点与跨中截面，同时要考虑制作加工容易，尽量减少分段，缩短工期。因此，一般每段长为10~30 m。

顶推预应力主梁一般采用箱梁，可根据现场的实际情况，采用两种方法。一种是全断面整段浇筑法，即梁段一次性浇筑完成，张拉预应力筋后顶推出预制场；另一种是分次浇筑法，即在预制场先完成底板浇筑，张拉部分预应力筋后随即顶推出预制场，而箱梁腹板、顶板的施工在过渡孔上完成；或在预制场直接分两次预制，先完成底板和腹板的浇筑，再进行顶板部分的浇筑，最后将其组合起来。梁体制造长度应考虑预应力混凝土的弹性压缩、收缩、徐变的影响，并进行调整。

箱梁模板由底模、侧模和内模组成。采用顶推法施工时多选用等截面梁，模板可以多次周转使用。预制的块件要求截面尺寸精确、底面要平整、梁段端部要垂直以利装配，另外还要注意力筋管道的位置要准确，因此宜使用钢模板。此外，尽可能采用机械化装拆模板，底模板宜采用升降式，侧模板宜采用旋转式，芯模板宜采用易于拆卸和移动取出的构造方式。预制顺序要先河内后岸边，按其顶进段先后次序确定。

为保证块件的预制质量，且提高施工速度，通常可采取如下施工措施：采用专业化施工队伍、加早强剂并蒸汽养护以提高混凝土的早期强度、采用合理的钢索形式以加快张拉速度、大型模板安装及组织强大振捣。目前，国内外的预制梁段周期为 7~15 d。

（三）预应力筋的布置及张拉

连续梁桥在结构重力和汽车荷载等恒、活载作用下，主梁受弯，跨中截面承受正弯矩，中间支点截面承受负弯矩，通常支点截面负弯矩比跨中截面正弯矩大。而在顶推施工中，由于梁的内力控制截面的位置在不断地变化，因此梁的每一个截面内力亦在不断地变化。虽然在施工时的荷载仅为梁的自重和施工荷载，其内力峰值没有桥梁在营运状态时的峰值大，但每一截面的内力为正、负弯矩交叉出现，其中在第一孔出现较大的正、负弯矩峰值，之后各孔的正负弯矩值较稳定，而到顶推的末尾几孔的弯矩值较小。由于梁的施工内力与营运状态下的内力有差异，因此在梁的受力筋配置上要同时满足施工阶段和营运阶段的需要。

预应力混凝土连续梁桥的纵向受力筋可分为 3 种类型。

① 从顶推开始到连续梁就位都必需的永久受力筋，兼顾营运与施工两方面要求。

② 在顶推过程中所必需的，但到连续梁顶推就位后必须拆除的临时力筋，只满足施工阶段要求，约占永久受力筋的 15%~20%。

③ 在全梁顶推就位后再按需要补充张拉的补充受力筋，满足营运阶段要求。第一、第二类受力筋需要在施工时张拉，因此亦称前期受力筋，要求其构造简单、便于施工，这样对加快施工速度是有利的，所以常采用直索，布置在截面的上下缘，对梁施加一个近于中心受压的预应力。顶推阶段所需要的受力筋数量可由截面的上、下边缘不出现拉应力及不超过正截面的抗弯强度作为控制条件来确定。

这 3 种预应力筋都必须按设计规定进行穿束张拉或拆除，不得随意增减或漏掉。按照顶推需要，每预制接长一段梁，必须在顶板、底板张拉设计规定的预应力筋后，才可以继续顶推。对通长的永久受力筋，应在两梁段间留出适当空间用特制的预应力筋连接器予以连接，张拉以后，再用混凝土填塞。对于施工需要而临时配置的受力筋，一般选用短索，布置在梁的跨中部位的上缘及支点部位的下缘，在施工完成后拆除。至于顶推完成后增配的后期力筋，可采用直索与弯索，锚在箱梁内的齿板上。

梁段连接处的接头，应将前段梁段接触面凿毛并清洗干净，并按设计连接纵向钢筋。接头处成孔橡胶管伸入前段梁内的长度不小于 30 cm，波纹管伸入前段梁内的长度不小于 5 cm，并采取措施固定定位网。

在布索和张拉施工中，应注意以下几个问题。

① 在同一截面上，钢索的布置要对称、均匀，不要过于集中。

② 弯索的布置应尽量避免平弯，弯索的锚固设在横梁后的竖向齿板上。

③ 纵向力筋在同一截面上不能断索过多，以免应力集中；但亦不能过于分散，使齿板过密，一般宜采用相对集中设齿板，以减少箱梁的预制规格，使张拉施工方便，缩短预制周期。

④ 为能重复利用临时钢索材料，在后期力筋中可设计一些比临时索较短的直索。

⑤ 为加强箱梁与导梁叠合部位的连接，同时为抵抗箱梁前端经常处于悬臂状态时的应力，在导梁附近的箱梁应配有一定数量的受力筋。

⑥ 受力筋张拉的顺序宜采用先临时索后永久索、先长索后短索、先直索后弯索，上下交替左右对称地进行；张拉均应严格按设计规定进行张拉和拆除，不得随意增加或漏拆预应力索。

⑦ 根据结构受力需要，桥梁上还可设置横向和竖向的力筋，形成双向或三向预应力。

（四）梁段顶推

顶推施工前，应根据主梁长度、设计顶推跨度、桥墩能承受的水平推力、顶推设备和滑动装置等条件，选择适当的顶推方式。

顶推施工主要装置为顶推装置及滑移装置。顶推装置主要由水平布置的液压千斤顶和油泵等组成，需要满足一定的技术要求：顶推起重能力要比设计的大 25% ~ 30%；构造应平稳，使用时无跳动和扭曲，速度应控制在能更换和安装整个装置、滑道和其他零件的水平上；要有保险装置；要有一定的操作场地或工作室。

滑移装置可分为：普通的滑移装置；起循环作用的滑移装置；起连续作用的滑移装置；导向装置及其他附属装置。

1. 单点顶推

单点顶推法有两种方式，一种是拉杆式顶推法，即水平千斤顶通过拉杆带动梁体前移，滑道为固定的不锈钢板，滑块在滑道上支撑梁体，在滑道前后设置垂直千斤顶用来起落梁体使滑块能从前向后移动，这是早期做法。后来把滑道前后作为斜坡，滑块可以手工续进，可不必用垂直千斤顶顶起梁体后移滑块。单点顶推适用于桥台刚度较大、梁体较轻的施工条件。

另一种是水平竖直千斤顶法，即顶推动力装置集中设置在靠近梁场的桥台或桥墩上，支撑在纵向滑道上的垂直千斤顶和支撑在墩（台）背墙的水平千斤顶联动，使梁体以垂直千斤顶为支撑向前移动。当水平千斤顶达到最大行程时，降下竖直千斤顶活塞，使梁体落在临时支撑上，收回水平千斤顶活塞，带动竖直千斤顶后移，回到原来位置，如此反复不断地将梁体顶推到设计位置。

2.多点顶推

多点顶推是在每个墩台上设置一对小吨位（400~800 kN）的水平千斤顶，将集中的顶推力分散到各墩上，并在各墩上及临时墩上设置滑移支撑。所有顶推千斤顶通过控制室统一控制其出力等级，同步前进。

由于利用水平千斤顶传给墩台的反力来平衡梁体滑移时在桥墩上产生了摩阻力，从而使桥墩在顶推过程中承受较小的水平力，因此可以在柔性墩上采用多点顶推施工[8]。

除了用拉杆式顶推系统之外，多点顶推法亦可用水平千斤顶与竖直千斤顶联合作业。对于柔性墩，为尽量减小对它的水平推力，千斤顶的出力按摩阻力的变化幅度分为几个级别，通过计算确定各千斤顶的施力等级，在控制室随时调整顶力的级数，控制千斤顶的出力大小。与单点顶推比较，多点顶推可避免使用大规模的顶推设备，并能有效地控制顶推梁的偏移，顶推时桥墩承受的水平推力小，便于结构采用柔性墩。在顶推弯桥时，由于各墩均匀施加顶推力，能顺利施工。在顶推时，如遇桥墩发生不均匀沉降，只要局部调整滑板高度即可正常施工。采用拉杆式顶推系统，免去了在每一循环顶推中用竖直千斤顶将梁顶起和使水平千斤顶复位的操作，简化了工艺流程，加快了顶梁速度。所以，我国近年来用顶推法施工的预应力混凝土连续梁桥较多地采用了多点顶推法。但多点顶推所需顶推设备较多，操作要求比较高。

多点顶推的顶推设备，国内一般较多采用拉杆式顶推系统。与水平竖直千斤顶相比，简化了工艺流程，加快了顶推速度。拉杆式顶推工艺为：水平千斤顶通过传力架固定在桥墩顶部靠主梁的外侧，装配式的拉杆用连接器接长后与锚固在箱梁腹板上的锚固器相连接，驱动水平千斤顶后活塞杆拉动拉杆，使梁借助梁底滑板装置向前滑移，水平顶每走完一个行程，就卸下一节拉杆，然后水平顶回油使活塞杆退回，再连接拉杆并进行下一顶推循环。

采用多点顶推时，可按主顶和助顶相结合的形式顶推，助顶的顶推力保持恒定不变，不足的顶推力由主顶调整补充。多点顶推的关键在于同步，即通过中心控制室控制分散在各桥墩上的各千斤顶的出力等级，保证它们同时启动、同步前进、同时停止和同时换向。由于千斤顶传力时间差的影响，将不可避免地引起桥墩沿着桥纵向摆动，同时箱梁的悬出部分可能上下振动，这些因素对施工极其不利，要尽量减少其影响，宜采用一套液压与电路相结合的控制系统，做到分级调压，集中控制，差值限定。做好意外急停措施，如各机组和观测点上，触发任一急停按钮，全部机组能同时停止工作。

顶推接近到位时，如前方已有先架设的梁，应及时拆除导梁，或将导梁移到梁顶，在先架设的梁顶设置接引千斤顶和滑动支座。全桥顶推就位时，逐节拆除钢导梁，然后将箱梁纵、横向准确就位。张拉后期预应力束，拆除顶推临时束，起顶箱梁，拆除顶推滑道，安装正式支座，然后落梁，调整支反力，复核梁底高程，锁定支座。全桥顶推作业完毕。

3.顶推施工辅助设施

连续梁采用顶推施工时，由于梁的施工内力与营运状态下的内力有较大差异，为了减少施工中的内力，扩大顶推法施工的使用范围，同时亦从安全施工和方便施工出发，在施工过程中使用了一些临时设施，包括导梁、导向装置、临时墩、托架及斜拉索等结构。

① 导梁。导梁设置在主梁的前端，为等截面或变截面的钢桁梁或钢板梁，主梁前端装有预埋件与钢导梁拴接。在分联顶推时，根据设计设置后导梁，其与顶推梁的连接方式应符合设计规定。导梁长度一般为顶推跨径的 0.6 ~ 0.8 倍，刚度为主梁刚度的 1/15 ~ 1/9，过大或过小都将增加主梁顶推时的内力。较长的导梁可以减少主梁悬臂负弯矩，但过长的导梁亦会导致导梁与箱梁接头处负弯矩与支反力的相应增加；导梁过短，则要增大主梁的负弯矩。导梁的结构需要进行受力状态分析和内力计算，导梁的控制内力是位于导梁与箱梁连接处的最大正、负弯矩和下缘承受的最大支点反力。导梁最好采用从根部至前端为变刚度或分段变刚度的，在外形上底缘与箱梁底应在同一平面上，前端底缘呈向上圆弧形，以便顶推时顺利通过桥墩。当用连接件连接时，应先将导梁全部拼装并与连接件相连接后，再浇筑混凝土；当用预应力筋连接时，预应力筋的张拉应按有关规定进行。导梁的底面应平顺、无棱角、毛刺。中心线、平面、高程的偏差均不大于 1 mm。

② 导向装置。梁段顶推时，为纠正梁体偏移，通常在梁体两旁隔一定距离设置导向装置。导向装置应具有足够的承载力，防止纠偏产生意想不到的破坏后果。

③ 临时墩。对于跨径大于 50 m 的梁桥，宜设置临时墩，以减少主梁的顶推跨径，从而减少顶推时最大正负弯矩和所产生的主梁截面应力。临时墩需有足够的刚度，能承受顶推过程中最大的竖直荷载，不应发生沉陷；在顶推时不得因纵向摩阻力发生偏斜。

④ 托架。托架用以减少顶推跨径和主梁的受力。但必须注意，导梁的前端滑移到托架时，将增加桥墩的偏心受荷弯矩。临时托架多用于水上施工，施工完毕后构件大多全部拆除，但某些桥梁在施工后把托架和主梁连成整体，形成连续托架桥。

⑤ 斜拉索。在主梁前端设临时塔架，以斜拉索系于梁上加固，以减少悬臂弯矩。

4. 施工注意事项

① 梁的顶推坡度应与桥梁设计坡度一致。梁体前移时，水平穿心式千斤顶相应移动。

② 顶推力的确定，应考虑各墩千斤顶水平牵引力的大小，根据各工况墩顶的最大支点反力及试验顶推节段确定的摩擦系数（考虑竖曲线影响）而定。顶推过程中，在保证总顶推力大于总阻力的前提下，预先调整好油泵，一次上足。需增减调整总顶推力时，根据现场测量监控结果并采用有较大富余顶力的墩位来补足顶力。根据总阻力来确定所需千斤顶的数量及型号，再根据各支点反力来确定每台千斤顶所需施加牵引力的大小及具体型号，并由配套油表来反映。

③ 每次顶推，必须测量顶推梁段的中线和各滑道顶的高程，并控制其在允许范围以内。

④ 顶推时应及时对导梁、桥墩、临时墩、滑道、梁体位置等进行观测。当出现梁段偏离较大、牵引拉杆变形、滑道有移动、未压浆的预应力筋锚具松动等异常现象时，应暂停顶推。

第四节　铁路桥梁施工安全管理

一、铁路桥梁施工安全管理的方法

（一）安全管理制度的完善

科学的安全管理体系，健全的安全管理机制是项目安全管理高效运行的基本保障。安全管理制度的健全，安全生产责任制的落实是确保安全生产的基础。建立完善以项目经理为首的安全生产领导组织，有组织、有领导地开展安全管理活动，并承担相应的安全生产责任。建立各级人员的安全生产责任制度，明确各级人员的安全责任，抓好制度和责任的落实工作，定期检查安全责任落实情况，及时报表。建立施工安全准备工作验收制度，每项工程开工前的验收内容主要包括：施工组织设计是否有安全措施，施工机械设备是否符合技术和安全规定，安全防护设施是否符合要求，施工人员是否经过培训，安全生产责任制是否建立，对施工中可能发生的危险情况是否有预防措施等。

（二）安全教育

坚持安全教育和专业技术培训制度，加强对各级管理人员和特种作业人员的安全基础教育和技术培训。对担负桥梁重点工程项目和重要岗位的人员，如焊接、登高作业、起重等，要重点培训、持证上岗。抓好桥梁工程施工现场的安全宣传教育，要设立固定的安全宣传标语、安全警示和安全警告标志。

（三）确保设备安全使用

现代桥梁施工过程中，施工设备故障造成的安全隐患或事故时有发生。现代桥梁施工企业应在施工前建立科学的设备养护与管理体系，并在施工过程中严格按照计划进行养护，以此避免设备故障造成的安全事故，避免设备故障造成的人员伤害及对施工质量的影响。现代桥梁施工多采用预制结构、现场吊装的形式进行，其施工过程中大型起吊设备等设施较多。在实际的施工过程中，施工企业现场技术人员、质量管理人员要格外注重起吊过程的安全管理。

（四）重视施工人员的专业能力

任何先进的设备都需要人员来操作和控制，因此，培养一批优秀的施工团队是关键。首先，施工人员必须要有熟练的专业知识和精湛的专业技能，能够使用各类先进的施工设备，并且懂得各类设备的养护和维修。其次，要熟知施工的各个环节和程序，有能力预测和应对施工过程中各种情况的发生。最后，必须具有良好的职业道德，在施工过程中，操作人员必须集中精力密切关注设备的运行和保养。

（五）用电安全管理

施工现场的一切电源、电路的安装和拆除必须由持证电工操作。用电设备必须严格接地或接零保护且安装漏电保护器，各桩孔用电必须分闸，严禁一闸多用。孔上电缆必须架空 1.0 m 以上，严禁拖地相埋压土中，孔内电缆、电线必须采用护套等，其有防磨损、防潮、防断等保护措施。孔内照明应采用安全矿灯或 11 V 以下的安全灯。孔中操作工应手戴工作手套，脚穿绝缘胶鞋。

（六）消防安全管理

施工场地堆放的施工材料多，模板、设备包装、装饰装修材料、油漆等易燃物品随处可见，临时用电管理不规范、加工场地管理不规范将会导致火灾事故。要搞好施工现场的消防安全工作，首先，必须加强施工现场的动火管理，凡在施工现场进行动火作业如焊接、切割等，必须申请相关管理部门批准，审批通过后，需配备消防器材，并且作业点四周的易燃物品确认无误后方可作业。其次，必须建立应急预案，进行应急演练。最后，必须加强临电线路管理和施工现场严禁烟火的管理，切实从源头上控制好火灾事故的发生。

二、铁路桥梁施工中各工程安全管理技术

（一）基坑支护及开挖工程

① 基础开挖必须采取支护措施，支护必须满足强度、刚度、稳定性要求。

② 当基础开挖对临近建（构）筑物或临时设施有影响时，应提前采取安全防护措施。

③ 基坑顶面应提前做好地面防水、排水设施。

④ 基础开挖时，不得采用局部开挖深坑及从底层向四周掏土。

⑤ 基坑顶有动载时，坑口边缘与动载间的安全距离应根据基坑深度、坡度、地质和水文条件及动载大小等情况确定，且不应小于 1.0 m，必要时应采取其他措施。

⑥ 在土石松动地层或在粉砂、细砂层中开挖基坑时，应先做好安全防护；当基坑开挖需要爆破时，应执行现行国家标准《爆破安全规程》中的有关规定。

⑦ 基础开挖时，应观测坡面稳定情况。当发现坑沿顶面出现裂缝、坑壁松塌或涌水、涌沙时，应立即停止施工，加固处理后，方可继续施工。

⑧ 基坑采用降排水法降低水位时，降低水位区域的建（构）筑物可能产生沉降，应加强观测，必要时采取防范措施。

⑨ 在排水过程中，当出现大量沙漏、围堰裂缝漏水较大、围堰内侧坍塌等情况时，应暂停抽水，采取加固措施。

（二）钻孔桩基础施工工程

① 钻孔桩施工前，对钻机进行全面检修，钻机、钻具和吊钻头的钢丝绳符合设计要求，钨全套拉力试验合格，钢丝绳与钻头连接的夹子数按等强度安装。地面夯实或铺木排架，以保证钻架的稳固。严禁人拉钢丝绳卷绕，工作中的钢丝绳严禁人员跨越。电动卷扬机在工作中，如遇停电或停机检查保养时，将电源关闭；工作停止后，关闭电源，锁好开关箱。双层拆钻杆时，上下紧密联系配合，严禁用机械动力拆接钻杆。

② 钻孔桩施工中，特别注意防止孔壁坍塌。如遇大量塌方时，回填重钻，并相应提高泥浆比重。如果出现梅花孔、斜孔、偏孔，及时采取措施纠正或回填重钻。

（三）模板工程

① 安装模板时，操作人员应有可靠的落脚点，并应站在安全地点进行操作。

② 支模应按规定的作业程序进行，模板未固定前不得进行下一道工序。

③ 在安装过程中，模板及其支架必须设置防倾覆的临时固定设施。

④ 现浇多层构筑物时，应采取分段支撑的方法。

⑤ 侧模在混凝土强度能保证其表面及棱角不因拆除模板而损坏后，方可拆除。

⑥ 底模应在同一部位同条件养护的混凝土试块强度达到设计要求后，方可拆除。

（四）脚手架的搭设与拆除

1. 脚手架搭设

架子的底脚必须固定牢固，为了保证支架的稳定，应根据现场实际情况加设横向剪刀撑。支架搭设完成后，外侧应按要求挂好安全防护网。为了保证临时爬梯的安全，爬梯底部也应挂设一层安全防护。

2. 拆除脚手架

拆除脚手架时，禁止无关人员进入危险区域。拆除应按顺序由上而下，一步一清，不准上下同时作业。拆除脚手架大横杆、剪刀撑时，应先拆中间扣，再拆两头扣，由中间操作人员往下顺杆子。拆下的材料，应向下传递用绳吊下，禁止往下投扔。拆除脚手架人员进入作业区后，要系好安全带，安全带必须高挂低用。拆除脚手架要统一指挥，上下应动作协调。

第五章　隧道工程施工与安全管理

隧道是一种修建在地下的工程建筑物，它被广泛地应用于交通、矿山、水利、市政和国防等。此外，还有各种水下隧道和大城市的地下铁道。隧道施工是修建隧道及地下洞室的施工方法、施工技术和施工管理的总称。

第一节　隧道施工作业

一、洞口施工

（一）洞口工程的安排

洞口工程是指根据洞口地段的特点而安排的与隧道施工关系密切或为洞内施工服务的工程，它主要包括洞口排水系统、洞口桥隧、洞口路堑土石方和洞口挡护工程。

1. 洞口排水系统

边坡和仰坡外的排水系统应在洞口土石方开挖前完成。洞口排水是否良好，对洞口地层的稳定和施工环境的影响很大。因此，洞口开挖前应做好排水工程[9]。洞口排水系统一般包括以下几个方面。

① 开挖洞顶天沟：是指在洞口仰坡上方开挖的排水沟，其断面尺寸的大小能容纳最大暴雨时地表汇流的水量，不宜过小。天沟的走向应能将堵截的地表水引入路堑侧沟或洞口以外的天然沟谷。

② 整平洞顶地面：对洞顶地表的陷穴、深坑加以填平夯实，对裂缝进行堵塞，严重者加以砌筑，使洞顶地表不得积水。

③ 铺砌和改移天然沟槽：天然沟槽常因岩层风化而破碎严重，极易使地表水下渗，应在隧道开工前，根据地形、地质条件对天然沟槽进行妥善处理，使山洪宣泄畅通。

2. 洞口桥隧

① 在洞口应设置横向运输道，把隧道出渣弃在桥址下游，以防堵塞河道。

② 有条件时，尽量将桥梁和隧道交给同一个单位施工，以便统筹安排。

③ 与桥隧相连的洞口，原则上应先做隧道，待洞门做好以后再做洞口桥台。

3.洞口路堑土石方

洞口地段的地层一般较破碎，很容易造成山体失稳，产生滑动和坍塌，这给洞口的开挖造成很大的困难，必须严格按照设计进行边坡施工，不得使用临时边坡。一般包括：

① 准备施工前，先清理洞口上方及侧方可能滑塌的表土、灌木及山坡危石。

② 当洞口路堑土石方数量很大，又要求及早进洞时，可采用侧面进洞超前施工。

4.洞口挡护工程

一般来说，需要设置挡护工程的隧道洞口，洞口地段的地质条件较差或地势较为陡峻，在施工时必须做好挡护工程后方可进洞。软土地层开挖边坡、仰坡时，随挖随支护，加强防护，随时监测、检查山坡稳定情况。

（二）隧道进洞的方式

隧道进洞的方式，是关系到隧道洞口围岩稳定和隧道能否顺利进洞施工的重要环节，应针对洞口地段特点结合工期的要求进行多方案比选，择优而定。目前常用的进洞方式有3种，即导坑进洞、辅助坑道进洞和拉槽进洞。

1.导坑进洞

导坑是整个隧道施工的先导，它掘进的快慢，直接影响整个隧道的工程进展，因此必须重视这个关键工序。导坑的主要作用有以下几个方面。

① 导坑能为后续开挖工序创造临空面，以提高爆破效果。

② 导坑能作为对工作面进行扩大的基地。

③ 在导坑的开挖过程中，能够查明实际的地质情况。

④ 导坑能用来排除地下水，使坑道保持干燥。

⑤ 导坑能用来铺设管道、电缆线和运输轨道。

⑥ 导坑能显著地改善施工通风条件。

另外，导坑本身的尺寸较小，只有一个临空面，超前进入山体深处，运输距离远，而且地质情况还有待明确，可能遇到地质突然变化而影响前进。同时，相对于后续开挖工序来说，导坑的开挖工作、出渣运输、通风、排水、测量工作及铺设管路等方面都是比较困难的。正是由于这些原因，导坑的掘进成为全隧道施工过程的关键环节，因此，有效地组织导坑快速掘进，使导坑掘进领先于其他工序，才能为加快整个隧道的施工进度创造良好的条件。

导坑的形状要随围岩压力及支撑形式而定，通常采用矩形、梯形和弧形3种。在没有侧压力的坚硬岩层中，一般采用矩形导坑。在较破碎的地层或者在可能产生不对称压

167

力的岩层中，一般采用梯形导坑，两侧斜度约为 10：1，上窄下宽，比较稳定；同时，因上部窄小而缩短了顶部横梁的跨度，更有利于承受竖向的围岩压力，下部宽大便于安装隧道辅助设备，这样的支撑对于承受侧向围岩压力比较稳定。在Ⅰ～Ⅲ类无塌方或只有局部小塌方的围岩中，可采用弧形导坑，因其开挖呈弧形，相当于拱圈外缘轮廓，比较符合围岩自然拱形状，并能减少开挖工序，提高施工速度。

导坑的最小尺寸首先要符合围岩的条件以确保施工安全，其次要满足打眼放炮、出渣运输等工序。在操作上要有足够的工作空间，还要结合地质条件、支撑形式和管路布置等情况而定，以保证正常施工的需要。例如：为了架设漏斗棚架，下导坑通常要求加高到 3.2~3.4 m。

下导坑中心线一般与隧道中心线一致，其底面高程应与隧道底面高程齐平。掘进时一定要注意，不要使导坑底面高程升起，以免以后"检底"。

2. 辅助坑道进洞

为了满足施工对出渣、运输、通风、排水的需要，或工程规模较大，而工期要求紧迫，需另开作业面时，还可在洞室的开挖断面外增设辅助坑道进洞。设置辅助坑道应尽量考虑到一洞多用、长度合理工程投产后加以利用的可能性。辅助坑道一般有横洞、斜井、竖井及平行导坑等。

3. 拉槽进洞

若洞外路堑较长，土石方数量很大，不能很快将路堑挖到洞门，而工期又较紧必须及早进洞时，可采用拉槽进洞。但是，用这种方法施工容易发生事故，洞内外干扰也较大，故应尽量避免使用。

当洞口地层很薄时，开挖暗洞后，往往不可能形成天然拱，洞顶岩层容易坍塌，则应采用明洞方式进洞，在明洞的掩护下，再进行洞内开挖。

无论采用何种方式进洞，大多由导坑引进，当导坑进去 10～20 m 后，再返回来由里向外进行扩大和修筑衬砌。洞身修筑衬砌后，立即砌筑洞门。

（三）洞口段施工注意事项

隧道洞口段施工的基本原则是施工中应少扰动围岩，尽快施作初期支护，及时量测和反馈，并使断面及早封闭。正确合理地组织洞口施工，是保证隧道施工质量和按施工工期交付结构的重要措施。在洞口段施工时，应注意以下几点，才能很好地保证隧道施工的顺利进行。

① 施工人员在施工前，必须对设计文件所定的洞口位置，针对实际的地形、地质条件进行复核，如有不合理之处，应会同设计人员修改设计，变动洞口位置。

② 要重视洞口地段施工。洞口工程施工前，应先检查边、仰坡以上的山坡稳定情

况，清除悬石、处理危石，施工期间实施不间断监测和防护，不要在未做好洞口支护工作时急于展开洞身工序。

③ 在决定隧道洞口位置时，若开挖的山体可能失稳，为确保施工、运营安全，宜按照"早进晚出"原则，研究有无改移洞门位置、延长洞身长度和减小洞顶仰坡高度的可能性，并制定相应施工技术措施。

④ 严格禁止大爆破方法施工。洞口地段施工必须尽可能少地破坏山体，当不得已采用爆破方法开挖土石方时，必须严格控制一次起爆的炸药数量，避免将仰坡坡面之下的岩体炸碎振松，引起岩石坍塌。

⑤ 洞口施工中的关键工序是进洞开挖。洞口段洞身施工时，应根据地质条件、地表沉陷控制及保障施工安全等因素选择开挖方法和支护方式，开挖时应随时注意观察边、仰坡地层的变化，认真做好开挖中的防坍和支撑工作。

⑥ 刷好仰坡后，必须立即架好洞口支撑，并且应尽早做好洞口段的衬砌和洞门。其衬砌应根据地质、水文、地形条件，设置不小于 6 m 的模筑混凝土加强段，以提高圬工整体性。洞门完成后，洞门以上仰坡脚受破坏处，应及时处理。

⑦ 避免在雨季施工，认真做好地表防水、排水工作，减少地表水对洞口地段施工的影响。平整地表，排除积水，整理隧道周围流水沟渠。之后并施作边、仰坡顶处的天沟。

⑧ 各洞口工程的施工顺序，应视地形、地质条件和对隧道施工影响的大小而定。在开挖洞口之前，必须做好洞口排水系统，在做好排水系统和洞口运土的通道后，才能进行路堑土石方的开挖。

二、洞身开挖

（一）开挖方法

根据不同的地质条件，隧道开挖方法可分为全断面一次开挖法、台阶开挖法和分部开挖法等 3 种。

1. 全断面一次开挖法

全断面一次开挖法是指按设计轮廓线一次开挖成形的施工方法。在高速铁路隧道施工中，全断面一次开挖法适合于 Ⅰ ～ Ⅲ 级围岩的单线隧道，同时应配备相应的钻孔台车及大型装运机械设备；当 Ⅳ ～ Ⅵ 级围岩采用全断面一次开挖法施工时，必须辅以辅助工法。

全断面一次开挖法施工工序为：用钻孔台车钻眼，装药，连接导火线；退出钻孔台车，引爆炸药，开挖出整个隧道台面；排除危石；喷射拱圈混凝土，必要时安设拱部锚杆；用装渣机将石渣装入运输车辆，运出洞外；喷射边墙混凝土，必要时安设边墙锚杆；根据需要可喷第二层混凝土和隧道底部混凝土；开始下一轮循环；通过量测判断围岩和初期支护的变形，待基本稳定后施作二次模注混凝土衬砌。

2. 台阶开挖法

在高速铁路隧道施工中，台阶开挖法已成为大断面隧道施工的主流施工方法。台阶开挖法是为了控制围岩变形而采用的纵向分部开挖法，将结构断面分成两步或多步开挖，具有上下两个工作面或多台阶时多个工作面以供开挖。其优点是灵活多变、适用性强。台阶开挖法按台阶长短可分为长台阶法、短台阶法和超台阶法 3 种。由于高速铁路多为大断面设计，逐渐发展出三台阶临时仰拱法和多台阶法。施工中采用何种台阶法，由两个条件决定。

① 初期支护形成闭合断面的时间要求。围岩稳定性越差，闭合时间要求越短。

② 上断面施工所用的开挖、支护、出渣等机械设备施工场地大小的要求。当地质条件适用全断面一次开挖法施工，但缺少全断面钻孔台车时，可采用正台阶法。正台阶法可以说是全断面一次开挖法的变化方案，即在开挖面上分成几个台阶，以便使用轻型凿岩机打眼，而不必使用大型凿岩台车。在装碴运输、衬砌修筑等方面则基本相同。它适用于石质较好，开挖后不需要支撑或可采用喷铺支护的隧道。在单线铁路隧道中采用正台阶法的关键问题是台阶的划分形式。台阶划分要求做到爆破后扒碴量少，钻眼和出碴干扰少。因此，一般分成 1 ~ 2 个台阶进行开挖。在开挖顺序上，正台阶法都是采用弧形导坑引进，有利于拱部光面爆破。

3. 分部开挖法

分部开挖法一般分为台阶分部开挖法、单侧壁导坑法、双侧壁导坑法。随着高速铁路的发展，大断面隧道不断出现，大跨施工难度加大，变大跨为小跨对施工技术提出了新的要求。因此，在以上 3 种施工技术的基础上，又发展为中隔壁法、交叉中隔壁法、中洞法、侧洞法和柱洞法等。

① 台阶分部开挖法。正台阶环形开挖法又称环形开挖预留核心土法，一般将断面分成环形拱部、上部核心土、下部台阶等 3 部分。根据断面大小，环形拱部又可分成几块交替开挖。环形开挖进尺为 0.5 ~ 1.0 m，不宜过长。台阶长度一般以控制在 1D 内（D 指隧道跨度）为宜。

② 单侧壁导坑法。单侧壁导坑法一般将断面分成 3 块：侧壁导坑、上台阶、下台阶。侧壁导坑尺寸应充分利用台阶的支撑作用，并考虑机械设备和施工条件。一般侧壁导坑宽度不宜超过 0.5 倍洞宽，高度以到起拱线为宜，这样导坑可分二次开挖和支护，不需要架设工作平台，人工架立钢支撑也较方便。导坑与台阶的距离没有硬性规定，但一般应以导坑施工和台阶施工不发生干扰为原则。上、下台阶的距离则视围岩情况，参照短台阶法或超短台阶法拟定。

③ 双侧壁导坑法。当隧道跨度很大，地表沉陷要求严格，围岩条件特别差，单侧壁导坑法难以控制围岩变形时，可采用双侧壁导坑法。现场实测表明，双侧壁导坑法所引起的地表沉陷仅为短台阶法的 1/2。这种方法一般是将断面分成 4 块：左侧壁导坑、右侧壁导坑、上部核心土、下台阶。左、右侧壁导坑错开的距离，应根据开挖一侧导坑所引起的围岩应力重分布的影响不致波及另一侧已成导坑的原则确定。

④ 中壁法。中壁法是分部开挖施工方法中的常用工法，根据开挖顺序和支护方式不同，分为中隔壁法和交叉中壁法。中隔壁法也称 CD 工法，主要适用于地层较差和不稳定岩体，且地面沉降要求严格的地下工程施工。当 CD 工法不能满足要求时，可在 CD 工法基础上加设临时仰拱，故发展为交叉中隔壁法（CRD 工法）。CD 工法和 CRD 工法在大跨度隧道中应用普遍，在施工中应严格遵守正台阶法的施工要点，尤其要考虑时空效应，每一步开挖必须快速，必须及时步步成环，工作面留核心土或用喷混凝土封闭，消除由于工作面应力松弛而增大沉降值的现象。

⑤ 中洞法。中洞法施工就是先开挖中间部分（中洞），在中洞内施作梁、柱结构，然后再开挖两侧部分（侧洞），并逐渐将侧洞顶部荷载通过中洞初期支护转移到梁、柱结构上。由于中洞的跨度较大，施工中一般采用 CD 工法或 CRD 工法进行。中洞法施工工序复杂，但两侧洞对称施工，较易解决侧压力从中洞初期支护转移到梁柱上时的不平衡侧压力问题，施工引起的地面沉降较易控制。该工法的特点是初期支护自上而下，每一步都封闭成环，环环相扣，二次衬砌自下而上施作，施工质量容易得到保证。

⑥ 侧洞法。侧洞法施工就是先开挖两侧部分（侧洞），在侧洞内做梁、柱结构，然后再开挖中间部分（中洞），并逐渐将中洞顶部荷载通过侧洞初期支护转移到梁、柱上。这种施工方法，在处理中洞顶部荷载转移时，相对于中洞法要困难一些。两侧洞施工时，中洞上方土体经受多次扰动，形成危及中洞的"上小下大"的梯形、三角形。该土体直接压在中洞上，中洞施工若不够谨慎就可能发生坍塌。采用该工法施工引起的地面沉降较大，而中洞法则不会出现这种情况。

⑦ 柱洞法。柱洞法施工是先在立柱位置做一个小导洞，当小导洞做好后，在洞内再做底梁，形成一个细而高的纵向结构。柱洞法施工的关键是如何确保两侧开挖后初期支护同步作用在顶纵梁上，而且柱子左右水平力要同时加上且保持相等。

（二）掘进方式

隧道施工的掘进方式是指对坑道范围内岩体的破碎挖除方式。常用的掘进方式有人工掘进、单臂掘进机掘进及钻眼爆破掘进。一般山岭隧道最常用的是钻眼爆破掘进。

1. 人工掘进及单臂掘进机掘进

人工掘进及单臂掘进机掘进均采用机械方式切削破碎岩石并挖除坑道范围内的岩

体。人工掘进及单臂掘进机掘进对围岩的扰动破坏小，故一般适用于围岩稳定性较差的软岩隧道及土质隧道。

在不能采用爆破掘进的软弱破碎围岩和土质隧道中，若隧道工程量不大，工期要求不太紧，又无机械或不宜采用机械掘进时，则可以采用人工掘进。人工掘进采用十字镐、风镐等简易工具来挖除岩体，并采用铁锹、斗箕等装渣。人工掘进速度较慢，劳动强度大。施工中应做好安全防护措施，并安排专人负责工作面的安全观察。

在软质岩石及土质隧道中，为减少对围岩的扰动，避免爆破震动对围岩的破坏，可以采用单臂掘进机掘进。单臂掘进机的适应能力较强，可以挖掘任意形状和大小的隧道，可连续掘进。常用的单臂掘进机是铣盘式采矿机、挖斗式挖掘机及铲斗式装渣机。铣盘式采矿机装有可以在水平方向和垂直方向旋转操作的切削头。切削头是安装在液压伸缩臂上的柱状或圆锥状切削刀，可以挖掘各种土及中硬以下岩石。它随机配备的装渣机，多为蟹爪式扒渣装渣机。单臂铣盘式采矿机多采用履带式走行机构。

挖斗式挖掘机或铲斗式装渣机用于隧道掘进时，可以将挖掘和装渣同机完成。但其破岩能力有限，一般只适用于硬土以下的土质隧道，且须配以人工修凿周边。

2. 钻眼爆破掘进

钻眼爆破掘进，即用炸药爆破坑道范围内的岩体。它对围岩的扰动破坏较大，有时由于爆破震动致使围岩产生坍塌，故一般只适用于石质隧道。但随着控制爆破技术的发展，爆破法的应用范围也逐渐加大，如用于软石及硬土的松动爆破在一般山岭隧道工程中较为常用。钻眼爆破需要专用的钻眼设备及消耗大量炸药，并只能分段循环掘进。钻眼和爆破是隧道施工的基本作业之一，在掘进循环中所占用的时间约为50%，占隧道造价的20%~40%。因此，正确掌握钻爆技术是搞好隧道施工的重要环节。

施工时，对钻爆工作的要求是钻眼速度快、爆破效果好、块度适宜、便于装渣、经济合理、优质安全。

目前，在隧道开挖爆破中，广泛采用的钻眼机具为凿岩机和凿岩台车。凿岩机的种类较多，按照动力来源可分为风动、电动、液压及内燃凿岩机。其工作原理都是利用镶嵌在钻头体前端的凿刃反复冲击并转动破碎岩石而成孔，有的可通过调节冲击功大小和转动速度以适应不同硬度的石质，达到最佳成孔效果。

隧道工程中，最常用的凿岩机有风动凿岩机和液压凿岩机。内燃凿岩机由于排出的废气是有害气体，且是干式凿岩，因而不宜用于隧道工程。电动凿岩机虽然操作方便，但在卡钻时易使电动机出现超负荷，因此在隧道工程中的使用受到一定的限制。

① 风动凿岩机。风动凿岩机又称风钻，它以压缩空气为动力，具有结构简单、制造容易、操作方便、作业安全、不怕超负荷和反复启动，在多水、多尘等不良环境中仍能正常工作等优点。但其压缩空气供应设备复杂，能量利用率低，成本高，噪声大。

② 液压凿岩机。液压凿岩机是由液压马达驱动凿岩元件作冲击、回转运动，通过压力补偿泵，根据岩石坚硬程度调节油量、压力和冲击频率进行凿岩，具有广泛的适用性。

三、隧道装、运渣

（一）装渣

1. 装渣方式

装渣的方式可采用人力装渣或机械装渣。人力装渣，劳动强度大，速度慢，仅在短隧道缺乏机械或断面小而无法使用机械装渣时，才考虑采用。机械装渣速度快，可缩短作业时间，目前在隧道施工中常用，但仍需配少数人工辅助。

2. 装渣机械

装渣机的种类很多，按动力分为：电动、风动；按装渣方式分为：间歇式、连续式；按其扒渣机构型式可分为：铲斗式、蟹爪式、立爪式、挖斗式。铲斗式装渣机为间歇式装渣机，有翻斗后卸、前卸和侧卸3种卸渣方式；蟹爪式、立爪式和挖斗式装渣机为连续式装渣机，均配备刮板（或链板）转载后卸机构。

装渣机的走行方式主要有轨道走行和轮胎走行，也有配备履带走行和轨道走行两套走行结构的。轨道走行式装渣机须铺设走行轨道，因此其工作范围受到限制；轮胎走行式装渣机移动灵活，工作范围不受限制，但在有水土质围岩的隧道中，有可能出现打滑和下陷。

3. 影响装渣的因素

影响装渣的因素很多，其中以石渣粒径及调车时间的影响程度最大。由于石渣粒径影响装渣机的铲斗装满系数，因此装渣效率随石渣粒径的增大而降低。调车时间长，装渣机的等待时间相应延长，则装渣机的利用率和生产率就降低。同时，装同样数量的石渣，用大容积的斗车可以减少调车次数，所以装渣生产率随着斗车容积的增大而提高。

此外，影响装渣的因素，还有装渣机手的操作技术水平、渣堆情况、装渣机本身的性能等。

（二）运输

隧道施工的洞内运输可以分为有轨运输和无轨运输。运输方式的选择应充分考虑与装渣机的匹配和运输组织，还应考虑与开挖速度及运量的匹配，以尽量缩短运输和卸渣时间。必要时，应作技术经济合理性分析，以求方案最佳。

1. 有轨运输

有轨运输是铺设小型轨道，用轨道式运输车出渣和进料。有轨运输基本上不排出气体，对空气污染较轻，设备构造简单，容易制作；占用空间小而且固定等。不足之处在于轨道铺设较复杂，维修工作量大；调车作业复杂；开挖面延伸轨道影响正常装渣作业等。

2. 无轨运输

无轨运输主要指汽车运输。其特点是运输速度快，管理工作简单，配套设备少。缺点是由于多采用内燃机，作业时会排放大量废气，对洞内空气污染较为严重，尤其在长大隧道中使用时，需要有强大的通风设施。随着大型装载机械及重载自卸汽车的研制和生产，近年来无轨运输在隧道掘进中得到了越来越广泛的应用。

四、支护工程

（一）初期支护施工

1. 喷射混凝土支护

喷射混凝土是以压缩空气为动力，将掺有速凝剂的混凝土直接喷射到岩面上，迅速凝结硬化而成的。喷射混凝土早期强度高，能及时支护，节省大量钢木材料，提高施工效率，为快速掘进创造有利条件。混凝土颗粒在高速度（76~125 m/s）的猛烈冲击下，被连续地捣固和压实，同时管道内的摩擦和喷射的撞击，能使混凝土具有紧密的结构和较好的物理力学性能。

2. 锚杆支护

锚杆支护通过将锚杆插入岩体来加固围岩的承载能力。它具有支护能力强、使用简便、节省材料、少占空间、机械施工、抗弯、与支护结合紧密及施工干扰小等特点，其发挥的支护作用有悬吊作用、组合梁作用、挤压加固作用等，在隧道施工中使用较为广泛。特别是当围岩比较差时，仅仅喷射混凝土是不够的，常采用喷射混凝土与各种锚杆结合形成联合支护。施工完成后，在一定程度上，可作为永久支护结构的一部分发挥作用。因此，在高速铁路隧道施工中，如何保证锚杆施工质量极为重要。

3. 喷锚支护

喷锚支护指喷射混凝土与各种锚杆或喷射混凝土与锚杆及钢筋网的联合支护。由于喷锚支护是一种符合岩体力学原理的支护方法，因而具有良好的物理力学性能，并有与围岩密贴、支护及时、柔性好、糙率大等特点，喷锚支护技术先进，质量可靠，能有效节约三材，降低造价，减轻劳动强度，缩短工期。实践证明：采用喷锚支护可降低40%

成本，提高工效 1~2 倍。因此，应用范围越来越广泛。

喷锚支护时岩体中开挖洞室后，破坏了原有岩层的平衡状态，洞室附近的围岩应力开始重新分配。当围岩应力不超过弹性极限时，岩体是稳定的；当围岩应力超过此极限强度时，这个区域内的岩体将呈塑性状态，形成塑性区（松弛区）。由于塑性影响，在洞壁处应力减小而在深处应力增大，并在该塑性区内形成一个承重圈，能封闭围岩的张性裂隙和节理，使支护与围岩结合成一个统一体系而共同工作，有一定承受周围岩石的能力（自承作用）。

采用喷锚支护时，开挖应采用光面爆破或预裂爆破等控制爆破技术，以减轻炮振对围岩的破坏，使断面轮廓平整准确，这不仅维护了围岩强度和自承能力，而且减少了出渣量，对减小通风阻力也有利。

4. 钢支撑

喷射混凝土支护、锚杆支护和喷锚支护均属于柔性和韧性加固方式，对支护的整体刚度提高不多。对围岩条件较好的地下洞室来说，支护效果尚可。但对于高速铁路双线隧道的Ⅲ级偏压和Ⅳ~Ⅵ级围岩段，由于其自稳性差，为防止开挖后围岩的过度变形并承受部分松弛荷载，要求改用支护能力更强的钢拱架作为初期支护。

钢拱架可以分为型钢钢架和格栅钢架两种类型。型钢钢架是将钢加工成所需形状的刚性较大的支护构件，而格栅钢架则是由钢筋焊接而成的支护构件。

（二）二次衬砌施工

隧道开挖好后，为防止围岩暴露时间过久而引起风化、松动和坍塌，应及时修筑衬砌。衬砌是隧道工程的一个重要组成部分，其施工质量的优劣，直接关系到隧道的使用状况和寿命，故必须严格按照设计要求和有关技术规则进行施工。采用新奥法施工的永久性隧道，通常采用复合式衬砌，即初期支护加二次支护，两层衬砌之间根据实际情况加设防水层，其材料可用塑料防水板或其他隔水材料。初期支护通常采用柔性喷锚支护，是为了解决隧道在施工期间的稳定和安全的工程措施；二次支护多采用模筑混凝土作为内层衬砌，是为了保证隧道永久稳定和安全、作为安全储备或承受后期围岩压力的工程措施。因此，初期支护应按主要承载结构设计；二次支护在Ⅳ类及以上围岩时按安全储备设计，应在围岩和初期支护稳定后施作，而在Ⅲ类及以下围岩时按承受后期围岩压力结构设计，应及时施作。二次支护多采用顺作法施工，即按由下到上、先墙后拱顺序连续浇筑。在隧道纵向，则需分段进行，分段长度一般为 9~12 m。

五、开挖面稳定辅助措施

（一）超前锚杆

超前锚杆是沿开挖轮廓线，以稍大的外插角，向开挖面前方安装锚杆，形成对前方围岩的预锚固，在提前形成的围岩锚固圈的保护下进行开挖等作业。这类超前支护的柔性较大，整体刚度较小，主要适用于应力不太大、地下水较少的软弱破碎围岩的隧道工程，如土砂质地层、弱膨胀性地层、流变性较小的地层、裂隙发育的岩体、断层破碎带等浅埋无显著偏压的隧道。其设计、施工要点主要有以下几点。

① 此类超前锚杆的超前量、环向间距、外插角等参数，应视围岩地质条件、施工断面大小、开挖循环进尺和施工条件而定。一般超前长度为循环进尺的 3 ~ 5 倍，宜采用 3 ~ 5 m 长；环向间距宜采用 0.3 ~ 1.0 m；外插角宜用 10° ~ 30°；搭接长度宜为超前长度的 40% ~ 60%，即大致形成双层或双排锚杆。

② 超前锚杆宜用早强砂浆全黏结式锚杆，锚杆材料可用直径不小于 22 mm 的螺纹钢筋。

③ 超前锚杆的安装误差，一般要求孔位偏差不超过 10 cm，外插角不超过 1° ~ 2°，锚入长度不小于设计长度的 96%。

④ 开挖时应注意保留前方有一定长度的锚固区，以使超前锚杆的前端有一个稳定的支点。其尾端应尽可能多地与系统锚杆及钢筋网焊连。若掌子面出现滑坍现象，则应及时喷射混凝土封闭开挖面，并尽快打入下一排超前锚杆，然后才能继续开挖。

⑤ 开挖后应及时喷射混凝土，并尽快封闭环形初期支护。

⑥ 开挖过程中应密切注意观察锚杆变形及喷射混凝土层的开裂、起鼓等情况，以掌握围岩动态，及时调整开挖及支护参数，如遇地下水时，则可钻孔引排。

（二）超前管棚

超前管棚是在隧道开挖前，将一系列钢管（导管）顺隧道轴线方向沿隧道开挖轮廓线外排列布置形成的钢管棚，与钢架连接形成纵横向的支护体系，对开挖面前方拱顶围岩形成纵向支护，阻止围岩下沉、防止开挖面拱顶塌方和维护开挖面稳定。超前管棚具有很强的超前支撑能力和控制沉降能力，在松散破碎地层、地面沉降有严格控制的浅埋段、塌方地段都可以采用。

超前管棚的施工工艺主要有引孔顶入法、跟管钻进法、夯管施工法等。

① 引孔顶入法：一般情况下，当钻进地层易于成孔时宜采用此施工方法，施工效率高。采用普通的地质钻机、液压钻孔台车、锚杆钻机等钻进设备进行钻孔，钻孔结束

后，顶入钢管并封堵管口，之后喷射混凝土封闭工作面，再注浆将钢管及其周围的空隙充填密实。

② 跟管钻进法：当地质状况复杂不易成孔时，可采用该施工方法，其施工原理是用棚管代替钻杆，利用水平定向钻机将棚管直接打入土体中。在棚管前段安设导向钻头，在钻进过程中可以适时调节钻进角度，按设计角度施作管棚。该方法施工精度高，一次性可做大于 100 m 长管棚，对邻近土体扰动小，施工效率高，但是也存在造价昂贵的问题。

③ 夯管施工法：夯管施工法多用于处理塌方和松散软弱地层的山岭隧道，且要求精度不高的地段。其工作原理是夯管锤在压缩空气产生的强大冲击力作用下，将敞口钢管直接打入围岩中。钢管打入围岩过程中，利用气压清除管内土体。夯管施工法对地层的适应性较强，其优点为铺管直径范围大，设备简单，造价低，施工精度高，误差可控制在 ±2% 范围内；缺点为施工噪声大、污染大、效率不太高，当钢管长度较长时，其精度控制较难。

（三）超前小导管注浆

注浆法主要通过注浆设备向地层中注入凝结剂固结地层，以减少地层的渗透性，提高地层的稳定性和强度。注浆机制主要分为两种。

一种是渗透性注浆，即在注浆过程中，采用中低压力使浆液充填地层中被排出的空气和水的空隙，将地层胶凝成固结体，这主要适用于破碎岩层，砂卵石层，中、细、粉砂层等有一定渗透性的地层；另一种是劈裂性注浆，即在注浆压力的作用下，浆液作用的周围土体被劈裂并形成裂缝，通过土体中形成的浆液脉状固结作用来增强土体内的总压力，它主要适用于颗粒更细的黏土质不透水（浆）地层。目前，在隧道工程中根据注浆机制而采用预注浆加固地层的方法有很多，最为常用的是超前小导管注浆。超前小导管注浆是在开挖前，先用喷射混凝土将开挖面和 5 m 范围内的坑道封闭，然后沿坑道周边向前方围岩处打入带孔小导管，并通过小导管向围岩压注起胶结作用的浆液，待浆液硬化后，在坑道周围岩体就形成了有一定厚度的加固圈。在此加固圈的保护下，即可安全地进行开挖等作业。若小导管前端焊一个简易钻头，则可钻孔、插管一次完成，称为自进式注浆锚杆。

浆液被压注到岩体裂隙中并硬化后，不仅将岩块或颗粒胶结为整体起到了加固作用，而且填塞了裂隙，阻隔了地下水向坑道渗流的通道，起到了堵水作用。因此，超前小导管注浆不仅适用于一般软弱破碎围岩，也适用于地下水丰富的软弱破碎围岩。

（四）超前深孔帷幕注浆

超前小导管注浆对围岩加固的范围和加固处理的程度是有限的，而深孔预注浆加固围岩则可在注浆后形成有相当厚度的和较长区段的筒状封闭加固区，因此又称为帷幕注浆。深孔预注浆一般可超前开挖 30~50 m，堵水效果更好，注浆作业的次数也可减少，适用于有压力地下水及地下水丰富的地层，更适用于机械化施工。施工工艺流程为：加固处理掌子面围岩、注浆孔测量放线、钻孔、清孔、验孔、注浆、检查、闭浆封孔、隧道开挖。

六、辅助坑道

（一）横洞

横洞是在隧道侧面修筑的与之相交的坑道。它具有施工简单、不需要特殊的机具设备、出渣运输方便、造价低等优点。

横洞内的运输方式可采用无轨运输或有轨运输，但应注意，横洞纵坡应考虑到便于排水及重车下坡运输方便，有轨运输应向外设不小于 3‰ 的下坡，无轨运输可视车辆情况而定。

横洞与隧道的交角一般不小于 60°，地形限制时不宜小于 40°，交角太小则锐角段围岩较易坍塌，通常以 90° 为宜。横洞与正洞的连接形式有单联式和双联式，相交处用半径不小于 12 m 的曲线连接。一般情况下，横洞不长，其长度不超过隧道长度的 1/10 ~ 1/7，因此较为经济。在地形允许（隧道傍山沿河、侧向覆盖层较薄）时，宜优先考虑采用横洞来增辟工作面。

在考虑把横洞作为运营时的通风口的情况下，横洞断面大小应按通风要求及施工需要考虑，且在两端适当长度范围内修筑永久衬砌。有时在隧道洞口处因为桥隧相连而影响施工，或者面临地质条件差、地形条件不利、路堑开挖量大且尚未完工而又需要进洞等情况，若有条件在洞口附近设置横洞，则可利用横洞进入正洞以避免干扰施工，且可以提前进洞加快工程进度。

（二）平行导坑

平行导坑是修建在隧道一侧，与隧道走向平行、掘进面总是超前于隧道正洞开挖工作面的导坑。平行导坑的开挖导致隧道工程的造价提高（15% ~ 25%），因此，只有长度超过 3000 m 的隧道在无其他辅助坑道时才能采用平行导坑方案。

平行导坑在隧道施工中的主要作用有：超前掘进可对前方地质情况尽早勘察；通过横通道与隧道正洞多处连接，每个横通道进入正洞可增加两个新的工作面，加快了施工速度，且构成巷道式通风系统；将洞内作业分区分段进行，减少相互干扰。

平行导坑应设在地下水流向隧道的上游一侧，以利平行导坑排水，若规划中有二线隧道时，亦可设在二线隧道位置，供将来作为二线施工的导坑用。平行导坑与隧道正洞之间的最小净距离约为 20 m（视地质条件、施工方法、导洞跨度等因素确定，并且由于导洞开挖而形成的两个"自然拱"不相接触为好，否则容易造成塌方）。平行导坑的底面高程应低于隧道正洞底面高程 0.2~0.6 m，以利正洞排水和运输。平行导坑的纵向坡度，原则上应与隧道正洞纵坡相一致或设为出洞 3% 的下坡。

平行导坑初进洞时，可在适当长度（500 m 左右）不设横通道，以后每隔 120~180 m 设一个横通道。为方便运输调车作业，每隔 3~4 个横通道应设置一个反向横通道。横通道与隧道中线夹角一般以 40°~45° 为宜，夹角过小则夹角中围岩易坍塌，并且增加了横通道的长度；夹角过大则运输线路的运行条件差。横通道的坡度则由正洞与平行导坑的高差而定。

平行导坑除个别地质松软地段需要作局部衬砌外，一般均不作衬砌或仅作简单的喷锚支护。

在平行导坑中，一般采用单道有轨运输。为满足运输调车的需要，可每隔 2~3 个横通道铺设一个双股道的会车站，其有效长度一般为 50~60 m。

平行导坑的开挖面应超前正洞导坑两个横通道间距的距离，以充分发挥平行导坑的作用。因此，平行导坑应以小断面掘进，并尽量配备良好的机具设备，做好掘进施工的各种保障工作。

（三）斜井

斜井是从隧道侧上方，以倾斜井筒通向隧道正洞的辅助坑道。斜井适用于隧道埋深较浅，地质条件较好，隧道侧面有沟谷等低洼地形，隧道长度在 1000 m 以上的情况。斜井长度一般不超过 200 m。斜井运输需要有较强的牵引动力，其施工及使用都比横洞、平行导坑复杂，但比竖井简单。

为方便斜井井口场地布置及卸料出渣，井口场地宽度应不小于 20 m。井口场地还应设置向外 3‰ 左右的下坡，以防车辆溜向洞内造成事故，且有利于排水。井身应避免穿越含水率大及不良地质区段，井身仰角以不大于 25° 为宜，且不设变坡段。斜井与隧道中线的夹角不宜小于 40°，并在与隧道连接处用 15~25 m 的水平道相连，以便于运输作业和保证运输安全。

斜井多采用单道或三轨双道运输，运输机械一般是卷扬机牵引斗车。其断面尺寸单道时底宽为 2.6 m，三轨双道时底宽为 3.4 m，高度通常为 2.6 m。为解决错车问题，通常在斜井中部铺设一段长度为 20~30 m、底宽为 4.1 m 的四轨双道。

斜井施工时必须准确控制掘进方向，使其与斜井坡度方向相一致。常用于控制斜井掘进方向的方法有激光照准法和坡度尺放线法。激光照准法是在斜井井口附近的某一高度上安装激光器，使激光器发出光束的方向与斜井坡度一致，用量测光束高度来控制开挖面的底部高程。

坡度尺放线法则是根据斜井设计坡角制作的两个直角边为 2 m 长的三角尺来进行检查。

为防止钢丝绳中断或斗车脱钩事故的发生，除应严格控制牵引速度（斜井长小于 200 m 时，车速不大于 3.5 m/s；斜井长超过 200 m 时，车速可适当提高）外，还应采取下列安全措施。

① 井口阻车装置。为防止洞外车辆意外溜入井内，通常在井口外约 2 m 处安设阻车装置。常用的阻车装置是安全闸，又称手提式木挡。正常运输车辆通过时，提起木挡开闸放行，其他时间均上闸，以防失控车辆溜入井内。另一种阻车装置是井口阻车器，它是用 8 ~ 15 kg/m 钢轨弯制而成，形状如 "L" 形。拐角设有转动轴，一端配重使用；另一端竖立高出轨面阻车。当井下牵引车辆上来时，由轮轴碰倒阻车器上端而通过；当有车下入井内时，则必须由摘挂人员踩下脚踏方可通过，故此装置亦可防止意外溜车。

② 设置阻车安全索。在井身适当位置的两侧岩壁上凿孔，埋设铁环，将直径为 25 mm 的钢丝绳横挂在铁环上，派专人看守，随时摘挂，亦可阻挡意外溜下来的车辆。

③ 断绳脱钩保险器。用直径为 25 mm 圆钢两根，一端弯成环状套在邻近牵引钢丝绳的车辆轮轴上；另一端弯成抓钩并吊在钢丝绳上。当发生意外的断绳或脱钩时，则抓钩自动下落钩住轨枕，拉住斗车不使其下溜。

（四）竖井

当遇到覆盖层较薄的长隧道、中间适当位置覆盖层不厚、具备提升设备、施工中又需增加工作面的情况时，则可采用竖井来增辟工作面。竖井是在隧道上方开挖的与隧道相连的竖向坑道，其深度一般不超过 150 m。

竖井的位置可设在隧道一侧，与隧道的距离一般情况下为 15 ~ 25 m，其间用通道连接，也可设置在正上方。竖井设置在隧道一侧时，施工安全、干扰少，但通风效果不太好。竖井设在隧道正上方时，通风效果好、运输方便、提升较快、造价低，但施工中干扰大，也不安全。

竖井通常采用圆形断面，虽然其断面利用率较低，但施工较为方便，受力条件好，并可留作隧道永久通风道。其断面大小应根据所使用的提升、通风、排水等设备的尺寸来确定，一般直径为 4.5 ~ 6.0 m。当隧道设两个以上竖井时，其间距不宜小于 300 m，竖井井筒长度不宜超过 150 m，否则施工复杂，效率低，必要时应做技术经济比较，防止造价过高。

竖井常使用挂圈支撑井壁。挂圈采用 16# 或 18# 槽钢制作，间距通常为 1 m。下一挂圈通过挂钩挂在上一挂圈上，挂圈周围插上背板以支撑井壁。竖井均需做永久性衬砌。

施工中，在井口、井底需有必要的安全措施，以防施工时发生事故。井口要注意防洪，加强排水、防洪设施。井口与井底间应设置联系用的通信信号设备。

隧道施工完毕后，竖井均留作通风孔道，井口处应做好防水处理。

第二节　铁路隧道施工辅助作业

一、通风与防尘

（一）施工通风

1. 施工通风的目的及要求

隧道开挖过程中，因工作面狭窄，施工人员多，洞内空气污浊，大大地影响洞内施工的开展并危及施工人员的健康。

洞内空气污浊的原因主要是爆破时炸药分解放出一氧化碳、二氧化碳，隧道内施工人员的呼吸要消耗洞内的氧气，并呼出二氧化碳；支撑坑木氧化腐朽、机具运转摩擦亦会放出二氧化碳；隧道穿经煤层或某些地层还会释放出瓦斯、硫化氢；钻眼、爆破、装渣、喷射混凝土、内燃机械和运输汽车等作业则会产生大量有害气体及岩尘。此外，随着导坑不断地向山体深部延伸，温度和湿度相对提高，对人体亦产生有害影响。

隧道通风的目的，就是为了更换并净化坑道内的空气，冲淡有害气体的浓度，降低粉尘含量，保证施工人员的健康与安全，提高劳动生产率。

以铁路隧道为例，我国现行的《铁路隧道工程施工技术指南》对隧道施工过程中的作业环境提出了下列卫生标准。

①粉尘最高容许浓度，每立方米空气中含有 10% 以上游离二氧化硅的粉尘为 2 mg。

②洞内空气成分（按体积计），凡有人工作的地点，氧气含量不得小于 20%。

③有害气体允许浓度：a. 一氧化碳最高容许浓度为 30 mg/m³。施工人员必须进入工作面时，浓度可允许到 100 mg/m³，但工作时间不得超过 30 min。b. 氮氧化物（换算成二氧化氮）浓度不得超过 5 mg/m³。

④隧道内气温不宜大于 28 ℃。

⑤噪声不得大于 90 dB。

⑥隧道施工通风应能满足洞内各项作业所需要的最大风量。风量按每人每分钟供应新鲜空气 3 m³ 计算，采用内燃机作业时，1 kW 供风量不宜小于 3 m³/min。

⑦ 风速在全断面开挖时不应小于 0.15 m/s，在分部开挖的坑道中不应小于 0.25 m/s。

2. 通风方式

通风方式与布置应根据施工方法、设备条件、掘进长度、开挖面积及污染物质的含量与种类等情况确定。在施工中，通风方式有自然通风和强制机械通风两类。自然通风是利用洞室内外的温差或风压差来实现通风的一种方式，一般只限于短直隧道，且受洞外气候条件影响极大，因而完全依赖自然通风的情况较少。绝大多数隧道施工必须采用强制机械通风。机械通风是利用通风机和管道（或巷道）组成通风系统，以解决隧道通风问题。按照风道类型和通风机安装位置，机械通风可分为以下几种方式。

① 风管式通风。风管式通风是用小型通风机通过风管和管道（或巷道）输送新鲜空气或吸出污浊空气的通风方法。其设备简单，灵活方便，易于拆装，是施工中常用的一种通风形式。但由于断面小，随着管路加长，通风阻力将增大。过去常用软风管，由于破损或接头漏风，风量常达不到要求。

② 巷道式通风。由于风管式通风在长度超过 1000 m 时，往往风管损坏，漏风量很大，加上风管直径有限，管路过长时，风流阻力加大，通风效果达不到要求，所以长隧道都采用巷道式通风。巷道式通风的优点是节省通风管、风量大、阻力小、通风距离长，是目前解决长隧道施工通风比较有效的方法。巷道式通风利用平行导坑与隧道本身组成一个完整的通风循环系统，在平导洞口附近安装通风机，将污浊空气由平导洞抽出，新鲜空气由正洞流入，形成循环风流。另外，对平导洞和正洞导坑前面的独头巷道，辅以局部的风管式通风。

③ 风墙式通风。风墙式通风是利用隧道成洞部分空间，用砖或木板隔出一条风道，代替大直径风管，以缩短风管长度，同时增大供风量以满足通风要求。施工通风方式的选择应根据坑道的掘进长度、施工方法和设备条件来确定，当主机通风不能保证坑道掘进通风要求时，应设置局部通风系统。一般来说，隧道总长不超过 200 m 或隧道洞门以内不足 100 m 的地段，可依靠洞内外温差产生的空气对流形成自然通风；长隧道距洞门超过 100 m 的地段必须采用机械通风。

3. 通风管理

通风效果的好坏，除了合理选择通风设备（通风机和风管）外，与通风设备的安装质量及其维护管理的好坏有十分重要的关系。地下坑道空间狭窄，风管受到炮崩、车刮，都会导致漏风增加。巷道式通风则往往因风门安装不严或开启与关闭无人过问而形成严重风流短路，这些都影响施工的安全和进度。因此，对通风应加强管理，制定切实的通风管理制度，固定专人看管、巡回检和保养维修，使通风效果更加经济合理。

具体来说，对通风系统应有全面规划和合理布局，使各种形式的"循环风"覆盖到各个工作面，以实现通风换气；要绘制详细的通风布置图，图中标明通风洞尺寸及它与平行导坑的连接方式，主扇的型号和台数，局扇的型号及设置方法，各种材质风管的分布及安设三通的位置，风门的位置及开启方向；用箭头标明风流的循环路线等；不同系统的相邻坑道互相贯通后，要采用统一的通风系统。

（二）防尘

在隧道施工中，有害气体的危害比较明显，故一般为人们所重视；粉尘对人体的危害不能立即反映出来，因而往往被忽视。特别是粒径小于 10 μm 的粉尘，极易被人吸入，或沉附于支气管中，或吸入肺部，隧道施工人员常见的硅肺病就因此而形成。此病极难治愈，病情严重发展会使肺功能完全丧失而死亡。因此，防尘工作十分重要。

粉尘的产生主要来自凿岩作业，约占洞内空气中含尘量的 85%，爆破占 10%，装渣运输只占 5%。目前，推行湿式钻眼是防尘工作的主要措施，但要使坑道内的含尘量降到 2 mg/m³ 的标准，只靠湿式凿岩是不够的，必须采取综合措施，即湿式凿岩、喷雾洒水、机械通风和个人防护相结合。

1. 湿式凿岩

湿式凿岩是防尘措施中最主要的措施。湿式凿岩俗称打"水风钻"。用凿岩机打眼时，将压力水通过凿岩机送入孔底，以抑制岩尘产生，并湿润、冲洗、排出产生的岩尘。根据现场测定，采用这种方法可降低粉尘量 80%。使用湿式凿岩时，供水的水压、流量要适宜，高压水到达工作面处的压力应不小于 0.3 MPa；水量应充足，每台风钻不少于 3 L/min；操作应正规，即先开水后开风，先关风后关水；凿岩机不得上下左右摇摆。打仰角孔时，不顺杆流水；打俯角孔时，孔内不积水。对于缺水、易冻害或岩石不适于湿式凿岩的地区，可采用干式凿岩孔口捕尘，其效果也较好。

2. 喷雾洒水

喷雾是利用喷雾设备将水用高压风喷射出来，使爆破后产生的粉尘和水珠凝聚在一起，随水珠降落下来，从而达到降尘效果。喷雾器分两大类：一种是风水混合喷雾器；另一种是单一水力作用喷雾器。前者依靠压气作用使水成雾状而喷出，其特点是喷雾面积大、雾粒细、射程远、喷射速度高，缺点是消耗压气、耗水量大。后者依靠压力水经过喷雾器时，在特制喷头内发生旋转和冲击，使水形成水雾喷射出去，其特点是结构简单、轻便、耗水量小、雾粒细和扩张角大，但射程小，适于向固定尘源喷雾。

目前，常用喷雾器有人字形和 W 形两种。人字形喷雾器结构比较简单，用内径 8 ~ 10 mm、长 110 ~ 150 mm 的两根铁管焊成 30° ~ 45° 交角而成，其风压为 0.3 ~ 0.5 MPa，喷雾效果较 W 形差。W 形喷雾器是用两个人字形喷雾器焊成 60° 交角而成，其风压为 0.3 ~ 0.5 MPa，使用效果良好，喷射成扁平菱形，喷雾较细且均匀。除了常用的人字形和 W 形喷雾器外，还有鸭嘴形。以上 3 种类型，结构都很简单，工地均能自制，其中以 W 形喷雾效果最好。

喷雾器的用水量和风压、水压有关。在一定的风压下，水压越大，喷出的雾粒越粗；在一定水压下，风压越大，则耗水量越小，而雾粒越细。风压、水压与喷射距离成正比，故一般应加大风压，提高射程，以便获得理想的效果。

合理地同时使用 3~5 个喷雾器，可以在导坑开挖面附近形成一道水雾帘幕，从而阻止爆破后的粉尘和烟雾向导坑后部流动，加快通风排烟的速度。

洒水是降低粉尘浓度的简单而有效的措施，即使在通风较好的情况下，洒水降尘仍然需要。因为单纯加强通风，还会吹干湿润的粉尘而使其重新飞扬。对渣堆洒水必须分层洒透，一般每吨岩石洒水的耗水量大致为 10~20 L，若岩石湿度较大，水量可适当减少。

3. 机械通风

虽然采用了湿式凿岩和喷雾洒水，但仍有部分粉尘和废气在空气中飞扬，机械通风是排除洞内这部分粉尘的重要手段，但现场有的工点往往将炮烟吹散后，就将通风机关闭，实际上未能发挥机械通风在降低粉尘含量方面的作用。因此，必须要求在主要作业（钻眼、装渣等）进行期间，经常保持通风。

4. 个人防护

主要是指佩戴防护口罩，在凿岩、喷射混凝土等作业时，佩戴防噪声的耳塞及防护眼镜等。

二、供风

在隧道施工中，由于以压缩空气为动力的风动机械结构简单而轻巧，因此得到广泛应用，如凿岩机、装渣机、风动槽式列车和梭车、风动混凝土压送器、喷混凝土机、压浆机、锻钎机等都是较通用的风动机具。为保证这些机具的正常工作，必须有足够风量及必需的工作风压，同时还应尽量减少压缩空气在管路输送过程中的风量和风压损失，从而达到节约能源、降低消耗的目的。

空气压缩机分为电动和内燃两种，短隧道可采用移动式内燃空气压缩机，长大隧道则以采用固定式大型电动空气压缩机为好。隧道施工一般把空气压缩机集中安设在洞口空压机内，以负责供应隧道施工所需要的压缩空气。

压缩空气站的生产能力视同时工作的风动机具耗风量和管路的漏风量而定，并考虑一定的备用系数和工程所在地对空压机生产率影响的折减系数。

（一）空压机站生产能力的确定

空压机站主要由空压机、配电设备、贮风筒（用于均衡风压及排泄高压风中的油和水）、送风管及其配件、循环电池（用于冷却空压机）等组成。

1. 总用风量的计算

总用风量的计算以风动机具耗风量与管路及其附件的漏风量为前提，风动机具耗风量可通过风动机具的种类、型号、磨损程度和使用数量等数据计算获得；管路及其附件的漏风量则与高压风输送管的理论长度、每公里管路在单位时间内的漏风量等有关。

2. 空压机站生产能力的确定

确定空压机站的生产能力，应综合考虑总用风量、机械备用量、海拔高度对空压机生产率影响的折减系数 3 个因素。

根据计算确定了空压机站的生产能力后，可选择合适的空压机和适当容量的贮风筒。一般固定式空压机的功率大，运转时振动强烈，因此基础必须牢固，一般均用混凝土浇筑。各种类型的空压机基础尺寸和要求，在产品说明书中都有详细说明，施工时应严格执行。

空压机的型号要满足要求的风压，尽量采用同类型产品，以利于对设备的操作、维修、管理和零件的储备。当一台空压机的排气量不能满足供风需要时，可选择多台空压机组成空压机组。空压机站一般应设在洞口附近，当有多个洞口需集中供风时，可选在适中位置，但应靠近用风量较大的洞口。并且，通风机应与铺设的高压风管路同侧，注意防洪、防火、防爆破，机房要求地形宽敞、通风良好、地基坚固。空压机组应并列布置，两个空压机之间的净距离不小于 1.5 m，此外，还应考虑空压机出入、调换、加油、加水等要方便。

（二）压风管道的设置

1. 管径选择

高压风管的直径大小直接影响风的压力和风量。当通过的风量一定时，管径越小，压力损失越大；但管径过大则浪费材料，且影响洞内净空。因此，必须根据管路长度，通过风量来适当选择风管直径，使其满足下列要求：工作风压不小于 0.5 MPa；钢管终端的风压不小于 0.6 MPa；通过胶皮管输送至风动机具的工作风压不小于 0.5 MPa，即风压损失 ΔP 为 0.1 MPa。

高压风管管径选择可按下列步骤进行。

① 计算出送风管路最大的理论长度。

② 根据最大供风量及送风管路最大的理论长度，由相关标准得到风管直径。

③ 根据得到的风管直径及最大供风量，由相关标准得出风压损失 ΔP 值。当 $\Delta P \leqslant 0.1$ MPa 时，风管直径可使用，否则必须将风管直径加大一级，并按上述步骤重新选取，直至满足为止。

2.管道安装注意事项

① 管道敷设要求平顺、接头密封、防止漏风、架设牢固，凡有裂纹、创伤、凹陷等现象的钢管不能使用。

② 有平行导坑的隧道，主风管路一般布置在平行导坑内横通道对面一侧，支管路从轨道下方穿过横通道到正洞。独头巷道的隧道，风管应位于水沟异侧。当采用导坑法或台阶法开挖时，软风管的使用长度不宜大于 50 m。

③ 有计划地安装洞内支管路及闸阀，做到既满足各工点施工需要，又尽量减少管路配件数量。洞内高压风管应敷设在电缆电线相对的一侧。若压风管道在总输出管道上，必须安装总闸阀以便控制和维修管道；主管上每隔 300 ~ 500 m 应分装闸阀；管道前端至开挖面距离宜保持在 30 ~ 40 m，并用直径为 50 ~ 75 mm 高压软管接分风器。风枪用的高压胶管一般为 19 mm，其长度不超过 10 m。

④ 主管长度大于 1000 m 时，应在管道最低处设置油水分离器，定期放出管中聚积的油水，保持管内清洁与干燥。

⑤ 管道安装前应进行检查，钢管内不能留有残杂物和其他脏物；各种闸阀在安装前应拆开清洗，并进行水压强度试验，合格者方能使用。

⑥ 严寒地区的洞外管路应采取防冻措施。

⑦ 管道使用时，应有专人负责检查、养护。

⑧ 管道在洞内应敷设在电缆、电线的另一侧，并与运输轨道有一定距离，管道高度一般不应超过运输轨道的轨面，若管径较大而超过轨面，应适当增大距离。与水沟同侧时，不应影响水沟排水。

三、施工供水与防排水

隧道施工时，由于凿岩、防尘、喷射混凝土、灌注衬砌及混凝土养护、洞外空压机冷却等工序需要供应大量的水，加上施工人员生活也需用水，因此应设置相应的供水设施。与此同时，洞内耗用的水流失在工作面上，若在含地下水的地层中施工，则大量地下水可能会向洞内渗流排泄；坑道顶部淋水对工人健康不利，坑道面漫水影响施工效率；水量过大时，甚至会淹没工作面，迫使工作停顿。所以，为保证隧道施工顺利进行，应特别注意做好供水、防排水工作。

（一）施工供水

1. 水质要求

生产和生活用水，使用前必须经过水质鉴定，如水中含有硫酸盐、云母、硼砂等有害矿物质或传染病菌超过规定要求者，未经处理严禁使用。生活用水要求新鲜清洁。

2. 用水量估算

施工现场临时用水主要包括：生产用水、生活用水和消防用水 3 种。

① 生产用水。生产用水与工程规模、机械化程度、施工进度、人员数量和气候条件等有关，因而用水量的变化幅度较大，很难精确估计，一般根据以往经验估计。

② 生活用水。随着隧道施工工地卫生要求的提高，生活设施配置增多，耗水量也就相应增多。因而生活用水量也有一定的变化，但变化幅度不大，一般可按下列参考指标估算。生产工人平均：$0.1 \sim 0.15 \ \mathrm{m^3/d}$；非生产工人平均：$0.08 \sim 0.12 \ \mathrm{m^3/d}$。

③ 消防用水。由于施工工地住房均为临时住房，相应标准较低，除按消防要求在设计、施工及临时住房布置等方面做好防火工作外，还应按临时建筑房屋每 $3000 \ \mathrm{m^2}$、消防耗水量 $15 \sim 20 \ \mathrm{L/s}$、灭火时间为 $0.5 \sim 1.0 \ \mathrm{h}$ 计算消防用水贮备量，以防不测。

3. 供水方式

供水方式主要根据水源情况而定，常用水源有：山上泉水、河水及钻井取水。上述水源自流引导或用机械提升到蓄水池储存，并通过管路送达使用地点。个别缺水地区，则用汽车运水或长距离管路供水。蓄水一般采用开口水池。水池容积根据最大计算用水量、水源及抽水机等情况而定。为防止抽水机发生故障或偶尔停电，还需考虑备用用水量。根据经验可按 1 d 用水量的 1/2 ~ 2/3 来修建。

水池位置应选择在基底坚固的山坡上，防止水池变形开裂，并避开隧道洞顶，以免漏水渗入隧道，造成山体滑动或洞内塌方。水池的修建方法应根据地形、地质情况而定。水池位于山顶，且为土质地基，就地无片石可采时，最好将水池全部建于地面线以下，池底和周壁为防止漏水或坍塌，应做防水层或用薄混凝土衬砌。水池位于山顶，若基底为石质，且就地有片石可采时，可建于地面上，用浆砌片石砌筑，根据地形条件用埋置式或半埋置式。当地形条件受限制，不能埋置时，也可采用修建水塔或用钢板焊接水箱等方式。

水池四周应有良好的排水沟，以免雨水夹带泥沙流入池内或冲刷池壁。

水池与工作面的相对高度，以水到达工作面时水压不小于 0.3 MPa（折合水柱 30 m）为准。根据扬程及选用的钢管直径选择合适的水泵。常用水泵有单级悬臂式离心水泵和分段式多级离心水泵，其规格、性能可阅相关手册。

临时抽水泵房的要求，可按临时房屋的有关规定办理。水泵在安装前，应按图纸检查安装尺寸，保证各部分尺寸均符合安装要求，水泵底座的安装位置须经校核，才能灌注水泥砂浆并固定地脚螺栓。

4. 供水管道布置

① 供水管道，主管直径一般为 75~100 mm，支管直径为 50 mm。管道铺设应保证质量，平顺、短、直且弯头少，确保不漏水。

② 管道沿山顺坡敷设悬空跨距大时，应根据计算来设立支柱承托，支撑点与水管之间加木垫；严寒地区亦应采用埋置或包扎等防冻措施，以防水管冻裂。

③ 水池的输出管应设总闸阀，干路管道每隔 300~500 m 应安设闸阀一个，以便维修和控制管道。

④ 供水管道应安设在电线路的异侧，不应妨碍运输和行人，并设专人负责检查养护。

⑤ 管道前端至开挖面，一般保持的距离为 30 m，用直径为 50 mm 高压软管接分水器。

⑥ 如利用高山水池，其自然压头超过所需水压时，应进行减压。一般在管路中段设中间水池作为过渡站，也可直接利用减压阀来降低管道中水流的压力。

（二）防排水

隧道工程防排水，应采取"防、排、截、堵相结合，因地制宜，综合治理"的原则。对水文环境有严格要求的隧道，防排水应遵照"以堵为主、限量排放"的原则执行。

1. 截水

地表截水导流沟完成后，即可自行永久发挥作用。当隧道埋深较小时，可在洞外设井点降水，用水泵抽水。因此，它只能解决浅埋隧道在施工期间的降水问题。当隧道埋深较大时，可在洞内设井点降水，以解决洞内局部区段的降水问题。平行导坑、横洞、斜井、竖井等辅助坑道均可以作为泄水洞。若将平行导坑设置在地下水的上游方向，则可自行永久发挥截水作用。

2. 防水

常用的堵水措施有混凝土衬砌堵水、塑料板堵水、注浆堵水和分区隔离防水。

混凝土衬砌堵水主要用于水量不大、压力较小的地层条件，可通过满足防水混凝土的抗渗强度及抗压强度的设计要求，以及衬砌施工时采用机械振捣等方式，来改善和利用混凝土衬砌的抗渗防水性能。

塑料板堵水是近年来的一项防水新技术，它适用于围岩有大面积裂隙滴水、流水，且水量压力不太大的情况。塑料板在初期支护与二次衬砌间进行铺设。塑料防水板厚度不小于 1.5 mm，柔性、耐刺穿性和耐久性好。塑料防水板应自下而上地铺设，要求平顺并与基层固定牢固，不得有下垂、绷紧和破损现象，且预留一定的松弛度，搭接缝必须采用热风焊接。不得有渗漏。

注浆堵水主要用于水量大、压力大的地层条件。用超前小导管或超前长钢管将适宜的胶结材料压注到地层节理、裂隙、孔隙中，使其扩散、凝固和硬化，从而使岩层具有较高的强度、密实性和不透水性，达到封堵截断补给水源和加固地层的作用。预注浆方法应根据地质状况、机械设备等综合因素选择。若超前地质预测，预报有大量涌水的软弱地层地段，宜采用地表或洞内超前全封闭预注浆。注浆过程中，注意防止堵管、跑浆、串浆、长时间压力不上升、钻孔和注浆塌孔等问题。

隧道穿越地层范围较大，地下水情况复杂时，应采用分区隔离防水技术。区段的长度应根据内渗漏水量的大小确定，富水地段可按衬砌段长度分区。分区采用带注浆管的背贴式止水带，发生渗漏水时可进行注浆。采用分区防水的区段，注浆顺序为先进行拱顶处回填注浆，再进行背贴式止水带上花管注浆，最后进行分区的注浆嘴注浆。

3. 排水

① 洞内排水。开挖隧道时，会有地下水进入坑道，施工粉尘亦要排出废水，这些水都应及时引出洞外。对于有污染性的施工用水，还应按环境保护要求，经净化处理后方能排入河流。排水方式应根据线路坡度情况和水量大小而定[10]。

② 洞外排水。洞外排水主要指做好洞口防洪和排水设施，避免雨季到来时山洪或地面水流入洞口，对于斜井、竖井尤应多加注意。同时，针对地表上与地下水有直接补给关系的洼地或泄水缝，应用黏土回填密实，必要时作截水沟截留导排。

4. 注浆堵水

注浆堵水的主要作用是封堵裂隙，隔离水源，堵塞水点，以减少洞内涌水量，改善施工条件。

注浆通常有以下几种。单液压浆，即压注水泥浆液，适用于基岩裂隙、地面预注浆或工作面预注浆、壁后充填加固等，凝胶时间为 6~15 h；双液压浆，即压注水泥浆液和水玻璃浆液（或其他化学浆液），适用于基岩裂隙、地面预注浆或工作面预注浆、壁后注浆、堵特大涌水等，胶凝时间为十几秒到几十分钟。

① 注浆材料。注浆材料分为粒状浆材和化学浆材两类。粒状浆材主要有纯水泥浆和黏土；化学浆材分为有机化学浆材和无机化学浆材，适用于粒径小于 1 mm 粉细砂层和细小裂隙岩层及断层泥地段，根据被注地层的颗粒级配、孔隙率、含水率、pH 值等，进行室内外试验以确定浆液的合理配合比及胶凝时间等。

② 注浆方法。压浆和注浆通过压注浆设备向地层中注入凝结剂固结地层，减少地层的渗透性，提高地层的稳定性和强度。目前，国内外所采用的注浆方法有：渗入性注浆、劈裂性注浆、压密性注浆、高压喷灌注浆。

注浆用于防水，通常采用的方法是开挖前压浆堵水和衬砌后压浆堵水。

四、施工供电与照明

随着隧道施工机械化程度的提高,隧道施工耗电量呈现逐步增大的趋势,且负荷集中。同时,为确保施工质量与安全,对隧道施工供电可靠性要求越来越高。因此,施工供电日益重要。

(一)总用电量估算和供电方式

在施工现场,电力供应首先要确定总用电量,以便选择合适的发电机、变压器、各类开关设备和线路导线,做到安全、可靠地供电,减少投资,节约开支。确定现场供电负荷的大小时,不能简单地将所有用电设备的容量相加,需考虑实际生产中并非所有设备同时工作,以及工作的用电设备并非均处在额定工作状态。

隧道施工供电方式有两种。一种是自设发电站供电。一般只有在地方供电不能满足施工用电需要,或施工现场距离地方电网太远时,才自设发电站供电。自发电可作为备用。在地方电网供电不稳定时,或在有些重要施工场所还需设置双回路供电网时,保证供电稳定性。另一种是采用地方现有电网供电。一般应尽量采用地方现有电网供电,既方便又安全。

选择供电变压器时,其容量应按电气设备总用量确定。变压器的位置应设在便于运输、运行、检修和地基稳固、安全可靠之处。变压器应安设在供电范围的负荷重心,使其投入运行时线路损耗最小,并能满足电压要求。隧道洞外变电站,宜设在洞口附近,并应靠近负荷集中地点和设在电源来线同一侧;变电站(变压器)应选择在高压线附近;洞内变压器应安设在干燥的避车洞或不用的横向通道处,变压器与周围及上下洞壁的距离不得小于 30 cm,并按规定设置安全防护。变电站电源线当需跨越施工地区时,其最低点距人行道和运输线路的最小高度应满足,电压 35 kV 时 7.5 m,6~10 kV 时 6.5 m。

(二)供电线路布置

隧道供电电压,一般是三相四线 400 V/230 V。动力机械电压标准是 380 V,成洞地段照明用 220 V,工作地段照明应使用安全电压 24~36 V,成洞和不作业地段可采用 220 V。

对于长大隧道,考虑低压输电因线路过长而使末端电压降低太大,故用 6~10 kV 高压电引入洞内,然后在洞内适当的地点设置变电站,将高压电流变到 380 V/400 V,再往前送至工作地段。对于开挖、未衬砌地段,应按移动式线路布置。

洞内电力线路敷设要求如下。

①输电干线或动力线、照明线路安装在同一侧时,必须分层架设。其原则是高压在上,低压在下;干线在上,支线在下;动力线在上,照明线在下。且应在风、水管路相

对的一侧。长大隧道的照明宜与永久照明线相结合，按设计规定一次架设。

② 施工地段的临时电线路宜采用三芯橡套电缆以保安全。竖井、斜井宜使用铠装电缆。

③ 隧道内配电线路分低压进洞和高压进洞两种。当隧道在 1000 m 以下（独头掘进）时，采用低压进洞，电压为 400 V，配电变压器设在洞外。低压进路导线敷设方式分垂直、水平两种。水平排列占空间较大，影响大型施工机械通过，故一般采用垂直排列。当隧道在 1000 m 以上时，则采用高压进洞，以保证线路终端电压不致过低。高压进洞电压一般为 10 kV，配电变压器设在洞内。工作面一般采用 36 V 低电压，其变压器应设在离工作面不很远的安全而干燥的地方（一般在大小避车洞内），机壳接地，从变压器到工作面的电线总长不应大于 100 m。高压进洞电缆一般采用明敷设。根据不同地段的具体条件，可分别用金属托架、挂钩或帆布带等固定。电缆线离地面大于 3.5 m，横担间距一般为 3 ~ 5 m[11]。

④ 根据隧道作业特点，电线路架设分两次进行。在进洞初期，先用橡套电缆装设临时电路。随着工作面推进，在成洞地段用胶皮绝缘线架设固定线路，替换下来的橡套电缆，供继续前进的工作面使用。

⑤ 洞内敷设的高压电缆，在洞外与架空高压线连接时，应安装相同电压等级的阀型避雷器一组及开关设备。架设低压线路进洞时，在洞口的电杆上，应安装低压阀型避雷器一组。

⑥ 采用电爆时，要敷设绝缘良好的专用电力线路；爆破专用线不得和其他电线相靠近或交叉。不允许将通电的多余电缆盘绕堆放，以免电缆过热，发生燃烧事故。

⑦ 动力干线上的每一分支线，必须装设开关及保险丝具。严禁在动力线路上加挂照明设施。分支接头处应按规定搭接，并用绝缘胶布包缠。

（三）安全用电

为避免隧道施工中出现触电事故，应建立健全规章制度并完善技术措施。常用技术措施除使用安全电压外，还包括绝缘、屏护、隔离和接地等。

1. 安全作业要求

有关安全作业，除应遵守电工安全作业规程外，重点应注意以下几个方面。

① 线路接头应经常检，避免裸露现象，否则应立即包扎。

② 各种电流负荷保护装置不得随意加大其容量，不得用任何其他金属丝代替熔丝。

③ 电工人员操作时必须戴绝缘手套和穿绝缘胶靴。

④ 在需要触及导电部分时，必须先用测电器检测，确认无电后，才能开始工作。

⑤ 一切电气设备的金属外壳或构架都必须妥善接地。

2. 接地

在隧道施工中，需要接地的设施有与电机连接的金属构架、变压器外壳、配电箱外壳、启动器外壳、高压电统的金属外皮、低压橡套电缆助接地芯线（连接变压器中性点的中性线）、风水管路、轨道及洞内临时装设的金属支架等。

接地是由高压电缆外皮和低压电缆的接地芯线及所有明线架设的中性线连接成总体接地网路，构成具有多处接地装置的接地系统。不用高压供电的隧道，应在 230 V/400 V 进线端设置中心接地装置。

第三节　不良及特殊地质地段施工

一、溶洞地段施工处置方法

溶洞是可溶性岩层（石灰岩、白云岩、白云质灰岩、石膏、岩盐等）经过含碳酸的地下水不断侵蚀而产生的沟槽、裂缝和空洞及由于空洞的顶部塌落使地表产生陷穴、洼地等现象和作用。

我国石灰岩分布很广，尤其在西南各省，石灰岩占有很大面积，普遍存在岩溶现象。另外，如华北的奥陶纪石灰岩中，岩溶也很发育。在这些地区修建隧道，常会遇到溶洞。溶洞具有突发性、高压性和富水性等工程特点，对铁路隧道的影响主要表现为：使结构物部分及全部悬空，大大降低隧道使用的可靠度；其充填物使隧道围岩的初始应力分布不均，影响结构物的稳定性和可靠性；侵蚀性地下水对结构物产生腐蚀、侵蚀危害，影响其耐久性；季节性的岩溶洞穴涌水，给隧道施工和支护体系带来不安全因素。因此，制定科学、合理、有效的溶洞处理方案，对隧道顺利穿越岩溶地段极为重要。

（一）溶洞类型及处理方法

溶洞一般有死（已经稳定不再发展）、活（继续发展）、干（无水）、湿（有水）、大、小及有无充填物等几种。死、干、小的溶洞比较容易处理，而活、湿、大的溶洞，处理方法则较为复杂，无充填物的容易摸清情况，有充填物的难以摸清情况[12]。

溶洞的处理方法，通常是根据其不同的情况，选用"引、堵、穿、绕、跨"方法处理，现分述如下。

1. 引排法

地下水或暗河，宜排不宜堵，通常采用引导的办法排出隧道。当水量较小时，可在两侧边墙外埋钢管或浆砌垂直暗沟，并通过横向水沟把水引入隧道侧沟排出。流量较大时，在明确水源流向及其与隧道位置的关系后，可用暗管、涵洞、小桥等设施宣泄水流或开凿泄水将洞水排出洞外。当岩溶水流的位置在隧道顶部或高于隧道顶部时，应在适当距离处，开凿引水斜洞（或引水槽）将水位降低到隧道底高程以下，再行引排。当隧道设有平行导坑时，可将水引入平行导坑排出。

应当注意的是，由于溶洞大多与地表相通，地表降水极易灌入溶洞，因此溶洞内涌水量随季节变化较大，特别是在雨季，一次暴雨的降雨量达 100 mm 以上时，溶洞涌水、突水量可达一般降雨的几十倍到几百倍，涌水爆发时间仅比暴雨滞后 2~3 h。所以，即使对看似无水的溶洞，也应每隔适当距离设置泄水盲沟，拱部或全周挂设防水板。对溶洞兼为地下暗河通路的情形，必须顺通河流通路，必要时作泄水隧道引排地下水。

2. 堵塞法

当溶洞位于隧道衬砌背后或底部，即隧道断面的部分位置通过溶洞时，可用浆砌片石或干砌片石、石渣等予以填实处理，必要时用混凝土回填或压浆处理。应注意当空腔内有少量流动水时，则应预留过水通道，使地下水流管道畅通。

若一侧边墙穿过溶洞，溶洞不大，也不太深，且无充填物，可采用加深墙脚的办法。墙外用片石浆砌一层，浆砌层以外则用干砌回填。若一侧在起拱线附近穿过溶洞，溶洞也不大，无充填物，可先用托梁跨越，以使拱圈继续施工，然后将边墙背后用浆砌片石堵塞。若隧道拱顶部有空溶洞，根据溶洞的岩石破碎程度及充填情况在溶洞顶部采用喷混凝土、打锚杆、设置钢筋护拱、布设钢筋网、复喷混凝土等措施加固洞壁，对二次衬砌以外的溶洞空穴回填密实。

若采用注浆方式，可依据情况选用超前帷幕注浆、径向注浆、局部注浆、补注浆等4 种方式或其中几种方式相结合的注浆方案。当溶洞规模较大，内部充填大量泥沙且含有丰富的地下水或富水的断裂带，一旦揭穿，可能发生大规模突水突泥时，宜采用超前帷幕注浆；当隧道开挖后，隧道周边存在大面积湿渍或漏水现象时，可采用径向注浆；当岩层溶隙、软弱夹层的局部有股状涌水现象，且出水比较清澈、受天气降雨影响不大时，可采用局部注浆。

3. 穿越法

当溶洞范围很大、里面充满土石时，可采用修建松软地质隧道的方法穿越充填物。若隧道断面均位于亚黏土内的情况，如黏土内含水率较大，应在基底夯填一定厚度的石渣。其衬砌断面一般为曲墙式，带仰拱，仰拱下设石渣垫层。

若隧道断面绝大部分位于充填黏土内，穿越时仍应用曲墙衬砌，但由于底部位于基岩上，可不作仰拱。

4. 绕避法

施工中遇到短期内难以处理的溶洞，可采用迂回导坑绕过溶洞，另开辟工作面。

同时，组织专业工作队进行处理。绕行开挖时，必须注意迂回导坑不再遇到溶洞，且应与原溶洞保持一定间距，防止洞壁失稳。当溶洞实难处理或对今后运营安全有极大影响时，可考虑改线绕避。

5. 跨越法

对于规模较大较深，不宜作堵塞处理的大溶洞，或因堵塞所需圬工工程量过大而不经济时，可采用梁、拱跨越通过。

① 若隧道一侧通过溶洞，而溶洞宽度不大，但沿线路方向较长，洞底较深，可在边墙底部作桩基基础。

② 隧道底部遇有较大溶洞并有流水时，可在隧道底部以下砌筑圬工支墙，支承隧道结构，并在支墙内套设涵管引排溶洞水。

③ 隧道边墙部位遇到较大、较深的溶洞，不宜加深边墙基础时，可在边墙部位或隧道底以下筑拱跨过。

④ 当隧道中部及底部遇有深狭的溶洞时，可加强两边墙基础，并根据情况设置桥台架梁通过。

⑤ 当隧道穿过大溶洞，情况较为复杂时，可根据情况，采用边墙梁、行车梁等，由设计单位负责特殊设计后施工。

⑥ 当隧道顶部溶洞较高，且有危石悬挂时，可采用明洞断面通过。

（二）溶洞地段隧道施工注意事项

① 施工前应对地表进行详细勘察，了解地表水、出水地点的情况，并对地表进行必要的处理，以防止地表水下渗。

② 开挖方法宜采用台阶法。在Ⅱ、Ⅲ级围岩条件下，且溶洞仅穿过隧道底部一小部分断面时，可采用全断面一次开挖。当隧道只有一侧遇到溶洞时，应先开挖该侧，待支护完成后再开挖另一侧。

③ 当施工到达溶洞边缘时，各工序应紧密衔接，支护和衬砌尽快跟上。同时应采用各种探测手段进行超前地质预报，随时探明溶洞的位置、大小、与线路的相对关系等情况，以便采取防范措施，保障施工安全。超前地质预报通常采用TSP探测技术做长距离宏观预测，红外探测、声波探测或地质雷达作为补充，同时加强常规地质综合分析和超前水平钻孔探测。

④ 施工中注意检查溶洞顶部，及时处理危石。当溶洞较大较高时，应先喷射混凝土加固，再在靠近溶洞顶部附近打入锚杆，并应设置施工防护架或钢筋防护网。

⑤ 在溶蚀地段的爆破作业应遵循"多打眼、打浅眼、弱爆破"的原则，防止在一次爆破后溶洞内的填充物突然大量涌入隧道，或溶洞水突然袭击隧道，造成严重损失。

⑥ 在溶洞填充体中掘进，如充填物松软，可用超前支护施工。如充填物为极松散的砾石、块石堆积或流塑状黏土及砂黏土等，可于开挖前采用地表注浆、洞内注浆或地表和洞内注浆相结合加固。如遇颗粒细、含水率大的流塑状土体，可采用劈裂注浆技术，注入水泥浆或水泥水玻璃双液浆进行加固。

⑦ 溶洞未作处理方案前，禁止盲目弃渣、堵塞，以免影响处理方案的制定和堵塞地下水流的通路，导致地下水压力过高而破坏支护体系。

⑧ 岩溶地区隧道支护和衬砌应根据溶洞情况予以加强。

二、岩爆的处理

岩爆，亦称冲击地压，是岩体高应力区的一种重要地质现象，是地下开挖过程中洞室围岩因开挖卸荷、应力分异造成岩石内部破裂和弹性能突然释放而引起的爆裂松脱、剥离、弹射乃至抛掷性破坏现象，属地下采掘地质灾害。其烈度通常分轻微、中等、强烈和剧烈 4 个等级。岩爆具有突发性、延续性、衰减性、猛烈性和危害性等特点，即岩爆在未发生前一般无明显的预兆；一般岩爆发生在半个月之内，但是也有滞后一个月甚至数月才发生的；发生频率随暴露后的时间延长而降低；岩爆时，岩块自洞壁围岩母体迸射而出，一般呈中间厚边缘薄的不规则片状，块度多呈长宽几厘米的薄片，个别长宽达几十厘米，严重时，上吨重的岩石从拱部弹落，造成岩爆塌方。

近几年来，我国长度超过 10 km 的隧道工程不断出现，易形成高地应力。当隧道穿过这些高地应力区时，一旦具备岩性条件，发生岩爆的可能性就大为增加。岩爆直接威胁施工人员和设备的安全，影响工程进度，而且还会造成超挖、初期支护失效，严重时将诱发地震。岩爆已经成为硬岩隧道勘测设计及施工组织中必须考虑的重点问题之一。

（一）岩爆产生条件

产生岩爆的因素很多，如岩性、隧道初始应力状态、埋深、地表地形、开挖断面形式及开挖方式等。岩爆的形成过程是岩体中的能量从储存到释放直至最终使岩体破坏而脱离母岩的过程。因此，岩爆是否发生及其表现形式主要取决于岩体中是否储存了足够能量，是否具有释放能量的条件及能量释放方式等。换言之，地层地应力的大小和岩性条件是产生岩爆与否的两个决定性因素。

地应力条件。岩爆多发生于埋深大的隧道中，因只有埋深大才足以形成高地应力，在隧道发生高地应力作用下，地层中才能积聚很高的弹性应变能。一般来说，埋深超过 700 m 的隧道，岩爆的情况居多，但埋深在 200 m 左右也有发生的实例。

地层的岩性条件。岩爆只发生于结构完整或基本完整的脆性硬岩地层中，多见于石英岩、花岗岩、正长岩、闪长岩、花岗闪长岩、大理岩、花斑状大理岩、片麻岩等岩体。

因此，岩爆主要发生在埋藏很深、干燥和质地坚硬的岩层，多在新开挖的工作面附近，少数则距新开挖工作面较远。岩爆多发生在如下特定部位：由初始应力和洞室断面形状所决定的应力重分布集中区；在围岩靠近表面部分有高变异应力及残余应力分布区；在断层受风化破碎的岩脉（墙）附近形成的局部应力增高区。在溶孔较多的岩层里，则一般不会发生岩爆。

（二）岩爆防治措施

由上可知，岩爆产生的前提条件取决于围岩的应力状态与岩性条件。在施工中控制和改变这两个因素，就可能防止或减弱岩爆的发生。因此，防治岩爆发生的措施主要有两条：一是强化围岩；二是弱化围岩。

强化围岩的措施很多，如喷射混凝土或喷钢纤维混凝土、锚杆和超前锚杆支护、喷锚混凝土支护、钢支撑、喷锚网、钢支撑挂网喷联合等。这些措施的出发点是给围岩一定的径向约束，使围岩的应力状态较快地从平面转向三维应力状态，以达到延缓或抑制岩爆发生的目的。其中，采用喷锚网联合体系治理岩爆，在减小岩爆规模方面效果显著。

弱化围岩的措施之一是注水。针对不同的岩爆级别可采用相应的技术措施。

① 轻微岩爆地段，可在开挖面上直接洒水，软化地层，以促使应力释放和调整。

② 中等岩爆地段，宜在隧道开挖断面轮廓线外 $10 \sim 15$ cm 范围内，在边墙和拱部钻孔喷灌高压水，降低岩石的脆性和储存能量的能力。

③ 强烈岩爆地段，除采用上述方法外，在浅埋地段可进行地面钻孔注水，大范围软化围岩。对双线或多线隧道，可先掘进贯通一个断面积为 $15 \sim 30$ cm^2 的小导洞，使岩层的高应力得以部分释放，再开挖隧道。

④ 剧烈岩爆地段，可采取超前探测、超前锚固、超前灌浆、挂网喷锚（包括钢纤维混凝土或打预应力锚索等）、加钢支撑甚至钢筋混凝土衬砌等措施，以阻止岩爆产生。

弱化围岩的措施之二是采用超前预裂爆破、排孔法和切缝法等。这三者的目的是解除能量，使能量向有利的方向转化和释放。切缝法和排孔法能将能量向深层转移，使围岩内的应力，特别是在切缝或排孔附近的切向应力显著降低，围岩内所积蓄的弹性应变能也得以大幅释放，因而可有效地防治岩爆。

此外，还应采用合理的开挖方式和顺序，短进尺，多循环。每循环进尺应控制在 $1.0 \sim 1.5$ m，最大不得大于 2.0 m，轻微—中等岩爆地段尽可能采用全断面一次开挖成形的施工方法，以减少对围岩的扰动。强烈岩爆地段必要时也可以采用台阶法开挖，以降低岩爆破坏程度，但在施工中应尽量减少爆破震动触发连锁性岩爆的可能性。对于地下洞室群的开挖，通过施工顺序的优化，可降低围岩的能量释放率，达到控制岩爆发生的目的。同时，宜采用光面爆破技术，使隧道周边圆顺，降低岩爆发生的强度；对岩爆强烈的开挖面，可采用超前锚杆，对开挖前方的围岩进行锁定；在边墙及拱部处布置预防岩爆的短锚杆，并宜与钢纤维喷射混凝土联合使用，形成喷锚加固作用。

（三）岩爆地段隧道施工注意事项

在岩爆地段施工，应遵循"以防为主、防治结合"的原则。如设有平行导坑，则平行导坑应超前于正洞一定距离，以了解地质，判断是否会发生岩爆，为正洞施工达到相应地段时加强防治提供依据。如有条件，可采用声波探测预报岩爆。

根据岩爆发生的频率和规模情况，必要时考虑缩短爆破循环进尺。初期支护和衬砌要紧跟开挖面，以尽可能减少岩层的暴露面和暴露时间，防止岩爆发生。

为防止岩爆损坏施工机械，所有在掌子面附近的设备、设施要安设防护罩和防护网。

岩爆引起塌方时，应立即停机待避，同时进行工作面的观察记录，如岩爆位置、强度、类型、数量等；在工作面、边墙和拱部，每一循环内进行 2～3 次找顶；采用摩擦型锚杆进行支护，增大初始锚固力；喷射 5～8 cm 厚的钢纤维混凝土，抑制开挖面围岩的剥落；增设临时防护措施，防止再次出现大方量坍塌；安装变形观测设备，进一步观察围岩变形情况。

三、施工遇有流沙治理措施

流沙不是围岩的某一类型，而是在饱水围岩中产生的一种特殊地质现象。确切地说，应称为流沙现象，但习惯上常称作流沙，亦称管涌冒砂。它是粒径很小的非黏性土在动水压作用下，土颗粒失去稳定，随地下水一起流动涌入坑内，多呈糨糊状。流沙对隧道施工危害极大，可引起围岩失稳坍塌，支护结构变形，甚至倒塌破坏。

（一）流沙产生的原因

能形成流沙的围岩有砂、亚砂土等，而亚黏土和泥土也常呈现出流动状态。砂土无论如何松散，其颗粒总是互相支持，形成一种骨架结构，并保持砂土本身的稳定。即使是饱和的细砂，只要其骨架起作用，就不会产生流沙。试验证明：动水压力和动力作用致使砂的骨架结构遭受破坏，这是产生流沙的主要原因。在饱水的砂土中，当地下水流动时，其颗粒受到水流的动水压力，若此压力等于或超过颗粒的水中重量，则使颗粒失重而处于悬浮状态，于是砂土的骨架失去作用，形成流沙。在动力作用下，当砂土颗粒很细时，在饱水情况下，地下水不是简单地充满骨架的空隙，而是黏结在颗粒的表面，使土体暂时变成流动状态，也会形成流沙。

（二）处理流沙的施工方法

隧道施工遇到流沙，必将带来很大困难。如流沙连续涌入坑道，使围岩产生空穴，随即发生坍塌，掩埋洞内设备，甚至造成伤亡等重大事故。因此，当遇到流沙时，必须摸清流沙成因，调查流沙特性、规模，了解地质构成、贯入度、相对粒径分布、塑性指数、地层承载力、滞水层分布、地下水压力和透水系数等，制订出切实可行的治理方案。

1. 治理流沙的关键在于治水

治水即如何处理地下水的问题。施工时，通常采用"防、排、截、堵"的治理方法。

① 防，即建立地表沟槽导排系统及采取仰坡地表局部防渗处理，防止降雨和地表水下渗。

② 截，常用井点法，即在施工范围以外布置井点，进行抽水，使开挖范围的围岩脱水，减少正洞的静水和动水压力，对地下水起到拦截作用。但在透水性低的亚黏土、亚砂土和粉状黏土质中的水，很难疏干，采用此法难以奏效。

③ 排，即有条件的隧道在正洞水源下游一侧开挖一条洞底低于正洞仰拱的泄水洞，用以降低正洞的地下水，或采用水平超前钻孔真空负压抽水的办法，排除正洞的地下水。

④ 堵，即采用注浆方法充填裂隙，形成止水帷幕，减少或堵塞渗水通道。

以上几种施工方法，应根据工程地质、水文地质条件和地下水的性质、类型、工期要求及经济效益等因素综合分析，合理选用。

2. 先护后挖，加强支护

要堵住流沙涌入隧道，可采取先护后挖，密闭支撑，边挖边封闭，支撑背面用木板或槽型钢板遮挡，严防砂粒自支撑缝隙孔洞中溢出。如有流沙空隙，应及时堵住。若水压力较大，为避免泥沙涌出，可采用双层插板支撑，在两层插板之间填塞麻袋，作为滤水层，防止砂粒流失造成坍塌。也可采用超前注浆，以改善围岩结构，用水泥浆或水泥水玻璃为主的注浆材料注入，或用化学药液注浆加固地层，然后开挖。

3. 尽早衬砌，封闭成环

在流沙地段，拱部和边墙衬砌混凝土的浇筑应尽量缩短时间，衬砌宜采用曲边墙带仰拱的封闭式结构，不许地下水经隧道内排出，以免引起隧道周围泥沙液化带走颗粒而导致坍塌[13]。

4.采取正确的施工方法

单隧道宜采用先拱后墙法，小导坑掘进，后续工序紧跟。双线隧道采用核心封闭式支撑。

在施工中应观测支撑和衬砌的实际沉落量，及时调整预留量。架立支撑时应设底梁并纵横、上下连接牢固，以防箱架断裂倾倒。拱架应加强刚度，架立时设置底梁并垫平楔紧，拱脚下用方木或厚板垫铺牢固。

马口宜采用挖井法交错开挖，用封闭式框架支撑，施工中应特别注意防止拱脚下沉。

四、瓦斯隧道施工预防对策

当隧道穿过煤层、油页岩或含沥青等岩层，或从其附近通过而围岩破碎、节理发育时，可能会遇到瓦斯。瓦斯是地下坑道内有害气体的总称，包括沼气、二氧化碳、一氧化碳、硫化氢和二氧化氮等。由于从岩（煤）层中涌出的有害气体以沼气（甲烷 CH_4）为主，含量可达99.9%，故习惯上将沼气称为瓦斯。瓦斯在煤层中含量最多。

洞内空气中瓦斯浓度已达到爆炸限度并且与火源接触，就会引起爆炸，其对隧道施工带来极大危害。所以，在有瓦斯的地层中修建隧道时，必须采取相应措施，才能安全、顺利地施工。

（一）瓦斯的成分和性质

① 瓦斯为无色、无臭、无味的气体，当与硫化氢混合在一起时，发出类似苹果的香味。瓦斯浓度达到43%~57%时，空气中含氧量将降低到9%～12%，能引起人们窒息甚至死亡。

② 瓦斯的比重仅为空气的0.554，故常聚积在导坑顶部，其扩散速度比空气快1.6倍，很容易透过裂隙发达、结构松散的岩层而泄出。

③ 瓦斯不能自燃，但当它在空气中达到一定浓度时，一触火花、高温就会燃烧和爆炸。瓦斯燃烧的火焰颜色，随瓦斯浓度的增大而变淡，空气中含有少量瓦斯时火焰呈蓝色，浓度达5%左右时，火焰呈淡青色。

（二）瓦斯的燃烧和爆炸性

坑道中的瓦斯含量在5%以下时，不会发生爆炸，但可能在高温中燃烧；当含量达5%~16%时，能发生爆炸；在16%以上既不能爆炸也不会燃烧。含量在8%时最易燃烧，在9.5%时爆炸力最猛。

1. 瓦斯的燃烧

瓦斯接触火源，并不立即燃烧，时间上略有延迟，待吸收相当热量，即当温度达 300 ℃ 左右时，开始氧化，至 650 ℃ 时开始燃烧。燃烧温度越高，延迟时间越短。当温度为 650 ℃ 时，延迟时间可达 10 s；在 1200 ℃ 时，延迟时间仅为 0.02 s。瓦斯燃烧开始时速度快，随后逐渐减慢；当空气为静止状态，瓦斯含量在 10%~12% 时，瓦斯传导速度为 0.6 m/s，遇流动空气则传导速度可达每秒数百米。

2. 瓦斯的爆炸性能

当瓦斯燃烧时，产生高温（1850~2650 ℃），引起运动和扩大，遇障碍而受到压缩时，即可转为爆炸。因此，瓦斯爆炸必须具备两个条件：洞内空气中的瓦斯含量已达爆炸限度；高温和火源的引燃。

瓦斯爆炸会连续发生，这是因为第一次爆炸时，由于氧不够，未能将聚积的瓦斯烧光，剩余的瓦斯被冲击波冲散稀释；等新鲜空气再次进入后，又会发生第二次爆炸。第二次瓦斯受到的压力比原来的压力大，因此爆炸后的破坏力也更剧烈。

瓦斯爆炸的危害，主要是冲击波和火焰对人员和建筑物的危害。此外，爆炸后，隧道内缺乏氧气，却产生大量有害气体，其一氧化碳浓度可达 2%~6%，令人窒息，或吸入有害气体中毒甚至死亡。

（三）瓦斯监控

1. 监测仪器

隧道进口在非煤系地段出现瓦斯及其他有害气体时，所采用的监测仪器如下。①五合一气体检测仪（PGM-50-5P）：SO_2、H_2S、LEL、VOC、O_2；②一氧化碳检测仪（GASMAN Ⅱ）：CO；③二氧化氮检测仪（GASMAN Ⅱ）：NO_2；④光干涉甲烷测定器（AQG-1）：CH_4、CO_2；⑤瓦斯自动监测系统（TF-200 型）：CH_4。

2. 瓦斯监控

瓦斯监控采用人工检测和自动监测相结合。人工检测实行"一炮三检"（钻孔前、装药前、起爆前）制，钻孔作业及打超前泄压孔时做到随时监测瓦斯浓度。自动监测系统常采用 TF-200 型煤矿自动报警监测仪，在平导作业面、三通作业面、四通下导坑作业面、总回风及风机入风口处各设瓦斯超限报警探头一个，通过信号线路，瓦斯浓度监测数据被传输到洞口显示屏及主控房。

（四）瓦斯的放出

1. 放出前的预兆

瓦斯放出前一般都有征兆，大致表现在下面几个方面。

① 发生各种声响。小者如"吱吱""咔咔""叭叭"等响声；大者如"隆隆"雷声，有这些声响之后，瓦斯可能会很快放出。

② 工作面围岩压力增大。围岩受压突出，部分岩层从工作面挤出脱落，有时用手抚岩壁，可以感到颤动。支撑被压出响声，顶梁有时被压断。

③ 岩层硬度变化。岩层硬度降低，松软易碎，这种现象在钻眼作业中，从钻进速度增快就可感到；但有时也可能由软变硬，再由硬变软才发生放出。

④ 瓦斯浓度变化无常。正常情况下的瓦斯浓度，一般为 0.5% ~ 0.6%，但放出前一定时间内，浓度忽高忽低，变化不定，且变化幅度较大。

⑤ 其他。岩层温度下降、使人感觉发冷，或产生臭味和酸味，这些都是瓦斯放出前的征兆。

这些征兆有的在瓦斯放出前短时间内才能发现，如隆隆雷声、岩层剥落、浓度变化等；有些可能较早出现，如岩层变软等。因此，在施工中必须注意观察，加强预防措施。

2. 放出的类型

隧道工程中，瓦斯产生形式有 4 种。

① 非受压状态下缓慢渗出。瓦斯从掌子面均匀涌出，或在有水的地方形成水泡涌出。瓦斯总量通常随掘进速度而增大，随大气压增加而减少。随着时间推移，瓦斯逸出量逐渐减少。渗出时，偶尔带有一种嘶音。

② 受压状态下喷出。地层中的空洞或断层中蓄积大量瓦斯，遇到钻孔或隧道掘进时，蓄积的瓦斯由持续涌出状态变为喷出。喷出虽为短暂现象，但会造成隧道瓦斯浓度瞬时剧增。另外，有的岩层深处瓦斯含量很大，会形成长时间喷出。喷出时，通常有较大的响声和压力。

③ 受压状态下突出。出现轻微涌出征兆后，大量的高压瓦斯压迫岩层，突然破石而出。喷出时，常有巨大轰响，并夹有煤块或岩石。

④ 溶于地下水中的甲烷。随着隧道涌水（压力降低）或施工开挖（温度升高）从水中释放。

以上 4 种形式中，第①种和第④种形式的瓦斯放出因持续时间长，放出量最大，而瓦斯的喷出则具有很强的突发性。

（五）瓦斯的允许含量、瓦斯隧道分类和防爆措施

1. 允许含量

瓦斯在隧道内的含量，施工规范规定不能大于下列数值。

① 低瓦斯工区任意处应小于 0.5%。

② 局部瓦斯积聚（体积大于 $0.5~\mathrm{m}^3$）应小于 2%。

③ 开挖工作面风流中应小于 1.0%。

④ 煤层爆破后工作面风流中应小于 1%。

⑤ 局部通风机及电气开关 20 m 范围处应小于 0.5%。

⑥ 钻孔排放瓦斯时回风流中应小于 1.5%。

⑦ 竣工后洞内任何处应小于 0.5%。

⑧ 如瓦斯浓度超过上述规定，工作人员必须立即撤到符合规定的地段，并切断电源。

2. 瓦斯隧道分类

瓦斯隧道分为微瓦斯、低瓦斯、高瓦斯、煤（岩）与瓦斯突出 4 类，瓦斯隧道类别按瓦斯工区或瓦斯地层的最高类别确定。

瓦斯工区与瓦斯地层类别判定指标为隧道内绝对瓦斯涌出量 $[Q_{绝}/(\mathrm{m}^3/\mathrm{min})]$。分类标准为，微瓦斯：$Q_{绝} < 0.5$；低瓦斯：$1.5 > Q_{绝} \geqslant 0.5$；高瓦斯：$Q_{绝} \geqslant 1.5$。

3. 防爆措施

防止瓦斯爆炸和人员窒息，避免财产受到严重损失和人员伤亡，其关键环节是消灭超限、积聚，其他如禁绝火源、机电设备防爆、瓦斯检查等，也是防止瓦斯爆炸的有效措施。

① 安全教育。所有进洞工作人员都要经常性地进行防瓦斯技术安全教育，使人人熟悉瓦斯性质，懂得预防措施，自觉遵守操作规定，杜绝违章作业，做到安全施工。非洞内工作人员进洞时，要向他们介绍防瓦斯爆炸的注意事项，才能允许进洞。抢救人员未经专门培训不准在瓦斯爆炸后进洞抢救。

② 瓦斯检查。一方面，加强超前地质预报与超前钻探工作，准确掌握煤层位置、产状、厚度和瓦斯储存状况；另一方面，建立瓦斯自动监测系统与人工现场监测相结合的"双保险"监测制度。

③ 通风。瓦斯隧道要求施工期间必须不间断通风。通风有两个目的，一是冲淡和稀释瓦斯；二是防止瓦斯在角隅和洞顶滞留。前者主要与风量有关，而后者主要与风速有关。

④ 防火防爆。防止瓦斯爆炸除了降低瓦斯浓度外，还需严格控制洞内引火源。隧道内的火源有：带入洞内的火种、施工操作中发生的火花、爆炸引起的火源、机械运转的高温火花等。

⑤ 预防瓦斯突出。施工时，应至少选用下列 5 种方法中的 2 种对突出危险性进行预测，并相互验证：瓦斯压力法、综合指标法、钻屑指标法、钻孔瓦斯涌出初速度法、"R"法。当预测隧道有可能发生瓦斯突出或喷出时，不仅要加强通风，还必须进行有效的瓦斯抽放或瓦斯排放。当瓦斯含量不大时，使其自然排放，亦可用风筒或管子将瓦斯引至回风

流或距工作面 20 m 以外的坑道中；当瓦斯量大、喷出强度大、持续时间长时，可插管排放；当开挖面瓦斯含量较大，而且裂隙多、分布广时，可暂停开挖，封闭坑道抽放瓦斯；当裂隙小、瓦斯含量小时，可用黏土、水泥浆或其他材料堵塞裂隙，防止瓦斯喷出。

⑥ 防止瓦斯积聚。在施工过程中，尽管已规定最小风速的限值，在断面形状突变处、巷道转角处、洞室内及洞壁很不平齐部位、较大的超挖或塌方处，仍不可避免地有瓦斯聚积[14]。

⑦ 预注浆。如开挖进入煤层，瓦斯排放量较大，使用一般的通风手段难以稀释到安全标准时，可使用超前周边全封闭预注浆。在开挖前沿掌子面拱部、边墙、底部轮廓线轴向辐射状布孔注浆，形成一个全封闭截堵瓦斯的帷幕。特别对煤层垂直方向和断层地带进行阻截注浆，其效果会更佳。开挖后，须及时进行喷锚支护，并保证其厚度，以免漏气和防止围岩的失稳。进行支护作业时，应随时检测瓦斯浓度，重拱顶、拱脚及超挖处、台架、少量坍塌面等易于形成瓦斯积聚的地方。

⑧ 施工方法。隧道通过瓦斯地区的施工，应遵循"短开挖、弱爆破、强支护，快衬砌"的原则。开挖时，应尽量选择分部少的施工方法，最好采用全断面开挖。因其工序简单、面积大、通风好，随掘进随衬砌，能够缩短煤层的瓦斯放出时间和缩小围岩暴露面，有利于排除瓦斯。而利用上下导坑法开挖，因工序多，岩层暴露的总面积多，成洞时间长，洞内各工序交错分散，易使瓦斯分处积滞浓度不匀。采用这种施工方法，要求工序间距离尽量缩短，尽快衬砌封闭瓦斯地段，并采用气密性混凝土衬砌或提高二衬混凝土的密实性，以防瓦斯溢出。

五、塌方的处理

塌方是指隧道在修筑过程中，由于破坏了围岩原有平衡状态而造成的洞顶或洞壁岩（土）体的坍落现象。塌方不仅使围岩的稳定条件恶化，而且直接威胁施工安全，延误工期，影响工程质量和使用年限，甚至迫使修筑的隧道废弃而改线，造成极大的经济损失。因此，隧道施工应特别注意预防塌方和正确处理塌方。

（一）隧道施工塌方的原因

造成隧道塌方的原因很多，主要有地质因素和主观指导方面的因素。地质因素是指隧道本身的地质及水文地质不良造成的塌方。如断层破碎带岩体破碎，一经开挖，潜在应力释放，围岩失稳，就会造成塌方；隧道通过各种堆积体时，由于结构松散，颗粒间无胶结或胶结差，开挖后引起坍塌；另外，挤压破碎带、软弱岩脉穿插带、节理密集带等碎裂结构地层中，岩块间互相挤压钳制，开挖后也会失稳；软弱结构面发育，或泥质充填物过多，均易产生较大坍塌；在构造运动的作用下，薄层岩体形成的小褶曲、错动发育地段，施工中常常发生塌方；岩层软硬相间的底层、有软弱夹层的围岩，在地下水作用下会使开挖后的岩面强度大大降低；出现特殊不良地质，如膨胀岩、高地应力、溶洞、涌水等。

主观指导方面的因素是指，由于违背自然规律，不考虑地质条件而造成的塌方。主要分为设计因素、施工因素和管理因素。设计因素，如洞口位于较大的滑动体或断层之中，从而引发洞口塌方；设计支护参数偏小，无法保证围岩从开挖后到二次衬砌施作期间的稳定等。施工因素，如喷锚不及时，或喷射混凝土质量、厚度不符合要求；爆破作业不当，用药量过多；软弱围岩施工没有及时施作仰拱，未形成封闭的环状受力等。管理因素，如不严格遵守设计文件、施工组织设计；一味追求施工进度，工序衔接不紧，支撑、衬砌未能及时跟上等，均能引起塌方。当小量塌方后，若处理不及时，将会造成更大的坍塌。

（二）塌方的预防

对待塌方，应以预防为主，针对地质情况，可采取以下预防措施。

1. 施工前认真核对设计

根据设计文件提供的地质资料，实地核对是否符合实际情况。如资料不全，应要求设计单位按规定补齐，以便正确选定施工方法，预防塌方的发生。在掘进到地质不良围岩破碎地段，应采取"先排水、短开挖、弱爆破、强支护、早衬砌、勤量测"的施工方法，同时制订切实可行的施工方案及安全措施。

2. 施工中稳扎稳打

在不良地质隧道施工，不可盲目冒进，必须掌握施工规律，采取稳扎稳打的方针。

①针对地质条件，采取相应的预防措施，防患于未然。

②加强观察和检查。施工中，要勤观察、勤检查，做到眼勤、耳勤、手勤，发现塌方预兆及时处理。现场管理是隧道防坍中极其重要的环节。应该严格遵守铁路隧道施工规范和隧道验收评定标准、设计文件及施工组织设计的要求和规定；未经上级技术部门同意，不得擅自改变施工过程中的开挖、支护方式；认真进行支护作业，确保锚杆的长度、间距、喷射混凝土厚度、格栅拱架间距等参数达到设计要求；必须坚持开展监控量测工作，并及时做到量测资料的收集、处理和信息反馈[15]。

（三）塌方的处理原则及方法

1. 处理塌方的一般原则

处理塌方应按"小坍清、先支后清""大坍穿、先棚后穿""治坍先治水"的原则快速进行。

① 小坍清、先支后清。塌方不大，可采取清理的办法处理。但清理之前必须将塌方的顶部支撑牢固，以防继续坍落，在支撑的保护下，再清除塌方。如果不先支后清，则边清边坍，越坍越大，不好处理。因为当围岩第一次塌方之后，自然拱范围内的土石不一定坍完，还有继续坍塌的可能。此外，塌方坑道两侧，边坡常不稳定，如先清除塌方，会使周壁失去平衡，进一步松动坍落，坑道因塌方增宽，导致自然拱的增高而再次坍塌，如此反复，势必越坍越大。当石质较好，塌方只是局部坚硬岩层中的松软层，而且数量不大，又不会继续坍塌时，也可以先清后支，或只清不支；但必须明确情况，有足够把握时，才可进行，不可贸然行事，以策安全。

② 大坍穿、先棚后穿。当塌方数量较大时，一时难以清理，则可将塌方体看成一种极松散破碎的地层，采用开挖导坑的方法穿越塌方体，但穿越前必须将塌方部位的两端支顶稳固，防止塌方延伸。穿越时，要在导坑顶部用插板插入坍体，形成棚顶，在棚顶的保护下，逐步开挖穿过塌方体；如不棚而穿，则不仅危险，而且因坍体松散破碎，边清边坍，根本无法前进。

③ 治坍先治水。水能加速围岩的风化、软化、崩塌和解体，促使塌方的发展。因此，在有地下水的塌方地段治坍必须先治水。其措施如前面"严防水"所述。

2. 处理塌方的方法

处理塌方的施工方法和松散围岩隧道的施工大同小异，主要是做好支撑和棚顶工作，现介绍几种常用的方法。

① 先支后清的支撑方法：a. 纵梁支撑法；b. 排架支撑法。

② 管棚法穿越坍体。对于坍穴高、坍碴量大、坍体完全堵住洞身的大塌方，在清坍穴规模大小和穴顶位置后，可采用管棚法结合注浆固结法稳固围岩体和碴体，待其基本稳定后，按先上部后下部的顺序清除碴体，采取短进尺、弱爆破、早封闭的原则挖坍体，并尽快完成衬砌。

③ 压浆凝固法。对于破碎、极为松软或成半流动状态的坍体，为减少其开挖困难，可采用压浆凝固法。即压入稀水泥砂浆，或加入 2% ~ 3% 的速凝剂（氯化钙），待流动体胶结后，再行开挖。

④ 迂回导坑法。对于较大的塌方，可采用迂回导坑绕过塌方体超前施工，然后再选择适当方法处理塌方，变被动为主动，以加速施工。开挖迂回导坑时，坍体与迂回导坑间应留出一定的间距，以策安全，一般土层中不小于 12 m，岩层中不小于 5 m。

3. 塌方地段的衬砌处理

① 塌方地段的衬砌可采用从两端向中间衬砌，最后在中部封顶的方式。随着坍碴的逐渐清除，衬砌逐段推进，快速成环。

② 拱部衬砌后，尽可能抽除拱背支撑，拱圈以上要做浆砌片石护。厚度可根据塌方情况决定。如塌方不高面积较小，且无继续坍塌可能，可做 0.5～1.0 m；如塌方体较大，不易回填紧密，护拱厚度可采用 1～2 m，护拱砌筑后，再用干砌片石或碎渣回填 1～2 m，作为缓冲层。其余空隙可用背柴塞紧，以防将来继续坍塌。

③ 当拱顶坍穿地表或坍穴距地表很浅时，可以通过明挖法进行护拱的施工，然后用黏土及普通土分层夯填坍穴至地表，并高出地面，以防水流积聚或渗入。

④ 当拱脚悬空高度不大时，可将拱脚部位下面的岩层凿平，用 50 号浆砌片石砌筑一段平台至拱脚高程，在平台上架立拱架及拱模，随即浇筑拱圈混凝土，对拱顶以上的坍穴按规定用同强度等级的混凝土、浆砌片石或弃渣等回填[16]。

⑤ 当拱脚悬空高度较大时，砌筑临时片石垛既不经济又不安全稳定，则需将悬空部位的上部马口清至岩层，将墙基横向凿平，纵向凿成台阶，架立边墙模板，浇筑上部边墙混凝土，然后再浇筑拱圈混凝土。待拱圈混凝土达到设计强度后，拆除边墙模板，清除剩余塌方并按跳挖法或挖井法开挖下部马口，立模浇筑边墙混凝土。

⑥ 岩层松散、地下水发达的地段发生塌方后，为避免因围岩压力不断增长压坏拱圈，可提高混凝土等级、增加拱圈厚度或采用特殊设计的钢筋混凝土拱圈。

第四节　铁路隧道施工安全管理策略

一、铁路隧道施工安全管理现状

铁路工程的增多，使铁路隧道工程也在不断增加。但是，在实际的工程施工过程中，常有一些隧道施工事故发生，给国家造成了巨大的财产损失，也给人民群众的生命带来了威胁。从众多的铁路隧道事故中可以看出，铁路隧道施工事故的发生，一方面，由于施工工人缺乏安全意识，对施工安全工作重视不足，施工之前没有认真进行地质情况的详细勘测，也没有制定出有效的安全施工方案；另一方面，施工技术人员专业技术知识不足，所做施工技术要求与规范和设计存在偏差，导致工人施工难以达到规范和设计标准，进而导致事故发生。加强铁路隧道施工的安全管理工作，不仅是铁路施工建设工程质量和安全的保证，同时还可以避免不必要的成本支出，既节约资源又保障安全。所以，做好铁路隧道施工安全管理工作迫在眉睫。

二、铁路隧道施工中安全事故频发的原因分析

（一）安全管理体系运行状况不理想

安全管理体系不健全、运行状况不佳是现阶段铁路隧道施工中事故频发的重要原因。部分铁路建设公司对施工安全管理工作不够重视，对施工安全的重要性认识不足，施工过程中安全监督制度不完善，责任制度不健全，使施工中的安全管理工作没有落到实处，导致安全隐患的存在。而且，施工监理部门对施工的监管不到位，风险评估能力差，对施工中技术要求高、施工难度大的隧道工程缺乏有效监管和验收，留下安全隐患。

（二）隧道施工的安全意识和安全敏感性不强

由于铁路隧道施工地质条件比较特殊，施工技术要求高，施工难度大，所以在施工之前，技术部门要对施工地段的地质情况进行周密的勘测，并制订出切实可行的施工计划和方案。尤其要注意施工前期隧道部位的支撑和保护工作，对隧道周围的岩石、山体进行必要的加固处理。施工中如果发现与工程设计不一样的情况，要根据具体情况在技术部门指导下进行调整，确保施工安全。可是在实际的隧道施工过程中，部分施工人员会在利益驱使下，随意变更施工设计，篡改编造测量数据，偷工减料，形成安全隐患，最终导致安全事故的发生。此外，部分施工队伍在施工过程中缺少必要的用火用电安全常识，这也是导致安全事故发生的原因之一。

（三）地质勘测的深度不够，设计方案不尽合理

铁路隧道施工之前，必须做的一项重要工作就是进行地质勘测。铁路隧道施工地段地质极为复杂，施工难度大，工序繁杂。因此，进行详细的地质勘测才能获得相关的数据信息，为后期的设计和施工提供具体的数据支持，进而降低设计和施工中的误差，保障施工的质量和安全。可是在具体施工过程中，部分施工队伍对前期地质勘测工作不够重视，勘测数据不详实，使施工时的地质情况与方案设计出现较大差距。特别是对隧道内的熔岩等情况勘测不准，造成设计强度、坡度出现偏差，增加了隧道施工的难度，而且容易造成安全事故。

（四）施工人员专业素质不高，施工作业不规范

铁路施工的时间很长，而且施工大多在郊外，施工环境差，操作空间较小但强度很大。这样的工作状况往往很难吸引专业素质高的人员，因此铁路施工人员大多数是当地的农民和临时招募来的工人。这些人员专业素质较低，对施工中的技术要求和安全规范

了解得很少，安全施工的方法措施极差。因此，如果有安全事故出现，他们既没有安全意识进行安全防范，更缺少应变和自我保护能力。有时还会导致二次事故的发生，增加了施工中的安全隐患。

三、加强铁路隧道施工安全管理的途径与对策

（一）采取有效的措施严防隧道坍塌

隧道坍塌是铁路隧道施工中最为严重的安全事故。在铁路隧道施工安全管理工作中，防止出现隧道坍塌应从以下几个方面采取有效措施。

① 施工之前，必须对隧道施工地段的地质及周边情况做好勘测和预报工作。要根据相关规定对施工地段地质进行详细勘察和监测，随时做好信息反馈[18]。

② 实时做好围岩保护支撑系统的监控，保证后续工序的正常进行。

③ 安排专业水平高的技术人员对现场进行全面而具体的监测，重点是容易发生突发状况的部位，并制定出切实有效的技术处理措施进行防范。

④ 要注意开挖工作的顺序和进度，避免不合理的开挖方法。要采取渐进式的开挖方式，边挖边随时监测，发现问题立即停止。降低石层的变形，保证施工安全进行。

（二）采取有效的措施加强施工设备的管理

机械设备和爆破材料也会对铁路隧道的施工形成安全隐患。所以，在具体施工过程中，要加强机械设备和爆破材料的管理和使用。施工时，所有进入隧道的车辆设备必须经过先期检查，确保制动良好；同时，施工器械必须做好保养和维护，确保运转正常；爆破器材及机器实时监管，保证其完整性和安全性。对于爆破器材和机械更要有严格的规定，由专门人员负责采购，非专业人员不得靠近和操作，每次使用要填写好使用记录。进行爆破操作时，要由具有专业从业资格人员按照规定程序执行，同时一定确保所有人员已经撤离在爆破区域之外。

（三）采取有效的措施加强钻爆施工的管理

在隧道施工之前，要对所有施工人员做好安全教育和培训工作，确保每个人都了解相应的施工安全要求。进行爆破操作的专业人员，必须持证上岗。在具体的爆破操作中，一方面要根据设计要求合理科学进行爆破，避免形成塌方事故；另一方面要确保爆破面的平顺，不要因为应力过于集中而使挖面掉落及初期支撑保护装置发生断裂，从而影响施工安全。同时，还要注意做好施工中各个班组之间的交接班记录，保证施工的正常进行。

第六章 轨道工程施工与安全管理

轨道是铁路的主要技术装备之一，是保障列车安全、平稳和舒适运行的基础。铁路轨道的作用是引导机车运行，直接承受由车轮传来的巨大压力，并将它传给路基或桥隧建筑物。铁路轨道一般由钢轨、轨枕、联结零件、道床、防爬设备及道岔设备等组成。钢轨是供列车车轮滚动行驶其上的铁路构件，其主要作用有：承受车轮反复重压及磨损，将车轮重压分散至钢轨下的轨枕。

第一节 有砟轨道施工

一、施工准备工作

铺轨工程是一项时间紧、任务重、劳动强度大的多工种联合作业，包括轨排组装、轨排运输和轨排铺设3道工序。因此，必须事先做好以下各项铺轨前的准备工作，使铺轨工程能顺利进行。

（一）铺轨施工文件

铺轨前应具备批准的施工设计文件和有关基础工程竣工资料，包括车站平面图、隧道表、桥梁表（含孔跨）、架梁岔线位置表、曲线表、坡度表、水准基点表、断链表及线路情况说明书等。

根据设计文件要求及有关基础工程竣工资料、全线指导性施工组织设计规定的铺轨总工期、有关重点工程的施工方案及施工单位自身的铺轨能力，编制实施性施工组织设计，指导施工。

（二）筹建铺轨基地

铺轨基地是新建铁路的一项临时性工程，是铺轨材料的装卸、存放、轨料加工及轨排组装、列车编组、发送的场所，是铺轨工程的后方基地。在筹建时，必须全面考虑，统一规划，尽量与永久性工程相结合，做到投资少、占地少、上马快、作业方便，并使铺轨列车调度灵活，充分发挥基地的生产潜力。铺轨基地筹建的快慢和好坏，直接影响铺轨任务的完成。因此，必须及早筹建，在进轨料前准备好卸料、堆放场地和必需的股道，在正式铺轨前建成基地，并提前组装和储存一定数量的轨排，以保证铺轨工作的顺利进行。

（三）其他准备工作

1. 路基整修

铺轨前 15 d 应对已完工的路基进行全面检查，如果尚有过高或过低等凹凸不平、路面宽度不够等现象，必须进行整修，以符合设计要求。

路基平面和纵、横断面的形状尺寸应符合设计要求。不同土质路基交界处按 1% 递减率做好顺坡，路面宽度如小于设计宽度应予补够。

如果路堤欠填高度或路堑超挖深度不足 5 cm 时，可不作处理，铺砟时用道砟填平；超过 5 cm 时，应用同类土体填补、夯实。如果路堤超填高度（路堤的超填高度必须是考虑沉落量后的高度，如果路基尚未完全沉落，则应定出施工坡度，在铺轨前整修好）或路堑欠挖深度不足 5 cm 时，可不作处理；超过 5 cm 时，应铲除。

路基面上的草皮、树根应彻底铲除；上面的污垢杂物应清除干净；整平坑洼及波浪起伏的路面。

2. 线路复测

在铺轨之前，应检查线路中桩及临时线路标志的埋设情况。在铺轨前一个月，由施工单位从铺轨起点测设线路中桩。直线地段每隔 50 m、圆曲线地段每隔 20 m、缓和曲线地段每隔 10 m 钉一个桩。在缓和曲线、圆曲线起讫点、道砟厚度变更点及道岔交点等，均须加钉永久中桩。

正式线路标志未埋设时，应埋设简易的临时里程标、曲线标、坡度标等标志。

3. 预铺道砟

为保证铺轨列车的行车安全，轨枕不致压断，路基不致损坏，铺轨之前应先铺设底层道砟。

铺轨前一般先铺底层道砟。有垫层的道床，按垫层厚度铺足；无垫层的道床，铺砟厚度以 15 ~ 20 cm 为宜，并将顶面整平，中间拉槽。在道砟供应困难和铺设钢筋混凝土轨枕时，可在每股钢轨下预铺厚度不小于 10 cm、宽度不小于 60 cm 的砟带。

桥梁两端各 30 m 范围内应铺足道砟，预铺道砟面应比桥台端墙顶高 5 cm，并按 5‰ 做好两端顺坡。

有砟桥面的全部道砟，应在桥头附近适当地点堆存备用。铺轨列车通过后，应尽快上足桥上的道砟。无论线路上采用何种道砟，道砟槽及桥面均应用碎石道砟。桥梁跨度在 8 m 及以上的桥头，在架桥机吊梁运行地段，应预铺道砟，其厚度为 15 ~ 25 cm，宽度为 3 ~ 4 m。

4. 勘线路

铺轨之前应按照计划做好沿线的施工调查，以保证铺轨工作的正常进行。其主要内容如下。

线路中心桩及标志的缺损情况，路基整修与预铺道砟是否符合规定；沿线道砟供应情况，车站、道口的地形地貌和交通等情况；限界内障碍物的拆迁情况（高压线、通信线路等）、隧道内侵入限界部分的处理情况及施工困难地段如陡坡、小半径曲线、长隧道等的现场情况；机车用水、隧道照明、沿线公路交通、通信线路和宿营地点等情况。

二、轨排组装

轨排组装是在铺轨基地将钢轨、轨枕用联结零件联成轨排，然后运到铺轨工地进行铺设。

它是机械化铺轨的重要组成部分。为了保证基地轨排组装的质量，防止组装中发生差错，造成返工浪费，影响铺轨进度，组装时必须仔细地按照事先编制的轨排组装作业计划进行轨排组装。作业方式可分为活动工作台和固定工作台两种，活动工作台作业方式又分为单线往复式和双线循环式两种。作业方式不同，使用的机具设备和作业线的布置也不同。因此，在轨排组装前，应根据具体情况确定作业方式。

（一）活动工作台作业方式

1. 单线往复式

单线往复式生产线是我国目前新线及运营线使用最多的一种轨排组装生产线。其特点是作业线上采用了起落架，在起落架上完成各工序的作业内容。其作业过程为：将人员和所需机具按工序的先后固定在相应的工作台位上，用若干个可以移动的工作台组成流水作业线，依靠工作台往复移动传递轨排，按组装顺序流水作业，直到轨排组装完毕。

在组装中，工作台的往复移动，是由设在工作台两侧的起落架配合进行的。每完成一个工序，工作台就前移一个台位，并由起落架将轨排顶起，工作台退回至原位，然后下降起落架，轨排即留在下一工序的工作台上。这样，每完成一个工序，工作台车就前后往复一次，起落架也相应升降一次，保证了轨排组装的连续性。活动工作台由铁平车和钢轨连接而成。变换工序是由设在作业线一端的 3 t 卷扬机牵引活动工作台进行；起落架的升降由设在作业线另一端的 5 t 卷扬机控制。工作台应高出未升起时的起落架顶面 5 cm，以利于工作台的移动。

单线往复式作业方式的作业线，布置在进料线和装车线之间，包括吊散钢轨、轨枕硫黄锚固、匀散轨枕、吊散轨枕、上配件并紧固、质量检查及轨排装车等7个工序。由于轨枕硫黄锚固工作量大，作业时间较长，往往成为控制工序。为了平衡各工序间的作业时间，提高组装效率，在硫黄锚固工作台位一侧，另设长约80 m的硫黄锚固作业线相配合，并在锚固作业线的端部附近，备有粉碎硫黄的碾子、炒砂子和熬制硫黄锚固浆液的锅灶等，以及为不受气候影响而保证锚固作业顺利进行的工棚[17]。

单线往复式作业方式，既节省拼装作业场地，也节省拼装所需设备和劳动力，有利于实现轨排组装全面机械化，当地形狭小、场地受限制时较为适宜。

2. 双线循环式

双线循环式轨排组装的过程是：轨排组装分设在两条作业线上完成。在第一作业线上完成其规定的几个工序后，经横移坑横移到第二作业线上，继续作业，直到轨排组装完毕，进行装车。空的工作台经另一横移坑再横移到第一作业线上，继续循环作业，每一循环完成一个轨排的组装。坑内有横移线路及横移台车，横移时可用人力移动或卷扬机牵引。

双线循环式作业方式，可将各工序组成循环流水作业线，从而改善工作条件，提高工作效率。但该作业方式要求场地比较宽阔，因而受一定的限制。

（二）固定工作台作业方式

固定工作台作业方式，是将组装作业线划分为若干个作业台位，作业时，各工序的人员和所需机具沿各个工作台位完成自己工序的作业后依次前移，而所组装的轨排则固定在工作台上不动，并在这一台位上完成全部工序。当沿作业线组装完第一层轨排后，又在第一层轨排上面继续依次组装第二层轨排，到第三层轨排后，人员再转移到另一作业线的台位上，继续组装。由于固定工作台作业方式所组装的轨排是固定不动的，仅仅是人员和机具沿工作台移动，所以作业线的布置比较简单，只需在组装作业线上划分一下固定工作台的台位，每一台位长26 m，而台位的多少和作业线的长短，可根据铺轨任务和日进度的需要来决定。

三、轨排运输

为了确保机械铺轨的速度，保证前方不间断地进行铺轨，必须组织好从轨排组装基地到铺轨工地的轨排运输。

（一）轨排运输车种类

1. 滚筒车运输

滚筒车一般由 60 t 平板车组成，车面上左右两侧各装滚筒 11 个，相距 1.0 ~ 1.2 m 装一个，由两辆滚筒平板车合装一组轨排，每组 6 ~ 7 层。如用新型铺轨机铺轨，可装 8 层，已达到平板车的额定载重。

用滚筒车装运轨排，必须在滚筒上面安放拖船轨，以承受运输排垛的重量。为了避免轨排在运输过程中前后窜动，两辆平板车之间的车钩应设停止缓冲器，拖船轨的头部靠滚筒处设有止轮器。

2. 平板车运输

用无滚筒平板车运送轨排时，每 6 个轨排为一组，装在两辆平板车上，7 组编一列。在换装站或铺轨现场各设两台 65 t 倒装龙门架，将轨排换装到有滚筒的平板车上，供铺轨机铺轨。

平板车运输轨排优点较多，无须制造大量滚筒，减少拖船轨轨距杆止轮器数量，捆扎工作量减少，运输速度可达 30 km/h，节省人力和费用。

（二）轨排运输的效率

轨排运输的效率取决于两个主要因素：轨排列车的数量和新铺设轨道的质量。

1. 轨排列车的数量

轨排运输所需要的列车数量与下列因素有关：

① 铺轨机每天铺轨的能力。

② 每列轨排列车能够装载轨排的数量。

③ 每列轨排列车的装车和运行的周转时间。

轨排列车的数量必须合理。如果轨排列车过少，则会产生铺轨工程停工待轨的现象，同时，轨排组装车间已组装完毕的轨排大量积压，造成存储费用的增加。如果轨排列车过多，则会造成大量车辆积压。因此，在确定运输列车的合理数量时，应该坚持下面的原则，即应能保证铺轨机和轨排运输车辆得到充分的利用。

机械铺轨时，一般有一列轨排列车在工地跟随铺轨机供应轨排。当该列车的轨排铺完后，该列车应立即返回邻近车站，以便让另一列轨排列车继续前进供应轨排。因此，当工地距基地较近，轨排列车装车和运行的时间之和小于或等于铺轨机铺设一列车轨排所需时间时，则需配备两列轨排列车。当基地到工地的距离逐渐增加，而轨排列车装车与运行时间之和大于铺轨机铺设一列车轨排所需时间时，则需配备 3 列轨排列车。其中，两列用于装车运输，一列用于随铺轨机供应轨排。

随着铺轨的前进，当铺轨工地离组装基地越来越远时，供应轨排的周转时间就越长，则所需的轨排列车就越多。为了更经济合理地供应轨排，一般当铺轨工地距离组装基地超过 80 km 时，宜在靠近铺轨工地附近的车站设置轨排换装站。轨排换装站一般设在距铺轨工地较近的有给水设施的车站，至少有 3 个股道。一股进行调车作业、停放车辆及机车整备；另一股为轨排换装线；保证有至少 1 个股道为列车到发线，该线应经常保持畅通。轨排换装线应设在直线股道上。

一般每列车装 6 组轨枕，每组 6 层，每组可铺轨 150 m，每组需滚轮车 2 辆，共需滚轮车 12 辆。另外，在基地还应预留备用滚轮车若干辆。设置轨排换装站后，用普通的平车将轨排运到换装站，在换装站用两台龙门架将轨排倒装到滚轮车上，再拉到前方铺设。

2. 新铺设轨道的质量

轨排运输的效率还取决于新铺设轨道的质量。高质量的轨道可以改善线路技术状态，以提高行车速度，缩短列车周转时间。因此，在铺轨的同时还要抓紧铺砟整道，提高新铺设轨道的质量[18]。

四、轨排铺设

新建铁路的轨排铺设，大多采用铺轨机进行施工，少数情况下也有采用龙门架进行的。

（一）悬臂式铺轨机铺设轨排

铺轨机在自己铺设的线路上作业和行走。施工单位在轨排铺设时所采用的机械，应根据本单位现有的设备能力及工程的工期要求合理选型。悬臂式铺轨机有高臂和低臂之分，但它的作业形式基本一致。

1. 喂送轨排

轨排列车进入工地后，当前面轨排垛喂进铺轨机后，需要将后面的轨排垛依次移到最前面的滚筒车或专用车上，这样才能保证作业的连续性。向前倒移轨排垛的方式主要有两种。

① 拖拉方式。此种方式适用于使用滚筒列车。在铺轨机的后方选择一段较为平直的线路进行大拖拉作业。将滚筒列车最前面的一组轨排垛，用拖拉钩钩住第二层轨排的钢轨后端，用大小支架将直径为 28 mm 钢丝绳支离平板车，将底板钩等专用机具固定于线路上，然后缓慢地拉动列车。由于最前面的一组轨排垛被固定在线路上不动，所以在滑靴的引导下，这组轨排垛便依此移动到前面的滚筒车上。到位后，撤去固定轨排垛的机具，再由机车推动整列车向前送到铺轨机的尾部。

② 用二号车或专用列车倒运方式。这种方式必须在铺轨工地配备两台起重量 65 t 以上的倒装龙门吊，再配有二号车或专用车。若倒装龙门吊能够让机车通过，则可省去二号车。作业方式是：将两台龙门吊吊立在离铺轨机不远且较为平直的线路上，机车将轨排列车依次推送到龙门吊下，用龙门吊吊起整组轨排垛，倒装到装有滚筒的二号车或专用车上，再由二号车或机车推送到铺轨机的尾部。

2. 铺设轨排

① 将轨排推进主机。用铺轨机自身的卷扬设备挂千斤绳推进轨排组。

② 主机行走对位。铺轨机自行走到已铺轨排的前端适当位置，停下对位。需要支腿的铺轨机，在摆头以后立即放下支腿，按要求支撑固定。

③ 吊运轨排。开动可以从铺轨机后端走行到前端的吊重小车，在主机内对好轨排的吊点位置，落下吊钩挂好轨排，然后吊高轨排至离下面轨排 0.2 m 高度，开始前进到吊臂最前方。

④ 落铺轨排。吊重小车吊轨排走行到位时应立即停止，并开始下落轨排。至离地面约 0.3 m 时稍稍停住，然后缓缓落下后端，与已铺轨排的前端对位上鱼尾板。对位时间一般占铺一节轨排总时间的一半以上，成为铺轨速度快慢的关键。在后端对位上鱼尾板后，可通过摆头设施使前端对正线路中线，并立即落到路基上。轨排落实以前，为使轨排保持所需的形状，一般需人工（或用拨道器）左右拨正。

⑤ 小车回位。铺好一节轨排后立即摘去挂钩，将扁担升到机内轨排之上，吊轨小车退回主机，准备再次起吊。有支腿的铺轨机应立即升起支腿，主机再次前进对位，并重复以上工序。待一组轨排全部铺设完，立即翻倒托轨。拖入下一组，轨排再按以上工序进行铺设。当一列轨排列车铺完后，利用拖拉方法，将拖船轨返回空平板车上，由机车将空车拉回前方站，并将前方站另一列轨排列车运往工地。

⑥ 补上夹板螺栓。为了提高铺轨的速度，铺设轨排时仅上两个螺栓，在铺轨机的后面还要组织人员将未上够的夹板螺栓补足、上紧。

（二）龙门架铺设轨排

铺轨龙门架是铁路铺轨半机械化施工机具之一，它主要用于铺设钢筋混凝土轨排、旧线拆换轨排及轨排基地装卸工作等。铺轨龙门架的特点是机身不在自己铺设的轨道上行走，而在预先铺设于线路两侧的轨道上吊重和走行。它的缺点是体力劳动较强，占用人员较多，要求地面较宽。

铺轨龙门架由 2 ~ 4 个带有走行轮的框架式龙门架组成，每个龙门架的吊重有 4 t 和 10 t 两种，其中有带运行机械和不带运行机械的两种形式，相互间用连接杆连接行动。龙门架的起重和运行依靠自带的发电机供电，发电机和拖拉用的卷扬机同放在一辆普通平板车上，挂在铺轨列车的后端，用电缆送电。铺 25 m 混凝土轨排时，一般用 4 台起重量 4 t 的龙门架或 2 台起重量为 10 t 的龙门架；铺 25 m 混凝土轨枕板轨排，用 3 台起重量为 10 t 的龙门架；铺长轨排可根据轨排重量和龙门架的起重量，适当配置多台龙门架一同使用。

铺轨时，应先铺设龙门架的走行轨道，目前铺设的方法主要是人力铺设和拖拉机拖框架式龙门轨。然后将龙门架下到走行轨道上，并用滚筒车或托架车将轨排组运送到最前端，开动龙门架即可吊运轨排。把轨排运到铺设地点，降落轨排将其铺设在路基上，重复上述步骤，即可继续铺设轨排。

（三）轨排铺设的注意事项

① 铺轨前预先铺设的砟带，左右高差不得大于 3 cm，砟带要按照线路中心桩铺设，不得偏斜。

② 铺轨时，如果路基比较松软，在新铺轨排的前端，落位之前，砟带应稍加垫高，以防铺轨机前端下沉，造成连接小夹板困难。如果路基特别松软，前支腿垫木应加长加宽，增加承压面积，提高承压力。

③ 拖拉指挥人员与司机调车指挥人员要密切配合并明确拖拉速度，时时注意平板车上的作业情况，发现异常情况及时停车。机车推送前进时，速度以小于 5 km/h 为宜，在最后 5 ~ 6 m 时，速度应控制在 3 km/h，并派有经验者放风，以防止意外。

④ 铺轨机及滚筒平车上的滚筒，应有专人负责保养注油，以减少拖拉时的摩擦阻力[19]。

⑤ 轨排起吊和走行时要平稳，下落时不要左右倾斜，铺设时要注意中线及轨缝的控制。钢筋混凝土轨枕的线路拨道比较困难，在铺设时严格掌握对中，一次铺好，可以大大提高工作效率。

⑥ 轨排铺设完毕后，常常会出现因轨头不够方正而影响轨缝和对中的现象。有时，轨缝对齐后，中线又会出现偏差，造成下一节轨排无法铺设。因此，为了确保轨排铺设的质量，除了在铺设过程中加强质量监控，还必须从一开始就保证轨头的方正。

⑦ 上螺栓时，要随时注意指挥信号，铺轨机行进前要迅速离开股道。后面补上螺栓，要随时注意轨排列车和铺轨机的动向，发现来车要迅速离开道心。禁止站在铺轨机和车辆底下作业。在线路上，禁止作业人员将工具和材料放在线路上休息，并随时注意行车安全。

第二节　无砟轨道施工

一、无砟轨道结构

无砟轨道初期投资较大，建成后永久变形限制严格，轨道更换维修困难，振动噪声较大，但因其稳定性高，刚度均匀性好，结构耐久性强，可显著减少维修工作量。无砟轨道结构高度低、自重轻，可减轻桥梁二期恒载或降低隧道净空，就高速铁路建设而言，较有砟轨道适应性更强。

自 1971 年无砟轨道应用于日本山阳新干线后，无砟轨道在世界范围内得到广泛应用，其铺设范围从桥梁、隧道发展到土质路基和道岔区。

（一）无砟轨道结构组成

作为一种轨道结构形式，无砟轨道需保持轨道结构支承列车运行、传递列车荷载等基本功能，可分为上部结构和下部结构两部分：上部结构由钢轨、扣件、预制结构或混凝土/沥青道床板及底座/支承层等组成，即常说的轨道结构，其中的钢轨、扣件和预制结构称为轨排，而道床板、支承层、底座称为上部结构层；下部结构包括桥梁、隧道和路基，即常说的基础工程。

无砟轨道结构与有砟轨道结构的根本区别在于：采用塑性变形小、耐久性好的混凝土或沥青材料代替了有砟轨道结构中容易磨耗、粉化和破碎的道砟材料。道砟在有砟轨道结构中可支承、传递、分散轨排的垂向、纵向和横向荷载；提供弹性、减缓冲击荷载、降低噪声；有效调整轨道几何尺寸。无砟轨道结构取消道砟后，引发轨道刚度、几何状态调整和抵抗纵横向作用力方式的改变，其中抵抗纵横向作用力方式的不同，决定了无砟轨道的结构形式存在多种类型。

（二）无砟轨道分类

目前，无砟轨道结构形式主要有双块式轨枕和板式轨枕两种。双块式轨枕主要有雷达 2000 型（Rheda 2000）和旭普林型（Zublin）；板式轨枕主要有博格型和日本板式型。

1. 双块式轨枕

双块式无砟轨道由钢轨、扣件、双块式轨枕、道床板、底座（路基和隧道区段可不设）等部分组成。双块式无砟轨道施工自下向上，施工机具相对简单；道床板采用绝缘套管，可施工性强，绝缘效果可靠；道床板底座不需要工厂预制，可节省运输道床板费用，降低投资；现浇道床板底座，工作面的增加为利用就近梁场作为轨排拼装场创造了条件；不受桥梁隧道和施工工期等因素影响，更适合我国地形复杂、桥隧比重大的高铁线路。此外，其施工进度受现场大量混凝土圬工施工影响，施工过程需严格控制施工工艺，避免轨枕和混凝土道床板之间出现裂缝。

2. 板式轨枕

板式无砟轨道是用双向预应力混凝土轨道板及乳化沥青水泥砂浆（CA 砂浆）替换传统有砟轨道的轨枕和道砟的一种新型轨道形式。主要由钢轨、扣件、预制混凝土轨道板（简称轨道板）、乳化沥青水泥砂浆调整层（CA 砂浆调整层）、混凝土凸形挡台（日本板式轨道特有）及混凝土底座（简称底座）等部分组成。

板式轨道结构中的轨道板（RC 或 PRC）为工厂预制，其质量容易控制，现场混凝土施工量少，施工进度较快；道床外表美观；由于其采用"由下至上"的施工方法，施工过程中不需工具轨；在特殊减振及过渡段区域，通过在预制轨道板底粘贴弹性橡胶垫层，易于实现下部基础对轨道的减振要求（如日本板式轨道结构中的防振 G 型）。但在桥上铺设时，受桥梁不同跨度的影响，需要不同长度的轨道板配合使用，增加了制造成本；曲线地段铺设时，线路超高顺坡、曲线矢度的实现对扣件系统的要求较高；板式轨道结构中 CA 砂浆调整层的施工质量直接影响轨道的耐久性；板式轨道的制造、运输和施工专业性较强[20]。

二、无砟轨道选型

无砟轨道的技术条件虽然优于有砟轨道，但动力响应只存在程度差别，不会有实质性区分。此外，其可维修性不如有砟轨道，因此无砟轨道选型应重视对动力特性的适应性。我国高速铁路选择无砟轨道型式时，需重点考虑以下几个方面内容。

① 轨道弹性好是优先考虑的因素。在各种无砟轨道均具稳定性、刚度均匀性好及维修工作量少的相同条件下，弹性较好的无砟轨道必然会兼具列车振动和冲击明显减少、维修质量高、行车条件好等效果，并将实现轮轨系统的整体优化。

② 可维修性是我国高速铁路必须重视的关键运营要素。我国高速铁路设计速度堪称世界之最，列车荷载条件不如国外高速铁路好，且通过总重比任何国家都大，特别是跨线列车经由速度等级低、标准较低的铁路长距离运行后，磨耗的车轮会对高速线路产生何种影响，目前尚难以评估，维修方面的问题不可低估。

③ 施工质量如何是能否实现设计目标的关键。高速铁路对施工精度的要求严格且工程浩大，施工质量控制难度大。因此，应重视施工组织和管理，尽可能创造便利条件，以确保施工质量和进度。

三、无砟轨道扣件

扣件是轨道结构的重要组成部件。可增弹减振和调整轨道变形的道砟层被取消后，轨道所需弹性和调整量几乎全部由扣件提供，扣件必须具有足够的扣压力，以确保钢轨与道床可靠连接。此外，在有减振降噪要求的地段，无砟轨道扣件系统还要考虑减振降噪的要求。因此，对无砟轨道扣件的要求比有砟轨道扣件更高。对无砟轨道扣件的具体要求如下。

① 调整轨道几何形位的能力较强。受施工误差、路基沉降、梁体收缩徐变上拱、墩台沉降和混凝土基础变化等因素影响，无砟轨道扣件系统应对钢轨高低和左右位移具有较大的调整能力。

② 为使无砟轨道具有相当的弹性，通常要求扣件节点刚度在 50 kN/mm 以下。在要求减振降噪地段，更需要采用特殊的轨道结构和高弹性扣件，如采用浮置板结构或进一步降低轨道结构的刚度。

③ 用于桥上和高架桥上的无砟轨道扣件，其阻力应控制在一定范围内，以减小桥梁伸缩力和挠曲力对无缝线路长钢轨纵向力的影响。

④ 通用性较好，能适应大扣压力（隧道和线路）和小扣压力（桥梁），扣压件安装和批量生产的要求。此外，施工和运营管理也要求扣件具有通用性，以适应不同类型的轨道结构。

⑤ 绝缘性能良好，保证轨道电路的正常工作；养护和维修简便；造价尽可能低廉。

扣件按弹性分为全弹性、半弹性和无弹性扣件；按有无挡肩分为有挡肩和无挡肩扣件；按扣压方式分为分开式和不分开式扣件。无论何种类型的扣件，其基本结构均由扣压件、弹性基板和锚固连接件三大部件组成。扣压件的作用是将钢轨牢固固定在轨枕或弹性基板上；弹性基板是金属铁垫板与橡胶弹性垫板结合在一起的统称，它是扣件系统中直接支撑钢轨并将列车垂向和横向动荷载经钢轨均匀传递至混凝土轨下基础的主要部件；锚固连接件出一个或数个配件组成，其作用是将基板固定于混凝土道床上，它除承受经扣件吸收减低后的荷载外，尚需具有绝缘功能。

决定扣件结构形式的主要因素是扣件的合理刚度、钢轨高低和左右位置调整能力。无砟轨道扣件选型设计，应既要与无砟轨道结构配套，又要与曲线地段相适应。

四、无砟轨道施工管理重点

（一）下部结构物沉降变形控制

无砟轨道采用大量混凝土结构，稳定性高，但修复性差。发生沉降变形时，只能通过扣件系统进行调整。而扣件系统调整范围有限，沉降过大时，只能进行大规模维修。故所有无砟轨道必须建造在下部结构物稳定的基础之上。

（二）防排水系统检

隧道内防排水系统若不完善，未达到设计要求或基底清理不干净，造成道床长期浸泡在水中，将导致混凝土失效，最终不得不通过采取限速通过或拆除等措施以保证行车安全[21]。

（三）测量工作

高精度的测量是保证无砟轨道的平顺性及运行舒适性的前提，也是确保线下结构物准确的保障。

（四）相关工程接口

① 轨道电路：因为国内采用的轨道电路传输模式为 ZPW-2000 的形式，无砟轨道内钢筋的纵向及平面闭合回路会产生磁场而影响轨道电路的传输，所以设计应采用塑料卡对钢筋节点进行隔离，避免回路产生。

② 过轨管线：因无砟轨道施工后，基本不存在再埋设过轨管线的可能性，故应在施工时提前埋设。

（五）过渡段施工

无砟轨道在过渡段较易出现问题，过渡段包括轨道过渡段及下部结构物的过渡段。有砟轨道与无砟轨道过渡时，有砟轨道的密实度及稳定性应达标，否则由于有砟轨道变形会导致该处平顺性超标，进而导致无砟轨道被破坏。

（六）物流组织

无砟轨道施工场地受限制，尤其隧道及桥梁地段的无砟施工，物流组织成为施工组织的关键点。物流组织主要包括物资及机具组织和行车组织。物资及机具组织主要包括各类物资材料进场顺序、数量和堆放地点等。行车组织主要涉及各类施工车辆及施工设备的组织，防止造成交通堵塞。施工组织时，应提前进行物流组织的设计，并根据现场施工状况及时进行修正。只有物流组织通畅，才能保证施工各工序合理衔接，各工作面作业规范。

（七）信息化施工

无砟轨道施工作业由于需确认的前提条件多，且施工过程精度要求高，工序一旦作业完成，很难进行返工作业，工序间交接必须及时准确。同时，作业层与管理层之间必须保证信息畅通，方便资料及时准确地供给，达到高质量、快速有效施工的目的。

（八）精细化施工

无砟轨道精度要求高，且施工完成后外观质量要明显优于有砟轨道，其精度直接影响钢轨的铺设精度，故施工管理要树立精细化施工的理念。此外，无砟轨道施工为全新的施工方法，只有在施工中注重细节，才能保证整体工程质量。

（九）工艺性试验段的建设

无砟轨道施工技术发展迅速，应根据施工进展不断寻求技术创新。每一关键工序施工前均应修建不少于 20 m 的试验段，对施工工艺、施工机械进行验证，同时也可借此培训人员[22]。

（十）工装、机械化保质量的理念

无砟轨道施工提倡机械化，以加快施工进度及提高质量保证率，能减少人为因素的影响。施工中更应注重小型机具、工装的研发，其提高工效及质量保证率的效果更明显，且收效更快。

五、雷达 2000 型双块式无砟轨道施工实例

雷达 2000 型双块式轨枕于 1972 年由德国研发，Rheda 轨道在使用过程中针对轨枕周边和道床混凝土出现裂纹的情况不断优化。主要变化包括由整体轨枕发展为双块式轨枕、由槽形承载层发展为平板型承载层，整体性不断提高。雷达 2000 型双块式轨枕已成为整体式轨道结构的典范，广泛应用于桥梁、隧道、路基及桩板结构路基上。

相对于我国国产既有轨枕而言，雷达 2000 型双块式轨枕具有体积小、重量轻、安装方便快捷、结构紧凑等诸多优点，在设计理论、生产预制及现场安装方面，体现出了较多的优势，大大提高工作效率，降低施工成本。更重要的是，在施工过程中，对质量的控制更为简易、可靠。我国武广客运专线除广州无砟轨道试验段（7.38 双线公里）及

以南地段（25.27 双线公里）铺设框架板式轨道以外，其余区间正线均采用 CRTS I 型双块式无砟轨道，铺设跨区间无缝线路，轨枕和轨道扣件分别采用雷达 2000 型双块式轨枕和 Vossloh300-1 扣件系统。

（一）结构组成

雷达 2000 型双块式无砟轨道结构分 3 层，由下至上分别为混凝土垫层、双块轨枕埋入层（亦称混凝土灌注层）和钢轨。轨道下部支撑结构物为路基、桥梁、隧道仰拱。从界面的角度来看有 3 个界面，第一界面为垫层与下部支撑结构物；第二界面为混凝土灌注层与垫层；第三界面为钢轨与轨枕，用扣件相连。

一般路基地段，雷达 2000 型双块式无砟轨道结构由钢轨、扣件、双块式轨枕、混凝土道床板、水硬性混凝土支承层组成。双线之间用碎石道砟填充，道砟上覆盖沥青混凝上层，曲线地段超高在路基表层设置。

长桥上雷达 2000 型双块式无砟轨道结构主要由钢轨、扣件、双块式轨枕、混凝土道床板、中间层、凸台、保护层组成，超高在道床板或保护层上设置。为减小桥梁结构变形对无砟轨道的影响，有支座桥梁上的雷达 2000 轨道采用单元式道床板，同时在道床板与底座间设置隔离层，道床板与底座为分离式双层结构，其间设置限位凸台以保证轨道的稳定性。在梁端位移较大地段，为保证梁端扣件的正常使用，需限制梁端位移或更换抗拔力大的梁端专用扣件。中间层是指在保护层的水平面和凸台上覆盖着连续EPDM 垫片，旨在将无砟轨道混凝土和保护层混凝土分离。这种垫片允许由于无砟轨道结构的温度梯度变化等引起的各种伸缩和滑动。通过凸台限制无砟轨道的水平位移，同时将水平载荷从道床板转移到保护层。保护层是连续覆盖在高架桥上的无缝混凝土板。从保护层传递的水平荷载（风荷载、摇摆力和纵向荷载等）通过高架桥桥面和保护层之间的摩擦，以及高架桥桥面和脱轨防撞墙中的抗剪连接钢筋，从保护层传递到高架桥桥面。所有垂直荷载直接传递到桥面上。

隧道内的雷达 2000 型双块式无砟轨道结构与路基地段基本相同，道床板可直接铺设于隧道仰拱回填层之上。

（二）施工工艺

雷达 2000 型双块式无砟轨道采用"自上而下"的施工方法，即先组装调整好轨排的几何形位，然后现场灌注道床混凝土，施工一次成型。但精度要求高，一般工期较紧，配套机械设备的性能至关重要。铺设无砟轨道的设备主要有变跨起重机、散枕装置、粗调机组、公铁两用随车起重运输车、螺杆调节器、带随车起重机的平板运输车、纵向模板安装机、混凝土浇机、混凝土养生帐篷、纵横向钢模板和纵横向模板拆洗机等。

1. 施工准备

准备阶段的工作主要有 3 个方面：一是基础顶面处理，二是测设基标，三是布置桥上钢筋[23]。

基础顶面是指路基顶面、桥面、隧道仰拱顶面。应清除各基础顶面杂物，清洗桥面表层浮浆并凿毛，对已断的预埋钢筋采取重新钻孔，环氧树脂锚固处理。

按要求做好基标测设工作。在无砟轨道施工前，要对线路中线进行贯通测量，建立独立、完整、精准的基标控制网。曲线地段的平面控制测量要以相邻的定测导线通过曲线做闭合环导线。在控制基标测设后，应架设加密基标，加密基标直线每 6 m 一个，曲线每 5 m 一个，加密基标在相邻两个控制基标范围内调整。桥上钢筋布置时，按设计要求布置上下层钢筋、放好钢筋保护层垫块，并预埋 HGT（水硬性混凝土支承层）内的 PVC 排水管。钢筋间距容许偏差 ≤ 20 mm，保护层与设计尺寸的容许偏差 ≤ 5 mm。曲线区段轨道的外轨超高在底座上设置，混凝土 HGT 高程容许偏差为 ±3 mm。

2. 立模

在桥上，模板外侧可与防撞墙撑联，内侧采用对拉或支撑形式，严禁在桥面打孔定位。路基上，模板采用在级配碎石路基面上打入钢筋来固定侧模支撑，支撑间距为 1 m。侧模采用螺栓支垫调整高程。模板安装时，应按设计要求埋设好过轨管线，预留孔位置、尺寸应符合设计要求。在路基、隧道内，HGT 施工时，采用滑动模板摊铺机进行混凝土摊铺，不存在支模与拆模问题。

钢筋及模板工程完成后，进行综合检查验收。一是检查钢筋（网片）保护层厚度；二是检查模板水平位置及高程的符合性，使用测量仪器逐标记点检查；三是检查模板安装的稳固性，至少应满足摊铺整平振捣机操作需要；四是检查工作缝结构的稳固可靠性；五是 GRP 点预埋件位置准确、稳固可靠[24]。

3. HGT 铺设及底座混凝土浇筑

水硬性材料按设计要求进行配比，由拌和站集中拌和，在运输过程中车辆要有棚盖，以防水分散失。机械摊铺时直接卸料至摊铺机料斗内，汽车与料斗联挂，防止污染作业面，材料喂入前应制作试件并测定坍落度。立模摊铺，由人工辅助装载机布料。

路基、隧道内采用混凝土运输车运输，滑动模板摊铺机摊铺。桥上采用混凝土泵车。

摊铺机作业时，行驶速度要根据供料情况、混凝土性能和地段特征确定。若供料不充分、混凝土坍落度偏小、捣固性能不良，或在曲线地段作业，需采取较小的摊铺速度。滑动模板摊铺机能够完成布料、振捣、收面、切缝及拉毛等作业，无须人工操作。立模摊铺时，采用基标进行线形控制，分层摊铺捣固。

摊铺作业后，混凝土表面和侧面缺陷由人工及时进行修整。铺设后，采用洒水和塑料薄膜覆盖等措施进行保湿，必要时进行覆盖防晒或保暖，不允许使用任何化学材料进行养护。支承层上的无规则裂纹应通过适当措施予以消除，防止裂纹影射到道床上。在支承层施工 30 d 后，再灌注道床混凝土。水硬性混凝土支承层成形后，在支承层表面测放线路中线、埋设线路基标，标出轨枕间隔线，细调定位支座的预埋位置。

4. 轨枕散布

水硬性支承层和底座混凝土施工完成后，进行工具轨、钢模板和螺杆调节器起吊和放置，并利用散枕装置，将轨枕按照所需间距放在指定位置。将轨枕放在下部结构上时，应注意以下几个方面。

①在路基和隧道段，应在下部结构上首先铺放纵向钢筋，在钢筋上铺放轨枕。

②在桥梁段和隧道洞口明挖段，应在下部结构上首先安装隔离层，然后在其上铺放纵向钢筋。

③在桥梁段，轨枕应放在纵向木梁上，以避免凸台板对轨道施工的影响。

5. 道床板钢筋绑扎

模板安装完毕并检查合格后，进行钢筋铺设。钢筋在加工车间制作成设计要求的尺寸和形状，钢筋加工在常温下进行，并以不损害其材质的方法加工。钢筋端部弯折应利用机具一次成形，不得进行重复操作。钢筋可事先加工成网片摆放在轨道沿线。

为满足轨道电路传输距离要求，道床板的钢筋应采用塑料卡具隔块隔开，并检测绝缘质量。钢筋骨架的绑扎应稳固，缺扣、松扣的数量不得超过应绑扎扣数的 5%。

在桥梁段铺设钢筋之前，在 HGT 层上放置一层隔离层。在长方形凹槽中放入一块尺寸正好的合成橡胶块，不损坏隔离层，以支承轨道板的钢筋网片；在需要减振保护的区域用一个合成橡胶垫块代替隔离层放置在基板和混凝土之间，垫块的厚度与刚度依据所需减少的振动强度及激振频率来确定。

6. 轨排组装

我国轨排组装一般采用拼装法，由自行式龙门吊运送到预埋位置。每次拼装轨排长度为 200 m，轨排被运送到埋设位置后，还应对钢轨和轨枕进行调整，使轨枕距离准确。安装过程中，扣件扭矩设置小于 100 N/m。用鱼尾板连接前后钢轨，上紧接头螺栓并保持轨缝对接，轨面及钢轨工作边不得错牙，轨排的调整按粗调、精调进行，直至达到标准[25]。

粗调时，使用全站仪测量各个单元顶部的棱镜进行定位，宜使用两台全站仪重叠测量。粗调机带遥控操作器。粗调机将轨排定位至 ±5 mm 的精度。粗调机在每次拆卸之后都应进行内部校准（重置），以重置精确的高度和轨距。螺杆调节器托轨板的倾斜插孔设置，需在测量工程师指导下进行。

轨道精调是无砟轨道施工中非常关键的一道工序，它对轨道的几何尺寸及最终位置能否达到设计及验收标准的要求起着决定性作用。调试过程中，要综合考虑测量精度误差、施工影响、环境影响、操作误差的因素，并留有一定的富余量（高程、轨距、中线、水平调试误差均控制在 0.5 mm 以内），确保浇筑混凝土后满足精度要求标准。同时，严格控制钢轨接头误差，采用轨头钻孔、精调一遍后上鱼尾板的措施，消除轨排之间的错台、错牙，以保证线路的平顺性。轨枕精调完成后不允许再有人为干扰，否则有可能需重新进行精调。若轨道精调与浇筑混凝土时间间隔超过规定时间，应对轨道进行随机检，如发现多处位置不符，应考虑重新进行精调。

无砟轨道精调施工主要采用的设备有：专业精调设备 GRP1000S 及相配套的全站仪、螺杆调节器、双头扳手等。

轨道粗调完成后，将精调专业设备运至施工现场，组装轨检查小车，完成后搬运至要调整的轨道上；在距轨检查小车前方（轨道调整的方向）不大于 100 m 处全站仪设站，同时检查全站仪设站处前后各 100 m 范围内的 CPⅢ 桩是否完好，安装测量棱镜；全站仪设站完成后即可与轨检查小车进行连接，小车在接收完数据后开始作业；根据小车上显示的数据，利用双头扳手及套筒扳手调整钢轨底部安装的螺杆调节器，使其轨道达到设计标准，满足质量验收标准的要求。

7. 道床板混凝土灌注及养护

为防止轨排精调时对其他部位精度的影响，混凝土浇筑面距轨排调整处距离必须大于 70 m。在混凝土浇筑之前，湿润轨枕和基础顶面，但不能有积水，以使新旧混凝土更好地结合。混凝土浇筑前对钢轨、扣件和轨枕表面进行覆盖，以防止混凝土浇筑时受到污染。对混凝土质量应进行全过程检查，每车运送的混凝土均应进行坍落度测量。

道床板混凝土由统一的拌和站集中供应，混凝土搅拌运输车运输，泵送入模，插入式捣固棒振捣。混凝土浇筑应该从一个方向向另一个方向顺序浇筑，每个轨枕间都应作为浇筑口。混凝土灌注后，立即插入振捣器进行混凝土表面的修整。对轨枕底部位置的混凝土要加强振捣，以确保混凝土的密实性；振捣过程中应加强检查模板支撑的稳定性和接缝的密合情况，以防漏浆。在振捣器未将混凝土完全移送到相邻轨枕下之前，不要移至下一个轨枕处浇筑。道床板混凝土表面用平板式振动器振平并以人工抹平，确保道床板的顶面高程、平整度和排水坡度符合设计标准。道床板混凝土浇筑 2~5 h 后，松开双向调整轴架的竖直螺栓和其他固定装置。双向调整轴架的竖直螺栓取出后，遗留的螺栓孔采用高强度砂浆封堵。在拆模和车辆行走以前，应检测混凝土强度增长。

第三节　道岔铺设与铺砟整道

一、道岔铺设

（一）人工铺设道岔

铺道岔是按照一定的铺设程序和铺设要求进行的，以普通单开道岔的铺设方法和步骤为例，详述如下。

1. 准备工作

为了顺利铺设道岔，下列各项准备工作，都必须事先认真做好。

① 熟悉图纸。道岔的设计标准图，包括道岔布置图和道岔各组成部分的构造图，是铺设道岔最主要的依据。铺岔前，应认真学习。

② 整理料具。道岔钢轨、道岔前后的短轨、配件、岔枕等，运到施工现场后，要详细清点、检查、整理，并丈量各部尺寸，编号、分类堆放好。若有尺寸、类型不符或缺损者，应立即更换补齐[26]。

③ 测量。即测设道岔位置桩，根据车站平面图，定出道岔中心桩；按道岔图测量基本股道起点的位置；量取从道岔中心到尖轨尖端的长度，定出岔头位置桩；测量辙叉根的位置，定出岔尾桩。一般情况下，岔头与岔尾不会正好在钢轨接缝位置，故需要在道岔前后插入短轨加以调整。

2. 铺设方法

① 铺岔枕。先把道岔前后线路仔细拨正，拆除岔位处的原有轨道，把岔枕间隔固定在岔位靠基本股道的一侧，按间隔绳散布岔枕，并使全部岔枕在基本股道的一侧取齐。

② 散布垫板及配件。垫板与各类配件必须严格按设计散布与安放，不允许随便互换，特别是辙后垫板与辙叉的护轨下垫板不得弄错。

③ 岔枕钻眼。由于道岔垫板的形式、尺寸及位置不一样，岔枕道钉孔位置必须逐一量画，并打出道钉孔位置印。直股上使用普通垫板的岔枕，可用线路上道钉孔样板打印；使用其他垫板的岔枕，要根据轨距、轨头宽、轨底宽及垫板长度计算出岔枕端头的尺寸，画出垫板边线，摆上垫板，按每块垫板上的道钉孔眼，打好道钉孔印；曲线部分的道钉孔眼，要在直股钉好以后，根据支距及轨距画出垫板边线，按垫板上的钉孔打印。

④ 铺设道岔钢轨。道岔钢轨的铺设顺序，通常都是先直股后弯股，先外股后里股，共分 4 步钉完。

⑤ 安装连接杆。安装连接杆时，尖轨摆动必须灵活，尖轨尖端与基本轨必须密贴，且摆度必须合乎规定（152 mm）。

⑥ 安装转辙机械。转辙机械应设在侧线一侧的两根长岔枕上，一般在安装信号时进行，对刚铺的道岔，可采取临时措施扳动。

3. 道岔铺设后检查整理

为了确保行车安全，道岔铺设完毕后，应立即进行检查，其主要内容有以下几个方面。

① 各个接头轨缝要符合标准。

② 基本轨正确顺直，导曲线圆顺。如不圆顺，原因一般有以下 3 种：支距尺寸不准；支距起点、终点位置不对；未按支距铺钉。找出原因后，正确进行处理。

③ 轨距容许误差：尖轨尖端为 ±1 mm，其他各处为 –2 mm、+3 mm。

④ 转辙机械是否灵活、牢固、尖轨与基本轨是否密贴，检查两个岔枕间隔尺寸是否符合规定的要求。

⑤ 配件是否齐全，所有螺栓是否都拧紧，垫板位置是否正确，有无错置、倒放及轨底未落槽等现象。

⑥ 道钉与钢轨是否密贴，岔枕是否方正。

检查必须认真、仔细，发现不符合要求者，应立即加以改正。

（二）机械铺设道岔

为进一步提高道岔铺设的效率和质量，或者由于地区条件和劳动力等限制，可采用机械化铺设的方法进行。

机械铺设道岔就是把需要铺设的道岔，在轨排组装基地预先钉好，再根据三大部分拆开（转撤器、导曲线及辙叉和护轨），分成 3 个块，装卸分块按道岔铺设的顺序装在轨排车上运到施工现场，然后利用起重设备或铺轨机机械铺设。对号数更大的道岔，由于基本轨和导轨增长及重量增大，必须另行研究组拼办法。

1. 道岔组装工作台布置

道岔组装工作台应尽量设在轨排组装作业线附近，以便利用机具设备。工作台的地面要夯实整平，并埋设道岔交点桩，或在地面上做成道岔组装模型。

工作台的台位数量根据基地轨排组装能力而定。基地每昼夜轨排组装能力小于 4 km 时，设 2 个工作台；大于 4 km 时，设 4 个工作台。每个台位应分别按道岔型号标出道岔交点和各类岔枕的分界处与间隔。

2. 道岔的组装

道岔成品的组装，在铺轨基地内进行。一般分为转撤器、导曲线、辙叉和护轨三部分。每部分的搭接部位暂不钉联，以利于吊装、运输和铺设。

其组装工序为：

① 根据组装计划，确定道岔号数、左开及右开。

② 按照岔枕的分界桩和间距桩散布岔枕，用模板打出道钉孔位置，并钻眼。

③ 散布垫板、轨撑和钢轨等部件。

④ 散布道钉、螺栓，并插入部分道钉和螺栓。

⑤ 按先直股后曲股的次序打入道钉，搭接部位道钉暂不钉联。

⑥ 将搭接部位未钉联的配件清点装包。

⑦ 检查道岔成品、混凝土枕规格、配件数量及组装质量是否符合规定，对不合格者加以整修，合格后则在辙叉上标明站名、编号及道岔类型[27]。

3. 道岔的装运

道岔轨排的装运通常采用立装。立装是在平板车上安装 2~3 个用角钢、槽钢或旧钢轨弯制的装车架，组成专用的支架车。道岔可斜靠在装车架的两侧，每侧 3 层，每车可装道岔 2 副。

道岔轨排一般采用 8 ~ 10 t 履带吊车吊装，吊装顺序为先装辙叉部分、次装导曲线部分、最后装转撤器部分。轨面一律朝内侧，以利吊装、铺设。由于道岔轨排不对称，重心不在中间，起吊时要注意挂钩位置，保持轨排平衡。

道岔装车后，应使用特制松紧螺栓拉杆进行固定，以免在运输过程中串动。

4. 道岔的铺设

道岔的铺设一般采用吊车铺设，其作业顺序为以下几个方面。

① 列车在预留岔位处停车，逐一将道岔成品卸于正线的一侧。

② 拆除预留岔位处的轨排（一般是 3 个），将其吊装并卸在线路的另一侧。

③ 按照转撤器部分、导曲线部分、辙叉部分的顺序，依次吊装、铺设、正位。每吊装、铺设一节，即联结夹板、钉联搭接部位的直股和曲股钢轨，抽换普枕、补齐长岔枕，安装临时转辙器。

④ 检查道岔铺设质量，并进行整修。

5. 道岔铺设质量要求

① 道岔轨距的允许误差为 –2 mm、+3 mm，尖轨尖端有控制锁设备的道岔轨距允许误差为 ±1 mm。

② 在任何情况下，道岔最大轨距不得超过 1456 mm。

6. 施工注意事项

① 在施工前及施工中应与电务、运输部门密切联系，积极配合，确保行车安全。

② 全部基本作业应在线路封锁期间完成。如遇故障，也应保证直线线路开通，未完成部分在不封锁线路的条件下，利用列车间隙铺钉侧线，作业应遵循先直股后曲股的原则。

③铺设道岔前，应拨正出岔处及其前后线路的方向，并确定直线轨道中心位置。

④需铺道岔的前后线路，如轨缝有大缝时，应先调整和加强防爬锁定，防止拆开线路铺设道岔钢轨时，发生拨不进或连不上的情况。

⑤顶换部分岔枕，根据已画好的岔枕间隔印，每隔6根混凝土轨枕将原混凝土轨枕换成岔枕，交错进行，并注意必须将每根岔枕下面的道床捣固密实。

（三）无砟道岔

1.无砟道岔的基本类型

无砟道岔施工具有过程复杂、精度要求高、自动化程度低、周期较长的特点，在实际施工时，应遵循"专业化、机械化、标准化"施工，确保道岔铺设质量，以满足机车运行平顺性和舒适性的要求。目前，我国常用的无砟道岔形式有枕式无砟道岔和板式无砟道岔两种。其中，板式无砟道岔又可分为路基上、隧道内或桥梁上的道岔施工。

2.无砟道岔施工的一般规定

枕式无砟道岔施工的主要装备有：道岔组装平台、道岔支撑调整系统、吊装设备及配套吊具、道岔轨排移动平车、混凝土运输车、混凝土泵车、洒水车、螺栓紧固机、检测测量仪器等。板式无砟道岔施工的主要装备则包括：混凝土搅拌站、混凝土运输车、混凝土浇筑设备、水泥沥青砂浆搅拌车、水泥沥青砂浆灌注设备、道岔板运输车、道岔板铺设门吊及汽车吊、道岔板精调装置、道岔板固定扣压装置、检测测量仪器等。

无砟道岔施工时，应遵循以下规定，合理组织施工。

①道岔区及前后200 m的路基（桥梁或隧道）宜作为一个整体对沉降变形观测资料进行分析评估，工后沉降变形符合设计要求后方可进行无砟道岔施工。

②施工前应由建设单位组织相关单位，根据路基、排水、信号、供电等设计图，逐一核对道岔路基范围内各种管线沟槽的数量、位置、结构尺寸及道岔区无砟轨道接口是否正确，并确认路基（桥梁或隧道）表面尺寸。

③道岔道床施工前应调查当地气温资料、掌握气温、轨温变化规律。合理安排道岔精调和混凝土浇筑时间。混凝土浇筑温度宜接近设计锁定轨温。

④道岔区无砟轨道施工应与区间正线、站线轨道工程施工相协调。

⑤无砟道岔铺设应统筹考虑道岔的供应、运输和铺设环节并制定实施方案，做好施工协调工作，提前完成测量设备及精调系统的验证和钢轨焊接型式试验。

⑥道岔组装平台应根据道岔总布置图设计，具备组装及调试功能，保证道岔组装精度。道岔组装平台应牢固平整，平台的长度、宽度及开向应与待铺道岔相同，平台周围应有道岔组件摆放场地和吊装及机械作业空间。

⑦ 道岔在运输、装卸、存放和铺设过程中，应保证道岔部件不产生塑性变形和损伤。道岔铺设应采用配套设备机械化施工。

⑧ 道岔支撑系统应稳固，具有一定的强度、刚度和稳定性。

⑨ 渡线道岔应作为一个整体进行精调，一次浇筑完成。相邻道岔距离较近时，应进行联测，一起精调。

3. 无砟道岔施工质量控制要点

① 模板安装应稳固牢靠，接缝严密，确保不得漏浆。模板与混凝土的接触面应清理干净并涂刷隔离剂。

② 混凝土浇筑前和浇筑过程中，须设专人对模板加固状态进行检查，确保混凝土浇筑施工顺利进行。

③ 钢筋绑扎要牢固，以防浇筑混凝土时绑扎扣松散及钢筋移位。钢筋绑扎完毕后，应进行认真检查，尤其对钢筋之间的绝缘情况。要保证每块道床板里的纵横向钢筋数量及接地满足设计要求。

④ 控制砂浆垫层厚度，确保精调垫块安装后的高程。

⑤ 道岔板在吊装过程中，应由具有作业资格的人员操作，必须由专人进行指挥，施工人员必须严格按照操作规程执行，严禁违规操作，由安质部门专人现场监督；轻吊慢放，避免互相碰撞。

⑥ 道岔板铺板前，采用高压水枪冲洗干净道岔板底部。

⑦ 道岔板精调作业，需考虑天气条件，应严格遵循精调作业条件，在阳光强烈与雨天禁止施工。道岔板精调后，严禁无关人员在板上踩踏走动，做好警示标牌[28]。

⑧ 灌注混凝土时，道岔板螺栓孔必须上好螺栓或盖好孔盖，避免混凝土渣进入螺栓孔。混凝土浇筑后，用土工布加塑料薄膜进行洒水养护。

二、铺砟整道

（一）施工准备工作

1. 与线上工程有关的施工准备工作

① 测设起拨道控制桩。起拨道控制桩，是控制轨道中线和水平高程的依据，为使整道工作便于进行，通常把起道标记和拨道标记设置在同一桩位上。

② 汇总技术资料。根据设计文件及测量所得数据，把各控制桩的里程与名称、线路、纵坡、曲线要素、起道高度、超高量、制动地段、曲线正矢及其他轨道标准等计算汇总成表，并按规定将整道的有关数据用铅油标在钢轨轨腰上，以便整道时使用。

③ 整平路基面。铺砟整道前应进行一次路基面检查，如有损坏（如冲毁、坑穴等）或路基顶面有轨枕压成的陷槽时，应用与路基同类土体修补夯实，使路基面保持规定的横向坡度，以利排水，严禁用道砟填塞陷槽，以免积水，形成病害。

2.道砟的采备、装卸和运输

道砟生产是铺砟整道的一个重要环节，它涉及确定道砟来源、砟场分布，以及片石的开采道砟加工、装车、运输等问题，必须统筹考虑，合理安排，做到经济合理，质量符合要求。

① 用砟量计算。铺砟整道所需的道砟数量，可根据道床横断面计算，再加运输、卸砟、上砟时的损失和捣固后道床挤紧及沉落等原因，其增加率一般为，碎石道砟11.5%，卵石道砟11%，砂子道砟14%。

② 砟场选择原则。新建铁路道砟来源有3种：a.利用邻近新线的营业线既有砟场；b.沿线零星采集；c.建立永久砟场或临时砟场。前两种砟源，在条件允许、经济适宜时，必须优先选用，但常常不是新线道砟的主要来源。

③ 道砟的采备。道砟采备可用人工或机械钻眼，爆破法开采片石，并用机械化或半自动机械化方法加工。

④ 道砟装车与运输道。砟装车根据设备情况，可因地制宜地选用高站台、棚架溜槽、活门漏斗和机械装车等方法。运砟宜采用风动卸砟车。例如，K13型风动卸砟车，由走行部分、钢结构车体、漏斗装置、启门传动装置及工作室等组成。若没有风动卸砟车，宜用敞车或改装的平车运砟。在砟场离线路较近的情况下，可用汽车甚至畜力车运砟[29]。

⑤ 卸砟。卸砟一般有风动卸砟车和人工卸砟（平板车）两种。

（二）铺砟

按照在道床上的使用部位，道砟分为垫层和面砟两种。垫层一般是在铺轨前按设计的垫层厚度直接铺到路基面上的道砟。其作用，一是防止在铺轨时压断或损坏轨枕；二是防止铺轨后轨枕被压入路基面内，形成陷槽积水，造成路基病害；三是铺轨时能将轨排摆平，便于钢轨接头的连接和铺轨后线路纵断面的调整。垫层材料一般使用粗砂、中砂、卵石、砂石屑或煤砟。面砟，即在铺轨以后用卸砟列车将道砟均匀散布在轨道两侧的路肩上，再由人工或机械回填到道床内。面砟的作用，一是将机车车辆的荷载均匀地传递到路基上；二是增强轨道的弹性和稳定性；三是便于排水，使轨枕经常处于干燥状态；四是便于整正轨道。面砟材料是按设计要求选用的。

单层道床厚度不大于25 cm时可一次散布，大于25 cm时应分两次散布，并分层捣固，第二次布砟须待前一层道砟铺好并经过5~10对列车碾压后才能进行。列车散布道砟时的速度不得超过5 km/h，并按照需要量散布均匀。

目前，铺砟作业大多采用不同程度的机械化施工，其机械化可分为单项机械作业和综合机械作业两大类。单项机械作业包括：QB-20 型液压起拨道机、XYZ-ZC 型捣固机、TYD16 型自动捣固机等；综合机械作业是将几种作业联合在一台机械上进行的一种大（中）型轨行式机械，其特点是设备自重较大，功率大，工作效率高，常见的有：YZC-1 型液压整砟作业车、SSP103 型配砟整形机、YT-C$_2$69 型电磁液压悬臂式铺砟机、VDM-800KS 型夯实机等。

（三）上砟整道

上砟整道是将卸在线路两侧的道砟铺到轨道内，并将轨道逐步整修到设计规定的断面形状，达到稳定程度。

1. 施工工艺

（1）施工测量

在工具轨安装后，对原线路控制中桩及水准点再次进行贯通复测，确认满足精度要求，并加密中桩及水准点。

在每次整道作业前，进行起拨道量测量，直线段每 20 m、曲线段每 10 m、曲线变坡段起止点等处测量轨道的起拨道量，并标记在轨枕上。

（2）起拨道及配砟整形

用起拨道机将轨道抬高至设计位置，人工将道砟（道砟预铺时，将多余道砟均匀卸放两侧）均匀散至轨枕下，轨面上的道砟清扫至枕下。

起道：将每节轨道在几个点抬高并用道砟垫实，抬高后的轨面应大致平顺，没有显著的凸凹和反超高，抬高后同时方正轨枕位置，用小型液压捣固机具进行捣固。

串砟：轨节抬起后立即向轨枕下面串砟，要求串满串实，没有空吊轨枕。

拨道：在上述工作完成一定长度后进行一次拨道，即将线路拨到中心线位置，达到直线顺直，曲线圆顺。拨道前检查要拨的线路地段的轨缝是否合适，必要时应进行调整，以防发生胀轨。

（3）道砟捣固

道砟采用汽油捣固机进行作业，应在铺设轨温的 -20 ~ 15℃范围内进行，严禁超温作业。

捣固作业结束前，在作业终点画上记号，并以此按不大于 2.5‰ 的坡度开始递减顺坡，以达到安全行车的要求。

桥梁地段枕下道砟厚度不足 150 mm 时不能进行捣固作业。

桥头、焊缝等薄弱地段应加强捣固。

质检员随机对作业后线路进行检查。

2. 施工注意事项

① 轨道应逐步矫正。随着每次铺砟，都要做好相应的整道作业。

② 不同种类轨枕的交接处应以道砟调整。当同种类轨枕铺设长度短于 100 m 时，应将该段轨道抬高或降低到与两端轨道面齐平；当大于 100 m 时，应先将较低轨道的一个半轨排抬高，与邻近轨道面齐平，然后再以不大于 2‰ 的坡度向较低方向顺接。

③ 在卸砟过程中，应尽量做到两边同时卸，以免造成偏重而影响行车安全。装、卸砟人员必须在列车停稳后才允许上、下车。

④ 行车人员必须服从领车人员的指挥，特别当边走边卸时，道口、道岔、无砟桥面和整体道床地段严禁卸砟，对安装信号设备的处所应更加注意，以免压坏设备。

⑤ 砟车到达卸砟地点开车门时，车上人员应站到安全位置，以免道砟溜下伤人。开车门应从前进方向的前部开始依次向后开，以免发生事故。

⑥ 机械上道前必须设置防护，在未显示防护信号前不准上道作业。瞭望条件较差的地段应在车站设联络员。

⑦ 运砟列车必须在规定时间内返回车站，以免影响其他列车的正常运行。

第四节　高速铁路轨道的安全管理

高速铁路不仅体现了桥路轨道、机车车辆、牵引供电、通信信号、运输指挥、运营管理等专业技术的最高水平，同时对其安全性提出更高的要求。而作为高速铁路行车基础——轨道结构，其管理水平和目标起着关键性的作用。

一、高速铁路轨道安全管理内容及手段

（一）建立安全确认车检制度

高速铁路是客运专线，采用白天行车、晚上固定"天窗"养护作业方式。在每天早晨开行第一趟列车之前，相关人员都会利用安全确认车进行线路检查，其目的是检查线路是否在夜间遭到破坏，或者夜间施工有无机具遗漏在线路上，侵入限界，影响行车安全。线路检查方法通常为：相关人员首先确认司机室内设置的摄像机拍摄线路的周边图像，其次通过计算机对图像进行处理，最后根据图像检查扣件有无松动、道床的路肩宽度有无变化等，以此作为对保障行车安全的数据资料。

（二）轨道不平顺管理

轨道的几何形状在列车运行过程中，发生各种各样的变化。为保障行车安全，对轨道几何形位进行控制，超出某一限值时进行养护维修。由于轨道动态检测更能反映轨道几何形位实际变化情况，世界各国都采用轨道检查车进行检测。

高速铁路维修管理目标分 5 个层次。

① 作业验收质量目标管理，即维修作业或施工后，按照作业验收标准进行的目标管理。

② 经常保养目标管理，即按照保养标准对线路进行日常养护，对保持线路质量均衡所进行的目标管理。

③ 预防性计划维修管理（平稳舒适度目标管理），即按管理区段轨道质量指数标准，在轨道状态恶化之前进行预防性维修。

④ 临时补修管理，即当轨道局部不平顺，达到或超过临时补修管理标准时，在规定的时间内安排临时补修计划，并予以消除。

⑤ 限速管理，即当轨道局部不平顺，达到或超过限速管理标准时，必须降低列车运行速度，并立即予以消除。

（三）钢轨踏面及伤损管理

钢轨的伤损主要包括轨头磨耗（垂直磨耗、侧面磨耗、波磨）、表面凹凸不平顺、焊缝不平顺、表面擦伤剥离及内部的核伤和裂缝。钢轨状态管理分为踏面管理及探伤管理。

1. 钢轨踏面管理

对于钢轨踏面的检测需利用先进的激光技术、计算机技术、图像技术，进行快速、无接触的检测。经过图像处理后，比较钢轨标准截面和实际截面的形状，可得到钢轨表面状态。

在高速铁路上，实行钢轨踏面管理，其目的有二：①为了降低噪声和振动，减少轮重的变化；②为了防止高速运行中产生的钢轨表面伤损向纵深发展。

钢轨踏面管理的方法：开通前用磨轨列车打磨钢轨；运行过程中进行周期性打磨。

打磨钢轨，去除钢轨在轧制和运行过程中造成的不平顺，进一步提高焊头的平顺性，其已被国外的高速铁路的实践证明是一项经济效益显著的成功经验。

2. 钢轨探伤管理

钢轨内部的核伤和裂纹可用探伤车来检测，探伤的种类有如下两种。

① 周期性探伤。根据探伤作业计划，每隔一定周期，在"天窗"时间内钢轨探车以 30 ~ 40 km/h 的速度边向钢轨洒水，边向钢轨发射 2500 Hz、2 MHz 的超声波，根据各

种反射波来判断钢轨内部的伤损。超声波探头单侧装有4个,发射角度分别为0°和37°各一个,70°的有两个。探伤结果有多种表示方法。

② 精密探伤。使用钢轨探伤车对全线进行探伤,找出伤损钢轨的处所和部位,再由探伤工使用各种小型精密探伤仪,逐处进行精密探伤,对照伤损判别标准,确定伤损等级,采取相应措施。

(四)无缝线路管理

无缝线路最致命的事故是"胀轨跑道"和"钢轨折断"。产生该事故的原因主要是钢轨内部的温度力,而钢轨最小抗弯强度与钢轨横向刚度、道床横向阻力轨排弯曲刚度有关。因此,无缝线路管理应做到以下几点。

① 正确设定钢轨,锁定轨温并严格检测;

② 严格按章作业,确保道床横向阻力;

③ 控制钢轨的异常伸缩、爬行;

④ 异常高温时,增加巡道班次,观察线路方向,必要时采取慢行措施。

二、异常情况下的处理对策

异常情况是指列车运行时,遇到不可抗拒的自然灾害或突发事件,其管理体制标准优先级别最高。

(一)降暴雨时处理对策

在高速铁路沿线布置雨量计,收集沿线降雨情况,并将相关数据传输到管理室。当雨量超过限值时,一方面加强线路巡视,启动相应的救援体系;另一方面对列车进行限速。当降雨结束后,解除限速,逐级提速恢复原有行车速度。

(二)振动超限时处理对策

当司机报告有振动超限时,通过该区段的列车采取慢行措施,进行现场调查,以决定是否能解除慢行。

(三)地震、强风、大雨时处理对策

高速铁路线路走向不同,地质状况不同,采取措施也有不同。东海道新干线沿海而建地震频繁,东北新干线降雨雪对行车的影响也需考虑。因此,都制定了相应处理标准和对策。

第七章　铁路工程施工现场安全管理

施工现场的安全管理，是整个施工过程安全管理中的重点，主要包括施工现场布置、危险性较大的分项、分部工程施工安全措施、危险性较大作业的安全管理。

第一节　专项工程施工安全

一、专项工程施工方案

（一）编制专项工程施工方案遵循的原则

专项工程施工方案是施工组织设计中的重要组成部分，它是具体安排和指导工程安全施工的管理与技术文件；它针对每项工程在施工过程中可能发生的事故隐患或可能发生安全问题的环节进行预测，在技术上和管理上采取措施，消除或控制施工过程中的不安全因素，防范发生事故。

① 编制施工组织的同时应制定安全生产的技术措施，经批准后贯彻执行。每项工序开工前，应按安全规程有关规定制定安全操作细则，并向施工作业人员交底。

② 在铁路营业线上施工（包括紧邻营业线），必须执行原铁道部有关营业线施工确保行车安全的规定，并制定相关安全生产的技术措施与管理措施。新线施工有可能影响行车安全时，应在施工组织设计中制定相应的安全技术措施。

③ 同一工地有几个单位同时施工或不同专业交叉作业时，应共同拟订现场的安全技术管理办法，做好协调共同执行。

④ 施工中采用新技术、新工艺、新设备、新材料时，必须制定相应的安全技术措施。

⑤ 国家规定的特种作业人员，以及在劳动过程中容易发生伤亡事故的有关作业人员，必须经专业培训和考核合格取得特种作业操作证后，方准上岗。

⑥ 施工作业人员身体应健康，并定期进行身体检查。凡患有不宜从事某项施工作业的疾病人员，不得从事该项工作。

⑦ 施工作业场所应根据作业的条件与危险程度，选用符合国家标准、专业标准并具有产品合格证和使用说明书的防护用品。

⑧ 施工现场应设置安全防护设施。进入施工现场的人员，应按规定使用劳动保护用品。劳动安全卫生措施，应在施工组织设计中确定。

⑨ 施工所用各种机具设备应定期进行检验，不合格者严禁使用。

⑩ 施工中应与气象站、水文站联系，掌握气温、风沙、雨情、水文等预报，做好防范工作。

（二）专项工程施工方案的主要内容

① 施工现场的安全管理规定，包括组织机构、专职人员、安全制度等，尤其应包括安全生产责任制，安全教育、培训、交底制度。施工现场建立的安全生产责任制，应体现管生产必须管安全的原则。安全管理规定应符合法律法规及安全规程的有关规定。

② 施工现场作业人员、机械设备的安全防护；作业安全要求、安全技术措施。

③ 危险性较大分项分部工程的专项施工方案；对施工中采用的新工艺、新材料、新技术和新结构，制定的有针对性的、行之有效的专门安全技术措施。

④ 预防自然灾害（防台风、防雷击、防洪水、防地震、防暑降温、防冻、防寒、防滑等）的措施。

⑤ 施工现场危险物品存放及使用安全措施、防火防爆措施。

⑥ 施工自身及环境风险源清单，风险管理、应急预案。

二、深基坑（槽）开挖及降水工程

（一）施工应具备的资料

施工区域内工程地质勘查报告。地基与基础工程施工图。场地内和邻近地区地下管线图和有关资料。邻近的原有建筑、构筑物的结构、基础情况。

（二）专项施工方案及安全措施

① 针对土质的类别、基坑的深度、地下水位、施工季节、周围环境、拟采用的机具来确定开挖方案；根据基坑的深度、土质的特性和周围环境确定对基坑的支护方案、回填方案。开挖的基坑（槽）设计深度如果比邻近建筑物、构筑物的基础深时，应采取边坡支撑加固措施，并在施工中进行沉降和位移动态观测；根据选定的基坑支护方案进行设计和验算；编制操作程序和作业流程；绘制施工开挖图。

② 根据基坑的开挖深度、地下水位的标高、土质的特性及周围环境，确定降水方案；验算降水方案的可靠性；编制降水的程序、操作规定、管理制度；绘制降水施工实施图。

③ 在施工全过程中，对较重要和较危险的原有建筑物、构筑物和管线要定期观察测试，并做好记录。由于降水、土方开挖等因素，影响邻近建筑物、构筑物和管线的使用安全时，应事先采取有效措施，如加固、改迁等，特别是各种压力管道要有防裂措施，以确保安全。

④ 基坑开挖，须布置地面和坑内排水系统，防止雨水对土坡、坑壁冲刷而造成塌方。施工时，切实做好降水和暴雨期的排水工作，在估计遇到暴雨坑内会出现积水时，必须采取有效措施，以满足基坑施工要求。地面要做好硬化处理，排水畅通。特别是在土钉墙施工区域，要做好地面排水工作，以确保雨水不渗漏到护壁外侧。

⑤ 基坑边不宜堆放重物，如坑边确须堆放重物，边坡坡度和板桩墙的设计须考虑其影响；基坑开挖后，坑边的施工荷载严禁超过设计规定的荷载值。

⑥ 开挖或支护过程中，发现基坑周壁有裂缝或滑移现象时，人员应及时进行躲避并上报，立即停止施工。经常检查基坑支护结构的稳定性监测资料；实时监测基坑的变形情况。基坑的支护结构在整个施工期间应有足够的强度和刚度。根据监控量测信息，发现异常情况，立即采取补救措施，确保坑壁稳定。不能控制时，立即撤出所有施工人员。

⑦ 当基坑开挖到相应支撑处时，必须按设计要求及时安设支撑系统，使基坑的变形满足设计要求。要经常检查钢支撑、钢围檩支护结构的稳定性，若发现松动及轴力损失应及时补充，防止松动脱落。基坑开挖到位后，及时浇注垫层及结构底板混凝土。

三、施工临时用电（施工用电）

（一）方案设计

① 施工用电应进行方案设计并经批准，经现场验收合格后方可使用。施工现场用电应采用三相五线制供电系统，采用三级配电二级保护方式；TNS 接零保护系统。工作接地电阻值不得大于 4 Ω；供电线路始端、末端必须作重复接地；当线路较长时，线路中间应增设重复接地，其电阻值不应大于 10 Ω。

② 用电设备应实行一机一闸一漏（漏电保护器）一箱（配电箱）；漏电保护装置应与设备相匹配。漏电保护器必须符合现行国家标准，并应定期检测。不得用 1 个开关直接控制 2 台及以上的用电设备。

③ 施工用电设计前应现场勘测，根据现场实际及施工平面布置安全要求，确定变电所、配电室、总配电箱、分配电箱、开关箱及电线线路走向；根据施工要求，初选用电设备种类、数量、额定功率等，进行负荷计算、确定施工用电总负荷及负荷分配；进一步核算后确定电气设备及电线（缆）规格。电缆类型应根据负荷大小、允许电压损失、机械强度等计算确定。

④ 变电所、配电室设计；配电装置设计；配电线路设计、接地、防雷设计。

⑤ 外电防护措施；安全用电及防火措施；编制施工布置图、线路图。

（二）配电室及其设备

① 配电室应设在靠近电源、无尘、无蒸汽、无腐蚀介质、无振动的地方，并应采取防止雨雪和动物侵入的措施。

② 配电室内应配置沙箱和绝缘灭火器。

③ 室内的配电屏（盘）和控制台两端应与重复接地及保护接零做电气连接。

④ 配电屏（盘）应装设短路及过负荷保护装置、漏电保护器。

⑤ 配电屏（盘）上的各配电线路应编号，并标明用途。

⑥ 配电室应设专人值班，停送电应专人负责。

（三）自备电源应满足下列要求

① 工地自备发电机组应采用三相四线制中性点直接接地系统，接地电阻值不得大于 $4\,\Omega$。发电机组应与外电线路电源联锁，严禁并列运行。

② 发电机组应设置短路保护和过负荷保护装置。

③ 多台发电机并列运行时，必须在机组同期后向负荷供电。

（四）电缆线路架设要求

① 电缆线应根据环境条件，采取埋地或架空敷设，严禁沿地面敷设。

② 电缆线路与热力管道的平行间距不得小于 $2\,m$，交叉间距不得小于 $1\,m$。

③ 架空线应采用绝缘导线，并架设在专用电杆上，不得挂在树木、脚手架上。

（五）电器装置安装

① 当总路设置总漏电保护器时，还应装设总隔离开关、分路隔离开关及总断路器、分路断路器或总熔断器、分路熔断器。当所设总漏电保护器同时具备短路、过载、漏电保护功能时，可不设总断路器或总熔断器。当分路设置分路漏电保护器时，还应装设总隔离开关、分路隔离开关及总断路器、分路断路器或总熔断器、分路熔断器。当分路所

设漏电保护器是同时具备短路、过载、漏电保护功能的漏电断路器时，可不设分路断路器或分路熔断器。

② 分配电箱应装设总隔离开关、分路隔离开关及总断路器、分路断路器或总熔断器、分路熔断器。其设置和选择应符相关规范。

③ 开关箱必须装设隔离开关、断路器或熔断器、漏电保护器。当漏电保护器是同时具有短路、过载、漏电保护功能的漏电断路器时，可不装设断路器或熔断器。隔离开关应采用分断时具有可见分断点，能同时断开电源所有极的隔离电器，并应设置于电源进线端。当断路器具有可见分断点时，可不另设隔离开关。开关箱中漏电保护器的额定漏电动作电流不应大于 30 mA，额定漏电动作时间不应大于 0.1 s。

④ 使用于潮湿或有腐蚀介质场所的漏电保护器应采用防溅型产品，其额定漏电动作电流不应大于 15 mA，额定漏电动作时间不应大于 0.1 s。

⑤ 总配电箱中漏电保护器的额定漏电动作电流应大于 3 mA，额定漏电动作时间应大于 0.1 s，但其额定漏电动作电流与额定漏电动作时间的乘积不应大于 30 mA·s。总配电箱和开关箱中漏电保护器的极数和线数必须与其负荷侧负荷的相数和线数一致。

⑥ 配电箱、开关箱的电源进线端严禁采用插头和插座做活动连接。

（六）生活及照明用电

① 施工照明，在金属容器内或在特别潮湿的环境中作业，应使用 12 V 安全电压；在隧道开挖工作面、桥梁基础的井下作业或夜间滑爬模提升、组合钢模板作业，给水排水的大口径井下作业，房屋的狭小空间和沟、槽、池内施工及各种机床与其他易发生电击危险场所作业，应使用 36 V 安全电压。

② 生活照明用电，不得擅自拉线、装插座。不得私自使用电炉及其他功率较大的电器。

③ 夜间和井内、地下及影响施工安全作业场所，照明标准应符合有关规定。

④ 木工房、库房等易燃、易爆场所不得使用碘钨灯等高热型灯具。道路、路口、出入口等夜间应设红灯警示，且应选用安全电压。夜间施工用的照明装置宜采用固定灯具。潮湿和易触及带电体场所的照明，电源电压不得大于 24 V；特别潮湿场所、导电良好的地面、锅炉或金属容器内的照明，电源电压不得大于 12 V。

四、模板及支架

（一）模板及支撑结构设计

① 模板系统要保证结构及构件各部分形状尺寸的相互位置的正确性；具有足够的稳定性、刚度和强度；应便于安装和拆卸；制作简单，便于安装、拆卸和多次使用。

② 重要结构的模板设计应根据现浇混凝土梁、板、柱等确定采用的模板种类及支撑材料设计计算模板面和支撑体系的强度和变形；绘制平面、立面、剖面的构造详图；编制安装、拆除方案；制定安装、检查、验收、使用等的安全措施。

（二）模板安装与拆卸的安全措施

① 地面以上安装模板，应根据灌注混凝土量，分段分层自下而上安装，在下层模板支撑稳固后再安装上层模板。模板的内外支撑要坚固稳定，落地端要加设垫木，并采取打木楔等措施防止支点滑动。当借助起重设备安装模板时，模板底部用撬棍等工具拨移，不得徒手操作。每节模板就位后，要上好连接器和上下两道箍筋，必要时打好内撑，以保持稳定。

② 地面以下的模板安装与拆除，应先检查土壁的稳定情况、支撑的牢固情况，必要时采取措施进行加固。模板等材料应距基坑或井口边缘 1 m 以上，防止由于压力过大而造成边坡坍塌。深长基础一般应分层支模，并应防止影响已安装模板的支撑。

③ 3 m 以上墙体和桥墩台模板安装可以在脚手架上进行，但必须安设防护栏杆和上下扶梯，禁止利用拉杆支撑上下攀登。作业人员在作业前应检查所使用的工具是否牢固，扳手等工具须系挂在身上，以免掉落伤人。

④ 五级以上大风时，应停止模板的吊运作业；六级以上大风时，应停止室外的高空作业。雪、霜、雨后，应清扫施工现场，到不滑的程度才可以进行工作。

⑤ 高空、复杂结构模板的安装与拆除，应制定安全措施；模板及支撑系统在安装过程中必须设置临时支撑，防止倾倒。

⑥ 传送模板、工具应用运输工具或用绳索系牢后升降，不得乱扔，起吊设备不得设在脚手架上。利用起重设备安装和拆除过程中，必须在模板设立临时支撑后方可摘钩。组合模板安装、拆除时，上下要有人接应；钢模板及配件应随装拆随运送，严禁从高室抛下。不得在脚手架上堆放大批模板材料。高空拆模时，应有专人指挥，并在下面标出工作区，暂停人员过往。

⑦ 安装模板过程中，如需中途间歇，应将支撑等钉牢；拆模间歇时，应将已活动的模板、拉杆、支撑等固定牢固，防止突然掉落、倒塌伤人。已拆除的模板、拉杆、支撑

等应及时运走或妥善堆放，防止因扶空、踏空而坠落。

⑧ 拆除模板应经施工技术人员同意。操作时应按顺序分段进行，拆除模板一般应用长撬杠，严禁猛撬、硬砸或大面积撬落和拉倒，严禁操作人员站在正在拆除的模板上。用机具拆模时，先拴牢吊具挂钩再拆除模板；用人工拉绳拆模时，拉绳要有足够长度，施工人员与拆下的模板之间要保持一定的距离。完工前不得留下松动和悬挂的模板。拆下的模板应及时运送到指定的地点集中堆放，并进行处理，包括打弯或拔除钉子、修理、清除灰浆、校正变形等。

⑨ 模板上有预留洞口的，应在安装后将洞口盖好；混凝土板上的预留洞，应在模板拆除后，随即将洞口盖好。

⑩ 在水上安装和拆除模板，应配置工作船、救生船和救生设备。

五、脚手架工程

（一）脚手架施工设计

特殊脚手架和高度在 20 m（含）以上的高大脚手架，应有设计方案。高度 10~20 m 的脚手架搭设前，应有措施和交底。设计方案应确定脚手架的种类、使用材料、搭设方式和形状、使用功能、设计计算及安全验算、绘制的施工详图、搭设和拆除方案、安全措施、验收、使用、维护、保养。

（二）脚手架搭设、拆除的安全措施

① 脚手架基础应平整夯实，并有排水措施，地基具有足够的承载能力，避免脚手架整体或局部沉降失稳。底部必须垫不小于 5 cm × 15 cm × 200 cm 的通板，内外立杆加绑扫地杆。

② 结构脚手架立杆间距不得大于 1.5 m，大横杆间距不得大于 1.2 m，小横杆间距不得大于 1 m。脚手架必须按层与结构拉结牢固，拉结点垂直距离不得超过 4 m，水平距离不得超过 6 m。拉结所用的材料强度不得低于双股 8# 铅丝的强度。在拉结点处设可靠支顶。高大架子不得使用柔性材料进行拉结。

③ 脚手架的操作面应铺满脚手板，离墙面距离不得大于 20 cm，不得有空隙、探头板和飞跳板。脚手板下层设水平网。脚手板对接应设双排小横杆，两小横杆间距不大于 30 cm。

④ 脚手架操作面外侧应设两道护身栏杆和一道挡脚板或设一道护身栏，立挂安全网，下口封严，防护高度为 1.5 m。严禁用竹笆作脚手架。

⑤ 凡高度在 20 m（含）以上的外脚手架纵向应设置剪刀撑，剪刀撑应随架子同步支搭，以保证架子的稳定性。剪刀撑应从脚手架纵横两端和山墙处搭起，搭设宽度为 6 根立杆，每隔 6 根立杆设一组。剪刀撑与水平面的夹角为 45°～60°。剪刀撑的底部要插到垫板处，与立杆相交点加扣件。剪刀撑搭接长度不少于 60 cm，且在搭接处加至少两个扣件。

⑥ 结构用的里外承重脚手架，使用时荷载不得超过 2646 N/m²；装修用的里外脚手架使用荷载不得超过 1960 N/m²。

⑦ 脚手架的外侧边缘与外电架空线路边线之间的最小安全操作距离应符合相关规定。因特殊情况无法保持安全操作距离时，必须采取有效可靠的防护措施。

⑧ 脚手架拆除时应划分作业区，周围设绳绑围栏或竖立警戒标志；地面设专人指挥，禁止非作业人员入内。作业人员必须戴安全帽、系安全带、穿软底鞋才允许上架作业。

⑨ 拆除应遵守由上而下、先搭后拆、后搭先拆的原则，严禁上下同时进行拆除作业。拆除时严禁撞碰附近电源线，以防事故发生。拆除时要统一指挥、上下呼应、动作协调，当解开与另一人有关的结扣时，应先通知对方，以防坠落。在拆架过程中，不能中途换人，如必须换人，应将拆除情况交代清楚后方可离开。

六、起重吊装工程

（一）作业前的准备

① 起重吊装前，施工单位应根据构件或设备的形状、位置、重量、环境制定吊装方案；选择吊装机具；绘制吊装机位、路线等实施图；编制操作、防护及安全管理措施。

② 起重指挥应由技术培训合格的专职人员担任，作业前，应对起重机械设备、现场环境、行驶道路、架空电线及其他建筑物和吊重物情况进行了解。

③ 塔式起重机应按国务院《特种设备监察条例》的规定，根据塔式起重机的产品性能及安全使用规程，编制安装及拆卸方案；制定检查、验收、使用、维修、保养的安全措施。

④ 起重吊装用的钢丝绳，其安全系数必须符合规定。

（二）作业过程安全

① 起重机械的变幅指示器、力矩限制及各种行程限位开关等安全保护装置，应齐全完整，灵敏可靠，不得用限位装置代替操纵机构进行停机。

② 不得使用起重机进行斜拉、斜吊；起吊重物时，不得在重物上堆放或悬挂零星对象。起重吊装对象时，不得忽快忽慢和突然制动。非重力下降式起重机，不得带荷自由下落。

七、爆破与建筑物拆除工程

（一）安全要求

① 爆破施工必须按现行国家标准《爆破安全规程》的要求，根据施工地区环境的具体情况，编制爆破设计方案，制定相应的安全技术措施，采取可靠的防护设施，经相关部门批准后方可实施。

② 建筑物机械拆除应根据具体情况，编制作业方案，制定相应的安全技术措施，经相关部门批准后方可实施。建筑物爆破拆除施工应根据周围环境、作业条件、拆除对象、建（构）筑物类别、爆破规模，按照现行国家标准《爆破安全规程》确定的等级，编制设计方案，采取相应的安全技术措施。

③ 从事爆破拆除工程的施工单位应具有爆破施工企业资质证书，并取得工程所在地法定部门核发的《爆炸物品使用许可证》，可承担相应等级的爆破拆除工程。爆破拆除设计人员应具有承担爆破拆除作业范围和相应级别的爆破工程技术人员作业证。从事爆破拆除施工的作业人员应持证上岗。

④ 爆破拆除施工前，应做出安全评估及编制安全专项施工方案，经有关部门审核批准后，方可实施。爆炸物品的购买、运输、使用、储存、销毁必须符合国家关于爆炸物品的相关规定，确保爆炸物品的使用安全及周边环境安全。

⑤ 在营业线附近进行爆破作业时，应先申请办理爆破作业单位许可证。对危及行车安全的爆破作业，应申请封锁施工方案。在方案未审批前，严禁进行爆破拆除作业。

⑥ 爆破施工与建筑物拆除作业时，必须设立安全警戒区域、安排警戒人员；严格控制作业中出现的飞石、扬尘、震动、噪声等。

（二）作业安全检查

① 爆破结束应进行全面检查，对公路、铁路交通有无影响，周围建筑物情况；确认安全后，方可发出解除警戒信号，撤回全部警戒人员。发现瞎炮应由原装炮人员当时组织处理，严禁交由其他人员处理。

② 雷雨天严禁进行爆破作业。强电场区爆破作业不得使用电雷管。

八、特殊季节施工

（一）雨季及洪水期施工

① 雨季及洪水期施工应根据当地气象预报及施工所在地的具体情况，做好施工期间的防洪排涝工作。处于洪水可能淹没地带的机械设备、材料等应做好防范措施，施工人员要提前做好安全撤离的准备工作。

② 施工时，现场应及时排除积水，人行道的上下坡应挖步梯或铺砂。料道板、跳板上应采取防滑措施，加强对支架和土方工程的检查，防止倾倒和坍塌。长时间在雨季中作业的工程，应根据条件搭设防雨棚。施工中遇有暴风雨应暂停施工。

（二）冬期与寒冷地区施工

① 进入冬期前，施工现场应提前做好防寒保暖工作，人行道路、跳板和作业场所等应采取防滑措施；采用煤炉和暖棚施工时，应有防火、防煤气中毒的措施，配水设备及土建工程均应按照有关冬期施工的规定办理。

② 在寒冷地区操作机械时，应有防冻措施，驾驶车辆不得在有积雪和冰层的道路上快速行驶；上下坡和急转弯时，应避免紧急制动。

③ 在江河冰面上通行时，事先应调查冰层的厚度及承载能力；冰面承载力不够地段，严禁通行。江河解冻前应制定防流冰方案。

（三）高温与夜间施工

① 高温季节施工，应按劳动保护规定做好防暑降温措施。适当调整作息时间，尽量避开高温时间。有条件的可搭设凉棚，供应冷饮，准备防暑药品。

② 夜间施工时，现场必须有符合操作要求的照明设备；工地驻地要设置路灯。施工中的小型桥涵两侧及穿越路基的管线等临时工程，应设置围栏，并悬挂红灯警示标志。大型桥梁攀登扶梯处应设有照明灯具。

③ 夜间作业船只或在通航江河上长期停置的锚船、码头船等，应按港航监督部门规定，配置齐全的夜航、停泊标志灯；船只停靠码头应设照明灯。

九、营业线施工

（一）营业线施工的含义

营业线施工指增建复线、新线引入、技术改造、跨越营业线上部的施工及影响营业线行车安全的各类工程项目的施工作业。施工中必须执行铁路主管部门（或相关铁路局）

关于营业线施工的规程、规定、实施细则，确保行车安全。

（二）基本安全要求

施工前施工单位应对沿途环境进行调查，编制施工方案；经有关部门批准后实施。在妨碍列车运行、危及人身安全或既有设备安全的地段、处所施工时，应制定相应的安全技术措施。

第二节　施工现场安全管理

一、现场布置与临时设施

（一）施工现场布置

① 施工前应对当地地形、地物、地貌、工程地质、水文地质、气象、水电供应、交通运输、施工环境及地下隐蔽物等做好调查。根据调查情况，应对运输道路、材料堆放、生产生活设施及环境保护做全面安排，并绘制场地平面布置图。

② 临时工程及附属生产设施应避开不良地质处所，并应符合防洪、防火、防雷、防风及安全卫生和环境保护的要求。

③ 施工现场应有安全标志。在悬崖、陡坎、沟、槽、坑、井等危险部位必须设有防护设施和安全标志。

④ 在临街、交通干道附近和居民密集地段施工时，必须设安全围挡和警示牌，实行封闭管理。严禁非施工人员进入施工现场。

⑤ 大型桥梁施工现场、隧道和预制梁场地，应有自备电源，以免因电网停电造成工程损失和出现事故。自备电源和电网之间，要有连锁保护。

（二）临时设施

① 临时房屋应修建在常年洪水位以上，房基应稳固，填方应夯实，高堑坡应有防塌措施；屋面施工等高处作业，应有防坠落措施；非承重结构上不得站人和堆放材料。

② 临时房屋及其他建筑物应安装避雷设施，并定期检查测试，不合格者应修理或更换。

③ 爆破器材库必须符合防爆、防雷、防潮、防火、防鼠等要求，并应有良好的通风和防爆照明设备。库房与厂矿、村镇、人口稠密处所、交通要道及其他建筑物应保持安全距离。

④ 临时油库设置应符合国家有关消防规定。库区应设围栏，使用中应配足消防设备并设专人看守，严禁在库区内存放易燃物品。

⑤ 各种易燃、易爆、有毒等危险品应分库存放。需临时存放在施工现场时，相互间距不得小于 30 m，距其他建筑不得小于 25 m。永久、半永久性库房应符合国家现行有关的安全规定。

（三）临时道路与渡口

① 现场道路应保持畅通。主要干道不应低于四级公路的标准。险峻地段应设安全标志，必要时设置栏杆及路缘石墩。便桥应按设计允许荷载挂牌提示，严禁超载。

② 临时道路养护维修，应在施工地段两端设立警示标志，必要时设专人防护。

③ 临时渡口应设在河面开阔、河床稳定、水流较缓的安全地段。人员、车辆过渡必须符合渡口有关安全规定。

二、材料堆码、装卸和搬运

（一）材料堆码

① 各类物资应按品种、规格堆码整齐、稳妥，不得乱堆乱放和超高堆放。

② 装卸、搬运危险品必须符合国家现行有关易燃、易爆、有害物品的管理规定，并应轻搬轻放，每人负荷不宜过重。装卸、搬运有毒和腐蚀性物品，不得采用直接接触身体的装卸方法。

（二）装卸、搬运作业

① 装卸、搬运作业场地应平坦宽敞，跳板应坚固牢靠，并有防滑措施，跳板的坡度不应大于 1：3。使用轻型小车装运材料时，前后两车宜保持 2 m 以上间距，上下坡道时宜保持 10 m 以上间距。

② 作业前，施工单位应有专人负责说明物料种类、性质、质量、装运地点等有关注意事项和不安全因素。大型设备的装卸运输应制定安全技术措施，并应有专人指挥。

③ 使用滑车拉链装卸重物时，不得超载。采用漏斗棚架装料时，棚架下严禁站人或通行。

④ 装卸管材、钢筋、型钢及细长构件时，作业人员应动作一致；超出车身部分应加托架，捆绑牢固。

⑤ 运输大型对象和重型机械设备时，必须符合交通部门运输大型对象的有关规定。

三、施工机械管理

（一）机械使用

① 机械设备使用前，应经过调试、检测，确认技术性能和安全装置状态良好后方准使用。

② 压力容器、压力管道和防爆设备管理，必须按照国家现行有关规定执行。

③ 施工机械应指定司机负责保管，轮班作业应执行交接班制度。

（二）机械操作人员

① 操作人员应熟悉机械的性能和操作方法，按机械设备的规定使用；不得超出规定的使用范围或超负荷运转；具有机械发生事故时采取紧急措施的能力。

② 驾驶室或操作室内不得超乘、存放或运送易燃、易爆物品；操作人员不得擅自离开工作岗位，严禁疲劳作业，严禁机械带故障作业。

③ 机械设备在施工现场停放时，应选择安全地点，并将带负荷的部件放松，并设有制动、防滑、防冻措施。

（三）检修保养

① 机械设备不得在运转中进行维修、保养、调整。

② 液压系统发生故障，停止作业检修时，应释放压力。

③ 不得在坡道上停放或检修机械，当需在坡道上检修时应做好防护。

（四）在特殊环境中作业

① 危险地段作业时，应设立安全警示标志，并设专人指挥。

② 高压电线附近作业或通过时，机械与输电线之间的安全距离不得小于相关规定。

③ 在电杆附近挖土时，其周围应加固。对于不能取消的拉线、地垄及杆身，应留出土台。土台半径：电杆为 1~1.5 m，拉线为 1.5 ~ 2.5 m。视土质情况决定坡度，土台周围应插标杆警示。

④ 在埋有电缆、管道的地点作业时，施工前应在地面设立安全警示标志，并制定相应的施工安全措施。未探明地下设施位置走向前，应由专人现场监护作业。严禁使用挖掘机、装载机、推土机等大型机械盲目作业。

⑤ 内燃机械在洞内作业时，应安装废气净化装置。

（五）钢丝绳的使用

① 用于走行的钢丝绳不得有接头、扭结、变形。

② 起重用钢丝绳的接头，必须采用插接，其插接长度不得小于钢丝绳直径的 20 倍，总长不得短于 300 mm；非起重用钢丝绳的接头，可用索卡连接，但必须经常检查紧固情况；与绳径匹配的卡子数量和间距应按规定执行。

③ 钢丝绳有磨损或锈蚀时，应按规定进行折减，并按折减结果决定降低使用等级或更换。当钢丝直径与公称直径相比减小7%或更多时，即使未断丝，该钢丝绳亦应报废。

④ 钢丝绳断丝达到相关规定时，应予更换。

四、电动工具使用管理

（一）手持式电动工具

① 每一台电动建筑机械或手持式电动工具的开关箱内，除应装设过载、短路、漏电保护电器外，还应装设隔离开关或具有可见分断点的断路器，装设控制装置。正、反向运转控制装置中的控制电器应采用接触器、继电器等自动控制电器，不得采用手动双向转换开关作为控制电器。

② 在潮湿场所或金属构架上操作时，必须选用 II 类或由安全隔离变压器供电的 III 类手持式电动工具。金属外壳 II 类手持式电动工具使用时，必须符合相关规范的要求；其开关箱和控制箱应设置在作业场所外面。在潮湿场所或金属构架上严禁使用 I 类手持式电动工具。

③ 狭窄场所必须选用由安全隔离变压器供电的 III 类手持式电动工具，其开关箱和安全隔离变压器均应设置在狭窄场所外面，并连接 PE 线。漏电保护器的选择应符合相关规范。

（二）其他电动建筑机械

① 对混凝土搅拌机、钢筋加工机械、木工机械等设备进行清理、检查、维修时，必须首先将其开关箱分闸断电，呈现可见电源分断点，并关门上锁。

② 振捣器电缆线，应无破损、无漏电，使用时应设移动式配电箱，检修或作业间断时应切断电源，移动时严禁使用电缆线拖拉振捣器。作业人员必须穿戴绝缘靴和绝缘手套，一人理线，一人操作，电源线不得托地，不得敷设在水中。

五、防火、防爆、防毒、防风

（一）基本安全要求

① 施工防火必须符合现行《铁路工程设计防火规范》和国家现行有关消防安全规定。易燃和可燃材料的存放场所与作业场地，应保持足够防火间距并留出消防通道，配设消防器材。

② 现场动火的作业点，应采取相应的防火措施。当需立体交叉动火作业时，应用非燃烧材料进行隔离。

③ 现场的生产、生活区应配置消防设施。消防器材应有专人管理，定期检验。房屋、库棚、料场等的消防安全距离，应符合国家现行有关的消防规定。室内设置火炉取暖时，应有预防煤气中毒的措施。

④ 各种气瓶的运输、存放和使用，必须符合现行国家标准的有关规定。氧气瓶与乙炔瓶、氯气瓶及易燃物品严禁同室储存；放置地点不得靠近热源和电气设备，距明火的距离不得小于 10 m。

⑤ 凡有毒、有粉尘侵害的作业，必须符合国家或地方环保部门的有关规定，并制定相应的防护措施。

⑥ 现场施工应掌握风力预报，风力达到四级时，不宜进行防水层作业。风力达到五级时，不应进行吊运安装玻璃、桥梁防水层等作业。风力达到六级时，应停止露天起吊、装卸、高处作业、水塔的水柜安装、浮运梁、泵送混凝土等作业。

（二）熬制沥青、硫黄胶泥和砂浆

① 室外熬制沥青、硫黄胶泥和砂浆的地点，应设在施工现场的下风方向并远离住所，用耐火材料搭设雨篷。不宜在室内、电线下方熬制。

② 严禁在烈火空锅时投料及中途投放大块沥青、硫黄，溶液不得超过锅容量的 3/4，严禁用锡焊制品盛装热沥青、硫黄胶泥和砂浆，装溶液量不得超过容器容量的 2/3。人员离开时，必须灭火。

③ 吊运热沥青、硫黄胶泥和砂浆时，吊运范围内严禁站人。

六、营业线施工防护

（一）施工防护

① 凡影响行车安全的施工地点应设置防护标志。区间施工时，单线应在两端车站、双线应在来车方向的车站设驻站联络员，施工现场设工地防护员。施工占用线路作业

时，应根据线路速度等级，使用停车手信号进行防护。

② 在区间线路上进行作业不妨碍行车安全时，可不设置防护信号；但应在施工地点两端各 500～1000 m 处，列车运行方向（双向在列车运行的正方向）的左侧路肩上，设置作业标进行防护。

（二）作业人员撤离

施工人员听到防护员发出的预报信号后，应做撤离准备。当施工负责人发出停工命令时，应立即撤除妨碍行车的一切障碍物。

第三节　特殊（种）作业安全

一、高处作业

（一）安全要求

① 施工单位应根据具体情况使用符合要求的脚手架、脚手板、吊架、梯子、跳板、安全带等。临空（边）应设置防护围栏、栏杆或安全网等安全设施。作业前应检查确定"四口"、临边、登高、悬空及交叉作业的防护方案；检算所选择防护设施的可靠性。检查作业现场的安全标志和各种用于高处作业的设施。

② 从事高处作业人员，必须定期进行体格检查，凡有高血压、心脏病或其他不适宜高处作业的人员，不得参与作业。

③ 作业人员必须系安全带、戴安全帽、穿防滑鞋。高处作业中所用的物料，应堆放平稳，不得妨碍通道。从高处拆下的余料和废料，不得向下抛掷。脚手架应牢固稳定，并经常清除杂物。冬季应随时清扫冰雪。在过道上应有防护设施。

④ 作业人员严禁以绳索或起重机作为梯子上下；不应在未固定的脚手架上工作，不应在不稳定的结构上通过。安全带应挂在牢固的物件上，严禁 1 个物件上拴挂多根安全带或 1 根安全绳上拴多人。悬空作业应有可靠的安全防护设施。

⑤ 安全带应有试验合格标记，一般每隔 6 个月应进行一次负荷试验。静载试验可用 2.25 kN 停 5 min 进行观察，或用 1.2 kN 在距离地面 2 m 高处作冲击试验。安全网在使用前应按规定进行试验，合格后方可使用。

（二）作业安全

① 当梯子在高度 2 m 以上竖放时，应采用安全梯；斜放时应采用踏步梯并加设扶

手。悬挂的梯子应挂在牢固处，挂钩应与承载结构物捆绑牢靠。设置在建筑结构上的直爬梯及其他登高攀件，必须牢固、可靠。供人上下的踏板承载力不应小于 1.1 kN。

②移动式梯子梯脚底应坚实，梯子上端应有固定措施，人字梯铰链必须牢固。在同一架梯子上不得两人同时作业。

③高处作业人员应佩带工具袋，小型材料应放入袋内，较大的工具应用绳拴好，不得随便乱放，防止落下伤人。

④高处作业遇有架空输电线路时，应按有关规定执行。当保持安全距离有困难时，应停电或采取可靠的安全防护措施，并经有关部门批准后方可作业。

⑤作业区域的风力为六级（包括六级）以上时，应停止工作。

⑥高处作业不宜上下重叠。确需在高处上下重叠作业时，应在上下两层中间用密铺棚板隔离或采用其他隔离设施。双层作业或靠近交通要道作业时，应设置隔离措施。

⑦夜间进行高处作业时，必须有照明设备，楼梯空洞等处应设有明显的标志。

二、电气焊及气割作业

（一）电焊作业

①电焊作业人员必须是经过电、气焊专业培训和考试合格，取得特种作业操作证的电气焊工并持证上岗。

②电焊作业人员作业时必须使用头罩或手持面罩，穿干燥工作服、绝缘鞋，用耐火防护手套、耐火的护腿套、套袖及其他劳动防护、保护用品、安全用具。要求上衣不准扎在裤子里，裤脚不准塞在鞋（靴）里，手套套在袖口外。

③进入施工现场必须戴好合格的安全帽，系紧下颚带，锁好带扣，高处作业时必须系好合格的防火安全带，系挂牢固，高挂低用，并有专人监护。

④进入施工现场禁止吸烟，禁止酒后作业，禁止追逐打闹，禁止串岗，禁止操作与自己无关的机械设备，严格遵守各项安全和劳动纪律。

⑤进入作业地点时，先检查、熟悉作业环境。若发现不安全因素、隐患，必须及时向有关部门汇报，并立即处理，确认安全后再进行施工作业。对施工过程中发现危及人身安全的隐患，应立即停止作业，及时要求有关部门处理解决。现场所有安全防护设施和安全标志等，严禁私自移动和拆除，如需暂时移动和拆除，须有关负责人审批后，在确保作业人员及其他人员安全的前提下才能进行，并在工作完毕（包括中途休息）后立即复原。

⑥严禁借用金属管道、金属脚手架、轨道、结构钢筋等金属物代替导线。

⑦焊接电缆横过通道时必须采取穿管、埋入地下、架空等保护措施。

⑧风力六级以上和雨天不得露天作业，雨天应消除积水后方可作业。

⑨作业时如遇到以下情况必须切断电源：a.改变电焊机接头；b.更换焊件需要改接二次回路；c.转移工作地点搬运焊机；d.焊机发生故障需要进行检修；e.更换保险装置；f.工作完毕或临时离开操作现场。

（二）气焊与气割作业

① 氧气瓶与其他易燃气瓶、油脂、易燃易爆物必须分别存放，氧气瓶库应与高温、明火保持 10 m 以上距离。气瓶应设有防震圈和安全帽，搬运和使用时严禁撞击，氧气瓶、乙炔瓶严禁同车运输。氧气阀不得粘有油脂、灰土，不得用带油脂的工具、手套或工作服接触氧气瓶。氧气瓶禁止在强烈日光下暴晒，夏天露天作业应搭设防晒罩、防晒棚。氧气瓶与焊炬、割炬及其他明火的距离应大于 10 m，与乙炔瓶的距离不小于 5 m。

② 现场乙炔瓶存量不得超过 5 瓶，5 瓶以上应在储存间单独存放，储存间与明火的距离不小于 15 m，并应通风良好，设有降温设施、消防设施和通道，避免阳光直射。储存乙炔瓶时，乙炔瓶应直立，并必须采取防止倾斜的措施。严禁与氯气、氧气瓶及其他易燃易爆物同间储存。乙炔瓶使用时必须直立放置，与热源的距离不得小于 10 m，乙炔表面不得超过 40 ℃等。

③ 高处作业时，氧气瓶、乙炔瓶不得放在作业区域下方，应与作业点正下方保持 10 m 以上的距离。发现减压阀软管、流量计冻结时，禁止用火烤，更不允许用氧气去吹乙炔管道。

三、钢筋加工作业

（一）钢筋制作、绑扎和安装

① 搬运钢筋时，应注意周围行人、电线及一切障碍物，以防止触碰。多人运送钢材时，动作应一致；人工上下传递时，传递人员不得在同一垂直线上；建筑物内的钢筋要分散堆放，防止局部超载。

② 展开成盘钢丝或钢绞线时，两端要卡牢，防止回弹伤人。拉直钢筋时，工具必须牢固，卡头要卡紧，在 2 m 区域内严禁站人。人工切断钢筋时，工具必须牢固。打锤区域内不得站人，在切断短钢筋时要用套管或钳子夹持，严禁手扶。

③ 弯曲钢筋作业场地应保持平整无障碍，工作台要平稳，地面上钢筋头及杂物要及时清理。各种机械的动力线应用钢管从地坪下引入，机壳应保护接零。人工弯曲钢筋成型时，先检扳子卡口的方正和卡盘是否牢固，操作时扳子要放平，用力不得太猛。多人弯曲粗钢筋要动作协调，靠近扳口的人要压住扳子，防止滑脱。

④ 在高处、深基坑绑扎钢筋和安装骨架时，必须搭设脚手架和马道；严禁沿骨架攀登上下；高度在 3 m 以上时应搭设工作台，必要时挂安全网；已绑好或已安装的钢筋应采取临时支撑措施，防止倾倒。

⑤ 起吊钢筋骨架时，下方严禁站人，待骨架降落至距离安装位置 1 m 以内时才准许靠近，并等就位支撑好后方摘钩。

（二）钢筋冷拉

① 冷拉钢筋场地要布置在人员来往稀少的地方，并设置标志，场地内禁止非操作人员进入或穿行，冷拉卷扬机前方应设安全挡板或挡护墙，没有挡板时，应将卷扬机与冷拉方向成 90°，并且使用割闭式导向滑轮；在进行冷拉前要检查冷拉机具、地锚、夹具、平衡设备等是否安全可靠。

② 冷拉钢筋要先上好夹具，人员离开后再发出开车信号。发现问题时，要先停车，放松钢筋后再重新进行操作。

（三）钢筋机械的操作

① 除锈机：除锈作业人员要将袖口扎紧、戴好口罩、手套，以防止锈粉侵入呼吸道和皮肤，使用机械除锈要在钢筋调直后进行，带钩的钢筋不能上机除锈。

电动除锈机要有接地或接零措施，并应安装漏电保护器，圆盘钢丝刷及传动部分要设置防护罩，操作时人员站在钢丝刷一侧。

② 钢筋调直机：机械上不准堆放物体；手与滚筒应保持一定的距离，机器运转过程中不得检修和调整，严禁戴手套操作。钢筋调直到末端时，人员必须躲开，防止甩动伤人。长度小于 2 m 及直径大于 9 mm 的钢筋应低速调直。

③ 钢筋切断机：机械切断钢筋应在试运转正常后进行，要在活动刀片后退时进料，手与刀口的距离要大于 150 mm。切断短钢筋要使用套管或夹具；切断长钢筋应有人扶住；严禁在运转或机械未停稳的情况下修理或调节刀片，不得用手直接清理刀口附近的杂物或短头。

④ 钢筋弯曲机：钢筋要紧贴挡板，注意放入插头的位置和回转的方向，不得错开；弯曲长钢筋应有人扶住。

四、预应力张拉

（一）先张法张拉

① 台座两端应有防护设施。张拉时沿台座长度方向每隔 4~5 m 放一个防护架，两

端严禁站人，也不准人员进入台座。张拉后要进行防护，禁止压重或在上面行走。浇灌混凝土时，要防止振动器冲击预应力钢筋。

② 千斤顶支座必须与构件对准，放置要平稳，测量拉伸长度、加楔和拧紧螺栓时应先停止拉伸，并站在两侧操作，防止钢筋断裂、回弹伤人。

③ 预应力钢筋拉到控制张拉力后，应稍停 2~3 min 再打紧夹具（拧紧螺母），操作人员应站在侧面。拧紧螺母时，应注意压力表的读数始终保持在控制张力上。

④ 应先张拉靠近台座截面重心的钢筋，避免台座承受过大的偏心压力。用横梁整批张拉时，千斤顶应成对布置，防止横梁倾斜。当多根钢筋同时张拉时，必须调整初始应力。

（二）后张法张拉

① 张拉区应有明显标志，非工作人员禁止入内。张拉时构件两端禁止站人，并设置防护屏障。操作千斤顶和测量伸长值的人员，应站在千斤顶侧面。张拉完毕，应稍等几分钟再拆卸张拉设备。

② 选择高压油泵时，要考虑张拉过程中构件若突遭破坏，操作人员可以立即躲避。油泵操作人员要戴防护眼镜，防止油管破裂及油表连接处喷油伤人。在油泵的开动过程中操作人员不得离开，如必须离开应把压力回零并切断电源。

③ 孔道压浆时，操作人员要戴防护眼镜、穿胶鞋、戴手套。

五、起重吊装作业

（一）作业前的安全要求

① 司机与指挥人员要经过专业培训，合格后才能上岗作业。指挥人员在作业前，要熟悉设备的性能，并了解所起吊的物品重量及现场周围环境；作业时，应与操作人员密切配合，执行规定的指挥信号。操作人员应按照指挥人员的信号进行作业，当信号不清或错误时，操作人员可拒绝执行。

② 作业前，应对起重机械的制动器、吊钩、钢丝绳和安全装置进行检查，发现性能不正常时，应在操作前排除。龙门吊轨道基础应平直无沉陷，鱼尾板连接螺栓及道钉无松动，并应清除轨道上的障碍物，松开夹轨器并向上固定好。重物和吊具的总重量不得超过起重机相应幅度下规定的起重量。

（二）作业安全要求

① 起重设备送电前，各控制器手柄应在零位。当接通电源时，应采用试电笔检测金

属结构部分，确认无漏电后，方可上机。作业中，操作人员临时离开操纵室时，必须切断电源，锁紧夹轨器。

② 应根据起吊重物和现场情况，选择适当的工作速度，操纵各控制器时应从停止（零）点开始，依次逐级增加速度，严禁越挡操作。在变换运转方向时，应将控制器手柄扳到零位，待电动机停转后再转向另一方向，不得直接变换运转方向、突然变速或制动。

③ 在吊钩提升、起重小车或行走大车运行到限位装置前时，均应减速缓行到停止位置，并应与限位装置保持一定距离（吊钩不得小于 1 m，行走轮不得小于 2 m）。严禁采用限位装置作为停止运行的控制开关。

④ 动臂式起重机的起升、回转、行走可同时进行，变幅应单独进行。每次变幅后，应对变幅部位进行检查。允许带载变幅的，当荷载达到额定起重量的 9% 及以上时，严禁变幅。

⑤ 起重机的变幅指示器、力矩限制器、起重量限制器及各种行程限位开关等安全装置，应完好齐全、灵敏可靠，不得随意调整或拆除。严禁利用限制器和限位装置代替操纵机构。

⑥ 严禁起吊重物长时间悬停在空中，作业中遇突发故障时，应采取措施将重物降落到安全地方，并关闭发动机或切断电源后进行检修。在突然停电时，应立即把所有控制器拨到零位，断开电源总开关，并采取措施使重物降到地面。

⑦ 严禁使用起重机进行斜拉、斜吊和起吊地下埋设或凝固在地面上的重物及其他不明重量的物体。现场浇注的混凝土构件或模板，必须全部松动后方可起吊。

⑧ 作业完毕后，起重机应停放在轨道中间位置，起重臂应转到顺风方向，并松开回转制动器，小车及平衡臂应置于非工作状态，吊钩直升到离起重臂顶端 2~3 m 处。停机时，应将每个控制器拨回零位，依次断开各开关，关闭操纵室门窗，下机后，应锁紧夹轨器，使起重机与轨道固定，断开电源总开关，打开高空指示灯。

⑨ 在电气化铁路上使用架桥机、起重机等设备作业时，当距接触网带电部分小于 2 m 时，接触网必须停电。

⑩ 执行十不吊的原则：被吊物重量超过机械性能允许范围不准吊；信号不清不准吊；吊物下方有人站立不准吊；吊物上站人不准吊；埋在地下物不准吊；斜拉斜牵物不准吊；散物捆扎不牢不准吊；零散物品（特别是小钢横板）不装容器不准吊；吊物重量不明，吊、索具不符合规定，立式构件、大模板不用卡环不准吊；六级以上强风、大雾天影响视力和大雨时不准吊。

六、架子工作业

（一）人员与设施

① 架子工系特殊作业人员，必须经有关部门进行安全技术考试合格后持证上岗。凡患有心脏病、高血压、癫痫病和其他不适合于高处作业的人不准从事架子工工作。

② 作业前，必须对脚手架、跳板、斜道、靠梯等防护设施进行检查。发现不符合要求的应及时修理。对安全带（绳）和所使用工具，要进行详细的检查，确认良好后方可使用。

（二）作业安全要求

① 高处作业必须系安全带。行走时要将安全带绑在身上，不准拖着走。禁止在施工建筑物上休息。操作区下方要敷设安全网和安全栏杆。遇有高压线必须保证安全距离，以免发生触电危险。作业使用的工具，应放在工具袋内，工具袋绑在身上，使用中要严防掉落伤人。

② 高处搭架作业时，作业人员的衣袖口和裤脚要扎好，要穿软底鞋，不准穿拖鞋、凉鞋、硬底和塑料底鞋，以防滑倒。遇六级以上大风和暴雨、雷电等天气，不得进行露天作业。

③ 搭设上料架时，必须垫好下部，防止井架负重时下沉和倾倒，上料架周围要设安全网。如安设把杆，把杆的倾斜角应为 45°~75°，把杆顶不能超出井架，以免运转时与井架缆风绳碰撞。把杆下方严禁有人。

④ 上料架和金属脚手架搭好后，必须及时设避雷针和接地装置，防止雷击或带电。上料架、缆风绳要架设牢固，对角拉的缆风绳要对直，不能偏斜。高度在 20 m 以上的上料架要拉上、下两道缆风绳。

⑤ 拆除脚手架时，周围应设围栏或警示标志，并设专人看管。拆除时，按顺序由上而下，一步一清，不准上下同时作业。拆除脚手架大横杆、剪刀撑时，应先拆中间扣，再拆两头扣，由中间操作人员往下顺杆子。

⑥ 拆下的脚手架、脚手板、钢管、扣件、钢丝等材料，应向下传递或用绳吊下，禁止往下投扔，并按用途、规格分别堆码整齐；不能乱堆、混放，防止堆放不稳砸伤人。

⑦ 在车站内和电气化铁路附近搭架作业，运送木杆、钢管等长大对象时，不得竖立，防止接触电气化接触网带电设备，发生触电伤亡事故；搭设脚手架时，在脚手架上施工的人员与接触网带电设备要保持 2 m 以上的安全距离。

⑧ 运送材料需越过铁道时，应从地道口或平交道口通过。通过平交道口时，应严格

执行"一站，二看，三通过"的原则。若必须横越铁道，除执行上述原则外，还应设专人防护瞭望。

第四节　特殊天气条件下作业安全管理

一、有风天气施工

① 高处作业平台上的施工物资或工具坠落，砸伤作业人员及作业人员坠落。

② 高墩钢筋或施工脚手架因未设置缆风绳而发生倾覆。

③ 设备、设施未按规定转移或加固，造成倾覆。

④ 夯实回填石灰土和砾石土作业时，未采取控制及防护灰尘和飞石措施。

⑤ 风力大于三级、波浪高大于 0.5 m 条件下，进行抛石作业。

⑥ 遇六级以上大风仍未停止缆索吊装及大型构件起重吊装等作业。

⑦ 六级及以上大风天气进行运输、登高架设、露天吊装、杆塔组立和放紧线等作业。

⑧ 施工期间气温突变、大风等自然灾害发生，现场无有效的应急措施。

⑨ 施工现场临建设施无防风措施，可能发生倾覆或损坏。

二、雨天及雨期施工

（一）雨天及雨期施工危险源与危害因素分析

1. 作业人员方面

① 正常施工中遇风雨，操作人员未采取防风雨措施就离开工作台。

② 雨天道路湿滑时人工滚动电缆，但地面未铺有草垫等防滑设施。

③ 雷雨时，有人在桩架附近停留。雷雨时，人员未停止野外露天作业。

④ 出现大雨天气时，砌体砌筑上下马道无防滑条。

⑤ 钢筋加工场所地面有积水，作业过程中人员触电。

⑥ 在雷雨、暴雨天气进行运输、登高架设、露天吊装、杆塔组立和放紧线等作业，可能出现操作人员失稳，导致翻车、高处坠落、物体打击等。

2. 施工设备方面

① 大雨、雷雨天，未停止使用吊篮。雨后，操作人员未配合检修人员对吊篮进行全面检查。吊篮使用完毕后，未关闭总电源及控制箱，未将提升机和安全锁用塑料纸包扎

以防止雨水渗入。

② 下雨后电焊机二次线泡在水中，未先断电后将二次线移至干燥处。

③ 动力设备、控制设备、防坠装置等无防雨、防砸、防尘等措施。

④ 雨天未停止露天焊接作业，电设备未先切断电源。

⑤ 下雨后钻孔设备倾斜，开钻前未及时加固合格。

⑥ 在雨天，起重机的制动带淋雨打滑时，仍进行作业。

⑦ 露天装设的灯具，未采用防水灯具或灯具上方未设防雨棚等防雨措施；灯具距离地面未低于 3 m。

⑧ 现场拌和站、塔吊等高大设备是否安装避雷装置并有效。

3. 现场施工组织管理

① 落地脚手架拉结点被随意拆除，未及时恢复确认合格，防雷击设施未及时修复合格。脚手架搭设不牢固、脚手架跳板铺设不满、脚手架在施工中拆除没有及时恢复，雨天或冰冻后打滑。雷雨天气未暂停脚手架搭拆或升降作业。雷雨天气仍进行高空作业。

② 现场使用的配电箱无防雨措施。电缆沟排水不通畅，有积水，电缆施工场地泥泞打滑。

③ 熬制热沥青未做好防雨措施。沥青、非焦油聚氨酯等防水材料没有采用专用器具或容器储存并定点堆放，无防雨措施。

④ 雨天或雨过天晴后，需要机械开挖临时排水沟时，机械在一定坡度的泥泞湿滑的地面上或湿滑的草皮上行走作业，未采取防滑措施。机械、车辆运行时突然下雨，临时道路下沉坍塌仍作业。机械、车辆在施工便道上行驶时突然下雨，便道湿滑但未采取防滑措施，未停止行驶。

⑤ 施工场地未全面进行规划、平整各部分的标高，不能保证施工场地排水通畅，场地周围未设置必要的截水沟、排水沟。为预防洪水、暴雨准备的设备、器材和人员未全部到位。

⑥ 深基坑施工时，未先挖好阶梯或设置楼梯，或开斜坡道，未采取防滑措施。雨后未仔细检查基坑（槽）设置的支撑是否有松动变形等不安全迹象。基坑侧壁有漏水，坑底有渗水。深基坑施工采用坑外降水，未采取防止邻近建筑危险沉降措施。

⑦ 基坑土方开挖过程中，出现渗水或漏水时未采取应急措施。场地周围和邻近地区地表水汇流、排泄、地下水管渗漏等。雨后作业前未检土体和支护的情况。雨期开挖土方，工作面过大，没有逐段分期完成；汛期无防洪措施。

⑧ 下大雨后，钢筋加工区域道路被淹，未及时消除积水。大雨后，大模板的存放场地下沉，未将存放的模板移至安全区域。下大雨后，模板工程作业前未将模板作业面上

的积水处理干。

⑨ 桩基钻孔场地不平整，雨后积水影响钻机安全作业。挖孔桩下雨后桩孔集水，作业前未安排抽水和对空气内有毒有害气体进行检测。

⑩ 构件堆放场地有积水，运输构件的车辆行驶凹凸不平、泥泞打滑，汽车吊装构件的线路夯实强度不够，地表下沉。水泥堆放场地周边无防护、露天堆放未覆盖防雨材料。

⑪ 雨期进行桥涵顶进施工。雷雨天气仍进行桥涵施工作业；下雨天拆除围堰。在汛期采用拖运法或浮运法铺设倒虹管。

⑫ 现场勘查的土质松软，未及时调整加固或采取支护措施；地下水位高未增加排水设备或延长作业时间。现有河岸（崖壁）塌方、山体滑坡、泥石流等险情发生痕迹或征兆，未按规定暂停作业。

⑬ 爆破时，后炮孔中有水，未将孔内积水用高压风吹干净并采用乳化防水炸药。雷雨、暴雨来临时，在能见度不超过 100 m 的天气条件下引爆。

⑭ 施工期间，气温突变、大雨等自然灾害发生时，现场无有效的防范、应急措施。未制定雨期施工安全防范措施，未制定临海地域的台风、潮汐防范措施。

⑮ 雨期施工前，未进行槽边雨水径流疏导路线的设计，无槽内排水及防止漂管事故的应急措施。雨期提前来临且洪峰超过历史最高水平时，基坑排水、围堰险情由监视人员报告后，未引起领导重视，未提前采取防范措施。

⑯ 雨期施工，施工时雨量较以往有明显增加。与历史同期水位相比，汛期和枯水期河道水位变化异常，无应对措施。

⑰ 雷雨闪电多的天气仍然施工。临时房屋工程在雨天进行屋面施工。

⑱ 雨期的自然条件：地表及地下水的渗流作用、台风、汛期暴雨及寒冷等异常气候。

（二）雨天及雨期施工安全要点

1. 小雨天气施工作业安全要点
① 吊装作业扩大地面禁行范围。停止塔式起重机拆装作业。
② 禁止脚手架搭设、拆除作业，雨后上架作业有防滑措施。
③ 停止露天电焊、气压焊施工；必须施焊时，应采取有效遮蔽措施。
④ 停止露天砌筑作业。在小雨中必须砌筑时，应适当减少砂浆稠度，减少日砌筑高度。
⑤ 禁止伐树作业。
⑥ 混凝土施工振捣器作业时加以遮盖，避免雨水侵入电机导电伤人。
⑦ 电气工程施工禁止进行接地电阻测试、电气绝缘测试和系统调试。

⑧禁止室外使用电动工具。操作带电设备应穿绝缘鞋，戴绝缘手套。

2. 中雨天气施工作业安全要点

①吊装作业应增派人手进行地面范围警戒。禁止塔式起重机拆装作业。

②土方工程应停止开挖基槽和管沟，加强边坡防护。

③停止砌体工程施工，砌筑表面应采取防雨措施。

④停止露天施焊作业。

3. 大雨天气施工作业安全要点

①停止拆除施工。

②停止大面积土方施工作业。

③停止浇筑混凝土作业，已浇部位应加以覆盖。

④停止起重吊装作业。

⑤升降机停止运行，并将梯笼降到最底层，切断电源。

4. 暴雨及以上量级天气施工作业安全要点

①禁止一切露天施工作业。

②施工现场临时用电除照明、排水和抢险用电外，其他电源应全部切断。

③雨后对输电线路等露天电气设备进行巡视检查，以便及时采取必要的补救措施。

5. 雨期施工作业安全要点

①雨期施工前，对有可能被洪水淹没的临时房屋、设备、物资应采取搬迁措施。雨期施工时，作业场所的脚手架、跳板、桥梁、墩台等作业面应采取防滑措施。场内机动车辆行驶时应减速防滑，靠近基坑边缘卸料时应设置止挡。

②大雨前后，施工单位应对临时房屋等工程设施进行检查，发现滑坡、塌方、倾斜、变形、漏雨等危险情况时，必须及时组织抢修、防护和加固。

③暴雨前后，施工单位必须对钢塔架、大型设备、高大脚手架、支（拱）架等的避雷装置与机电设备进行检查、测试和整修，应使其不受潮、不漏电。

④雷雨天气，严禁从事露天钢结构、钢脚手架、钢支（拱）架、钢模板等安装拆除及焊接作业。作业人员不应在大树、施工机械下停留，不应靠近电线杆、铁塔、架空线路及避雷装置接地导线。

三、高温天气施工

（一）高温环境对人体的影响

在高温环境中，为维持体温恒定，人体会进行一系列自我调节，减轻热负荷，但如果热负荷超过正常范围，人体就会出现一些生理病变化，如疲劳，甚至中暑。

由于热环境下体表血管扩张，血液循环量增加，大脑中枢相对缺血，使人出现注意分散、反应速度降低、记忆力减退、思维迟钝等认知问题。

（二）高温天气施工作业危险源与危害因素

1.危及人员的危险源与危害因素

① 暑天作业人员脱水未及时发现，未组织人员将其转移到安全区域。

② 夏季炎热气候下，作业人员因蚊虫叮咬患传染病。

③ 进入暑季施工时，砌筑作业中作业人员无防晒、解暑措施而中暑。

④ 夏季施工中暑的作业人员或高处作业坠落的员工，未迅速将其移到阴凉通风地方，未及时采取急救或送到离工地最近的医院进行救治。

⑤ 夏季高温时段进行沥青摊铺作业或混凝土浇筑作业时，现场未准备防暑药品。

2.设备材料的危险源与危害因素

① 卷材储存在阴凉通风的室内，不同类型、规格的产品未分别堆放。对沥青防水卷材储存环境温度没有测温档案、记录，储存温度高于 45 ℃，立放储存高度超过两层，接近火源。

② 油毡瓦运输和储存时未平放，高度超过 15 捆，保管环境温度高于 45 ℃，未避免雨淋、日晒、受潮，没注意通风和避免接近火源。

③ 硬质聚氨酯泡沫塑料进入现场的各种材料包装不完好、未加盖密封运输及保管；储存地不阴凉、不干燥、不通风、未远离火源；未分类存放，没有标明材料名称、性能等参数的明显标记；在保管及操作场地划定区域内，未注意防火、防毒、防爆、防高温等事项。

④ 密封材料的储存、保管未避开火源、热源；未避免日晒、雨淋，防止碰撞；未保持包装完好；密封材料未分类储放在阴凉、通风的室内，环境温度高于 50 ℃。

⑤ 现场的消防设备未经过统一规划，消防设备未按规划要求设置，消防设备不符合国家标准要求。

⑥ 气瓶和乙炔瓶未平放，瓶体温度超过 40 ℃，夏季瓶体露天暴晒。

3.施工场地的危险源与危害因素

① 木模板加工制作未设置专门加工房，木工房内没有良好的通风设施，未安装洒水设备或除尘设备。木模板加工过程中，未及时清扫地面。

② 现场材料仓库未与员工宿舍分开设置，仓库内的易燃、易爆品未分类堆放，未保持良好通风。

③ 施工现场及作业面的周围存放易燃、易爆物品。

4. 施工操作的危险源与危害因素

① 现场作业时，环境温度超过 40 ℃，但未调整作业时间；持续高温或温度达 37 ℃以上时，未调整作业时间。

② 气压试验时，未注意气温和裸露在太阳光下的设备升温。

③ 温度超过 60 ℃的灯具安装在可燃物附近。

5. 应急措施不到位引发的危险源与危害因素

① 在作业中出现酷暑天气时，未采取防范措施。

② 在气温高达 40 ℃的伏天，未安排早晚作业。

6. 施工环境的危险源与危害因素

① 在防水工程作业周期时间内，有持续高温时段。

② 在高温天气进行运输、爆破作业。

③ 隧道内的温度超过 28 ℃。

（三）高温天气环境下的作业安全要点

1. 合理施工环境布局

室内作业时，应加强隔热措施和通风降温措施，如开窗、使用风扇等能产生空气流通的设施。露天作业时，可设遮阳篷等防太阳照射的措施。休息场所应就近设在工作岗位附近，以便工人能方便地实现短暂而频繁的工休转换。

2. 合理安排施工时间

① 35 ℃≤日最高气温 < 37 ℃时，尽量避免午后高温时期露天作业，施工现场必须配备防暑设施、防护用品和防暑药品。定期供应凉茶等清凉饮料。

② 37 ℃≤日最高气温 < 40 ℃时，停止午后高温时段工作。因生产工艺要求必须在高温时段露天工作的，应合理调整作息时间。

③ 日最高气温 ≥ 40 ℃时，禁止在 12 时至 18 时高温时段工作。因生产工艺要求必须在高温时段露天工作的，应合理调整作息时间。

3. 合理安排从业人员

在高温天气条件下，过度肥胖、体弱、过度疲劳、睡眠不足、饥饿人员，应禁止长时间露天作业。在管理中，有必要对施工人员进行严格的体格检查与登记管理。

为了使施工不至于中断，施工单位应配备能适应高温天气下露天作业的后备人员。

4. 穿戴合理的服装

适当的服装可以抑制人体和周围环境间的热交换。但如果服装妨碍了汗液的蒸发，其隔热效果就会减弱，因此，在热环境中采用服装降温主要用于干热的环境，如沙漠地区的高温天气作业。另外，是否使用绝缘衣、手套或红外线防护服，应视环境特点而言。

5. 降温解暑

为工人制定力所能及的降温解暑措施，如提供西瓜、冷饮，让工人有良好的身体状态和心理状态，从而为安全施工提供必要的条件。

必须能够等量地补充通过汗液蒸发的水分。人们经常在自己感觉到口渴时才补水，但这样做往往不能使所需水分得到充分补充。高温天气下，露天的施工人员应当每15~20 min 就喝水 140 ~ 200 mL，另外，水的温度应适于即时饮用。

人在出汗时，在失去水分的同时也失去盐分。因此，施工作业中和作业后，要及时补充失去的盐分，以维持体液的电解平衡。最好的解渴办法是喝用食盐配置的 0.9% 的生理盐水。

四、冬期施工安全

（一）低温天气施工安全

1. 低温环境的特点

根据国家技术监督局颁布的低温作业环境标准，低温作业是指在生产劳动过程中，工作地点平均气温 ≤ 5 ℃的作业。按照该标准对低温作业进行分级，级别越高，环境中的冷强度越大。

室外低温作业环境主要是由自然环境本身的特点决定的。我国东北、华北及西北部分地区属于寒区，一年中寒期长、积雪深、气温低。在这些地区的冬期从事露天作业，就是处在低温作业环境中。

室内低温作业环境是由作业任务要求造成的环境特点或在寒冷季节没有提供采暖条件的室内环境。在铁路工程施工中，室内低温作业的情况极其少见。

2. 低温环境对人体的影响

低温是一种不良气象条件。在低温环境中，机体散热加快，引起身体各系统一系列生理变化，可以造成局部性或全身性损伤，如冻伤或冻僵，甚至引起死亡，环境温度过低，暴露时间过长，就会导致机体的病理变化，出现低体温、冻伤、非冻结性冷损伤，甚至死亡。手指、脚趾、耳朵、鼻子等部位由于没有肌肉保护，不产生热量，因此最不耐冻。特别是手和脚由于比其他部位更有可能与冷环境直接接触，会更快地产生冷的感觉。低体温是最严重的冷损伤，由于在极冷的环境中，人体自身产生的热量不能补偿外界环境对人体热量的吸收，人体热量散失最大，人体核心温度迅速降低，暴露在外的身体部位产生疼痛感是体温降低的初步体现。

随着体温的继续下降或暴露在低温环境中的时间的延续，冷的感觉和疼痛的感觉开始逐渐消失。如果受伤者感觉不到疼痛，严重的冷损伤会在受伤者没有觉察的情况下发生。体温降至 33 ℃以下后，出现肌肉无力和嗜睡现象，即低体温现象。低体温的症状还包括间歇性的颤抖、意识丧失、瞳孔扩散。当人体体温达到 28 ℃时，会出现昏迷，心脏活动大概在 20 ℃时停止，大脑活动在 17 ℃时停止。

3.低温环境对作业行为的影响

在低温环境中工作会导致工作效率下降和事故率的上升。寒冷环境中，手指的敏感性和灵活性降低，在连续的低温环境中，处于肌体较深部位的肌肉也会出现乏力、僵硬等现象，大脑的觉醒水平降低，使体力劳动和脑力劳动的绩效都受到影响。

4.低温天气作业安全要点

① 气温低于 5 ℃时，登高作业人员必须佩戴防滑鞋、防护手套等防滑、防冻措施，以免工具坠落伤人。起重机司机室，应设安全可靠的采暖设备。

② 日平均气温连续 5 天稳定在 5 ℃以下或最低气温连续 5 天稳定在 –3 ℃以下时，桩基工程、土方工程、水工混凝土工程和砌体工程按低温季节施工标准施工。

（二）雪天施工安全

1.雪天施工危险源与危害因素

① 人员危险源与危害因素：a.降雪寒冷天气，未防止作业人员冻手，导致工具坠落伤人；b.雪过后，操作人员未配合检修人员对吊篮进行全面检查。

② 施工场地危险源与危害因素：a.深基坑上下未先挖好阶梯或设置楼梯。开斜坡道，未采取防滑措施。b.下雪后，钢筋工程施工作业区积雪未扫除干净。下大雪后，作业区域内脚手架、卸料平台上积雪未清理干净；模板工程施工作业面上积雪未清理干净就高空作业。

③ 施工操作危险源与危害因素：a.暴雪来临时未及时停止作业。大雪天，未停止使用吊篮。b.降雪天气进行脚手架搭拆作业；仍进行垂直运输机械安拆作业。c.雪来临时，在能见度不超过 100 m 的天气进行爆破作业。

④ 应急措施危险源与危害因素。施工期间气温突变，大雪等自然灾害发生，现场无有效的应急措施。

⑤ 施工环境危险源与危害因素。北方冬季 –24 ℃及以下作业未采取安全取暖措施。

2.雪天施工安全要点

① 小雪天气施工作业安全要点：a.施工单位要加强对电气设备的巡视和检查；巡视和检查时，人员必须穿绝缘靴且不得靠近避雷器和避雷针。b.平板拖车装卸车时，应采取防滑措施。进行高处作业必须采取可靠的防滑、防寒和防冻措施，凡水、冰、霜、雪均应及时清除。c.停止塔式起重机的拆装作业。d.雪后上架作业采取防滑措施，并及时

扫除积雪。

② 中雪天气施工作业安全要点：a. 停止起重吊装作业，停止高处露天作业。b. 雪后要进行检测。发现倾斜下沉、松扣、崩扣要及时修复，合格后方可使用。

③ 大雪及以上天气施工作业安全要点：a. 加固容易被雪压的临时搭建物。防范在建工程、临时工棚倒塌。b. 检查塔吊、物料提升机等垂直运输设备的基础稳固及拉结装置，雪后对输电线路等露天电气设备进行巡视检查，及时采取必要的补救措施。c. 禁止露天施工。

（三）冬期施工安全防护

进入冬期，气温低，风、雪、冰冻等天气较多，危险因素增加，不利于工程施工，各类事故进入高发期。冬期施工安全防护应做好以下几个方面的工作。

① 重视和加强冬期建筑施工安全工作的领导，完善各项规章制度，强化工程安全责任制的落实。严格按照有关规定，针对冬期特点和各项目的具体实际情况，认真编制冬期施工方案及事故应急救援预案，落实各项冬期施工措施。

② 密切关注气候变化，凡停建、缓建工程要施工到安全部位。抓好冬期施工所需保温材料、安全防护用具及机械设备的采购、发放管理。加强进场材料、设施的进场验收和使用管理，认真做好记录，严格落实建设工程冬季安全管理的防护措施。

③ 加强施工全过程的质量安全管理。防止气温骤降引发质量安全事故。做好混凝土外加剂的选配、试验和混凝土的浇筑养护工作，加强对大体积混凝土的温度控制，做好同条件养护试件和标准养护试件管理，加强深基坑工程、隧道工程、桥梁工程的冬期施工质量安全管理，落实各项工序管理监控措施。

④ 认真做好施工现场的防火、防冻和防滑等安全防护管理。严禁宿舍内私搭乱接电线、使用大功率的用电设备、明火取暖或炉火取暖，防止火灾及一氧化碳中毒事件的发生。要加大施工现场电源设施、起重设备、大型机械使用的监管力度。遇有降雪大风天气严禁室外高处作业，降雪后要及时组织人员进行扫雪除冰工作。

⑤ 利用农民工业余学校组织开展冬期施工安全知识的宣传、教育和培训，学习冬期施工质量安全措施，做好各项技术交底，切实提高作业人员的质量意识和安全防范水平。

⑥ 开展冬期施工措施落实情况的自检，发现问题，及时整改。

五、雷电天气施工

安全雷暴天气来临时，所有露天高空作业人员下至地面，人体不得接触防雷装置、各种金属管线和金属物体。施工现场内禁止以下作业。

① 电力线路架设及防雷系统安装作业。室内外的各种带电作业。

② 所有桩工及水工机械作业。墩顶的各种作业。临时房屋的屋顶作业。

③ 液压滑动模板施工及滑模装置的安装、拆卸作业。脚手架搭设、拆除作业。吊装作业。

六、雾天施工

(一)雾天施工危险源与危害因素

① 浓雾天气时,提升机、安全锁、电气箱未用塑料布遮好。

② 大雾天气能见度不足 10 m 时,仍采用塔吊垂直运输钢筋。

③ 大雾天气能见度不超过 100 m 时,进行爆破作业。

④ 在浓雾天气进行运输、登高架设、露天吊装、杆塔组立和放紧线等作业。浓雾天气时在山区进行材料运输作业。

⑤ 大雾天气仍安排围堰作业;进行临时房屋的屋面施工。

⑥ 在其他作业中出现大雾天气时,未采取防范措施。

(二)雾天作业安全要点

① 轻雾天气应注意以下事项:a.加强对电气设备的巡视和检查,禁止进行液压滑动模板装置的拆除作业;b.停止脚手架搭设与拆除作业。

② 大雾天气应注意以下事项:a.停止起重吊装作业。停止升降机作业,并将梯笼降到底层,切断电源。b.停止一切桩工作业、水工机械作业及临时房屋拆除施工。停止室外带电作业。c.禁止伐树作业。d.雾后对输电线路等露天电气设备进行巡视检查,以便及时采取必要的补救措施。

③ 浓雾天气应注意以下事项:a.禁止一切露天攀登、悬空高处作业,强浓雾天气严禁一切露天施工作业;b.禁止塔式起重机的拆装作业。

七、沙尘天气施工

(一)沙尘天气的分类及危害

沙尘天气分为浮尘、扬沙、沙尘暴、强沙尘暴共四类。浮尘是指尘土、细沙均匀地浮游在空中,水平能见度小于 10 km 的天气现象。扬沙是指风将地面尘沙吹起,空气相当混浊，水平能见度在 1~10 km 的天气现象。沙尘暴则是强风将地面大量尘沙吹起，空气很混浊，水平能见度小于 1 km 的天气现象。强沙尘暴是大风将地面尘沙吹起。空气模糊不清，浑浊不堪，水平能见度小于 500 m 的天气现象。严格一点进行定义，沙尘暴又可细分为以下几类。

① 弱沙尘暴：四级 ≤ 风速 ≤ 六级，500 m ≤ 能见度 ≤ 1000 m。

② 中等强度沙尘暴：六级 ≤ 风速 ≤ 八级，200 m ≤ 能见度 ≤ 500 m。

③ 强沙尘暴：风速 ≥ 九级，50 m ≤ 能见度 ≤ 200 m。

④ 特强沙尘暴：瞬时最大风速 ≥ 25 m/s，能见度 ≤ 50 m，甚至降低到 0 m。也称为黑风暴，俗称黑风。

沙尘暴天气是我国西北地区和华北北部地区出现的强灾害性天气，可造成房屋倒塌、交通供电受阻或中断、火灾、人畜伤亡等，污染自然环境，破坏作物生长。

沙尘暴给国民经济建设和人民生命财产安全造成严重的损失和极大的危害。

当人暴露于沙尘天气中时，含有各种有毒化学物质、病菌等的尘土可透过层层防护进入口、鼻、眼、耳中。这些含有大量有害物质的尘土若得不到及时清理，将对人体的口、鼻、眼、耳等器官造成损害或病菌以这些器官为侵入点进入人体内部引发各种疾病。另外，沙尘暴天气易造成汽车视镜破损，同时降低环境能见度，从而引发交通安全事故。

（二）沙尘天气作业安全要点

1. 扬沙天气作业安全要点
① 停止室外油漆施工：已刷好的油漆构件或设施要用彩条布遮挡严密，并固定牢固。
② 严禁在不满足通风的室内进行油漆施工。

2. 沙尘暴天气作业安全要点
① 电气工程中室外的电气作业移至室内，在结构配合阶段，禁止电气配管作业。
② 塔式起重机应停止顶升、安装、拆卸作业，并紧固上、下塔身各连接螺栓。
③ 禁止升降机运行，将梯笼降到底层，切断电源。
④ 施焊作业在焊接面周边用防火石棉板或角竹板封挡，防止焊渣或火星飞溅烧坏泡沫，引起火灾。
⑤ 沙尘暴后，对输电线路、电动机等露天电气设备进行巡视检查，及时采取必要的补救措施。

3. 强沙尘暴及特强沙尘暴天气作业安全要点
① 严禁一切露天施工作业。
② 加固容易被风吹动的搭建物，妥善安置易受沙尘暴影响的室外物品。

③墩台模板等易受风影响的长大构件应加强支撑或锚固。

八、冰雹天气施工安全

冰雹天气应禁止露天施工，妥善保护易受冰雹袭击的室外物品和设备。冰雹发生时，施工人员立即到安全的地方暂避雹后对输电线路等露天电气设备进行巡视检查，及时采取必要的补救措施。

第五节　特殊环境作业安全管理

高温环境作业

（一）加强个人防护

高温作业工人应穿导热系数小，透气性好的工作服。根据不同作业的要求，还应适当佩戴防热面罩、工作帽、防护眼镜、手套、鞋盖、护腿等个人防护用品。

（二）合理选择饮食

为了维持高温作业工人水盐代谢平衡，对于因大量出汗所丢失的水分和盐分应及时予以补充。最好的办法是饮用含盐饮料，如盐汽水和盐茶水等，茶除了含有多种生物碱和维生素外，还具有强心、利尿、清热等作用。可以用1%绿茶和0.2%盐开水等量混合。盐汽水含二氧化碳，能促进胃液分泌。在补充足量食盐的前提下，还可以提供西红柿汤、绿豆汤、豆浆、酸梅汤等。一般每人每天需补充3~5 L水，20 g左右盐，饮水方式以少量多次为宜，饮料温度以8~12 ℃为佳。高温作业时能量消耗增加，需要从食物中补充足够的热量和蛋白质，尤其是动物蛋白。同时，还应增加维生素的摄入，特别是B族维生素和维生素C，其可以提高机体对高温环境的耐受能力。

合理补充水、盐及含盐饮料，但一次不宜太多，应少量多次。菜中可适当增加含盐较多的食品，如腊肉、咸鱼、咸蛋及咸菜等，进餐时喝点菜汤或豆汤。

补充蛋白质、微量元素和维生素。瘦肉、猪肝和蛋类、鱼类及豆制品等不仅富含蛋白质，而且含有多种微量元素和维生素，其中鱼类因易消化吸收而值得特别推荐。醋、姜、葱等各种辛辣调味品，可适当食用。

注意饮食习惯和进餐环境。由于高温作业者在劳动过程中逐渐产生对热的适应，因此形成了特有的饮食习惯和生理特点。可将两个主要餐次放在上班前和下班后的

1~2 h，餐前先用冷水擦身，同时安排一个凉爽的就餐环境，可以凉快舒适地进餐，有助于提高食欲。

（三）加强医疗预防工作

高温作业工人应进行就业前和入暑前的健康体检。凡有心血管疾病、高血压、溃疡病、活动性肺结核、肺气肿、肝肾疾病、明显的内分泌疾病、中枢神经系统疾病、重病恢复期的人员及年老体弱者，不宜从事高温作业。

第八章　铁路工程施工安全管理路径研究

　　铁路工程施工安全管理工作是我国铁路建设中的一项重要工作，是施工单位进行生产经营活动，使各种生产活动合理有效进行的关键部分。现如今，我国经济正处在高速发展的时期，经济水平的不断发展使铁路交通等基础运输设施得以完善。铁路施工的方式和条件也随着施工地区的变化而变化，呈现出复杂多变的发展趋势，所以铁路工程施工安全管理工作在铁路施工的过程中才显得尤其重要。

第一节　铁路工程施工安全管理中存在的问题及对策

一、铁路工程施工安全管理中存在的问题

（一）施工前的准备工作存在欠缺

　　铁路施工工作进行前，铁路施工部门就要对信号、通信工作网路和施工路线做好相应的协调准备工作，在进行准备工作时还要充分了解在施工中方案和施工技术设备的应用。铁路工程施工安全管理工作要依照各种工作方案和技术数据为工作基础，并利用多个部门之间的相互合作相互协调来进行。如果在施工过程中出现了任何一种准备性失误，都会影响正常的工作进行。在进行准备工作时会出现施工超量准备，原因一部分来源于电务部门的相关设备和信息过早发送；另一部分是因为公务部门的松动扣件过早。如果依照施工超量准备进行施工工作，不但会对铁路施工的稳定工作造成影响，甚至还会对施工过程的整体设备、车辆运行造成威胁。

（二）铁路施工人员缺乏相应的安全意识

　　铁路施工安全是铁路在施工过程中的重要标准，是铁路工程施工安全管理的重要推动力。铁路工程施工安全管理是一项综合且复杂的铁路施工工程，在进行铁路施工时要按照严格且细致的要求来实施工作。但是，铁路施工工程具有时间短、投资大、人员需求量大的特点，因此施工单位要遵循铁路工程施工安全管理制度的办法，将安全生产放

到铁路施工工作中。铁路施工中如果施工单位缺乏相应的安全意识，造成因工程责任划分不明确出现管理上的漏洞，容易引发突发事故，产生的影响是不可想象的。所以，无论是铁路施工单位、铁路施工人员，还是相关的铁路施工安全部门，都要树立铁路施工人员的安全意识。

（三）铁路施工的管理体系不完善

我国经济建设的发展，对我国铁路工程施工安全管理提出了新的要求，铁路施工的经济投入增多。然而，铁路工程施工安全管理依然存在着缺陷，铁路施工建设的时间短，铁路工程施工安全管理理论方面还要进一步提高，在具体的应用实践内没有建成相应的管理体系。还有一部分现象为，一些铁路工程施工安全管理单位为了减少铁路施工的经济建设成本，降低人力花费减少用人方面的经济支出，甚至施工人员承担多种任务。但是人的能力是有限的，无法胜任多种工作，导致一些岗位上的工作无法实现。还有铁路施工部门没有安全生产责任意识，对生产过程中的安全监督制度视而不见，还有一些铁路施工部门没有设立相关的铁路工程施工安全管理政策。

（四）施工人员缺乏相应的知识素质

铁路施工工作是一项艰难、复杂的工作，工作范围涉及各个施工部门。

铁路施工管理人员的工作热情、工作责任、施工工作的技术基础，都体现到整个铁路施工项目中。随着社会的发展，虽然施工部门不断提高施工队伍的整体素质、施工人员的技术水平与专业基础，但是在铁路施工工作中高素质人才依然较少，尤其缺少进行过专业培训的、有铁路工程施工安全管理经验的高素质人才。铁路施工任务量的不断扩大，造成了一些铁路施工部门大量招聘没有经过专业培训的人员，这些招聘的工人对铁路工程施工安全管理缺乏相应的认识，导致铁路施工工作质量下降，施工人员的素质偏低。

二、应对铁路工程施工安全管理问题的措施

（一）重视铁路施工前的准备工作

为了保证铁路施工工作的正常进行，需要在铁路施工工作进行前，施工部门、技术监管部门与其他相关部门之间进行相关的协调，明确施工进度、施工设备和铁路工程施工安全管理之间的责任。同时，各个部门之间做好相应的准备工作，对应做的工作和要求进行核对，减少铁路施工过程中产生的问题。提前进行铁路施工地区的探测和调查工作，制定相应的流程和工程方案及应对措施，保障在进行过程中施工人员、施工设施、施工材料的到位。同时，铁路施工人员要与各个部门之间相互协调，确保施工工作的正常进行。

（二）加强施工人员的安全意识

在铁路施工过程中，施工单位要牢记"安全第一"的观念，加强对施工人员和各个部门的安全教育，增强安全意识，让安全生产为铁路施工创造巨大的经济效益，减少在铁路施工过程中出现的安全隐患，在铁路施工的重点施工路段，施工部门加强与其他部门的联系，在安全施工的基础上进行工作。铁路工程施工安全管理工作要从施工准备到工程结束，全程进行监督，进而真正落实安全管理政策，保持施工工作的正常进行。

（三）健全完善施工管理体系

铁路施工部门的监督管理是铁路建设的重要组成部分，肩负着重要的安全管理任务，铁路施工单位应当依照相关的法律法规，制定铁路工程施工安全管理政策，消除铁路施工安全中出现的缺陷，从而制定合理有效的铁路工程施工安全管理政策和铁路工程施工安全管理体制。牢记铁路施工工作之前的准备工作是铁路施工进行的关键步骤。加强对铁路施工工作的情况和政策的了解和认识，并监督完成铁路施工的各个环节，确保工作的质量和效率；严格执行施工的工作方案，对工作方案进行调节和优化，制定铁路施工的预备方案，抓好工作方面的监督和管理，保证工作的正常进行。

第二节　安全管理信息系统对铁路安全管理的创新

一、结合 Web-GIS 技术的铁路建设数据管理和集成

（一）Web-GIS 地理信息系统

这一信息系统是结合网络技术的各项功能展现地理信息。其中，包含网络信息资源划分、发掘、管理及安全性能分析等工作。在铁路建设中，存在非常多的空间资源、文档资源等，其中包含铁路线路所走的基础行政区域的基础地理信息、卫星影像信息及线路地质信息资源等。要想将这些信息资源实施全面管理和划分，就一定要应用 Web-GIS 技术。在工作中，朔黄铁路在建设安全管理系统时就引用了这一技术，但在设计工程建设信息化系统中，并没有与 GIS 系统构建合作关系。若是可以将工程建设的安全管理系统融入相应工程建设信息系统中，将有助于提升实际工作的价值和创新水平。

（二）Web-GIS 地理信息系统的设计

① 通过信息资料的差异性实施划分，这一系统中包含的信息有空间影像、照片及信息资料等内容；属性信息中有参加铁路工程建设工作者的数量和施工单位、工程安全管

理信息、施工日志等内容；文档数据中包含了通用和专用的相应数据。

② 对数据编码。通过明确铁路工程建设中存在的区别，对各种类型的工程实施编码，即依据工程类别的差异性进行划分，以便在信息资源系统中通过编码也可以对信息资源进行查阅。

③ 设计信息资源系统。在设计这一系统时，工作者需要引用数据仓库技术。这一系统包含了空间、文档等相关数据信息，在工作中如何引用这些数据资料为系统提供服务，是现阶段工作人员亟须思考的一个问题，需要工作者引用全新的技术理念将其整合到一起。受到上述观念的影响，要设计不同数据形式的表格，并结合系统的规定要求相应格式。

④ 采集数据资料。这项工作为信息系统的发展和应用提供更为有效的服务，有助于确保系统正常运行。在采集数据资料时，将数据的录入形式从全面覆盖转变为精准选择，以此减少工作数量，相似的数据亦可以进行全面比较和分析。

二、铁路信息系统安全风险管理的优化控制策略

（一）制定合理的铁路信息系统安全风险应对计划

风险应对计划就是针对经过定性、定量分析后的《风险列表记录》，确定行之有效的风险应对措施。因此，制定合理的信息系统安全风险应对计划，加强风险监控，对每个风险点设定专人盯控是必要手段。比如，为避免华方十八点统计分析系统外部接口发生风险，由专门网络工程师负责盯控服务器与客户端各个接口的运行状态，由华方十八点统计分析系统操作人员负责盯控车站客户端接口运行情况，共同研判运行状态，沟通联络汇报。一旦出现问题，盯控负责人及时对具体问题进行分析，按照所编制的信息系统安全风险应对计划，采取相应的措施，将故障控制到最小范围。

（二）加强铁路信息系统安全风险监控

研究表明，铁路信息系统中安全风险监控，是实践系统运行风险应对措施的重要组成部分。相关人员需采用持续性的方式进行监督盯控工作，并将在此过程中识别产生的信息数据，均记录至系统内部的记录设施中。这样一来，铁路信息系统就能将识别出的风险作用状态进行跟踪、监督，以避免此风险问题再次发生并控制影响程度。具体来说，相关人员需根据目前风险监控的结果修改风险应对策略。这样一来，不仅能够保证铁路信息系统阶段性的运行稳定性，还能最大限度地保证整个信息系统运行的安全可靠性，以将可能存在的安全风险控制在最低限度。

（三）建立实时电子地图

若建立该系统，还应设计安装定位系统。例如，GPS 系统，定位系统可以随时报告铁路运输的位置。电子地图，其设计主要包括 GPS 系统与 GIS 系统，属于一种地图追踪模块。通过信息系统，将铁路行车信息以电子图的方式直观呈现给安全监管人员，有利于铁路相关负责部门及人员实时了解铁路的运输动态。系统中，电子地图可将铁路行车沿线地段的地质信息检测出来，通过显示器反映给监管人员。实时地图的设计，既可以实现人员对铁路运输的实时追踪，又可以对铁路沿线地质状况及过车动态进行监测。

第三节　大数据时代下铁路安全管理的新思路

一、铁路大数据时代已然到来

以往对于生产资料的划分通常包括：土地、作业建筑生产设备、原材料等，铁路系统对此也往往比较认同，而当今却有一场战役在世界各大企业间悄然打响，那就是"数据争夺战"，各互联网公司、软件开发公司、金融公司、生产型企业纷纷快速布局、抢占先机、激烈争夺，这是由于数据的价值正被越来越多的人意识到，数据也被认为已经成为一项重要的生产资料。

数据不仅其重要性得到提升，单纯从数量上，也呈爆发式地增长。与过去相比，无论是从数据的采集、传输，还是数据的存储、应用，都有了技术上的突破，也造成数据量急剧增加。当前，有些互联网企业对数据的处理量和存储库容量高达数百 PB，全球数据总量也需要 ZB 来衡量。铁路行业近些年信息化水平逐步提高，也在对数据的获取和运用方面有很多探索和实践，当前铁路有关于安全的文本、图片、传感器、音频、视频等多种类的数据储存也已经达到了 PB 级，大数据时代下铁路如何把握形势并借力发展，成为当前需要认真研究的方向。

二、大数据时代下铁路面临的挑战

经过长期的不懈努力，铁路数据的管理从技术能力、采集手段、有效利用方面都上升到了一个新的水平，为我国铁路的平稳运行、安全生产、快速发展提供了有力保障。可是，在当今这个飞速发展的信息时代，传统的铁路安全管理模式所遇到的问题也渐渐显露出来。

（一）铁路企业大数据意识薄弱

现如今科学技术、电子设备飞速发展，运输市场形势、企业生存环境无时无刻不在变化，稍有迟疑就可能进入下一个时代，因此各个企业需要用最快的时间去理解、计划、投入到最应当去做的工作中。要想在如今瞬息万变的信息时代下，抓住稍纵即逝的机遇，在残酷的竞争中得到快速的发展，对于大数据合理、充分地使用就成了企业的首要任务，而当前铁路对于大数据的认识还没有到达这种高度，在面对海量数据时如何能够潜心实践、有所作为、开拓创新仍然是铁路相关部门面临的首要问题。

（二）铁路数据采集不够全面

对于保证当下铁路正常的运输生产、客货运营销、安全保障来说，铁路目前采集的各类数据已经足够了，完全能够适应铁路行业正常运转的需求。但是，传统铁路采集的数据从覆盖面来讲仍然远远不够，这也与当今时代铁路人对于数据采集的价值认识不够深有关，虽然人们已经意识到数据的重要性，却少有人理解大数据的主要价值点之一就是采集。采集是大数据价值体现的重要一环，为其后面的数据预处理、传输、存储、分析、应用的基础工作。在大数据时代，掌握了足够多的数据，就能实现更精准的预测、做出更合理的计划，也更有把握地达成目标，进而掌控未来。

（三）数据应用问题重重

首先，铁路获取的数据多为异构数据，将各类数据进行标准化格式的整合、统一处理就已经耗费大量力气；而在大数据时代不断出现的新的数据形式，尤其是对众多非结构化数据的处理，则是数据采集面临的又一难题。其次，传统铁路的各业务系统基本上是各自为政，数据连通性和互操作性很差，导致数据难以共享，信息孤岛问题严重。各自数据需要分别维护，业务之间沟通不畅是制约铁路发挥整体效益的重要问题。最后，如何把数据以最高效的方式传输到数据分析单位，将所获得的宝贵数据资源完整地、便于存取地储存到存储设备中去，都是使铁路数据能够及时、高效地得到分析、应用所亟待解决的问题。

三、大数据技术扩展铁路安全新视野

大数据时代对铁路传统安全管理模式形成了一系列的挑战，同时，也为铁路安全管理技术装备的提升、作业方式的改善、管理模式的创新提供了很多新的机遇。

（一）"预测式"维修

在数据采集端，通过将温度传感器、压力传感器、湿度传感器、速度传感器等各个种类的传感器安置在铁路机车车辆、铁路线路及桥梁隧道的关键位置，及时收集海量的前端数据，掌握最宝贵的"第一手资源"。针对采集到的大量数据实施深度挖掘、分析、记录，并与过往的历史数据比对，深入地智能学习，找到铁路运输设备在运输生产过程中各个环节、部件可能出现的问题，做出提前性的判断，为维修计划提供客观数据的强大支持，将安全隐患扼杀于摇篮之中。同时，对于铁路设备、设施"健康状况"的实时掌控，还可以实现只更换需要更换的零件的目的，有效地降低了铁路安全管理的成本支出。

（二）快速应对突发事件

应急处理能力是安全管理中的重要组成部分，也是除了在应对通常状况时的"常规武器"外，同样应当特别重视提高的方面。在突发事件发生时，基本的目的就是用最快的时间做出适当的决策，这也是比较复杂且难度较大的问题。大数据技术则在铁路面对突发事件时提供了一种新型的强力武器，在这个时代，数据的智能分析不但让预测更为准确、直观，还可通过分布式计算、云计算完成海量计算量，使结果在极短时间内呈现。"天下武功，唯快不破"，大数据的快速性特点也在铁路应对突发事件时给予了有力保障。

（三）"全数据"分析让决策更精准

以往的数据分析由于受运算速度、传输条件、储存容量等条件的限制而局限于抽样分析，但大数据时代则更为强调对全体数据的研究。显而易见，用全体数据代替抽样样本作为铁路设备运行状况的行为描述依据，显然会更接近现实情况。

更重要的是在"全数据"的分析中，也无须过分束缚于寻找数据与结果间的因果关系，而可以在铁路运输安全这样一个大的系统工程项目中，通过大量数据与结果的相关关系，推测出数据趋势与设备故障间的关联性，为铁路安全管理的决策提供更为精准的服务。

第四节 "信息 +"智能技术在铁路工程施工安全管理中的应用

一、"信息 +"智能安全管理信息化平台

为了在有限的安全管理人员配备情况下，能够对施工安全做到及时、有效、全方位的监控，以现代信息化理念为基础，开发了包含安全管理信息化平台的综合施工信息化管理平台，充分借助"信息 +"智能技术进行安全管理。

信息化是以现代通信、网络、数据库技术为基础，将所研究对象各要素信息汇总至数据库，供特定人群生活、工作、学习及辅助决策等，并和人类息息相关的一种技术。该技术可以极大地提高各种行为的效率，为推动人类社会进步提供极大的技术支持。智能化指综合运用云计算、大数据、物联网、移动技术和智能设备等信息化技术手段，聚焦建筑工地施工现场安全管理，紧紧围绕人员、机械、物料、环境等关键要素，建立包含信息智能采集、高效协同管理、数据科学分析、过程智慧预测等功能的施工现场立体化信息网络。

安全管理信息化平台主要包括劳工信息管理、建筑信息化模型（ Building Information Modelin，BIM）、安全仿真模拟（墩身脚手架安全可视化交底塔吊布置）、虚拟现实（ Virtual Reality，VR）安全体验培训、智能设备（邻近铁路营运线防侵入、运架梁远程监控、塔吊监控）、安全内业管理等多个单项模块，通过以上各单项模块信息的收集，利用移动网络将数据传送到安全管理信息化数据中心，借助专业软件登录网页，安全管理人员能够通过室内视频监控或手机 App 客户端等随时看相关安全信息，达到对安全高效管理的目的。

安全管理信息化平台按三级管理构架建立，第一级为项目部，第二级为各工区，第三级为各工点，根据不同使用者和使用部位工作范围的差异，设定不同的用户权限，每个人根据工作需求进行上传、落实整改、巡回检查等。

二、"信息 +"智能安全管理技术

（一）劳工信息系统

劳工信息系统主要包括劳务人员身份、合同、安全教育、工种、技能、考勤及工资发放等信息，在劳务人员进场后进行编号建档、发放代表个人身份的 IC 卡，劳务人员在日常工作中的考勤、安全教育等均采用刷卡扫描进行身份识别，相关信息全部汇总到劳务实名制管理软件数据中心，各管理部门根据需要随时提取业务信息，实现对劳务人

员全过程动态实名制管理。其中，选择在相对固定、专业化强的预制梁场配置三辊闸考勤闸机、IED 显示屏、门禁系统、身份证读卡器及劳务实名制管理软件，实现了对劳务人员从入场、日常管理、到退场的全过程管理，实现了信息及时共享，提高了管理效果。

（二）BIM 安全管理应用

BIM 技术主要以建筑工程项目的各相关信息数据为基础和前提，进而建立起三维模型。借助数字信息仿真模拟建筑物所具有的真实性信息，使建筑业更加符合高效化和精细化的管理模式，其主要特征为可视化、协调性、模拟性及优化性。在主体工程应用 BIM 的同时，将墩身施工安全设施、塔吊规划等临时设施一同建模，借助 BIM 优点对临时设施进行管理。

① 墩身施工可视化安全技术交底。墩身施工流程有脚手架搭设、钢筋绑扎、模板安装、混凝土浇筑及拆模等多个工序，全部为高空作业，且在高峰期全线约有 180 个工作面同时作业，高空坠落是墩身施工安全事故的重要危险源。施工前根据墩身截面尺寸、脚手架搭设方案、工序作业流程及初步安全防护方案等相关信息，利用 BIM 进行建模。建模完成后，先由安全与工程技术管理人员进行三维施工流程演示预审，逐步分析每个工序的不安全因素及防护措施漏洞，并对每个工序的安全措施进行完善。在全部审核、完善后，按照工序施工及安全设施布置流程，对作业人员进行可视化交底，使其直观地了解整个作业流程及安全防护措施要求。其中，通过墩身 BIM 方案演示和审核，可发现模板安装及拆除工序中高空防坠落安全防护措施不到位，及时采取在每节墩身底部增加安全兜底网、在地面铺设安全气囊等措施对安全防护设施进行补充完善，有效降低了坠落伤亡事故、实现了零伤亡。

② 塔吊布置方案优化。高架桥车站有正线、到发线及站台梁共 6 条现浇梁并行同步施工，且布置不规则、高程不一致。为满足材料吊运需要，必须安装多台塔吊作业，而布置多台塔吊需解决作业范围全覆盖、不同规格塔吊匹配、塔身高度匹配及塔吊间距等问题。施工前，根据地形、墩身及梁部等参数建立 BIM 模型，并根据在平面图上初定的位置将塔吊置入 BIM 模型中，通过模拟塔吊实际作业，发现在平面上布置的塔吊存在部分区域无法吊运到位等缺陷，通过利用 BIM 技术对塔吊布置方案不断进行优化，确定了每个塔吊的位置、规格及塔高等参数，避免了塔吊吊运作业盲区、发挥了塔吊的吊运能力、避免了塔吊间的互相碰撞，现场作业效率显著提高。

（三）VR 安全体验

传统的安全培训是基于书本学习、课堂教育、试卷考核、看视频等说教式培训，学习者很难通过以上简单的培训方式深刻认识到安全施工的重要性和安全事故的严重性。

针对以上现状，一款基于 VR 虚拟仿真技术的专业化安全教育培训教程——建筑施工安全教育 VR 安全体验应运而生，开启了专业化安全教育培训的新模式。

VR 安全体验是集建筑安全教育、质量教育、绿色施工为一体的实体 + 虚拟体验。利用 VR 建立虚拟工程实体模型，通过软件处理，结合 VR 眼镜实现了动态漫游，让体验者有更加逼真的感受。通过 VR 设备和虚拟仿真建筑相结合的形式，在不必建设实体情况下，带上 VR 设备就能进行安全知识学习、视频观看及安全考核等培训，同时施工安全 VR 体验最大的价值在于体验者能以事故当事人的身份和视角在虚拟环境中亲身体验安全事故的惨痛结果。通过仿真体验，纠正了操作人员不安全态度，有利于从本质上避免不安全行为，预防安全事故的发生。例如：在墩身施工前，根据完善的墩身施工安全操作方案建立虚拟墩身施工模型，让每个操作者全流程完成墩身施工模拟体验，比以往单纯的口头讲解加深了对安全操作要领的认识，提高了作业人员的安全意识。

（四）"信息 +"智能设备应用

① 邻近既有铁路施工周界安装入侵报警系统。为加强邻近营业线施工安全管理，防止施工过程中人员、材料、机具设备等侵入既有铁路限界，确保既有铁路运营安全，在邻近铁路营业线施工现场安装铁路周界入侵报警系统。铁路周界入侵报警系统是我国铁路正在试行的一种新型预警方式，该系统由前端设备（物联网摄像机、传感器、对讲音响等设备）、传输网络和监控中心 3 部分组成。根据现场实际场景预先设计报警规则，追踪分析场景内的目标，判断是否违反报警规则并发出报警，系统可实现行为侦测、异物侦测、入侵报警、设备破坏报警功能。当发生区域入侵时，控制主机就会输出报警信号，同时高音报警及闪光警号发出预警，提示现场安全防护员有物体侵入，当报警区域物体一直在违规区域时，系统会一直报警；当撤离后，主机会进行延时撤防，真正实现智能报警、智能撤防、智能守护。同时，当报警时间超过 1 min 时，安全管理信息平台和主要管理者的手机就会收到入侵报警提示。通过在邻近既有铁路安装入侵报警系统，实现了邻近既有铁路施工自开始到结束总共 325 天安全无事故。

② 运架梁信息化系统。京雄城际某标段共计有 538 孔 900 t 箱梁采用预制运输及架设，为全过程监控运输、架设每个工况及关键部件安全状态，采用信息化系统将运架梁实时工况与历史分析比较，实现业务透明化，使不同部门、成员及时互通工况、互感要求，随时宏观把控。通过建立风险预警模型，将业务数据进行关联分析，用信息作前导，使数据形成累积并进行回归分析，进而达到色彩、声光预警，实现了故障预警化。施工中，通过实际应用，运架梁信息化系统确保了两台架桥机安全架设，每日架梁高达 5 孔。

③ 塔吊安全报警系统。新建高架桥火车站施工期间同时投入 13 台塔吊，为确保塔吊运行安全，在塔吊操作室内安装塔吊倾斜报警、超载报警、角度偏差系统，通过水平

倾角传感器连接主机实现报警。倾斜角度可以根据现场实际进行设置，当塔吊因超载、强风、操作失误等原因发生倾斜后，控制主机会即时输出报警信号，同时高音警报器发出预警；如倾斜值一直在违规区域，系统会一直报警，直至倾斜度达到安全数值主机才会延时撤防。除现场预警，该系统还可通过电脑和手机客户端实时报告塔吊倾斜角度，便于安全管理者及时重点监控，有效预防塔吊倾翻事故发生。

（五）安全内业管理

安全内业管理主要包括安全培训、安全问题整改闭环、红线管理、红黄牌考核，利用 4G 网络和平台对接前段视频、上传设备，利用手机和电脑端视频看界面实现及时信息共享查看。

① 安全培训。用于及时收集岗前培训、班前教育、班后总结、特种作业培训、季节性培训、转岗培训等安全培训资料和影像并实时上传，同劳工信息系统相结合采集培训次数。根据劳工培训次数和岗位信息，分析每位劳工参加培训信息及效果评估。

② 安全问题闭环整改。用于质监站、业主、监理单位检查和项目部巡检安全质量问题等发布、闭合整改，通过平台设定整改期限，自动提醒落实人及时整改，整改完成后生成问题整改回复单。本模块采用项目部和工区分级管理，各工区自己的问题，项目部检查整改进展及效果。

通过信息化在安全内业管理中的应用，减少了管理人员在 30 km 大跨度管区频繁检查、收集资料的工作量，减少了人力、车辆等资源的浪费，提高了工作效率。

结　语

　　随着铁路事业的进一步发展，铁路工程施工安全问题也逐渐受到社会各界的关注。因此，保证铁路工程施工安全是施工单位的首要任务。只有做好铁路工程施工与安全管理工作，才能确保铁路能够充分发挥其作用，从而更好地满足人们的出行要求及经济发展的流通需要。这就要求铁路施工单位进一步提高对施工安全质量管理的重视程度，树立安全质量意识，建立完善的安全质量管理规章制度，提高执行力度。只有这样，才能真正做好施工安全质量管理工作，提高铁路工程建设项目管理的整体水平，促使我国的铁路建设取得更高的成就。

参 考 文 献

［1］黄守刚.铁路工程建设安全生产管理［M］.北京：中国铁道出版社，2011.

［2］马国瑞，田慧生.铁路施工安全重点管理与实务［M］.北京：科学技术文献出版社，2015.

［3］黄守刚，王宁.铁路工程施工安全精细化管理［M］.北京：中国铁道出版社，2012.

［4］乌鲁木齐铁路局.铁路安全风险管理［M］.北京：中国铁道出版社，2013.

［5］费学军.铁路工程施工安全管理与技术［M］.北京：人民交通出版社，2012.

［6］铁道部安全监察司.铁路营业线施工安全及安全管理［M］.北京：中国铁道出版社，2005.

［7］铁路安全管理条例释义［M］.北京：人民交通出版社，2013.

［8］郑州铁路局建设管理处.铁路营业线施工安全管理［M］.北京：中国铁道出版社，2014.

［9］张开冉，王建军.高速铁路运营安全管理［M］.成都：西南交通大学出版社，2015.

［10］贾俊峰.铁路行车安全管理［M］.北京：中国铁道出版社，2014.

［11］刘甲申，李春声，李涛.中国铁路安全管理现代铁路工务安全管理［M］.北京：中国市场出版社，2005.

［12］赵君鑫.铁路工程施工组织设计［M］.成都：西南交通大学出版，2004.

［13］寇长青，周海浪.铁道工程施工机械［M］.北京：机械工业出版社，2001.

［14］高军.铁路隧道工程施工技术［M］.北京：中国铁道出版社，2014.

［15］黄守刚.铁路工程施工现场事故防范与处理［M］.北京：中国铁道出版社，2011.

［16］铁路工程技术标准所.铁路工程施工安全技术规程［M］.北京：中国铁道出版社，2012.

［17］李明华.道路与铁道工程施工技术［M］.长沙：中南大学出版社，2012.

［18］铁路工程技术标准所.高速铁路工程施工技术指南：全2册［M］.北京：

中国铁道出版社，2012.

　　［19］赵坪锐.铁路工程施工与维护［M］.北京：科学出版社，2015.

　　［20］韩峰.铁道工程施工及检测技术［M］.武汉：武汉大学出版社，2014.

　　［21］王海亮.铁路工程爆破［M］.北京：中国铁道出版社，2001.

　　［22］宫全美.铁路路基工程［M］.北京：中国铁道出版社，2007.

　　［23］韩同银，何孝贵.铁路工程管理与实务［M］.北京：中国建筑工业出版社，
2004.

　　［24］中铁三局集团有限公司.铁路桥涵施工规范［M］.3版.北京：中国铁道
出版社，2002.

　　［25］中铁三局集团有限公司.铁路混凝土工程施工技术指南［M］.3版.北京：中
国铁道出版社，2011.

　　［26］中铁二院工程集团有限责任公司.铁路工程不良地质勘察规程［M］.北京：
中国铁道出版社，2012.

　　［27］中铁九局集团有限公司.铁路工程基本作业施工安全技术规程［M］.北京：
中国铁道出版社，2009.

　　［28］中铁一局集团有限公司.铁路轨道工程施工安全技术规程［M］.北京：中国
铁道出版社，2009.

　　［29］中铁二局集团有限公司.高速铁路隧道工程施工技术指南［M］.北京：中国
铁道出版社，2011.